Mots en jeu(x) – expériences, réflexions et découvertes

The Dynamics of Wordplay

Edited by
Esme Winter-Froemel

Editorial Board
Salvatore Attardo, Dirk Delabastita, Dirk Geeraerts, Raymond W. Gibbs,
Alain Rabatel, Monika Schmitz-Emans and Deirdre Wilson

Volume 11

Mots en jeu(x) – expériences, réflexions et découvertes

Édité par
Esme Winter-Froemel

DE GRUYTER

This Open Access publication was supported by the Open Access Publication Fund of the Julius-Maximilians-Universität Würzburg (JMU).

ISBN 978-3-11-155457-0
e-ISBN (PDF) 978-3-11-155507-2
e-ISBN (EPUB) 978-3-11-155530-0
DOI https://doi.org/10.1515/9783111555072

This work is licensed under the Creative Commons Attribution 4.0 International License. For details go to https://creativecommons.org/licenses/by/4.0/.
Creative Commons license terms for re-use do not apply to any content (such as graphs, figures, photos, excerpts, etc.) not original to the Open Access publication and further permission may be required from the rights holder. The obligation to research and clear permission lies solely with the party re-using the material.

Library of Congress Control Number: 2025946158

Bibliographic information published by the Deutsche Nationalbibliothek
The Deutsche Nationalbibliothek lists this publication in the Deutsche Nationalbibliografie; detailed bibliographic data are available on the Internet at http://dnb.dnb.de.

© 2025 with the author(s), editing © 2025 Esme Winter-Froemel, published by Walter de Gruyter GmbH, Berlin/Boston, Genthiner Str. 13, 10785 Berlin.
This book is published with open access at www.degruyterbrill.com.

Cover image: Dessin des antilles corail (par Raphaëlle Jung).
Extrait de la contribution de Raphaëlle Jung, « Flore fantastique de la francophonie »

www.degruyterbrill.com
Questions about General Product Safety Regulation:
productsafety@degruyterbrill.com

Table des matières

Esme Winter-Froemel
Mots, jeux, enjeux : croisements d'expériences et de réflexions sur les jeux de mots dans la francophonie contemporaine —— 1

Alain Rabatel
Des jeux de mots dans tous les sens —— 33

Olivier Douzou
L'album pour enfant, expérience et réflexion autour du jeu —— 69

Anne-Marie Mercier-Faivre
« Des mamans de bonheur » : le jeu de mots dans les ouvrages pour la jeunesse (France, 1980–2024) —— 81

Raphaëlle Jung
Flore fantastique de la francophonie —— 115

Raphaëlle Jung
Les jeux de mots entre texte et image : expériences et réflexions —— 123

Marc-Olivier Jean « Élémo »
Jeux de mots et jeux de sonorités dans le slam – expériences et réflexions —— 131

Joachim Mileschi
P.U.N.CHLINES ? L'exploitation des sigles dans les jeux de mots de rap français —— 143

Hélène Favreau
Quand les mots-valises façonnent les marques : analyse de quelques exemples en publicité —— 167

Camille Lavoix
***Maggi*, la magie (néo)coloniale : jeux de mots, goûts de pouvoir —— 193**

Antoine Louis
Jeux de mots, jeux autour des mots dans la publicité – expériences et réflexions —— 205

Stefanie Goldschmitt
« Quel est le comble du blagueur ? – C'est d'habiter à Vannes ! » :
les vannes dans la distance et dans l'immédiat communicatifs dans la culture francophone —— 227

Hugues Galli
Les jeux de mots san-antoniens —— 251

Stéphane Hardy
Déter, askip, ça graille, tiep, fondance – **Entre jeu, innovation et transgression : procédés morphologiques dans l'argot contemporain —— 263**

Esme Winter-Froemel
« takati takite » et « sisaférir, tan mye » : jeux et enjeux d'embrouillages phoniques et graphiques chez Boby Lapointe et Raymond Queneau —— 285

Laélia Véron
Analyser des jeux de mots dans une émission humoristique —— 311

Carlotta Posth
Sur l'île des Zertes avec Daphné Nuphar et un robinet qui fuit : aperçu de l'univers de Claude Ponti —— 329

Esme Winter-Froemel
Continuités et nouveaux enjeux sociaux dans les jeux avec les noms propres : la tradition des blagues Monsieur et Madame et les noms kahoot —— 335

Esme Winter-Froemel
Paradoxes du jeu de mots – leçons et inspirations —— 361

Appendice

Informations sur les contributeurs et contributrices —— 379

Index —— 385

Esme Winter-Froemel

Mots, jeux, enjeux : croisements d'expériences et de réflexions sur les jeux de mots dans la francophonie contemporaine

Résumé : Les jeux de mots présentent un phénomène omniprésent et complexe qui se manifeste dans des modalités très variées et touche des enjeux très divers. Pour introduire le volume collectif *Mots en jeu(x) – expériences, réflexions et découvertes* (DWP 11) sur les jeux de mots dans la francophonie contemporaine, on donnera d'abord un aperçu de l'orientation générale des recherches antérieures sur la dynamique du jeu de mots, tenant compte en particulier de la nature historique et du dynamisme constant des jeux de mots. En commentant les questionnaires qui avaient été conçus pour intégrer les expériences et réflexions de « praticiennes » et « praticiens » du jeu de mots sous forme d'interviews standardisées, on donnera une synthèse des différentes perspectives réunies dans le volume, qui intègrent la littérature d'enfants, le slam, l'enseignement académique et la publicité et qui fournissent des éclaircissements précieux, nourris par les expériences pratiques, sur des questions fondamentales qui ont déjà été abordées dans d'autres volumes de la collection *The Dynamics of Wordplay / La dynamique du jeu de mots*. Les autres contributions du volume apportent des perspectives linguistiques et littéraires sur des aspects spécifiques des jeux de mots, par exemple, sur leur emploi par des auteurs particuliers comme San-Antonio ou Claude Ponti, et sur les enjeux et défis qui se manifestent dans des domaines comme le rap ou les émissions de radio. De plus, les contributions présentent des perspectives complémentaires sur la littérature jeunesse et la publicité et se dédient également à des phénomènes particuliers comme l'argot, les vannes ou les mots-valises. Après une présentation de toutes les contributions seront finalement esquissées quelques perspectives pour la recherche future sur la dynamique des jeux de mots.

Mots-clés : dynamique du jeu de mots, enjeux du jeu de mot, francophonie, jeu de mots

---

Esme Winter-Froemel, Julius-Maximilians-Universität Würzburg, Neuphilologisches Institut / Romanistik, esme.winter-froemel@uni-wuerzburg.de

1 Introduction

Les jeux de mots s'observent dès l'antiquité, comme le montrent par exemple l'étude de Roques (2018) sur les jeux verbaux se pratiquant lors de banquets ou *symposia*, l'étude de Kölligan (2025) sur les jeux de mots dans l'épopée grecque et dans les papyrus magiques ou les analyses des jeux de mots dans la correspondance épistolaire de Pline le Jeune proposées par Kirstein (2018). Leur présence caractérise également de nouveaux types d'échanges communicatifs dans les médias digitaux (voir par exemple l'étude de Zenner et Geeraerts 2018 sur les mèmes) ou les messages publiés sur les réseaux dits sociaux (voir par exemple l'étude de Liu 2025 ; voir aussi Goldschmitt, ce volume). D'une manière générale, il ne paraît ainsi pas exagéré d'affirmer que les jeux de mots sont omniprésents à travers les époques, langues, cultures et situations de communication.

En même temps, on constate que les jeux de mots sont utilisés avec différentes fonctions et finalités selon leurs contextes d'emploi, selon les genres et les préférences individuelles des locuteurs et selon les publics visés. Les jeux de mots apparaissent dans les répliques amusantes dans la communication quotidienne et dans les discours et allocutions lors de fêtes en famille. Au cours de l'acquisition du langage, les enfants découvrent la matérialité de la langue en jouant avec les sons et les structures de la langue et en prenant plaisir à manipuler et à déformer des mots connus. Dans les cours de récréation et lors de fêtes en famille ou avec des amis, le fait de savoir raconter de « bonnes » blagues peut créer un divertissement partagé et contribuer à la reconnaissance et à la réussite sociale de l'individu (voir Winter-Froemel 2018b ; sur les combles comme un type particulier de blague / devinette, voir aussi Rabatel 2018 ; Winter-Froemel 2018d).

Outre ces contextes privés, qui pourraient s'illustrer encore par de nombreux autres exemples, les jeux de mots représentent également un phénomène important de la vie publique. Ils apparaissent fréquemment dans les titres d'articles de presse (voir par exemple Jaki 2015 ; Sullet-Nylander 2018) et dans les annonces publicitaires dans les journaux et revues (voir par exemple Favreau 2018 ; Tallarico 2018 ; voir aussi Favreau, ce volume ; Lavoix, ce volume ; Louis, ce volume), où ils servent à attirer l'attention des récepteurs et à améliorer la mémorisation des messages. De plus, on peut encore mentionner ici la communication politique ou religieuse (voir par exemple le jeu de mots dans Mathieu 16:18, « tu es Pierre, et sur cette pierre je bâtirai mon Église »).

Dans la communication digitale en ligne, dans les médias nouveaux et les nouvelles traditions discursives introduites dans ce domaine, ils semblent se prêter particulièrement bien à certains types d'emplois fortement marqués par la brièveté des énoncés, par exemple les messages échangés via ce qu'on appelle les « médias sociaux » ou les commentaires en ligne. Dans la communication en ligne, on peut observer de plus que la portée communicative d'énoncés particuliers peut être énorme. Certains jeux de mots peuvent ainsi avoir un effet viral et se diffuser avec une rapidité et à une échelle internationale considérable (sur la viralité et les médias, voir aussi les contributions dans Reggiani et Santone 2024).

Il convient en outre de mentionner la forte présence des jeux de mots dans les espaces urbains et dans les paysages linguistiques (*Linguistic Landscapes*) en général, par exemple, sur les enseignes commerciales (voir par exemple Hammer 2018), sur les affiches publicitaires ou dans les graffitis, autocollants, etc. (voir aussi Winter-Froemel 2016d), jusque dans des marques de voiture comme la *DS* (*déesse*) de Citroën.

Enfin, les jeux de mots représentent aussi un élément important de différents types de productions artistiques. Par exemple, ils apparaissent dans les textes littéraires pour des publics variés (incluant adultes, enfants et jeunes ; voir par exemple Jeandillou 2018 ; Mercier-Faivre, ce volume), dans les sketchs d'humoristes, dans les performances de slameurs et slameuses (voir par exemple Vorger 2018), chez les comédiens stand-up (voir à cet égard également Winter-Froemel et Zirker 2011), dans la satire politique, etc. Dans les textes littéraires, les jeux de mots peuvent fonctionner comme une marque distinctive de certains auteurs comme Rabelais (voir déjà Sainéan 1922/1923 ; puis par exemple Bonhomme 2018), Molière, Marivaux (voir par exemple Oster 2015), Queneau (voir par exemple Kemmner 1972 ; Rauch 1982), Perec (voir par exemple Di Blasio 2015) et plus généralement, les auteurs de l'Ouvroir de littérature potentielle / Oulipo (voir par exemple Poier-Bernhard 2012, 2018 ; Loubet-Poëtte 2018), Frédéric Dard / San-Antonio (voir par exemple Rădulescu 2018 ; Galli, ce volume), etc. (pour un panorama, voir par exemple Winter-Froemel 2009). Un autre domaine de prédilection est celui de la bande dessinée, certaines séries étant fortement marquées par la présence de jeux de mots, par exemple *Astérix* de Goscinny et d'Uderzo (voir par exemple Grassegger 1985 ; Blancher 2015). De plus, on note que dans les bandes dessinées, comme dans les contextes publicitaires et dans la communication en ligne, les jeux de mots combinent souvent une dimension textuelle et une dimension picturale, c'est-à-dire que le message textuel est accompagné par des images ou d'autres contenus visuels, de sorte qu'il s'agit de messages multimodaux ou de discours pluricodes (voir Klinkenberg 1996 : 176–181 ; pour des réflexions générales sur une sémiotique des signes visuels, et en particulier, sur les signes visuels iconiques ou icônes visuelles, voir Klinkenberg 1996 : 287–329).

Malgré leur grande variété et diffusion, les jeux de mots ont occupé une place plutôt marginale dans la recherche antérieure, surtout en ce qui concerne leur systématisation, leur présence dans différentes langues et cultures et l'étude de leur évolution à travers le temps. Alors que les recherches sur l'humour sont bien établies dans le contexte international et que ce phénomène a été largement abordé par rapport à ses aspects psychologiques et (potentiellement) universaux (voir par exemple Freud 1905 ; Huizinga [1938] 1987 ; Bergson [1940] 1993 et le domaine des *humo(u)r studies* avec, entre autres, les ouvrages encyclopédiques et manuels dirigés par Attardo (par exemple Attardo [1994] 2024 ; voir aussi Attardo 2018), la dimension linguistique, qui est mise en avant par la notion de *jeu de mots*, est plutôt restée à l'arrière-plan. En même temps, on constate un manque de travaux interdisciplinaires, alors que ceux-ci paraissent particulièrement aptes à tenir compte de la complexité inhérente des jeux de mots.

Pour combler ces lacunes et pour mettre en avant les dimensions historique et dynamique du jeu de mots, un projet de recherche interdisciplinaire et international a été lancé en 2013. De ce projet, financé par la *Deutsche Forschungsgemeinschaft* (DFG), est issue la collection de volumes *The Dynamics of Wordplay / La dynamique du jeu de mots* (DWP), dont l'orientation générale sera exposée ci-dessous (2). Ensuite, ce chapitre introductif présentera des réflexions sur le rôle des jeux de mots dans l'actualité francophone et exposera les objectifs de ce volume. On commencera par une présentation du volet « pratique » de ce volume tel qu'il se traduit par les interviews qui ont été menées avec des « praticiennes » et « praticiens » du jeu de mots (3). Les questionnaires prévoyaient, d'une part, une série de questions sur les propres expériences avec les jeux de mots, d'autre part, une série de questions invitant les personnes interviewées à réfléchir sur certains aspects théoriques du jeu de mots. Les questions de ce dernier type renouaient avec les thématiques des volumes antérieurs de la collection (et un volume en cours de préparation). La section 3 servira ainsi à commenter les questionnaires et à donner une synthèse des réponses données dans les interviews. S'y enchaînera une présentation de toutes les contributions de ce volume (4), après laquelle on esquissera quelques pistes à poursuivre dans les recherches sur les jeux de mots, ainsi qui des découvertes qui restent à faire – et on terminera sur quelques mots de remerciements (5).

2 La dynamique du jeu de mots et la collection de volumes *The Dynamics of Wordplay* (DWP)

Dans la recherche académique traditionnelle, les jeux de mots sont souvent restés à l'arrière-plan : pour les disciplines qui semblent être les plus immédiatement concernées par ce sujet – les études littéraires, la rhétorique, la stylistique et la linguistique – on peut relever une série d'études sur l'emploi du jeu de mots chez des auteurs ou dans des ouvrages particuliers, mais un manque d'études systématiques focalisant les jeux de mots en tant qu'objet d'études en soi. Pour combler cette lacune, le projet de recherche interdisciplinaire « La dynamique du jeu de mots » (financé par la *Deutsche Forschungsgemeinschaft*, 2013–2018) a été conçu. Le projet visait à réunir des perspectives de linguistique et de littérature pour étudier le jeu de mots en tant que phénomène éminemment historique et dynamique. Le projet initial était défini autour de trois axes de réflexion majeurs : jeux de mots et contacts linguistiques, jeux de mots et innovations linguistiques, et jeux de mots et interaction entre le producteur et le récepteur.

Concernant le premier aspect, les jeux de mots et les contacts linguistiques, le projet visait à aborder les questions suivantes : comment la dynamique des jeux de mots se manifeste-t-elle dans des situations de contact linguistique ? Comment peut-on jouer sur les mots en confrontant différentes langues ou variétés de langue ? Dans quelle mesure les phénomènes de contact linguistique constituent-ils un terrain privilégié pour jouer avec les mots ? Quels types de jeux de mots multilingues peut-on distinguer ? Quelles peuvent être les fonctions des jeux de mots multilingues ? Comment les jeux de mots multilingues sont-ils perçus ? Comment traduire les jeux de mots ? Et qu'en est-il de leur prétendue nature intraduisible ? etc.

Quant au deuxième aspect, les jeux de mots et les innovations linguistiques, le projet était conçu pour répondre aux questions suivantes : comment la dynamique des jeux de mots se manifeste-t-elle dans l'utilisation créative de la langue ? Où se situent les transitions entre les jeux de mots et les innovations linguistiques « normales » et tant que phénomène régulier de l'évolution de toute langue ? Quelle est l'importance des innovations ludiques pour le développement du lexique d'une langue ? Comment concevoir la relation entre les jeux de mots et l'ambigüité, ainsi qu'entre les jeux de mots et le langage figuratif ? Dans quelle mesure les jeux de mots impliquent-ils une réflexion sur les relations formelles et sémantiques entre les différents mots du lexique d'une langue ? etc.

Le troisième aspect, les jeux de mots et l'interaction entre le producteur et le récepteur, intégrait les questions de recherche suivantes : comment la dynamique du jeu de mots se manifeste-t-elle dans la communication ? Quels types de stratégies communicatives peuvent s'observer dans les jeux de mots ? Quel est le rôle de l'auditeur, du lecteur ou du public quand se réalisent des jeux de mots dans différents types de contextes interactionnels ? Comment les jeux de mots sont-ils utilisés dans l'interaction sociale ? Quelles sont des situations de production et de réception typiques pour les jeux de mots ? Quels facteurs situationnels doivent être pris en compte dans l'étude des jeux de mots ? etc.

Pour étudier ces trois aspects fondamentaux, le but du projet était de réunir des analyses de jeux de mots dans différentes langues et à différentes époques, et selon différentes approches disciplinaires. De plus, le projet prévoyait des échanges constants avec des « praticiennes » et « praticiens » du jeu de mots – par exemple, des auteurs, comédiens, etc. – pour confronter et faire dialoguer des perspectives théoriques et pratiques. Outre une série de réunions des quatorze membres du projet, auxquelles participaient régulièrement aussi d'autres invités, ont eu lieu deux colloques internationaux qui intégraient également des ateliers pratiques et des interventions d'artistes. À l'heure actuelle, la collection de volumes *The Dynamics of Wordplay / La dynamique du jeu de mots* (DWP) compte neuf volumes collectifs (en anglais ou en français) et un volume monographique publiés. Au total, les onze volumes (y compris le volume présent) réunissent plus de 120 contributions sur différents aspects de la thématique globale.

Tous ces travaux antérieurs confirment la richesse du phénomène et la très grande variété des jeux de mots. En ce qui concerne la définition du phénomène même, les recherches et discussions ont montré que, même si la nature d'un jeu de mots prototypique semble être assez claire, il y a de nombreux cas qui peuvent se considérer comme plus controversés. Or, le projet était porté par la conviction que ce sont précisément les cas plus marginaux, moins typiques, qui peuvent apporter des éclaircissements précieux sur le phénomène en question, et que, étant donné le caractère historique et dynamique du jeu de mots, il est nécessaire d'adopter une approche suffisamment large. Ainsi, on peut faire une distinction entre les jeux de mots prototypiques, au sens étroit du terme, et les jeux de mots au sens large. Pour les premiers, la définition suivante peut être proposée :

> Le terme *jeu de mots* englobe un ensemble de figures rhétoriques jouant sur le sens et les sonorités et dans lesquelles les significations de mots similaires ou identiques sur le plan phonétique sont juxtaposées de manière surprenante et 'ludique'.
> ('Der Begriff 'W.[ortspiel]' umfaßt eine Gruppe rhetorischer Sinn- und Klangfiguren, bei denen 'spielerisch' die Bedeutungen lautähnlicher oder lautgleicher Wörter überraschend gegenübergestellt werden.' ; Winter-Froemel 2009 : 1429, voir aussi Winter-Froemel 2016a : 37)

Quant à une conception plus large de la notion du phénomène et la difficulté de proposer une définition du jeu de mots au sens large, plusieurs contributions à un volume antérieur de la collection ont relevé ce défi (voir le « forum de discussion » / « discussion forum » dans Knospe, Onysko et Goth 2016, avec les contributions Winter-Froemel 2016a ; Thaler 2016 ; Lecolle 2016 ; Onysko 2016 ; Knospe 2016 ; voir aussi Rabatel 2021).

Pour poursuivre ces réflexions et pour contribuer aux recherches qui mettent au premier plan la richesse et la complexité des jeux de mots, ce volume propose un croisement de perspectives sur les jeux de mots dans le monde francophone contemporain, réunissant différentes disciplines académiques et approches théoriques aussi bien que les expériences pratiques de personnes pour lesquelles les jeux de mots jouent un rôle dans leur vie professionnelle. L'accent sera mis sur les jeux de mots dans l'actualité, en intégrant différentes régions francophones. En même temps, poursuivant l'approche sur laquelle se sont basés les volumes antérieurs de la collection DWP, on adoptera une approche large, qui n'inclut pas seulement des exemples prototypiques, mais aussi des réalisations potentiellement marginales de ce phénomène, et les interfaces entre les jeux de mots et d'autres phénomènes – par exemple, l'argot, la rime, les jeux sur les sonorités, les « fautes » dans l'acquisition du langage, la dimension picturale, l'utilisation manipulatrice du langage, la dimension potentiellement sérieuse des jeux de mots, etc.

3 Les perspectives des « praticiennes » et « praticiens » du jeu de mots : présentation du questionnaire et synthèse des réponses

Une conviction fondamentale du projet original et de la collection de volumes *The Dynamics of Wordplay / La dynamique du jeu de mots* (DWP) était que la recherche gagnerait à accorder une place privilégiée non seulement aux échanges entre différentes disciplines académiques, mais aussi au dialogue entre perspectives académiques / analyses théoriques, d'une part, et perspectives professionnelles / expériences pratiques, d'autre part, puisque ces différents types d'échanges apportent tous des éclaircissements précieux et uniques sur la thématique étudiée. La richesse et l'importance théorique des apports qui peuvent être obtenus par de tels croisements de perspectives ont déjà été illustrées par le volume DWP 8 de la collection, focalisé sur les jeux de mots dans le contexte germanophone actuel (Winter-Froemel 2018a). Dans le volume présent, qui vise à répéter en quelque sorte cette expérience pour le contexte francophone, cette volonté d'intégrer le(s) dialogue(s) avec les « praticiennes » et « praticiens » du jeu de mots se traduit par différents types de contributions particulières, entre autres les interviews avec des « experts de jeux de mots » pratiquant les jeux de mots d'une manière ou d'une autre dans leur vie professionnelle (pour d'autres types de contributions apportant également des expériences personnelles autour des jeux de mots, voir la présentation de toutes les contributions dans la section suivante, 4.).

Toutes les interviews se basaient sur un même questionnaire afin de permettre des rapprochements et des comparaisons des différentes réponses. Il était toutefois possible de ne pas répondre à certaines questions, de sorte qu'il y a de légères divergences entre les questions qui apparaissent dans les quatre interviews contenues dans ce volume (Douzou, ce volume ; Jung, ce volume b ; Élémo, ce volume ; Louis, ce volume ; sauf indication contraire, les commentaires relatifs aux interviews et les citations qui en sont extraites se réfèrent par la suite à ces quatre contributions).

Pour toutes les interviews, les questions sont organisées en deux parties majeures, la première, intitulée chaque fois « expériences », focalisant les expériences personnelles avec les jeux de mots et la pratique individuelle du jeu de mots dans la propre vie professionnelle (et personnelle), la deuxième invitant les interviewés à des réflexions générales sur certaines caractéristiques fondamentales du jeu de mots.

Les questions de ce deuxième groupe sont structurées en blocs thématiques qui s'inspirent directement des thématiques des volumes antérieurs (ou en cours de préparation) de la collection DWP. La partie « réflexions » commence ainsi avec les questions suivantes :

> *Dans quelle mesure le jeu de mots est-il lié à une réflexion générale sur le langage ou sur la communication et les interactions verbales ? Dans quelle mesure les jeux de mots impliquent-ils une réflexion sur les caractéristiques fondamentales du langage ?*

Ces questions concernent la dimension métalinguistique et métadiscursive du jeu de mots, qui a également été abordée dans le volume DWP 1 *Wordplay and Metalinguistic / Metadiscursive Reflection. Authors, Contexts, Techniques, and Meta-Reflection* (Zirker et Winter-Froemel 2015). Différents aspects de cette thématique sont évoqués dans les interviews du volume présent. Olivier Douzou fait valoir l'importance d'attitudes et de pratiques ludiques lors de l'acquisition du langage et évoque les frontières (très) floues entre jeux de mots et « fautes » dans l'acquisition (ou l'apprentissage) des langues (voir aussi Mercier-Faivre, ce volume ; Posth, ce volume). De même, une réflexion métalinguistique ou du moins une conscience de certaines caractéristiques fondamentales du langage (ce qui est décrit par Jung, comme « l'ébauche d'une réflexion ») se reflète également dans la description du jeu de mots comme un « acte de faire un petit pas de côté » et une « prise de distance par rapport au *hier und jetzt* [ici et maintenant, EWF] du moment » (Jung), ainsi que dans des descriptions du jeu de mots comme une pratique qui détourne ou « twiste » des structures linguistiques existantes (Louis ; pour repérer d'autres références à la conception du jeu de mots comme un détournement, on pourra consulter l'entrée « détournement » de l'index de ce volume ; de même pour des notions comme l'apprentissage ou la dimension métalinguistique des jeux de mots). Les jeux de sonorités et les jeux d'associations décrits par Élémo illustrent finalement un travail avec des unités du lexique qui sont homophones ou paronymiques, présentant des structures phoniques identiques ou similaires. Élémo confirme également l'importance de cette dimension du jeu de mots : « Définitivement, les jeux de mots permettent de comprendre comment fonctionne le langage ».

Un autre aspect encore est évoqué par Antoine Louis, quand il commente la dimension historique des expressions sur lesquelles les jeux de mots se basent, et quand il fait observer des changements majeurs concernant la diffusion de nouvelles expressions dans la communication digitale. En jouant sur des structures plus ou moins traditionnelles – par exemple, sur des proverbes « établis », consacrés par l'usage, ou par contre sur des mêmes très récents –, on joue aussi avec la temporalité des expressions concernées. Pour faire un jeu de mots réussi, il est par conséquent aussi nécessaire de tenir compte de cette dimension temporelle, et de « capter » l'état actuel de l'évolution de la langue et des traditions langagières.

Y a-t-il des domaines ou des thématiques qui se prêtent particulièrement bien aux jeux de mots ? Dans quelle mesure le jeu de mots touche-t-il aussi (ou peut-il toucher aussi) des domaines et des thèmes sérieux ?

C'est la question des enjeux du jeu de mots qui est fondamentale ici, question à laquelle se sont dédiées également les contributions contenues dans le volume DWP 2 *Enjeux du jeu de mots. Perspectives linguistiques et littéraires* (Winter-Froemel et Zirker 2015). On note dans différentes interviews du volume présent que les thématiques quotidiennes se prêtent bien aux jeux de mots et que les jeux de mots peuvent ainsi se produire – ou sortir – facilement dans la vie quotidienne (voir l'exemple « tu me descends le saladier ? » cité par Jung). Élémo, par contre, observe une moindre fréquence des jeux de mots au quotidien. Néanmoins, dans ses réponses à d'autres questions, il évoque aussi des occurrences de jeux de mots et d'humour verbal dans des contextes familiaux ou entre amis, la frontière entre jeux de mots et malentendus ou quiproquos s'avérant être (très) floue. Pour le domaine de la publicité, Louis fait observer la longue tradition des jeux de mots dans le domaine de la grande consommation, pour les produits qui ne coûtent pas cher, et pour des champs sémantiques comme l'alimentation, qui peuvent se décrire comme « quelque chose d'assez simple, d'assez basique, d'assez quotidien ».

Concernant la possibilité d'aborder aussi des thèmes sérieux par des jeux de mots, cette option est confirmée par les interviews de manière générale (voir en particulier Élémo et Louis, qui décrit la fonction du jeu de mots dans ce contexte comme celle d'un « levier »). A priori, les jeux de mots ne semblent ainsi pas être limités quant à leurs thématiques. Ils peuvent véhiculer, sur un ton très humoristique ou sur un ton plus sérieux, différents types d'enjeux, incluant des enjeux tout à fait sérieux, engagés ou émouvants, par exemple quand des contenus graves sont abordés. De même, les jeux de mots peuvent servir à des fins de manipulation, de dénigrement ou d'exclusion de personnes co-présentes ou absentes lors de l'échange communicationnel (voir à cet égard aussi Goldschmitt, ce volume, qui analyse des exemples de vannes dans l'immédiat communicatif servant à taquiner ou à se moquer d'autres personnes ; voir aussi le volume DWP 10 dédié aux relations entre jeux de mots et phénomènes d'exclusion ; Winter-Froemel 2025a).

Toutefois, on note aussi certaines réserves concernant l'emploi de jeux de mots dans des contextes sérieux : Jung fait observer que les jeux de mots peuvent être plus ou moins appropriés selon la situation concrète, et Douzou souligne la difficulté de mélanger des thèmes sérieux et une tonalité ludique. L'emploi du jeu de mots, et aussi de certains types de jeux de mots, dépend ainsi également de la finalité de la communication et des textes ou énoncés produits, et de l'attitude des récepteurs qui est anticipée lors de la production du texte ou du discours.

Une certaine tension entre les jeux de mots et une attitude ludique, d'une part, et les attentes de certains récepteurs qui cherchent des textes « sérieux » et « conventionnels », d'autre part, est également évoquée dans la dernière réponse d'Olivier Douzou et par Antoine Louis, quand il décrit certaines réactions critiques de clients envers des propositions d'accroches perçues comme étant trop ludiques, trop osées, etc.

> *Dans vos textes et dans vos jeux de mots, y a-t-il une importance particulière d'autres langues ou de processus de traduction entre différentes langues ou variétés de langues ?*

Cette question renvoie à la thématique du volume DWP 3 *Crossing Languages to Play with Words. Multidisciplinary Perspectives* (Knospe, Onysko et Goth 2016) ; en même temps, elle concerne le premier axe de réflexion du projet initial (« contacts linguistiques »). Douzou souligne que les jeux de mots peuvent représenter un défi lors de la traduction des textes en d'autres langues, de sorte que le jeu de mots peut aussi représenter une barrière.

Quant à l'importance des contacts linguistiques pour les jeux de mots, les interviews témoignent d'une importance variable de cet aspect. Les personnes interviewées décrivent différents types de contacts avec d'autres langues qui peuvent inciter à des jeux de mots plurilingues, et de manière générale, créer une certaine distance par rapport à leur langue, et faciliter une attitude ludique envers le langage : les contacts entre le français standard et le dialecte alémanique en Alsace (voir Jung), les contacts avec des langues apprises à l'école ou ailleurs (voir Louis), les contacts entre le français et le créole haïtien jouant un rôle dans la propre biographie linguistique (voir Élémo), etc.

Ainsi, l'importance d'autres langues pour la propre pratique du jeu de mots semble fortement varier selon les locuteurs individuels. Elle peut être perçue comme peu significative, mais le « fait de vivre à l'étranger, et d'être confrontée quotidiennement à une autre langue que la mienne » est aussi décrit comme une des principales sources d'inspiration pour les jeux de mots (Jung ; voir également Louis).

De telles attitudes ludiques impliquant à la fois plusieurs langues sont aussi illustrées par différents exemples cités dans les interviews : par exemple, Jung mentionne la chanson *Formidable* de Charles Aznavour (« how can you see me, see me, see me si minaaaable ») et le médicament de *l'hibouprofène*, Louis cite un slogan mélangeant le français et l'anglais en insérant le mot français *frites* dans une citation anglaise de Kanye West, etc.

Dans quelle mesure les jeux de mots sont-ils pour vous un signe de créativité ? Y a-t-il des limites de la créativité lorsque l'on joue avec les mots et la langue ?

La question de la créativité et des liens entre jeu de mots et créativité est une autre question fondamentale dans le domaine des jeux de mots. Cette question a aussi été abordée par les contributions du volume DWP 4 *Jeux de mots et créativité. Langue(s), discours et littérature* (Full et Lecolle 2018).

À cet égard, malgré la divergence des domaines d'activité des personnes interviewées pour le volume présent (la littérature jeunesse, l'enseignement universitaire, le slam, la publicité), le jeu de mots est perçu comme offrant la possibilité de déployer la créativité, en pratiquant, par exemple, une « invention totale » dans les livres d'enfants où « [t]out est permis » (Douzou), une « créativité du quotidien » (Jung), ou en explorant, dans le domaine du slam, les « possibilités […] vraiment infinies » et l'absence de limites.

De plus, Élémo et Louis évoquent la notion d'originalité, qui peut représenter un certain défi, par exemple lorsqu'il s'agit de jouer sur des mots de haute fréquence, puisqu'il y a un grand nombre de « jeux de mots qui ont déjà été faits » (Louis). Dans ce contexte, Louis note que plus un jeu de mots est perçu comme étant simple et évident, plus il sera apprécié. Une réflexion similaire apparaît aussi dans l'interview de Raphaëlle Jung quand elle décrit la caractéristique d'être presque attendu comme un signe de qualité du jeu de mots – remarquant également le caractère paradoxal de ce trait : « Paradoxalement, un bon jeu de mots est aussi celui que l'on attend, dont on pressent l'arrivée parce qu'on l'a si souvent entendu » (la dimension paradoxale du jeu de mots sera reprise aussi dans Winter-Froemel, ce volume c). Ainsi, il s'agit de jeux sur le connu et avec le connu, en jouant sur une variation inattendue (mais aisément décodable).

Dans quelle mesure le fait de jouer avec les mots vous donne-t-il la possibilité d'élargir les possibilités d'expression de la langue et du vocabulaire ?

Le niveau lexical occupant une place primordiale dans les jeux de mots – voir déjà le terme même de jeu de *mots* –, la question des interactions entre la dynamique des jeux de mots et la dynamique lexicale a été mise au centre du volume DWP 5 *Expanding the Lexicon. Linguistic Innovation, Morphological Productivity, and Ludicity* (Arndt-Lappe et al. 2018; voir aussi Winter-Froemel 2016b, 2018c, 2021).

Concernant cet aspect, Élémo souligne très clairement les liens étroits entre la pratique des jeux de mots et la maîtrise du vocabulaire de la langue, de sorte que l'enrichissement du propre vocabulaire et l'élargissement des possibilités pour faire des jeux de mots vont de pair. Jung fait remarquer en particulier ce qu'elle nomme le « pouvoir pictural » du jeu de mots, à savoir sa capacité d'évoquer des images nouvelles dans les têtes des récepteurs. Ce pouvoir du jeu de mots est également confirmé par différents exemples cités par Douzou et Louis (pour d'autres exemples du domaine de la littérature d'enfants / littérature de jeunesse, voir également Mercier-Faivre, ce volume).

Un autre aspect fondamental de cette dimension du jeu de mots s'observe quand Louis décrit comment le jeu de mots peut servir à mettre en tension des notions, et qu'il peut devenir « presque un médium à part entière » qui permet de raconter, de manière indirecte et décalée, un message différent. De plus, le jeu de mots peut également fonctionner comme une invitation adressée aux récepteurs à continuer le jeu avec la langue : « Ça permet aux gens de comprendre que tout est possible et qu'on peut être très créatifs » (Élémo ; voir aussi Douzou).

> *Considéreriez-vous le jeu de mots comme une pratique culturelle ? Y a-t-il des schémas et des techniques spécifiques que vous utilisez lorsque vous jouez avec les mots et le langage ? Est-il important pour vous que le jeu s'inscrive dans une culture ou une tradition particulière (ou plusieurs) ?*

Cet ensemble de questions s'inspire de la thématique du volume DWP 6 *Cultures and Traditions of Wordplay and Wordplay Research* (Winter-Froemel et Thaler 2018). Dans le volume présent, les réponses à ces questions font clairement ressortir que l'importance de certains types de jeux de mots peut varier considérablement selon la langue et selon l'importance de phénomènes comme l'homophonie dans les langues particulières (voir Jung). Le fait que les jeux de mots sont enracinés dans une langue et culture particulières transparaît aussi dans des réponses à d'autres questions du questionnaire, par exemple lorsque Douzou souligne les difficultés que peut poser la traduction des jeux de mots.

Concernant le rôle de schémas et de techniques spécifiques servant à la production de jeux de mots, les interviews témoignent d'un large éventail de procédés dont les locuteurs peuvent se servir pour créer des jeux de mots. Ces procédés se réfèrent à des aspects formels / structurels et sémantiques et incluent des traditions explicites, bien définies et catégorisées (par exemple, les palindromes, les contrepèteries, les homonymies, les paronymies, les calembours, les portemanteaux, les charades, les rébus, les doubles sens / le *double entendre*, les *punchlines*, les allitérations, les assonances, les paronomases, les vers holorimes, les paradoxes) aussi bien que des techniques individuelles (par exemple, le fait de séparer les mots en syllabes pour ensuite chercher des homonymes ou des paronymes, voir Élémo, ou encore des jeux d'associations tels qu'ils sont décrits par Louis : *écoute – écouter – parler – se taire – entendre – ...*) et des cas où certaines structures de la langue incitent à des jeux de mots sans être exploitées de manière consciente, par exemple, l'homophonie entre le fr. *ver (de terre)* et le fr. *vers (en poésie)* (voir Douzou). De plus, le jeu avec différents types de variétés de la langue et différents types de variantes lexicales occupe souvent une place importante, par exemple, les jeux sur les registres, l'argot, le verlan, etc. (voir aussi Hardy, ce volume).

> *Quel rôle le contexte joue-t-il dans les jeux de mots ? Dans quels contextes jouez-vous avec les mots et le langage ? Et y a-t-il aussi des contextes dans lesquels ne jouez-vous pas avec les mots et le langage ? Y a-t-il des contextes dans lesquels les jeux de mots fonctionnent particulièrement bien ou, inversement, des contextes dans lesquels les jeux de mots sont difficiles ou ne fonctionnent pas, ou sont à éviter ?*

Les questions sur le rôle du contexte reprennent la thématique du volume DWP 7 *Jeux de mots, textes et contextes* (Winter-Froemel et Demeulenaere 2018). Cette thématique enchaîne aussi avec la question des enjeux du jeu de mots du volume DWP 2 (Winter-Froemel et Zirker 2015), mais met l'accent plus particulièrement sur les conditions dans lesquelles les jeux de mots se produisent, sur les différents types de contextes pertinents et leurs rôles respectifs.

Dans les interviews présentées dans ce volume, les conversations en famille ou entre amis ressortent comme des occasions privilégiées et des contextes préférés pour l'emploi de jeux de mots : « Les meilleurs jeux de mots nous viennent comme ça, [...] en pleine conversation » (Jung ; voir également Douzou et Louis). De plus, cette pratique du jeu de mots dans des contextes informels, dans des situations de l'immédiat communicatif, est parfois perçue comme représentant en quelque sorte la base pour ensuite pratiquer le jeu de mots aussi dans d'autres contextes, par exemple, en écrivant des livres pour enfants (voir Douzou) ou en concevant des accroches publicitaires (voir Louis). Douzou et Élémo soulignent, de plus, l'importance des contextes d'oralité pour leur propre pratique des jeux de mots.

Pour les jeux de mots dans le domaine de la publicité, le contexte situationnel extérieur joue un rôle fondamental : ainsi, quand on élabore les jeux de mots, il s'agit aussi de tenir compte de l'endroit concret où le message publicitaire sera affiché, par exemple, sur des moyens de transport ou dans d'autres types de lieux publics, etc. (voir Louis). De plus, des facteurs extérieurs comme le temps météorologique actuel peuvent se refléter dans les jeux de mots. Un autre aspect de l'importance de contextes particuliers, finalement, se présente avec des « contextes de la contrainte » comme les contextes juridiques, qui peuvent défendre de faire certains jeux de mots, mais qui peuvent également stimuler la créativité pour « trouver des solutions » (Louis).

Dans de nombreuses réponses sont évoqués également d'autres aspects contextuels, incluant le contexte linguistique immédiat et le code linguistique (la ou les langues particulières dans lesquelles le jeu de mots se réalise), etc.

Dans ses réponses aux questions suivantes du questionnaire, Douzou souligne, en outre, la nécessité de considérer le contexte dans lequel les jeux de mots sont utilisés, du fait que leur tonalité peut changer complètement si on les considère hors contexte. Ainsi, le caractère plus ou moins approprié, plus ou moins adéquat ou réussi d'un jeu de mots ne pourra pas être évalué si on fait abstraction du contexte dans lequel le jeu a été produit. On peut donc voir ici un plaidoyer en faveur d'une analyse des jeux de mots dans l'interaction, en tenant compte de la complexité de l'échange communicationnel et des facteurs externes et contextuels (voir aussi le troisième axe de réflexion du projet initial sur la dynamique des jeux de mots décrit ci-dessus, 2).

> *Y a-t-il de mauvais jeux de mots ? Pensez-vous qu'il soit légitime de dire qu'un jeu de mots particulier est « bon » ou « mauvais » ? Quel est l'intérêt d'analyser les jeux de mots ? Ou bien perdent-ils alors leur charme et devraient-ils être tout simplement appréciés ?*

Les réponses données à cette question dans les interviews témoignent du fait que les jeux de mots provoquent très souvent des réactions émotionnelles et parfois très fortement évaluatrices, soit sous forme d'appréciation passionnée, soit sous forme de jugements négatifs très marqués (voir à cet égard aussi l'expression figée « sans mauvais jeu de mots » évoquée par Louis). Les jeux de mots semblent ainsi comporter nécessairement une dimension subjective, qui doit non seulement être admise si on essaie d'analyser les jeux de mots dans une perspective académique, mais qui pourrait aussi être focalisée en elle-même, ouvrant de nouvelles pistes de recherche (voir à cet égard aussi les réflexions de Rabatel, ce volume, sur des perspectives possibles pour la recherche future sur les jeux de mots). Il paraît également intéressant de noter que dans les interviews sont évoqués différents critères sur lesquels les évaluations des jeux de mots peuvent se baser : la question de savoir si le jeu de mots est drôle (voir Douzou), s'il évoque une réaction émotionnelle et a un impact sur le récepteur (voir Élémo et Louis), s'il est puissant, s'il crée un effet de surprise (voir Jung et Élémo), etc. En outre, Élémo fait observer à cet égard le rôle central du récepteur (ou des récepteurs) : « C'est en fonction de la réaction des gens qu'on va comprendre si le jeu de mots fonctionne ou s'il manque de force ». De plus, comme l'observe Louis, les critères de qualité peuvent fortement varier selon les contextes et les publics visés.

Par ailleurs, il paraît intéressant de noter que les jugements négatifs peuvent se référer non seulement à l'évaluation des jeux de mots de tiers, mais aussi à des jeux de mots produits par les locuteurs mêmes. Par exemple, Raphaëlle Jung parle (avec un clin d'œil, qui transparaît malgré la forme écrite de l'interview) de « ma fâcheuse tendance à en user et en abuser [de jeux de mots, EWF] ». Les jugements exprimés par rapport aux jeux de mots pourraient ainsi également faire l'objet de recherches ultérieures, par exemple pour comparer ces types de jugements (souvent négatifs, et se référant souvent aux énoncés du locuteur même) avec des jugements exprimés par rapport à d'autres phénomènes, par exemple, par rapport aux emprunts linguistiques ou aux néologismes (voir par exemple Winter-Froemel 2020).

De plus, la question de la possibilité et de la légitimité – et de l'intérêt – de soumettre les jeux de mots à des analyses théoriques était fondamentale pour le volume DWP 8 *Sprach-Spiel-Kunst. Ein Dialog zwischen Wissenschaft und Praxis* (Winter-Froemel 2018), qui visait à établir un dialogue entre la pratique du jeu de mots et les analyses académiques en se basant sur un contexte germanophone. Ce volume, publié en langue allemande, rassemble des contributions académiques de différentes disciplines (linguistique, études littéraires, rhétorique, phonétique), d'une part, et une série de contributions de « praticiennes et praticiens », d'autre part, et le volume a ainsi également servi de modèle pour le volume présent.

Concernant la légitimité et l'intérêt d'analyser les jeux de mots, Élómo souligne non seulement la possibilité, mais aussi l'importance de combiner la pratique et l'analyse des jeux de mots. Sa réponse confirme ainsi encore une fois que la pratique du jeu de mots est (aussi) ou peut être une pratique réfléchie, consciente, qui implique une réflexion sur le langage et les échanges communicationnels et sur les principes cognitifs et communicationnels qui les guident.

Les locutions verbales et les tournures figuratives jouent-elles un rôle particulier pour vous dans les jeux de mots ?

Cette question fait référence à la thématique du volume DWP 9 *Idioms and Ambiguity in Context. Phrasal and Compositional Readings of Idiomatic Expressions* (Wagner 2021). Il s'agit ici d'un volume monographique qui présente une étude approfondie sur les jeux avec les phraséologismes dans la littérature jeunesse anglophone (sur les rapports entre jeux de mots et phraséologismes, voir également Winter-Froemel 2016c).

Encore une fois, on constate une grande unanimité dans les interviews du volume présent concernant l'importance des locutions figées et des expressions figuratives dans le domaine du jeu de mots, soit pour générer des jeux de mots isolés, soit pour permettre des jeux de mots « en série » qui exploitent des rapprochements de différents champs sémantiques comme par exemple ceux de la nourriture et des jugements de valeur positifs ou négatifs (par exemple, *dévorer un livre, manger ses mots, cuisiner quelqu'un*, etc., voir Jung). Dans une perspective linguistique, ces rapprochements systématiques de différents champs sémantiques pourraient également être mis en relation avec la notion de la métaphore conceptuelle à la suite de Lakoff et Johnson (1980), et avec celle de la métonymie conceptuelle (sur les associations conceptuelles dans les jeux de mots, voir aussi Winter-Froemel 2016a : 26–27 and 39 / 3.4.7 and 5.2.5 ; Onysko 2016).

Louis évoque, de plus, le fait que par leur nature établie et « consacrée » même, les phraséologismes suggèrent que le message exprime une certitude, ce trait pouvant être exploité à des fins publicitaires : « Quand on utilise un proverbe, ce qui est intéressant là-dedans, c'est qu'en fait, c'est une certitude quelque part. Il y a quelque chose de consacré, qui est dans la tête de tout le monde. Et donc, utiliser une expression en la détournant, ça veut dire que dès que tu commences à dire l'accroche, tu sais que tu vas dire un truc qui est implacable. La locution déjà porte en elle les caractéristiques de la conviction quelque part ».

Quelle est l'importance de la connivence entre les producteurs et les récepteurs des jeux de mots ? Y a-t-il aussi des cas où certains récepteurs n'arrivent pas à comprendre un jeu de mots et sont exclus du jeu ? Dans quelle mesure pensez-vous que les jeux de mots donnent également lieu à des processus d'exclusion sociale, ou à l'exclusion de tiers qui ne participent pas au jeu ?

Le volume DWP 10 *Wordplay and Exclusion* (Winter-Froemel 2025a), préparé en parallèle au volume présent, se dédie aux phénomènes d'exclusion qui peuvent s'observer dans la pratique des jeux de mots. Les contributions contenues dans ce volume montrent qu'il s'agit ici d'un aspect fondamental du jeu de mots, la dimension (potentiellement) exclusive du jeu de mots étant indissociable de sa dimension inclusive, qui se reflète dans la connivence qui se crée entre ceux qui participent au jeu (sur la connivence, voir aussi Rabatel 2015). De plus, différentes contributions dans le volume DWP 10 se dédient à des pratiques crypto-ludiques françaises (voir Rabatel 2025 pour des réflexions théoriques, Liu 2025 pour une étude sur la construction de communautés en ligne sur la plateforme X, Hardy 2025 pour une étude sur le *largonji du louchébem*, Winter-Froemel 2025b pour une étude sur le javanais, le loucherbèm, les contrepèteries et le verlan, et Hausmann 2025 pour une étude des jeux de mots dans *L'Ève future* de Villiers de l'Isle-Adam).

L'importance de la connivence est clairement confirmée dans les interviews du volume présent. Il paraît légitime d'affirmer qu'il s'agit ici d'une notion-clé pour la pratique et l'analyse des jeux de mots et de l'humour verbal. En même temps, il paraît intéressant de noter qu'il s'agit d'un terme qui peut être difficilement traduit, ou bien, qui n'a pas d'équivalents exacts dans d'autres langues (notons à cet égard que Haugh et Chang 2025 et Liu 2025 gardent le terme de connivence, en le traduisant par l'angl. *connivance*, au lieu de recourir à d'autres termes que l'on aurait pu envisager, par exemple, la fraternisation du producteur avec le récepteur ou les récepteurs, etc.).

Les interviews font ressortir, de plus, l'importance d'anticiper les réactions des récepteurs, et aussi d'anticiper leurs savoirs et connaissances, pour réussir à créer une telle connivence (voir en particulier Élémo et Louis). On note également que les réactions aux jeux de mots peuvent être très hétérogènes : des jeux de mots particuliers peuvent être perçus de manière très différente selon les récepteurs, par exemple comme très drôles et réussis ou par contre, comme trop osés, exagérés, etc.

De plus, différents aspects d'une exclusion possible transparaissent dans les interviews : certains récepteurs peuvent être exclus du jeu en raison d'un manque de savoirs (linguistique, contextuel ou situationnel, etc. ; voir à cet égard aussi la notion d'exclusion épistémique proposée par Haugh et Chang 2025), mais aussi par le contenu d'un jeu de mots (par exemple, dans le cas de jeux de mots dénigrants ; voir à cet égard aussi les jeux de mots commentés par Lavoix, ce volume, et Winter-Froemel, ce volume b). La non-compréhension d'un jeu de mots, peut, de plus, avoir différents types de conséquences : Douzou souligne son effort d'assurer la compréhension globale du texte même au cas où un jeu de mots pourrait échapper à certains lecteurs ; Louis évoque par contre le fait qu'une affiche publicitaire incompréhensible (par l'emploi d'une langue inconnue ou d'un langage technique très spécialisé) peut être très efficace malgré les difficultés de compréhension rencontrées, puisque cette caractéristique même peut éveiller l'intérêt, améliorer la mémorisation ou faire passer d'autres messages (concernant par exemple l'expertise technique de l'entreprise qui a lancé l'affiche).

Comment décririez-vous l'importance et le statut des jeux de mots dans le monde francophone ?

Cette question reflète l'orientation du volume présent. Alors que les réponses à la question sur la traduction des jeux de mots évoquaient certains défis qui peuvent se poser dans une telle entreprise, ici, les réponses soulignent le fait que le jeu de mots peut servir comme un pont entre différentes régions de la francophonie (« le jeu de mots voyage bien. […] il existe des liens, des trajectoires faciles pour les jeux de mots », Douzou). De plus, dans différentes réponses sont évoquées des notions comme un esprit français, l'importance du langage dans la culture française et le fait que les jeux de mots peuvent s'analyser comme faisant partie de la culture populaire (voir par exemple Louis). Ainsi, il paraît légitime d'affirmer que des jeux de mots particuliers largement répandus, et peut-être aussi une attitude ludique envers le langage en général, peuvent faire partie d'une identité commune.

> *Dans quelle mesure, les jeux de mots peuvent se baser selon vous sur une confrontation d'identités, de langues et de cultures différentes ? Les variétés de langue (accents, dialectes, etc.) ou les langues étrangères vous paraissent-elles être une ressource importante pour les jeux de mots ?*

Ces dernières questions du questionnaire ouvrent finalement des perspectives pour de futures recherches sur une thématique qui sera abordée dans un volume DWP à venir. Cette thématique poursuit les réflexions esquissées dans le volume DWP 3 (Knospe, Onysko et Goth 2016), mais vise à privilégier davantage la mise en contact direct de différentes langues ou variétés linguistiques à travers les jeux de mots ainsi que les enjeux identitaires que le choix d'un certain code – ou d'un mélange de différents codes – implique.

Les interviews confirment encore une fois que la confrontation de différentes langues peut donner lieu à des jeux de mots. De plus, on peut constater que différents aspects peuvent jouer un rôle ici : Jung mentionne « la rencontre entre plusieurs langues, plusieurs prononciations, plusieurs intonations différentes », et Louis cite l'exemple d'une campagne de publicité qui incluait une référence sur l'accent toulousain. Il y a ainsi différents ressorts pour les jeux de mots bilingues ou plurilingues, et on observe différentes modalités de jouer sur les langues et variétés de langues.

4 Présentation des contributions du volume

La structure de ce volume reflète la volonté d'inviter les lecteurs et lectrices à changer régulièrement de point de vue et à découvrir des liens inattendus entre les contributions et les différentes perspectives et approches adoptées. Pour faciliter les changements de perspective, les contributions n'ont pas été organisées en parties thématiques, et la structure du volume mélange des contributions académiques et expérimentales, théoriques et autobiographiques, des contributions sous forme d'articles et sous forme d'interviews, etc. En même temps, pour franchir la structure imposée par l'ordre linéaire des contributions, les lecteurs et lectrices sont invités à consulter l'index de ce volume, qui fait ressortir encore de nombreux autres liens entre les contributions, parfois même entre des contributions qui pourraient apparaître thématiquement éloignées les unes des autres.

Outre l'intégration de contributions sur différents types de jeux de mots dans la francophonie contemporaine et de contributions adoptant différentes approches théoriques, un élément essentiel de ce volume est l'importance accordé aux analyses théoriques aussi bien qu'aux expériences pratiques. Outre les interviews qui ont déjà été commentées dans la section précédente, de nombreuses autres contributions sont également nourries (à des degrés variables) par des expériences personnelles (voir en particulier Rabatel, ce volume ; Lavoix, ce volume ; Véron, ce volume ; Posth, ce volume). Ainsi, la frontière entre contributions « académiques » et contributions de « praticiennes » et « praticiens » du jeu de mots s'avère être très fluide, et les croisements de perspectives qui en résultent peuvent être vus comme un élément essentiel du volume présent.

La contribution « Des jeux de mots dans tous les sens », qui ouvre le volume, présente des réflexions à la fois rétrospectives et prospectives sur la recherche sur les jeux de mots. La contribution est structurée sous forme d'un entretien académique qui présente les réponses à un questionnaire qui avait été envoyé aux membres du comité éditorial de la collection de volumes DWP (pour d'autres réflexions stimulées par les questions envoyées, voir Delabastita 2025 ; dans le même volume on pourra également trouver une version abrégée et traduite des réflexions d'Alain Rabatel ; voir Rabatel 2025). Les questions étaient conçues comme une invitation à réfléchir sur les volumes antérieurs de la collection et les thématiques abordées dans ces volumes ainsi que sur des pistes pour la recherche future et des thématiques auxquelles de futurs volumes pourraient se dédier.

Les réflexions d'Alain Rabatel se basent à la fois sur des expériences personnelles avec les jeux de mots dans la vie quotidienne et sur le propre parcours de recherche, et sa contribution peut se lire ainsi également comme une synthèse ou une introduction à des concepts-clés élaborés dans les travaux antérieurs de l'auteur. Un trait majeur des jeux de mots que Rabatel identifie est le fait qu'ils procurent un plaisir, qui peut être cognitif, émotionnel, esthétique ou interactionnel. En même temps, ils se caractérisent par différents types d'enjeux et par de complexes interactions entre différentes interprétations, codes et modalités de communication, rôles et figures d'auteurs / locuteurs / énonciateurs et auditeurs, etc. Reposant sur des stratégies complexes de confrontation de points de vue et sur une co-construction du locuteur et des auditeurs, les jeux de mots sont un lieu privilégié pour étudier les principes fondamentaux de la dynamique figurale et de la co-énonciation (voir aussi Rabatel 2008). Étant donnée la complexité et diversité des jeux de mots, Rabatel souligne finalement l'importance d'adopter une perspective suffisamment large afin d'inclure les jeux de mots « dans tous les sens ».

La contribution suivante ouvre la série des interviews de « praticiennes » et « praticiens » du jeu de mots. Dans « L'album pour enfant, expérience et réflexion autour du jeu », Olivier Douzou partage des expériences d'auteur et d'illustrateur de livres jeunesse. La contribution fournit des éclaircissements précieux sur le processus de production et d'élaboration des ouvrages de l'auteur et sur des aspects concernant leur réception par différents groupes de lecteurs et lectrices. Dans les réponses de l'auteur transparaît le plaisir d'un jeu « sans limites », dans lequel l'auteur crée « un objet de dérangement » dans un sens positif, mais qui implique aussi que le jeu de mots est vu comme un « petit risque pris ».

S'y enchaîne la contribution d'Anne-Marie Mercier-Faivre « 'Des mamans de bonheur' : le jeu de mots dans les ouvrages pour la jeunesse (France, 1980–2024) », dans laquelle est donné un panorama sur les jeux de mots dans la littérature jeunesse récente. Mercier-Faivre montre que différents types de jeux de mots sont utilisés dans les ouvrages, entre autres en fonction des différentes tranches d'âge auxquelles les ouvrages s'adressent, et que les images qui accompagnent les jeux langagiers jouent également un rôle fondamental. De plus, on peut identifier différents types d'enjeux de la littérature jeunesse ; outre la finalité de faciliter l'apprentissage de la langue et celle de développer la créativité, on observe aussi des jeux sérieux quand les jeux de mots servent à questionner certains éléments de la vie sociale.

La contribution suivante, offerte par Raphaëlle Jung, s'intitule « Flore fantastique de la francophonie ». Comme le titre de cette contribution peut déjà l'indiquer, il s'agit ici d'une contribution artistique. Prenant comme point de départ les noms de différentes plantes et la tradition des ouvrages botaniques, Jung présente un (pseudo-)herbier nourri par des jeux de mots, pour voyager à travers différentes régions de la francophonie. Les descriptions des pseudo-plantes sont illustrées par des dessins originaux réalisés par Raphaëlle Jung, et les liens étroits et le va-et-vient entre les images et les textes qui s'observent ici peuvent être mis en relation avec les expériences rapportées par Olivier Douzou en tant qu'auteur et illustrateur de livres pour enfants, avec les analyses de Mercier-Faivre et avec les exemples tirés des ouvrages de Claude Ponti qui sont commentés par Posth (ce volume). De plus, dans les descriptions des plantes offertes par Jung apparaissent de nombreux autres jeux de mots qui font allusion à des histoires racontées à propos de la francophonie.

Pour compléter cette illustration concrète de la pratique de jeux de mots, la contribution suivante présente les réponses de Raphaëlle Jung au questionnaire pour les « praticiennes » et « praticiens » du jeu de mots. Dans sa contribution « Les jeux de mots entre texte et image : expériences et réflexions », elle offre ainsi un regard sur l'utilisation des jeux de mots dans l'enseignement universitaire, et sur les expériences avec les jeux de mots dans des contextes marqués par d'intenses contacts entre différentes langues.

La contribution suivante de Marc-Olivier Jean « Élémo », « Jeux de mots et jeux de sonorités dans le slam – expériences et réflexions », offre également des perspectives pratiques d'un « artiste des mots », en passant dans le domaine du slam et des ateliers d'écriture. La contribution permet aux lecteurs et lectrices d'accompagner Élémo dans le processus créatif et de partager les découvertes langagières qui peuvent se faire en se basant sur les sonorités des mots et les ressemblances et homophonies qui s'observent dans le lexique. De plus, Élémo souligne l'importance de l'impact des jeux de mots lors des performances devant un public, lorsque les jeux de mots arrivent à susciter des émotions et à transmettre la passion éprouvée pour la beauté et la richesse de la langue.

Dans la contribution suivante, on passe à l'analyse d'un phénomène particulier dans le domaine du rap, où les jeux de mots et les jeux avec les sonorités occupent également une place fondamentale et peuvent s'interpréter comme faisant partie des codes stylistiques établis. Dans « P.U.N.CHLINES ? L'exploitation des sigles dans les jeux de mots de rap français », Joachim Mileschi part du constat surprenant qu'on ne trouve dans ce domaine que peu de jeux de mots prototypiques portant sur les sigles. Après un aperçu général de l'emploi de jeux de mots dans le rap, dans lequel les frontières floues entre rimes et jeux de mots et le concept de la punchline sont également abordés, Mileschi analyse les jeux de mots impliquant les sigles dans le rap français et propose une typologie basée sur l'importance des pôles du signifiant et du signifié ainsi que sur celle du niveau des graphèmes. À partir d'une étude de cas sur les sigles para-synonymiques *VIH / SIDA / MST*, Mileschi propose ensuite d'expliquer la fréquence basse de jeux de mots observés par les propriétés sémantiques et sémiotiques fondamentales des sigles mêmes – leur autonomisation partielle et l'embrayage ambiréférentiel – en ajoutant un troisième facteur important qu'il propose de nommer la « connotation graphématique ». La contribution fournit ainsi des éclaircissements sur le rôle du niveau graphique qui peuvent être mis en relation avec d'autres observations sur les jeux avec les graphèmes (voir par exemple Winter-Froemel, ce volume a).

Avec les trois contributions suivantes, on passe dans le domaine de la publicité. La première de ces contributions, « Quand les mots-valises façonnent les marques : analyse de quelques exemples en publicité », écrite par Hélène Favreau, se dédie à un phénomène particulier, à savoir les mots-valises (ou portmanteaux / portemanteaux, ou amalgames lexicaux, cf. l'angl. *lexical blend, lexical blending*), dont les rapports étroits avec les jeux de mots ont déjà été identifiés dans la recherche antérieure (voir par exemple Renner 2015 ; Sablayrolles 2015 ; Cacchiani et Le Donne 2025). De fait, les mots-valises peuvent s'analyser comme une catégorie en marge du jeu de mots : souvent, ils comportent une dimension ludique, mais ils peuvent apparaître aussi d'une manière (relativement) neutre à cet égard (voir par exemple des mots comme *smog, informatique* ou *motel*). La contribution illustre, d'une part, les enjeux morphologiques des mots-valises étudiés, d'autre part, les enjeux qui sont posés par le contexte publicitaire interactionnel et la finalité pragmatique des messages. L'étude se base sur un échantillon de messages publicitaires multimodaux qui inclut des affiches, des publicités télévisuelles et des campagnes digitales. Les analyses portent sur des aspects formels et structurels aussi bien que sur les conditions qui rendent les messages plus ou moins efficaces dans le contexte communicatif concret, fortement marqué par le principe de l'économie discursive et l'engagement du récepteur dans l'acte de décodage.

La contribution suivante, « *Maggi*, la magie (néo)coloniale : jeux de mots, goûts de pouvoir » est offerte par Camille Lavoix. Elle met au centre de ses réflexions le nom de la marque *Maggi*, dont l'homophonie avec le mot *magie* a été exploitée de manière ludique dès les débuts de la marque, à une époque où l'occultisme était en vogue. On reste ainsi dans le domaine de la publicité, mais pour aborder d'autres types d'enjeux – en particulier, les relations entre jeux de mots / calembours et pouvoir – et pour se pencher sur d'autres domaines géographiques de la francophonie – en particulier, la Suisse et l'Afrique de l'Ouest. Lavoix montre que les stratégies publicitaires peuvent véhiculer aussi des enjeux sociaux-culturels plus globaux, comme dans le contexte germanophobe lors de la Première Guerre mondiale et dans le contexte colonial, quand le produit a été exporté en Afrique. Grâce à l'exemple de la bande dessinée ivoirienne *Aya de Yopougon*, écrite par Marguerite Abouet, Lavoix montre comment le nom de la marque s'est installé dans le lexique, permettant d'ultérieures innovations linguistiques basées sur ce mot, tout en véhiculant des enjeux sociaux coloniaux et sexistes.

Les perspectives sur les jeux de mots dans le domaine de la publicité sont complétées par l'interview d'Antoine Louis, « Jeux de mots, jeux autour des mots dans la publicité – expériences et réflexions ». Illustrées par de nombreux exemples concrets de campagnes publicitaires très variées et par ses expériences avec le projet « Accrochage verbal », les réflexions du concepteur-rédacteur font ressortir différents types d'enjeux liés à l'aspect marché qui représentent des contraintes extérieures, mais peuvent aussi stimuler la créativité. Le jeu de mots se présente ici comme un moyen pour raconter un message qui est déterminé par le brief du client. Quant aux critères qui déterminent la qualité d'une bonne accroche publicitaire, le message raconté doit avant tout être juste. De plus, Louis souligne l'importance de créer de l'impact et de créer un lien émotionnel entre l'annonceur et la personne qui consomme la publicité. Un autre aspect fondamental qui émerge de l'interview est l'importance de la temporalité, puisque les publicités doivent « capter » des tendances actuelles et y référer de manière appropriée.

La contribution suivante est offerte par Stefanie Goldschmitt : « *'Quel est le comble du blagueur ? – C'est d'habiter à Vannes !'* : les vannes dans la distance et dans l'immédiat communicatifs dans la culture francophone ». On passe ici à la communication quotidienne et à un phénomène fortement enraciné dans la culture francophone. De fait, les vannes, et l'action de se vanner, peuvent s'analyser comme des pratiques ou des traditions tout à fait établies, alors que ces concepts n'ont pas d'équivalents directs dans d'autres langues. Or, Goldschmitt montre que sous la catégorie des vannes sont regroupés différents types de phénomènes qu'elle propose de systématiser en se référant à la distinction entre la distance et l'immédiat communicatifs selon Koch et Oesterreicher (2001, [1990] 2011). Alors que les vannes dans la distance communicative, qui sont analysées par Goldschmitt grâce à un corpus Instagram, se rapprochent des calembours, les vannes dans d'immédiat communicatif peuvent s'analyser comme des insultes rituelles impliquant la présence de différents types d'acteurs (le producteur, le récepteur / la cible et un public qui évalue la performance des acteurs).

On passe ensuite à un aperçu de l'emploi de jeux de mots chez un auteur particulier, Frédéric Dard, renommé pour les transgressions linguistiques et littéraires qui imprègnent son œuvre. Dans « Les jeux de mots san-antoniens », Hugues Galli donne un aperçu de différents types de jeux de mots dans la série policière San-Antonio, et fait ressortir leur importance, mais aussi leur rôle ambivalent, dans la mesure où ils ont, d'une part, amusé les lecteurs et lectrices et contribué au succès de l'œuvre, mais d'autre part, fait obstacle à la reconnaissance de l'auteur par la critique littéraire et à la traduction de ses romans.

Dans la contribution suivante, « *Déter, askip, ça graille, tiep, fondance* – Entre jeu, innovation et transgression : procédés morphologiques dans l'argot contemporain », Stéphane Hardy attire à nouveau l'attention sur un phénomène qui présente de fortes intersections avec le domaine des jeux de mots sans toutefois s'y intégrer complètement. De fait, elle considère l'argot français contemporain comme un sociolecte crypto-ludique défini à la fois par son côté ludique, innovateur et transgressif. Se basant sur cinq sources lexicographiques récentes, Hardy analyse les procédés morphologiques mis en œuvre dans les expressions argotiques, notamment les troncations, siglaisons et dérivations. De plus, elle s'intéresse à la valeur expressive des créations et à leurs fonctions pragmatiques et interactionnelles, les réseaux sociaux jouant un rôle-clé dans la diffusion et dans la mise en place des expressions en tant que marqueurs d'une identité collective au sein des communautés de pairs.

Dans « 'takati takite' et 'sisafêrir, tan mye' : jeux et enjeux d'embrouillages phoniques et graphiques chez Boby Lapointe et Raymond Queneau », Esme Winter-Froemel se dédie ensuite à deux artistes / auteurs qui peuvent se considérer comme des « classiques » du domaine des jeux de mots. Offrant une transcription de la chanson « Ta Katie t'a quitté » en *ortograf fonetik* selon Queneau ([1950] 1965), la contribution vise à illustrer les potentialités des jeux sur les niveaux phonique et graphique, mais aussi de montrer que ces jeux touchent à des aspects fondamentaux du fonctionnement du code phonique et du code graphique en français contemporain.

Les deux contributions suivantes mélangent à nouveau des perspectives académiques et des expériences autobiographiques. Dans « Analyser des jeux de mots dans une émission humoristique », Laélia Véron rapporte ses expériences en tant que chroniqueuse dans une émission d'actualité humoristique sur France Inter. Les réflexions de Véron prennent comme point de départ la question de savoir si on peut « analyser linguistiquement et divulguer les mécanismes des jeux de mots, en tant qu'universitaire, dans une émission où vos interlocutrices et interlocuteurs font des jeux de mots ? » En commentant plusieurs exemples concrets, en particulier concernant les phénomènes de l'ironie et des calembours, Véron illustre les défis fondamentaux rencontrés lors de la vulgarisation de perspectives scientifiques portant sur la langue française. De plus, elle rapporte l'expérience de jeux de mots « pas drôles » ayant fait rire les autres participants de l'émission et soulève à cet égard la question de ce qui peut représenter une réaction adéquate, appropriée, à un jeu de mots.

Un autre regard mélangeant perspectives académiques et expériences personnelles est ensuite apporté par Carlotta Posth. Dans « Sur l'île des Zertes avec Daphné Nuphar et un robinet qui fuit : aperçu de l'univers de Claude Ponti », elle réfléchit sur les jeux de mots dans la littérature pour enfants, en croisant la perspective des études littéraires et les expériences d'une mère qui lit les livres à son enfant à haute voix. Cette contribution fait ressortir, à nouveau, des enjeux particuliers du jeu de mots, cette fois-ci en relation avec l'acquisition du langage chez les enfants, et la contribution fait ainsi écho aux expériences rapportées par Douzou (ce volume) et aux commentaires et analyses proposés par Mercier-Faivre (ce volume).

La contribution suivante « Continuités et nouveaux enjeux sociaux dans les jeux avec les noms propres : la tradition des blagues Monsieur et Madame et les noms kahoot », par Esme Winter-Froemel, se dédie à un sous-type de jeux de mots, à savoir les jeux de mots onomastiques. La contribution présente d'abord quelques réflexions générales sur la nature et les enjeux sémiotiques et interactionnels des noms propres. Ensuite sont étudiées deux traditions de jeux de mots onomastiques : les blagues Monsieur et Madame et les noms kahoot. Dans les deux cas, les analyses se basent sur des recueils / des listes d'exemples qui sont accessibles en ligne, mais tiennent également compte des scénarios d'interaction directe dans lesquels les blagues et les noms kahoot peuvent être utilisés. Les analyses font ressortir des continuités, mais aussi des divergences majeures qui concernent entre autres les enjeux sociaux des différents jeux. Pour les noms kahoot, le contexte de la communication entre les jeunes (voir aussi Goldschmitt, ce volume ; Hardy, ce volume) s'avère très important ; de plus, il s'agit ici d'un contexte où se mêlent la communication digitale et la communication dans l'immédiat. Quant aux enjeux interactionnels et pragmatiques des noms kahoot inventés, on observe des allusions sexuelles, mais les noms peuvent également véhiculer des contenus racistes et pédophiles. Les analyses soulignent ainsi que les jeux de mots peuvent présenter une dimension agressive et violente et qu'ils peuvent être utilisés à des fins d'exclusion sociale (sur cette dimension des jeux de mots, voir aussi les contributions dans Winter-Froemel 2025a).

Finalement, dans « Paradoxes du jeu de mots – leçons et inspirations », Esme Winter-Froemel présente une synthèse de certaines perspectives et leçons qui émergent du volume présent. Cette synthèse, qui ne se veut nullement exhaustive, se base sur l'observation que différents traits paradoxaux du jeu de mots émergent des croisements de perspectives contenues dans le volume, cette nature éminemment paradoxale pouvant être mise en relation avec la dynamique constante du jeu de mots. Les tensions constantes qui résultent des différents paradoxes peuvent également être vues comme une invitation à approfondir les réflexions et découvertes amorcées dans ce volume.

Des pistes possibles pour continuer l'exploration des perspectives esquissées sont offertes par l'Appendice du volume. Outre les informations sur les contributeurs et contributrices du volume, on y trouvera un index thématique qui permettra des consultations partant d'un mot-clé particulier, pour possiblement découvrir des liens inattendus entre différentes contributions.

5 Conclusion et remerciements

Les réflexions précédentes ont montré que les croisements de différentes perspectives et approches concernant l'analyse et la pratique des jeux de mots révèlent et confirment la variété et complexité inépuisable des jeux de mots. Les réflexions et analyses offertes dans ce volume ne peuvent ainsi être que des explorations partielles invitant à des réflexions, et au cas échéant, à des recherches académiques, ultérieures. Ainsi, ce volume se veut aussi être une inspiration et invitation à continuer à poursuivre les pistes ébauchées, pour ajouter de nouvelles découvertes et observations dans le domaine des jeux de mots.

Il convient finalement d'ajouter quelques remerciements. Ce volume a été réalisé de manière peu conventionnelle à différents égards : le délai entre les premières invitations à participer au volume et la remise du manuscrit final complet a été exceptionnellement court, et tout le volume a été constamment porté par l'enthousiasme et l'engagement des contributeurs et contributrices et de toutes les personnes impliquées dans sa préparation. Une grande partie des contributions explore, de plus, de nouveaux formats et de nouvelles pistes sur lesquelles les contributeurs et contributrices se sont aventurés – par exemple, des formats moins académiques, plus personnels et autobiographiques, ou inversement des réflexions théoriques stimulées par les questions lors des interviews. Alors que certaines contributions sont nourries par des recherches approfondies de leurs auteurs et autrices, d'autres contributions ont un caractère plus exploratoire, traitant de nouvelles thématiques ou focalisant des phénomènes jusque-là restés à l'arrière-fond. De même, je voudrais remercier les auteurs et autrices de leur excellente réactivité lors des relectures et révisions des chapitres. Sans tout cela, la réalisation de ce projet collaboratif ambitieux n'aurait pas été possible.

La préparation de ce volume a, de plus, bénéficié du soutien et de l'engagement de nombreuses autres personnes. Je tiens à remercier chaleureusement les étudiants-assistants qui ont accompagné différentes étapes de ce volume et du volume DWP 10, qui a été préparé en parallèle (Winter-Froemel 2025a), à savoir Lukas Heeg, Luca Bernardi et, pour le volume présent surtout Isabel Ehehalt, qui a contribué à la mise en forme des chapitres et à la préparation de l'index du volume. Je suis en outre reconnaissante à mes secrétaires Silvia Feser et Christine Miller pour leur soutien concernant le côté administratif de ce projet, et à la Julius-Maximilians-Universität Würzburg pour le soutien financier de la publication du volume en accès libre, ainsi qu'à l'équipe de la bibliothèque universitaire, en particulier Kristina Hanig, pour son aide constante dans le processus de publication en ce qui concerne les questions administratives.

Je tiens également à remercier chaleureusement les membres du comité éditorial de la collection de volumes *The Dynamics of Wordplay / La dynamique du jeu de mots* pour leur disponibilité constante à réagir aux questions qui ont surgi lors de la préparation de ce volume, ainsi que pour leur excellente coopération depuis la publication du premier volume de la collection. Ce volume a particulièrement profité de échanges, toujours très efficaces et constructifs, avec Alain Rabatel. D'autres collègues ont également apporté des conseils et avis précieux et établi des contacts fructueux, et je voudrais remercier ici en particulier Michelle Lecolle, qui a comme Alain Rabatel accompagné les recherches sur la dynamique des jeux de mots dès le premier colloque organisé en 2013 à l'Université de Tübingen avec Angelika Zirker. Enfin, je tiens à remercier très chaleureusement l'équipe de l'éditeur De Gruyter, Christine Henschel, Ulrike Krauß, Gabrielle Cornefert et Elisabeth Stanciu, pour leur soutien constant et engagé qui a permis de réaliser ce nouveau projet de manière tout aussi très agréable que les projets de publication antérieurs.

Tous mes remerciements vont ainsi à toutes les personnes ayant collaboré d'une forme ou d'une autre à ce volume expérimental et s'étant risqués dans cette aventure collective hors des sentiers battus. Espérons que les nouvelles perspectives qui ont été dégagées et explorées puissent stimuler encore d'autres aventures, portées par un enthousiasme et une passion partagés pour les jeux de mots, leur variété, richesse et dynamique constante.

Références bibliographiques

Arndt-Lappe, Sabine, Angelika Braun, Claudine Moulin & Esme Winter-Froemel (éds.). 2018. *Expanding the Lexicon. Linguistic Innovation, Morphological Productivity, and Ludicity* (The Dynamics of Wordplay 5). Berlin & Boston : De Gruyter. https://doi.org/10.1515/9783110501933.

Attardo, Salvatore. [1994] 2024. *Linguistic Theories of Humor*. 2ème éd. Berlin & Boston : De Gruyter Mouton.

Attardo, Salvatore. 2018. Universals in puns and humorous wordplay. In Esme Winter-Froemel & Verena Thaler (éds.), *Cultures and Traditions of Wordplay and Wordplay Research* (The Dynamics of Wordplay 6), 89–110. Berlin & Boston : De Gruyter. https://doi.org/10.1515/9783110586374-005.

Bergson, Henri. [1940] 1993. *Le rire. Essai sur la signification du comique*, 10e éd. Paris : Quadrige & Presses Universitaires de France.

Blancher, Marc. 2015. « Ça est un bon mot ! » ou l'humour (icono-)textuel à la Goscinny. In Esme Winter-Froemel & Angelika Zirker (éds.), *Enjeux du jeu de mots : Perspectives linguistiques et littéraires* (The Dynamics of Wordplay 2), 273–290. Berlin & Boston : De Gruyter. https://doi.org/10.1515/9783110408348-012.

Blasio, Federica Di. 2015. *La Disparition* de Georges Perec et les jeux de mots : l'ambiguïté du métatexte et la négociation de la traduction. In Esme Winter-Froemel & Angelika Zirker (éds.), *Enjeux du jeu de mots : Perspectives linguistiques et littéraires* (The Dynamics of Wordplay 2), 135–162. Berlin & Boston : De Gruyter. https://doi.org/10.1515/9783110408348-007.

Bonhomme, Marc. 2018. Entre créativité et motivation. Les jeux de mots chez Rabelais. In Bettina Full & Michelle Lecolle (éds.), *Jeux de mots et créativité : Langue(s), discours et littérature*, 43–68. Berlin & Boston : De Gruyter. https://doi.org/10.1515/9783110519884-049.

Cacchiani, Silvia & Mauro Le Donne. 2025. From wordplay to exclusion : Blends and related word-formation processes in Italian politics and journalese. In Esme Winter-Froemel (éd.), *Wordplay and Exclusion* (The Dynamics of Wordplay 10), 165–196. Berlin & Boston : De Gruyter. https://doi.org/10.1515/9783111553498-007.

Delabastita, Dirk. 2025. A few personal reflections on wordplay. In Esme Winter-Froemel (éd.), *Wordplay and Exclusion* (The Dynamics of Wordplay 10), 25–28. Berlin & Boston : De Gruyter. https://doi.org/10.1515/9783111553498-002.

Douzou, Olivier. Ce volume. L'album pour enfant, expérience et réflexion autour du jeu. https://doi.org/10.1515/9783111555072-003.

Élémo / Marc-Olivier Jean. Ce volume. Jeux de mots et jeux de sonorités dans le slam – expériences et réflexions. https://doi.org/10.1515/9783111555072-007.

Favreau, Hélène. 2018. « Allumeeez le fun » : le jeu de mots comme lieu de croisement des dynamiques linguistique et sociolinguistique dans le discours publicitaire. In Esme Winter-Froemel & Alex Demeulenaere (éds.), *Jeux de mots, textes et contextes* (The Dynamics of Wordplay 7), 387–408. Berlin & Boston : De Gruyter. https://doi.org/10.1515/9783110586459-019.

Favreau, Hélène. Ce volume. Quand les mots-valises façonnent les marques : analyse de quelques exemples en publicité. https://doi.org/10.1515/9783111555072-009.

Freud, Sigmund. 1905. *Der Witz und seine Beziehung zum Unbewussten*. In *Gesammelte Werke*, vol. 6. Frankfurt a. M. : Fischer.

Full, Bettina & Michelle Lecolle (éds.). 2018. *Jeux de mots et créativité. Langue(s), discours et littérature* (The Dynamics of Wordplay 4). Berlin & Boston : De Gruyter. https://doi.org/10.1515/9783110519884.

Galli, Hugues. Ce volume. Les jeux de mots san-antoniens. https://doi.org/10.1515/9783111555072-013.

Goldschmitt, Stefanie. Ce volume. « Quel est le comble du blagueur ? – C'est d'habiter à Vannes ! » : les vannes dans la distance et dans l'immédiat communicatifs dans la culture francophone. https://doi.org/10.1515/9783111555072-012.

Grassegger, Hans. 1985. *Sprachspiel und Übersetzung : eine Studie anhand der Comic-Serie* Asterix. Tübingen : Stauffenburg.

Hammer, Françoise. 2018. La créativité verbale dans l'espace urbain : l'exemple de l'enseigne commerciale. In Bettina Full & Michelle Lecolle (éds.), *Jeux de mots et créativité : Langue(s), discours et littérature* (The Dynamics of Wordplay 4), 251–270. Berlin & Boston : De Gruyter. https://doi.org/10.1515/9783110519884-257.

Hardy, Stéphane. 2025. Secret argots and exclusion : The case of Parisian *largonji du louchébem* and Pertuisian *louchébeum*. In Esme Winter-Froemel (éd.), *Wordplay and Exclusion* (The Dynamics of Wordplay 10), 227–252. Berlin & Boston : De Gruyter. https://doi.org/10.1515/9783111553498-009.

Hardy, Stéphane. Ce volume. *Déter, askip, ça graille, tiep, fondance* – Entre jeu, innovation et transgression : procédés morphologiques dans l'argot contemporain. https://doi.org/10.1515/9783111555072-014.

Haugh, Michael & Wei-Lin Melody Chang. 2025. Epistemic exclusion and the paradoxical role of jocular wordplay in L1-L2 intercultural initial interactions. In Esme Winter-Froemel (éd.), *Wordplay and Exclusion* (The Dynamics of Wordplay 10), 55–92. Berlin & Boston : De Gruyter. https://doi.org/10.1515/9783111553498-004.

Hausmann, Matthias. 2025. Words that (should not!) exclude : Scientific explanations and wordplay in science fiction and in Villiers de l'Isle-Adam's *L'Ève future*. In Esme Winter-Froemel (éd.), *Wordplay and Exclusion* (The Dynamics of Wordplay 10), 289–307. Berlin & Boston : De Gruyter. https://doi.org/10.1515/9783111553498-011.

Huizinga, Johan. [1938] 1987. *Homo ludens : Proeve eener bepaling van het spel-element der cultuur*, 3e éd. Basel : Akademische Verlagsanstalt Pantheon.

Jaki, Sylvia. 2015. Détournement phraséologique et jeu de mots : le cas des substitutions lexicales dans la presse écrite. In Esme Winter-Froemel & Angelika Zirker (éds.), *Enjeux du jeu de mots : Perspectives linguistiques et littéraires*, 245–272. Berlin & Boston : De Gruyter. https://doi.org/10.1515/9783110408348-011.

Jeandillou, Jean-François. 2018. Gangue maternelle et tangage châtié : une littérature de jeunesse au risque ludique de la dyslexie. In Bettina Full & Michelle Lecolle (éds.), *Jeux de mots et créativité : Langue(s), discours et littérature*, 97–108. Berlin & Boston : De Gruyter. https://doi.org/10.1515/9783110519884-103.

Jung, Raphaëlle. Ce volume a. Flore fantastique de la francophonie. https://doi.org/10.1515/9783111555072-005.

Jung, Raphaëlle. Ce volume b. Les jeux de mots entre texte et image : expériences et réflexions. https://doi.org/10.1515/9783111555072-006.

Kemmner, Ernst. 1972. *Sprachspiel und Spieltechnik in Raymond Queneaus Romanen*. Tübingen : Narr.

Kirstein, Robert. 2018. Machtverhältnisse und Wortspiele. Yōko Tawada und Plinius der Jüngere. In Esme Winter-Froemel (éd.), *Sprach-Spiel-Kunst : Ein Dialog zwischen Wissenschaft und Praxis* (The

Dynamics of Wordplay 8), 255–270. Berlin & Boston : De Gruyter. https://doi.org/10.1515/9783110586770-028.

Klinkenberg, Jean-Marie. 1996. *Précis de sémiotique générale*. Bruxelles : De Boeck Université.

Knospe, Sebastian. 2016. Discursive Dimensions of Wordplay. In Sebastian Knospe, Alexander Onysko & Maik Goth (éds.), *Crossing Languages to Play with Words : Multidisciplinary Perspectives* (The Dynamics of Wordplay 3), 79–94. Berlin & Boston : De Gruyter. https://doi.org/10.1515/9783110465600-006.

Knospe, Sebastian, Alexander Onysko & Maik Goth (éds.). 2016. *Crossing Languages to Play with Words. Multidisciplinary Perspectives*. The Dynamics of Wordplay 3). Berlin & Boston : De Gruyter (https://doi.org/10.1515/9783110465600.

Koch, Peter & Wulf Oesterreicher 2001. Langage parlé et langage écrit. In Günter Holtus, Michael Metzeltin & Christian Schmitt (éds.), *Lexikon der Romanistischen Linguistik (LRL)*, Vol. I.2, 584–627. Berlin & New York : De Gruyter.

Koch, Peter & Wulf Oesterreicher. [1990] 2011. *Gesprochene Sprache in der Romania : Französisch, Italienisch, Spanisch* (Romanistische Arbeitshefte 31). 2., aktualisierte und erw. Aufl. Berlin & New York : De Gruyter.

Kölligan, Daniel. 2025. Wordplay and exclusion in ancient Greek epic and the magical papyri. In Esme Winter-Froemel (éd.), *Wordplay and Exclusion* (The Dynamics of Wordplay 10), 309–332. Berlin & Boston : De Gruyter. https://doi.org/10.1515/9783111553498-012.

Lakoff, George & Mark Johnson. 1980. *Metaphors We Live By*. Chicago : University of Chicago Press.

Lavoix, Camille. Ce volume. *Maggi*, la magie (néo)coloniale : jeux de mots, goûts de pouvoir. https://doi.org/10.1515/9783111555072-010.

Lecolle, Michelle. 2016. Some Specific Insights into Wordplay Form : Sublexical vs. Lexical Level. In Sebastian Knospe, Alexander Onysko & Maik Goth (éds.), *Crossing Languages to Play with Words : Multidisciplinary Perspectives* (The Dynamics of Wordplay 3), 63–70. Berlin & Boston : De Gruyter. https://doi.org/10.1515/9783110465600-004.

Liu, Haoran. 2025. Wordplay as a tool of online community construction on X. In Esme Winter-Froemel (éd.), *Wordplay and Exclusion* (The Dynamics of Wordplay 10), 93–134. Berlin & Boston : De Gruyter. https://doi.org/10.1515/9783111553498-005.

Loubet-Poëtte, Vanessa. 2018. Règles de l'orthographe et contraintes de l'Oulipo : jeux de dupes ? In Bettina Full & Michelle Lecolle (éds.), *Jeux de mots et créativité : Langue(s), discours et littérature* (The Dynamics of Wordplay 4), 109–134. Berlin & Boston : De Gruyter. https://doi.org/10.1515/9783110519884-115.

Louis, Antoine. Ce volume. Jeux de mots, jeux autour des mots dans la publicité – expériences et réflexions. https://doi.org/10.1515/9783111555072-011.

Mercier-Faivre, Anne-Marie. Ce volume. « Des mamans de bonheur » : le jeu de mots dans les ouvrages pour la jeunesse (France, 1980–2024). https://doi.org/10.1515/9783111555072-004.

Mileschi, Joachim. Ce volume. P.U.N.CHLINES ? L'exploitation des sigles dans les jeux de mots de rap français. https://doi.org/10.1515/9783111555072-008.

Onysko, Alexander. 2016. A Note on the Relation between Cognitive Linguistics and Wordplay. In Sebastian Knospe, Alexander Onysko & Maik Goth (éds.), *Crossing Languages to Play with Words : Multidisciplinary Perspectives* (The Dynamics of Wordplay 3), 71–78. Berlin & Boston : De Gruyter. https://doi.org/10.1515/9783110465600-005.

Oster, Patricia. 2015. « Ne nous tutoyons plus, je t'en prie ». Jeux de mots et enjeu du langage dans le théâtre de Marivaux. In Esme Winter-Froemel & Angelika Zirker (éds.), *Enjeux du jeu de mots : Perspectives linguistiques et littéraires* (The Dynamics of Wordplay 2), 81–92. Berlin & Boston : De Gruyter. https://doi.org/10.1515/9783110408348-004.

Poier-Bernhard, Astrid. 2012. *Texte nach Bauplan. Studien zur zeitgenössischen ludisch-methodischen Literatur in Frankreich und Italien*. Heidelberg : Winter.

Poier-Bernhard, Astrid. 2018. Créativité et potentialités du jeu de mots. Pratiques et concepts oulipiens. In Bettina Full & Michelle Lecolle (éds.), *Jeux de mots et créativité : Langue(s), discours et littérature* (The Dynamics of Wordplay 4), 135–162. Berlin & Boston : De Gruyter. https://doi.org/10.1515/9783110519884-141.

Posth, Carlotta. Ce volume. Sur l'île des Zertes avec Daphné Nuphar et un robinet qui fuit : aperçu de l'univers de Claude Ponti. https://doi.org/10.1515/9783111555072-017.

Queneau, Raymond. [1950] 1965. Écrit en 1937. In Raymond Queneau, *Bâtons, chiffres et lettres*. Édition revue et augmentée, 11–26. Paris : Gallimard.

Rabatel, Alain. 2008. *Homo narrans : Pour une analyse énonciative et interactionnelle du récit*. Tome 1 : *Les points de vue et la logique de la narration*. Tome 2 : *Dialogisme et polyphonie dans le récit*, 2é éd. 2020. Limoges : Lambert-Lucas.

Rabatel, Alain. 2015. Analyse pragma-énonciative de la connivence représentée dans les récits. *Cahiers du GADGES* 13. Numéro thématique : *L'âge de la connivence : lire entre les mots à l'époque moderne*. 189–229.

Rabatel, Alain. 2018. La créativité verbale dans les devinettes : points de vue cumulatifs, assertions non sérieuses et sous-énonciation. In Bettina Full & Michelle Lecolle (éds.), *Jeux de mots et créativité : Langue(s), discours et littérature* (The Dynamics of Wordplay 4), 227–250. Berlin & Boston : De Gruyter. https://doi.org/10.1515/9783110519884-233.

Rabatel, Alain. 2021. *La confrontation des points de vue dans la dynamique figurale des discours – énonciation et interprétation*. Limoges : Lambert-Lucas.

Rabatel, Alain. Ce volume. Des jeux de mots dans tous les sens. https://doi.org/10.1515/9783111555072-002.

Rabatel, Alain. 2025. On wordplay in just about every sense. In Esme Winter-Froemel (éd.), *Wordplay and Exclusion* (The Dynamics of Wordplay 10), 29–52. Berlin & Boston : De Gruyter. https://doi.org/10.1515/9783111553498-003.

Rădulescu, Anda. 2018. Du calembour simple au calembour complexe dans le roman *À prendre ou à lécher* de Frédéric Dard. In Esme Winter-Froemel & Alex Demeulenaere (éds.), *Jeux de mots, textes et contextes* (The Dynamics of Wordplay 7), 363–386. Berlin & Boston : De Gruyter. https://doi.org/10.1515/9783110586459-018.

Rauch, Bruno. 1982. *Sprachliche Spiele – spielerische Sprache. Sammlung, Erklärung und Vergleich der Wortspiele in vier ausgewählten Romanen von Raymond Queneau und in den entsprechenden Übersetzungen von Eugen Helmlé*. Dissertation, Zürich.

Reggiani, Licia & Laura Santone (éds.). 2024. *Médias et Viralité. mediAzioni. Rivista online di studi interdisciplinari su lingue e culture* 44.

Renner, Vincent. 2015. Lexical Blending as Wordplay. In Angelika Zirker & Esme Winter-Froemel (éds.), *Wordplay and Metalinguistic / Metadiscursive Reflection : Authors, Contexts, Techniques, and Meta-Reflection* (The Dynamics of Wordplay 1), 119–134. Berlin & Boston : De Gruyter. https://doi.org/10.1515/9783110406719-006.

Roques, Lisa. 2018. Jeux de banquet : mots de poète, mots de stratège. In Esme Winter-Froemel & Alex Demeulenaere (éds.), *Jeux de mots, textes et contextes* (The Dynamics of Wordplay 7), 175–190. Berlin & Boston : De Gruyter. https://doi.org/10.1515/9783110586459-009.

Sablayrolles, Jean-François. 2015. Néologismes ludiques : études morphologique et énonciativo-pragmatique. In Esme Winter-Froemel & Angelika Zirker (éds.), *Enjeux du jeu de mots : Perspectives linguistiques et littéraires* (The Dynamics of Wordplay 2), 189–216. Berlin & Boston : De Gruyter. https://doi.org/10.1515/9783110408348-009.

Sainéan, Lazare. 1922 / 1923. *La langue de Rabelais*. Paris : E. de Boccard. https://ia800205.us.archive.org/21/items/lalanguederabela01sain/lalanguederabela01sain.pdf ; http://catalogue.bnf.fr/ark:/12148/cb31278242q (consulté le 23 septembre 2025).

Sullet-Nylander, Françoise. 2018. Jeux de mots à la Une d'hier et d'aujourd'hui : dynamique et diversité d'un genre. In Esme Winter-Froemel & Alex Demeulenaere (éds.), *Jeux de mots, textes et contextes* (The Dynamics of Wordplay 7), 241–264. Berlin & Boston : De Gruyter. https://doi.org/10.1515/9783110586459-013.

Tallarico, Giovanni. 2018. Créativité lexicale et jeux de mots dans les messages publicitaires : formes et fonctions. Esme Winter-Froemel & Alex Demeulenaere (éds.), *Jeux de mots, textes et contextes* (The Dynamics of Wordplay 7), 265–288. Berlin & Boston : De Gruyter. https://doi.org/10.1515/9783110586459-014.

Thaler, Verena. 2016. Varieties of Wordplay. In Sebastian Knospe, Alexander Onysko & Maik Goth (éds.), *Crossing Languages to Play with Words : Multidisciplinary Perspectives* (The Dynamics of Wordplay 3), 47–62. Berlin & Boston : De Gruyter. https://doi.org/10.1515/9783110465600-003.

Véron, Laélia. Ce volume. Analyser des jeux de mots dans une émission humoristique. https://doi.org/10.1515/9783111555072-016.

Vorger, Camille. 2018. *Méli-mélodit* des mots dans le slam. Une étude multilingue. In Bettina Full & Michelle Lecolle (éds.), *Jeux de mots et créativité : Langue(s), discours et littérature* (The Dynamics of Wordplay 4), 163–188. Berlin & Boston : De Gruyter. https://doi.org/10.1515/9783110519884-169.

Wagner, Wiltrud. 2021. *Idioms and Ambiguity in Context : Phrasal and Compositional Readings of Idiomatic Expressions* (The Dynamics of Wordplay 9). Berlin & Boston : De Gruyter. https://doi.org/10.1515/9783110685459.

Winter-Froemel, Esme. 2009. Wortspiel. In Gert Ueding (éd.), *Historisches Wörterbuch der Rhetorik*, vol. 9, 1429–1443. Tübingen : Niemeyer.

Winter-Froemel, Esme. 2016a. Approaching Wordplay. In Sebastian Knospe, Alexander Onysko & Maik Goth (éds.), *Crossing Languages to Play with Words. Multidisciplinary Perspectives* (The Dynamics of Wordplay 3), 11–46. Berlin & Boston : De Gruyter. https://doi.org/10.1515/9783110465600-002.

Winter-Froemel, Esme. 2016b. Les créations ludiques dans la lexicographie et dans l'interaction locuteur-auditeur : aspects structurels, enjeux sémantiques, évolution diachronique. In Jean-François Sablayrolles & Christine Jacquet-Pfau (éds.), *La fabrique des mots français*, 251–267. Limoges : Lambert-Lucas.

Winter-Froemel, Esme. 2016c. Répétitions et déformations ludiques de syntagmes linguistiques – entre parole, langue et traditions discursives. In Marie-Sol Ortola (éd.), *Varia. Transmettre, traduire, formaliser* (Aliento 8), 237–255. Nancy : Presses Universitaires de Lorraine.

Winter-Froemel, Esme. 2016d. The Semiotics of Multilingual Wordplay in Linguistic Landscapes. Communicative Settings, the Addressee-Origo, and Boundedness to Various Types of Contextual Knowledge. In Sebastian Knospe, Alexander Onysko & Maik Goth (éds.), *Crossing Languages to Play with Words. Multidisciplinary Perspectives* (The Dynamics of Wordplay 3), 157–193. Berlin & Boston : De Gruyter. https://doi.org/10.1515/9783110465600-010.

Winter-Froemel, Esme (éd.). 2018a. *Sprach-Spiel-Kunst. Ein Dialog zwischen Wissenschaft und Praxis* (The Dynamics of Wordplay 8). Berlin & Boston : De Gruyter. https://doi.org/10.1515/9783110586770.

Winter-Froemel, Esme. 2018b. Sprach-Spiel-Kunst im Dialog. In Esme Winter-Froemel (éd.), *Sprach-Spiel-Kunst. Ein Dialog zwischen Wissenschaft und Praxis* (The Dynamics of Wordplay 8), 1–16. Berlin & Boston : De Gruyter. https://doi.org/10.1515/9783110586770-001.

Winter-Froemel, Esme. 2018c. Ludicity in lexical innovation (I) – French. In Sabine Arndt-Lappe, Angelika Braun, Claudine Moulin & Esme Winter-Froemel (éds.), *Expanding the Lexicon. Linguistic*

Winter-Froemel, Esme. 2018c. [...] *Innovation, Morphological Productivity, and Ludicity* (The Dynamics of Wordplay 5), 229–259. Berlin & Boston : De Gruyter. https://doi.org/10.1515/9783110501933-231.

Winter-Froemel, Esme. 2018d. Traditions discursives et variantes du jeu. La dynamique des blagues en comble dans les langues romanes. In Bettina Full & Michelle Lecolle (éds.), *Jeux de mots et créativité. Langue(s), discours et littérature* (The Dynamics of Wordplay 4), 189–226. Berlin & Boston : De Gruyter. https://doi.org/10.1515/9783110519884-195.

Winter-Froemel, Esme. 2020. Les néologismes, un sous-type de l'innovation lexicale : réflexions à partir d'études de corpus généraux dans trois langues romanes. *Neologica* 14 (Julie Makri-Morel, Pascaline Dury & Vincent Renner, dirs., *Perception, réception et jugement des néologismes*). 25–46.

Winter-Froemel, Esme. 2021. Sources of verbal humor in the lexicon : A usage-based perspective on incongruity. In Augusto Soares da Silva (éd.), *Figurative Language – Intersubjectivity and Usage* (Figurative Thought and Language 11), 357–386. Amsterdam & Philadelphia : John Benjamins. doi:10.1075/ftl.11.12win.

Winter-Froemel, Esme (éd.). 2025a. *Wordplay and Exclusion* (The Dynamics of Wordplay 10). Berlin & Boston : De Gruyter. https://doi.org/10.1515/9783111553498.

Winter-Froemel, Esme. 2025b. Fun, but not for everyone : Exclusion in multiple-addressed wordplay in French and basic parameters for analysing exclusive wordplay traditions. In Esme Winter-Froemel (ed.), *Wordplay and Exclusion* (The Dynamics of Wordplay 10), 253–288. Berlin & Boston : De Gruyter. https://doi.org/10.1515/9783111553498-010.

Winter-Froemel, Esme. Ce volume a. « takati takite » et « sisaférir, tan mye » : jeux et enjeux d'embrouillages phoniques et graphiques chez Boby Lapointe et Raymond Queneau. https://doi.org/10.1515/ 9783111555072-015.

Winter-Froemel, Esme. Ce volume b. Continuités et nouveaux enjeux sociaux dans les jeux avec les noms propres : la tradition des blagues Monsieur et Madame et les noms kahoot. https://doi.org/10.1515/9783111555072-018.

Winter-Froemel, Esme. Ce volume c. Paradoxes du jeu de mots – leçons et inspirations. https://doi.org/10.1515/9783111555072-019.

Winter-Froemel, Esme & Alex Demeulenaere (éds.). 2018. *Jeux de mots, textes et contextes* (The Dynamics of Wordplay 7). Berlin & Boston : De Gruyter. https://doi.org/10.1515/9783110586459.

Winter-Froemel, Esme & Verena Thaler (éds.). 2018. *Cultures and Traditions of Wordplay and Wordplay Research* (The Dynamics of Wordplay 6). Berlin & Boston : De Gruyter. https://doi.org/10.1515/9783110586374.

Winter-Froemel, Esme & Angelika Zirker. 2011. Stegreifdichtung. In Ueding, Gert (éd.), *Historisches Wörterbuch der Rhetorik*, vol. 10, 1265–1274. Tübingen : Niemeyer.

Winter-Froemel, Esme & Angelika Zirker (éds.). 2015. *Enjeux du jeu de mots : Perspectives linguistiques et littéraires* (The Dynamics of Wordplay 2). Berlin & Boston : De Gruyter. https://doi.org/10.1515/9783110408348.

Zenner, Eline & Dirk Geeraerts. 2018. One does not simply process memes : Image macros as multimodal constructions. In Esme Winter-Froemel & Verena Thaler (éds.), *Cultures and Traditions of Wordplay and Wordplay Research* (The Dynamics of Wordplay 6), 167–194. Berlin & Boston : De Gruyter. https://doi.org/10.1515/9783110586374-008.

Zirker, Angelika & Esme Winter-Froemel (éds.). 2015. *Wordplay and Metalinguistic / Metadiscursive Reflection : Authors, Contexts, Techniques, and Meta-Reflection* (The Dynamics of Wordplay 1). Berlin & Boston : De Gruyter. https://doi.org/10.1515/9783110406719.

Alain Rabatel
Des jeux de mots dans tous les sens

Résumé : Cet entretien présente mon rapport personnel aux jeux de mots (JDM) et la façon dont je les analyse, selon un regard rétrospectif et projectif, en m'appuyant d'une part sur mes travaux, d'autre part sur des pistes à mon sens encore trop peu explorées dans le champ. Les JDM, au sens restreint ou au sens large, sont intéressants pour le citoyen ordinaire en raison du plaisir qu'ils procurent aux plans cognitif, émotionnel, esthétique et interactionnel. Ils importent aussi au linguiste en raison de leur ambivalence, de leurs articulations verbales (phoniques, graphiques) et multimodales, de leur ludicité, de leurs effets, aux plans énonciatif, sémantique et interactionnel. Toutes ces dimensions peuvent être appréhendées à travers les notions de signifiance et de sursignifiance, dans un cadre discursif centré sur la notion de figuralité. En outre, les JDM *in praesentia* ou *in absentia* reposent sur des stratégies variées de confrontations de points de vue, explicites ou allusives, complexifiant l'analyse de la prise en charge d'énonciations mi-feintes mi-sérieuses, d'autant qu'ils reposent sur une co-construction du locuteur et des auditeurs. Cette dynamique figurale incite également à penser les notions d'intentionnalité, de créativité et de performativité à l'aune de cette co-énonciation – tout comme elle devrait alimenter des travaux sur les formes d'argumentation directe (syllogistique) ou indirecte (inférentielle). Enfin, les JDM participent fortement à la création d'une figure d'auteur (à la croisée de l'idiolecte, de l'ethos et du style) qui se construit en discours, dialogiquement et interactionnellement, en se positionnant par rapport aux pré-construits, aux pré-discours comme à l'interdiscours. Tout cela explique la diversité des manifestations des JDM (aux plans culturel, social, politique, anthropologique) et plaide en faveur d'une approche globale de ces derniers « dans tous les sens », à tous les sens de l'expression.

Mots-clés : confrontations de points de vue, intentionnalité (du locuteur ou de l'auditeur), jeux de mots (sens restreint et large), ludicité, performativité, sursignifiance

---

Alain Rabatel, Université Claude Bernard-Lyon 1, ICAR, UMR CNRS 5191, Université Lumière-Lyon2, ENS-Lyon, +33 4 37 37 62 99, Alain.Rabatel@univ-lyon1.fr

Pourquoi vous intéressez-vous aux jeux de mots ? Comment décririez-vous leur pertinence pour votre propre recherche ?

Je m'intéresse aux jeux de mots (JDM) parce que j'aime parfois en produire[1], et, plus encore, en lire ou, surtout, en écouter. Je les aime tous, qu'ils soient raffinés ou vulgaires, inédits ou convenus, profonds ou débiles ; certes, j'ai une nette préférence pour les premiers, mais il y a un temps pour tout… Ma première source d'intérêt est donc de l'ordre du plaisir, parfois solitaire, plus souvent partagé. Ce plaisir ne s'émousse guère : un JDM peut être archiconnu, je peux l'avoir entendu plusieurs fois, il me procure toujours autant de plaisir s'il vient à point, en situation, à l'écrit et plus encore à l'oral, en raison de l'implication du producteur dans sa performance, car cette dimension est fondamentale. Mon plaisir est parfois ambigu : car il peut être inégalement partagé, avec des *happy few*, au détriment d'une cible (autrui, moi-même) ; il cesse cependant lorsque le bon mot est trop visiblement dévalorisant, visant la mise à mort symbolique des personnes.[2] C'est la même chose si les JDM recyclent des stéréotypes : j'apprécie qu'on joue avec eux, mais s'ils sont unilatéralement au premier degré – sans dimension réflexive ludique ou critique –, ils ne m'intéressent guère. Cette première réponse me fait dire qu'en réalité, je suis plus attiré par les JDM que je ne m'intéresse à eux – autrement dit c'est le plaisir qu'ils suscitent qui retient mon attention, comme malgré moi, davantage que c'est moi qui les traque par intérêt scientifique –, tout en ayant conscience de la complexité des ressorts de ce désir et de ces plaisirs, qui combinent dépense émotionnelle, surcroît d'activité rationnelle au service du jeu et satisfactions esthétiques face à des mises en spectacle qui concernent autant le JDM que son producteur et son public. Ces dimensions psychologiques, émotionnelles, interactionnelles, d'ordre anthropologique, ne sont pas sans incidence sur la linguistique – ou sur une approche anthropologique de cette dernière.

Je m'intéresse aussi aux JDM pour des raisons d'ordre académique. Je m'y intéresse en raison de leur complexité, de leur efficacité, de la façon dont ces aspects sont densifiés et engendrent une dynamique qui leur est propre. Ils interrogent le choix des stratégies droites ou obliques, transparentes ou opaques pour communiquer, s'exprimer, se positionner – ces activités langagières n'étant pas homologues. Les JDM offrent des observables remarquables pour traiter des questions séman-

---

[1] Mais je suis plus efficace à l'écrit qu'à l'oral, sauf dans les JDM dans les réparties, où j'ai un certain talent ; pour le reste, je suis un piètre raconteur de blagues…
[2] À l'instar de l'art de la répartie et de la pointe dans certaines communautés : je pense à l'esprit de cour français des XVIIe et XVIIIe siècles (Elias 1985 ; Menant 2022), et au film de Patrice Lecomte, *Ridicule*.

tiques d'ordre particulier tant les JDM sont divers dans leurs formes, souvent très créatives[3], en tension avec les contraintes de la langue, les normes, les conventions sociales, comme on le voit bien avec les à-peu-près, les contrepèteries. De même pour des questions sémantiques plus générales. Je pense notamment à la distinction de Benveniste entre le niveau sémiotique (le sens en langue) et le niveau sémantique (le sens en discours). Cette distinction est très importante pour penser le discours dans toutes ses dimensions. Sauf que si Benveniste pense le discours en situation, il ne prend pas en compte l'interaction, pas davantage la dimension incarnée de l'énonciation, en dépit de sa connaissance de la phénoménologie. De même, on ne peut pas dire qu'il se soit intéressé à des énonciations ludiques, à des assertions feintes – en dépit d'une analyse fulgurante du jeu (Benveniste 2015) – : bien sûr, le sens est appréhendé sous maintes relations (explicite / implicite, polysémie, homophonie et homonymie, ambiguïtés, isotopies, etc.), mais aucune n'est vraiment investiguée à l'aune de la problématique du jeu ; et de même, à ce qu'il me semble, pour la constellation du non sens et du *nonsense*[4] dans les discours, à côté du sens. En outre, si Benveniste, dans ses notes sur Baudelaire (Benveniste 2011), comme Jakobson (1963), s'est intéressé à l'iconicité et aux relations entre arbitraire et motivation secondaire du signe dans le domaine poétique, il ne les a pas publiés ni n'a réinterrogé ses analyses antérieures à leur lumière.[5] De plus, il n'a pas pu intégrer à ses recherches les répercussions des manifestations de l'oral et des phénomènes interactionnels, car ces travaux ont largement été développés plus tard. Or les données multimodales, dialogales, interactionnelles invitent à renouveler le chantier de l'iconicité et des motivations secondaires des signes, tout comme y invite un changement de perspective sur l'énonciation, moins centrée sur le locuteur, davantage sur les récepteurs qui sont des partenaires dans la co-construction du sens. Si l'on prend en compte ces données, alors le niveau sémantique tel que défini par Benveniste ne suffit plus, en ce sens qu'il faut considérer le discours dans ses dimensions de performance, dans ses dimensions ludiques et interactionnelles, en prenant en compte le plus grand nombre possible de paramètres de sa plasticité et de sa créativité, tant en production qu'en réception ; ces paramètres – auxquels

---

3 Voir à ce sujet la riche synthèse de Winter-Froemel (à paraître).
4 En accord avec Sandra Laugier (2019 : 859–865), je distingue : i. le non sens absolu (pour les philosophes et les logiciens) dans lequel un énoncé est *sinnlos*, ne correspond pas à un état de chose de donné ; ii. le non sens langagier (*unsinnig*) dans lequel les mots existent, respectent les structures syntaxiques, mais ne sont pas appropriés entre eux (par exemple *le paillasson bruine dans le désert*) ; iii. le *nonsense* qui ne paraît tel qu'au regard du sens commun, des doxas… C'est sur le dernier type de *nonsense* que reposent la plupart des JDM.
5 Comme Saussure, avec ses travaux sur les anagrammes (Saussure 2013), mais sans doute pour des raisons différentes de celles du Genevois.

les récepteurs, qui sont de vrais co-constructeurs du sens, accordent une plus ou moins grande importance selon leurs attentes – justifient l'existence d'une troisième dimension sémantique, celle de la signifiance et de la sursignifiance, complémentaires des deux précédentes.

Comment définir ces deux dimensions connexes ? La signifiance considère que les mots et les énoncés – actualisés en discours, dans des textes donnés, des genres particuliers, des situations spécifiques – disent plus que la dimension informative du langage, qu'ils n'abolissent cependant jamais. Elle est référentielle, énonciative, interlocutive, pragmatique / performative. Elle nécessite une écoute particulière du langage et une attention à ses composantes plurisémiotiques, afin d'optimiser les mécanismes de co-construction du sens, par la prise en compte de la phénoménologie du corps et de la perception (Merleau-Ponty 1945), du rôle du corps (*embodiment*) dans les représentations sémantiques (Varela, Thomson et Rosch 1993), du rôle des rituels (Goffman 1973, 1974, 1987, 1991) et du paradigme cognitiviste (voir entre autres Dennett 1990 ; Maturana et Varela 1994) dans les relations perception / cognition / action. D'où une analyse du langage, de l'énonciation et de la référenciation, comme activités, processus intersubjectifs ou interactifs entre participants, en co-présence ou à distance. Ces processus jouent aussi pour des récepteurs qui ne sont pas les premiers destinataires des messages, à partir du moment où ils s'investissent dans leur interprétation. La matérialité signifiante est analysée à tous les niveaux de l'analyse linguistique – associations de phonèmes, de morphèmes, de lexèmes (lexies simples ou complexes, figées ou défigées), de phrasèmes ; submorphémie[6] lexicale, (chrono)syntaxe appréhendée dans sa processualité et ses manifestations d'ordre macro-syntaxique[7], structures rhétorico-textuelles (organisation des paragraphes, sections, parties relevant de la planification, etc.) ; traces dialo-

---

6 Voici l'exemple qu'en donne Bottineau pour le lexique anglais : « La submorphémie lexicale dans le lexique anglais concerne la présence de matrices consonantiques cohérentes en relation avec un mode de conceptualisation de la notion ancrée dans un aspect saillant de l'expérience sensori-motrice par laquelle un sujet humain fait habituellement l'expérience de l'objet (pour un nom), de l'action ou évènement (pour un verbe), de la propriété (pour un adjectif). Le verbe *write* 'écrire' présente la matrice consonantique *wr-*, presque systématiquement liée à la notion de torsion (*wring* 'tordre', *wrist* 'poignet', *writhe* 'se tordre', *wrath* 'rage' [cf. en français *se tordre de colère*], *wrap* 'emballer', *wriggle* 'se tortiller' / 'gigoter') : le signifiant lexical *write*, en tant qu'unité signifie 'écrire', incorpore une « sous-marque » *wr-* rattachant cette notion à un geste défini, celui du geste graphique, de l'arabesque ; en anglais, la notion d'écriture est obtenue par un signifiant qui transite par l'activation intermédiaire d'une classe d'action motrice. » (Bottineau 2012 : § 28).
7 Les mots qui vivent une existence isolée (dans les dictionnaires) avant toute actualisation dans les énoncés et les textes, entrent dans des réseaux de relations syntaxiques et sémantiques si serrés qu'ils forment un corps continu selon la formule de Guillaume (Boone et Joly 1996 : 326). Voir encore Poirier (2019 : 181), Blestel et Fortineau-Brémond (2018).

giques[8] et interactionnelles ; prise en compte des signifiants phoniques et graphiques, des données prosodiques, paraverbales, multimodales, proxémiques – qui iconisent ou motivent les signifiants des référents ou construisent une image du locuteur et de ses destinataires, et participent à leur efficacité pragmatique, entre performance et performativité. Tous ces niveaux enrichissent une signifiance qui ne repose pas seulement sur des relations binaires, telles qu'on les observe au plan des systèmes, mais, plus souvent, sur des relations de cumul engendrant des régimes d'interprétations différents et complémentaires, en écho, en halo, sans exclure bien sûr la possibilité de relations antithétiques basées sur des différences incompatibles entre elles.

Quant à la sursignifiance, davantage centrée sur les dynamiques d'interprétation des textes en réception, elle renvoie aux situations dans lesquelles les mécanismes et niveaux d'interprétation des textes sont saturés par les récepteurs pour le meilleur – une abondance de gloses éclairantes dépendant des attentes et des questions que les récepteurs se posent à propos du texte, reposant sur un refus des binarismes systématiques et, concomitamment, l'effort de saisir la complexité des dualités, des situations visées subjectives, critiques, ludiques (Calvet 2010 ; Rabatel 2023a) – ou pour le pire, des explications gratuites, forcées, anachroniques, au risque de la signifiose (Barthes 2002 : 646 ; Rabatel 2020a, 2023a). Tous ces paramètres m'ont permis de dégager 9 niveaux de signifiance ou de sur-signifiance complémentaires (Rabatel 2021 : 264–266, 287–291), qu'avec le recul, je réorganise et définis comme suit. Tous les niveaux ci-après relèvent d'un continuum allant de la signifiance à la sursignifiance délirante avec, en position intermédiaire, une sursignifiance qui sature ses hypothèses sur les textes en accordant plus d'importance à des données 'externes' pour interpréter ceux-ci à cette aune, en permettant des interprétations décentrées, mais pertinentes, éclairant des aspects inaperçus de ces derniers ; on trouverait aussi, en situation intermédiaire, le continent des interprétations d'ordre psychanalytique qui traquent les relations entre sens et non sens.[9] Les trois premiers niveaux sont plutôt centrés sur le producteur des messages

---

8 Monologal et dialogal renvoient à la présence d'un ou de plusieurs locuteurs. Monologique et dialogique à la présence dans un énoncé d'un ou de plusieurs PDV. Un énoncé monogal peut donc être dialogique, s'il convoque plusieurs PDV. Et un polylogue peut s'avérer monologal, comme dans les sessions du comité central du parti communiste chinois ou nord-coréen dans lesquels ne s'expriment aucun PDV divergeant de la ligne du chef. Je reviendrai à cette distinction dans ma réponse à la question sur la pertinence des JDM dans la société.
9 Les relations entre sens et non sens sont complexes et ont produit des travaux bien différents : Cassin (2022 : 414, 426, 447–448) rappelle que Freud cherchait à intégrer le non-sens inconscient des rêves dans le conscient, tandis que Lacan insiste sur l'irréductibilité du non-sens dans le sens, en fonction de l'irréductibilité de la logique des signifiants (lalangue), résistants à la logique ordinaire.

et la construction des effets, sans exclure une intervention du récepteur dans le calcul des intentions du producteur. En revanche, dès le niveau quatre, le rapport producteur / récepteur s'inverse au profit de ce dernier :
- Niveau 1 : signifiance ou sursignifiance liée au symbolisme phonétique et iconique des signifiants.
- Niveau 2 : signifiance liée à la subjectivité de l'énonciateur perturbant la relation entre signifiant et référent ; comme cette subjectivité est sans cesse reconstruite par les récepteurs elle peut donner lieu à sursignifiance.
- Niveau 3 : signifiance cryptée intentionnellement ; là aussi, comme cette intentionnalité est largement reconstruite par les récepteurs, la sursignifiance n'est jamais loin – comme le rappelle le Saussure des anagrammes (Saussure 2013 ; Starobinski 1971 ; Bravo 2011).
- Niveau 4 : signifiance ou sursignifiance insue, involontaire mais pouvant être réinterprétée par le producteur ou le récepteur comme signifiance intentionnelle cachée, refoulée, déniée.
- Niveau 5 : signifiance ou sursignifiance idéationnelle résultant d'une saturation sémantique et, en cas de sursignifiance, d'une profusion / dilution sémantiques, de la part des récepteurs, en lien avec la multiplication de leurs hypothèses de lectures sur les énoncés ou les textes, consécutivement, avec la mise en ordre des différents PDV. C'est ici que la confrontation des PDV joue contre les lectures uniques, les hypothèses uniques, les doxas.
- Niveau 6 : signifiance ou sursignifiance des corps parlants et entendants.
- Niveau 7 : signifiance ou sursignifiance liée à l'opacité du langage, accrue par la subjectivité des récepteurs.
- Niveau 8 : signifiance ou sursignifiance liée au poids des données situationnelles des récepteurs (incluant les changements de culture, d'époque et d'horizons d'attente), pouvant donner lieu à des interprétations nouvelles non prévues par le producteur du message.
- Niveau 9 : signifiance ou sursignifiance interdiscursive, interrogeant les énoncés ou textes en regard de données de l'interdiscours (pertinentes ou non).

Je pourrais formuler ma réponse sur un autre plan encore : chacun sait mon intérêt pour la problématique générale du point de vue (Rabatel 1998, 2008d), c'est-à-dire le fait de référer aux objets tout en faisant entendre, explicitement ou implicitement, son point de vue sur l'objet. Les JDM et plus généralement la dynamique figurale sont très fréquents dans la référenciation des objets du discours, que ce

---

Il me semble que les approches de ce genre peuvent s'appuyer sur la plupart des niveaux de signifiance et de sursignifiance listés ci-dessous.

soit au plan des micro-PDV, des méso-PDV, des macro-PDV ou des méta-PDV (Rabatel 2021 : 39–48).[10] J'ai souvent montré (Rabatel 2008d, 2018c), en m'appuyant sur les travaux de Grize (1990) et d'Amossy (2006, 2018), que la dimension argumentative des énoncés était plus efficace quand l'argumentation était masquée derrière les choix de référenciation (ou des implicites liées au *framing*) sans employer de formes directes d'argumentation qui appellent souvent des contre-argumentations : alors, le récepteur tire de lui-même une représentation orientée, qui lui semble provenir de lui – car c'est lui qui est la source des inférences – comme de la nature des choses mêmes (par le simulacre d'un effacement argumentatif et celui d'une subjectivité discrète, sinon totalement absente, auquel s'ajoute le rôle des schématisations (Grize 1990), moins directives que les raisonnements syllogistiques). Or je crois que l'emploi des JDM joue un rôle analogue : c'est bien le producteur qui les crée ou les remet en circulation, mais c'est le récepteur qui en assure la pleine compréhension (ou du moins celle qu'il juge telle) et qui en éprouve du plaisir. Si les JDM se font remarquer par leur saillance, celle-ci invite les récepteurs à rechercher une ou plusieurs significations nouvelles, qui sont à la fois exhibées (c'est leur saillance) et cachées (les allusions, la complexité de ce qui rompt avec les conventions ordinaires de clarté obligeant le récepteur à un surcroît de travail interprétatif). Or ce surcroît et ce surcoût portent le récepteur à ne pas remettre en question les représentations nouvelles, ludiques qui découlent de ce surcroît d'activité cognitive ; par conséquent, elles l'entraînent à faire corps avec le producteur qui lui a offert l'occasion de déployer sa sagacité. La connivence est plus forte encore quand elle s'exerce en public, devant des cibles qui ne comprennent pas toujours ce qui est dit d'une voix claironnante (la saillance) et cependant à demi-mot (l'intention), et, là encore, la solidarité entre producteur récepteur-herméneute du JDM s'en trouve renforcée, sans toujours que le récepteur ait bien conscience que ce qu'il a trouvé a été guidé par la production du JDM.

Troisième source de pertinence pour mes recherches, celle de la prise en charge énonciative de toutes ces énonciations, et notamment des énonciations ludiques[11], feintes comme dans les contrepèteries, les lapsus : quel est le PDV pris

---

10 Le mode d'expression linguistique le plus compact, le *micro-PDV*, repose sur des lexies, ou *a minima* des morphèmes, auxquels on peut associer conventionnellement des manières de voir, de sentir, de représenter. Les *méso-PDV* s'incarnent dans des prédications. Les *macro-PDV* émergent de l'ensemble du texte, de la réitération de certains micro- ou méso-PDV ayant le même thème ou une même orientation argumentative. Enfin, le *méta-PDV* est la résultante problématisée de macro-PDV divers, plus souvent complémentaires que contradictoires, concernant le sens global du message (Rabatel 2021 : 47).
11 Feintes ou ludiques, caractérisant des énonciations, ne sont pas des synonymes : toutes les énonciation feintes ne sont pas toutes ludiques, et réciproquement.

en charge, quand on joue sur les mots et avec les mots, avec des PDV en confrontation *in praesentia* ou *in absentia* ? De même avec des JDM qui, en un sens plus étendu, jouent moins sur et avec les mots que sur leur profération et leur énonciation et leur rapport plus ou moins (in)approprié avec la situation, comme dans les manifestations d'ironies antiphrastiques ou d'humour (Rabatel 2012b, 2013a, 2013b), ou encore dans des hyperboles. Néanmoins, tous les JDM sont loin de ne relever que des énonciations feintes : certaines sont au contraire très sérieuses, comme l'ironie blessante, le sarcasme, les antimétaboles, les antanaclases, les antithèses, les chiasmes. De plus, dans les JDM *in absentia* ou *in praesentia*, la situation dominante est que les JDM peuvent se lire comme énonciation sérieuse et, d'un autre point de vue, comme énonciation feinte, les deux énonciations étant dans un rapport ludique entre elles.[12] Que l'énonciateur joue volontairement, ou que sa parole repose sur des jeux involontaires, jusqu'où l'énonciateur prend-il en charge ses bons mots, lorsque, par exemple, il est dans la retenue ou emprunte le masque du jeu, de l'excès (hyper-violence, hyper-froideur ou hyper-gentillesse, hyper-louange) ou des atténuations (réticences, euphémismes) qui peuvent aussi être interprétées comme des masques. Bref, les JDM sont souvent ambigus dans leurs intentions, ambivalents dans leur(s) manifestation(s) et offrent ainsi un terrain de choix à une réflexion sur la prise en charge énonciative[13], qui repose à la fois sur la vérité de ce qui est allégué (du point de vue des conceptions épistémiques du vrai pour le locuteur ou pour l'image qu'il imagine que s'en font ses interlocuteurs ou destinataires, qui n'ont qu'un rapport très distendu avec le vrai extralinguistique) *et* sur le partage de valeurs (axiologiques, intersubjectives). Il en est de même pour la question de la responsabilité énonciative, qui déborde le cadre d'un énoncé : quel est le PDV d'un locuteur qui fait toujours les mêmes JDM, ou propose des JDM qui reposent toujours sur des représentations identiques, par exemple qui plaisante toujours en reprenant des préjugés stéréotypés (racistes, sexistes, anti-intellectuels, anti-politiciens, etc.) : on peut toujours alléguer le poids des mots, l'influence du préconstruit, des prédiscours, et se dire qu'en quelque sorte, les mots excèdent la pensée de l'énonciateur. N'empêche que, même si cela le dépasse sans doute, c'est malgré tout dans (et par) sa parole que ça (se) passe, et cela ne saurait

---

12 Sans compter le fait, j'y reviendrai plus loin autour des questions de prise en charge, que ces deux lectures (énonciation sérieuse / énonciation feinte) peuvent être complémentaires (cumulatives) ou contradictoires (substitutives), obligeant à privilégier l'une ou l'autre lecture en fonction d'indices textuels ou contextuels. Sur cette distinction cumulative / substitutive, qui est au fondement de toutes les grandes catégories sémantiques, voir Vernant (2021 : 176–187) et Rabatel (2021 : 63–65).
13 Et sa distinction entre prise en charge et prise en compte des PDV de l'autre, lorsque le locuteur reprend ce PDV sans indiquer sa position (Rabatel 2021 : 48–58).

dispenser d'une introspection sur son rapport à l'altérité[14], surtout quand elle est de mauvaise compagnie…

Dernier point capital : les notions de PDV, de dialogisme ainsi que celles de prise en charge et de positionnement énonciatifs rendent absolument nécessaire, selon moi, la distinction entre le locuteur (L ou l[15]), à la source de la profération des énoncés, et l'énonciateur, support des PDV (E ou e), suivant Ducrot (1984 : 204–205). Ces instances peuvent être en syncrétisme quand les locuteurs premiers ou seconds (L1/E1 ou l2/e2) expriment leur propre point de vue, disjoints dans le cas contraire (Rabatel 2012a). Dès que le locuteur enchâsse, dans sa propre voix, des discours représentés (Rabatel 2003) ou des points de vue sans parole de e2 (Banfield 1995) que L reconstruit par empathie[16] et qu'il ne prend pas en charge – par exemple dans les assertions feintes, ludiques, hypothétiques, contrefactuelles (Rabatel 2021 : 48–58) –, il y a disjonction entre le centre déictique de L1 ou l2 et les différents centres modaux qui parsèment son discours, comme le vérifie le concept linguistique de PDV. Cette distinction est fondamentale dans les JDM où il n'y a qu'un locuteur et un énonciateur premier, sans locuteur second : ainsi dans tous les JDM *in absentia* (lapsus, énoncés ironiques ou humoristiques, hyperboles) où le locuteur profère un PDV qui n'a de sens que dans son rapport avec le PDV *in absentia* : il y a donc un seul locuteur, mais plusieurs énonciateurs (E1, e2), à charge de définir si E1 prend en charge le PDV explicite ou implicite. La déliaison de L1/E1 ou l2/e2 est tout aussi importante dans les JDM *in praesentia* (contrepèterie, chiasme, antimétabole, syllepse, antanaclase, répétitions, reformulations) dans lequel soit L1 joue avec un PDV autre. Ici, les choses sont compliquées, parce que cet autre peut d'abord correspondre à un autre de soi (E1'), c'est-à-dire celui du sujet-parlant dans une autre situation, en fonction d'une autre hypothèse, etc. L'autre peut également renvoyer à un autre *que* soi (l2/e2 ou e2). La question est alors de pouvoir déterminer si E1 est d'accord avec le PDV de E1' ou de l2/e2, et selon quelle posture énonciative.

---

[14] Et sur *notre* rapport à l'altérité aussi, en tant que co-énonciateur…
[15] Majuscule pour le locuteur premier, minuscule pour le ou les locuteurs seconds enchâssés dans le discours de L1.
[16] L'empathie – imaginer ce qu'on peut percevoir, ressentir, penser, dire, faire, si on se met à la place d'un ou de plusieurs autres – n'a rien à voir en principe avec la sympathie (Jorland 2004 : 20–21).

Considéreriez-vous les jeux de mots comme un phénomène marginal ? Dans quelle mesure pensez-vous que les jeux de mots sont un sujet de recherche pertinent pour votre discipline ou pour la recherche académique en général ?

Certes, les JDM sont un phénomène marginal, en comparaison de la masse des énonciations sérieuses et de la prégnance des principes ou normes sur lesquels elles reposent, principe de coopération et maximes conversationnelles de Grice (1979) ou normes argumentatives à la van Eemeren et Grootendorst (1987, 1996). Mais le jugement de marginalité est profondément relatif : je veux dire par là qu'il dépend de la fréquence (et sans doute aussi de la nature) des JDM : il existe des personnes pour qui les JDM sont de mise, quelles que soient les situations, d'autres qui y sont plus rétives[17] ; de même existe-t-il des situations[18], des genres de discours[19], et, plus largement, des cultures[20] et des sociétés[21] dans lesquelles les JDM sont davantage la norme que dans d'autres.

Plus largement, si l'on se place à un niveau de généralité théorique – qui intègre une réflexion sur des grandes questions linguistiques *et* qui prend en compte la diversité des manifestations des JDM et des corpus –, alors les JDM offrent des occasions de théorisation qui sont tout sauf marginales. Je pense que les éléments de réponse à la première question en donnent un premier aperçu ; ils sont certes autocentrés sur mes recherches, mais celles-ci dépassent ma personne. Je pourrais ajouter d'autres arguments.

---

17 Rabelais ou San-Antonio sont de meilleurs producteurs de JDM que Chateaubriand ou André Breton. De même, existe-t-il des individus qui ne peuvent s'empêcher de contrepéter en toutes occasions (je ne donnerai pas de noms), d'autres qui ont un penchant certain à renverser les rections (plaisir de la poésie, poésie du plaisir), etc.
18 Dans certaines situations, les JDM sont la norme : si l'on fait rarement des JDM avec ceux que l'on ne connaît pas, sauf à ses risques et périls, on en fait beaucoup entre amis, dans certaines situations (un repas, une balade...) au point que ce genre de comportement devient la norme et que qui ne s'y plie pas passe pour un pisse-froid ou pour quelqu'un de coincé.
19 Un sermon, une élégie, une thèse se prêtent moins aux JDM qu'un billet d'humeur, une poésie satirique ou une analyse des rêves.
20 Au sens large, par exemple la culture française du XVIe siècle, ou étroit, par exemple la culture professionnelle des artisans-tonneliers, des linguistes : il n'y a qu'à observer les performances des chercheurs américains ou français, lors de leurs communications orales, pour voir combien dans un cas la recherche de l'assentiment du public est incontournable, tandis que dans l'autre, le souci de la construction théorique est au premier plan, avec un sérieux le plus souvent dénué d'humour.
21 Voir les blagues juives, ou, pour ce qui concerne les micro-sociétés, les blagues des apparatchiks communistes.

J'ai mentionné précédemment le poids du préconstruit, d'une part, des prédiscours, d'autre part.[22] Dans les deux cas, ces deux dimensions des langues et des cultures ont été alléguées en faveur d'une conception collective des langues – ce qui est indubitable –, et pour nier la part des individus dans l'évolution des systèmes ou la consistance des notions de subjectivité et d'intentionnalité, comme si nous étions parlés, et que bien de nos intentions n'opéraient qu'à notre insu : ce dernier aspect me semble, en revanche, très contestable. Il y a une grande confusion autour de la saisie des phénomènes psychiques, y compris d'un point de vue linguistique. On a pu croire que le refus du psychologisme était la bonne réponse. Mais cela dépend de ce qu'on range sous cette notion : s'il s'agit d'insister sur l'importance des faits collectifs dans la construction du système, dans ses évolutions, sur la part matérielle des faits de langue, dans le phénomène de valeur, pour mettre en avant des mécanismes d'évolution dans lesquels les sujets parlants n'ont guère de part, en ce sens que c'est la langue qui mène le jeu, et non les individus et leurs choix, d'accord. C'est ainsi qu'il faut comprendre la position de Saussure (Joseph 2021). En ce sens, ce ne sont ni les sujets, ni leur pensée qui est au principe du système et de ses évolutions. Mais la langue est une abstraction qui n'existerait pas sans l'activité de parole, qui est l'autre pôle de la dualité. Assurément, le système phonologique, le lexique et plus encore la syntaxe contraignent les discours. Mais il n'en reste pas moins que ces composantes évoluent sous l'effet des utilisateurs, des usages majoritaires et aussi de créations originales et marginales (permises par le système tout en étant à ses marges), qui entrent progressivement dans les usages collectifs et contribuent à l'évolution du système. Que ces créations ne soient pas toujours traçables, ni, surtout, assignables à tel locuteur, n'empêche pas qu'elles aient été formulées par des locuteurs individuels, anonymes ou identifiables, à l'instar des créateurs – pour autant que ce terme ait la même signification par-delà les siècles ou les cultures. En 1933, dans « La pensée et la langue, ou comment concevoir le rapport organique de l'individuel et du social dans le langage », Sechehaye évoquait d'une part la dimension nécessairement préconstruite du matériau linguistique, sans quoi il n'y aurait pas d'échanges rapides possibles, d'autre part le rôle de la parole singulière dans l'évolution des langues (Sechehaye 1969 : 92–96). Il concluait fort significativement son article en devançant l'objection de « spiritualisme » : s'il favorise le « facteur individuel », ce n'est pas aux dépens du « facteur collectif ». De

---

22 Les prédiscours (Paveau 2006) font partie de l'interdiscours, mais ils se caractérisent notamment par leur construction et leur recours à des schèmes cognitivo-discursifs, qui les rendent mémorables et mémorisables, favorisent la fréquence de leur réemploi, leur conférant un rôle de prêt-à-dire et de prêt-à-penser plus actifs que d'autres éléments moins sollicités de l'interdiscours : c'est notamment le cas des formules (Krieg-Planque 2009).

fait, Sechehaye ne nous semble poser la *primauté de la parole* que par rapport au *primat de la langue*.[23] Le style, comme l'idiolecte, sont à la charnière de la liberté humaine et de l'appartenance à une communauté et à ses lois : cela vaut pour tous les hommes, y compris pour le « génie », car, « comme les autres, il est soumis à la loi de l'intercompréhension » :

> Et ce que nous disons du génie est vrai *mutatis mutandis* de toute pensée originale, si modeste soit-elle, qui s'exprime et qui se propose comme une contribution personnelle à l'effort de la collectivité tout entière. L'individu rend donc à la société avec intérêts ce qu'il a reçu d'elle, et celle-ci assure à son tour, et d'autant mieux, le progrès de l'individu. Telle serait du moins la forme schématique d'un fonctionnement idéal de ces deux forces conjuguées. (Sechehaye 1969 : 95)

Il y a donc du psychologique dans le langage, au titre d'une psyché collective, de représentations dont le lexique porte la trace (et les différences de découpage du monde d'une langue à l'autre). Mais aussi au titre des façons de parler des locuteurs, l'important étant que les innovations soient reconnues, reçues, remises en circulation au point de devenir une nouvelle norme. Dans cette dialectique, ce sont les évolutions collectives qui font les nouvelles normes et influent sur les façons collectives de sentir, de penser, de dire. La part du psychologique, s'exerçant sous contrainte de la matérialité langagière, est la résultante des évolutions, et non à leur source, surtout si la source est pensée comme source individuelle.

De même, les débats sur l'interprétation du subjectivisme rejaillissent sur la question de l'intentionnalité, souvent mal posée. D'aucuns la récusent au motif qu'elle résulterait d'une conception idéaliste d'un sujet qui parlerait en toute conscience et serait maître de lui-même comme de ses dires ; d'autres, sans alléguer cette conception « cartésienne » du sujet, récusent toute idée d'intentionnalité au motif qu'il y a une différence radicale entre vouloir dire et dire, entre une pensée informulée et sa formulation. Qu'il y ait des différences entre ces divers états et étapes, c'est indubitable. Qu'elles soient radicales, c'est en revanche plus discutable. Mais le problème, ainsi posé, n'est pas satisfaisant. On peut définir l'intentionnalité à partir de ce qui est dit et aussi à partir de ce que les récepteurs comprennent et imputent comme vouloir dire aux messages et déduisent des intentions communicatives de son producteur à partir des instructions du texte. Qu'il soit en sus instructif de confronter ces interprétations au vouloir dire du producteur, si tant est qu'on en ait la possibilité, c'est une façon d'ajuster le sens dont il serait ridicule de se priver, tout autant qu'il serait simpliste de lui accorder un crédit illimité. Dans tous les cas, l'intentionnalité est le résultat d'un dire et d'une interprétation de ce dire,

---

23 J'utilise les concepts de primat et de primauté en référence à Comte-Sponville (1988 : 302–304).

basée sur la présomption de la cohérence de sa visée. La considérer comme sans objet ou sans pertinence, c'est se priver de toute possibilité de réplique ou d'interprétation. Cette conception générale ne vaut pas seulement pour les échanges et les interactions de la vie quotidienne, elle vaut aussi pour des formes d'expression obliques, qu'il s'agisse de modes d'expression figurés ou encore des messages relevant de visées déconnectées des contraintes de la vie ordinaire en interaction, à l'instar des productions à visée esthétisante de la production seconde (Bakhtine 1984 : 271) ou des infra-vocalisations de la pensée intérieure. Dans les deux cas, la présence des JDM et, plus largement, des jeux de langage (distinction sur laquelle je reviendrai plus loin) est très présente, plus, prégnante, et est au cœur non seulement de la production des messages, mais aussi de leur(s) interprétation(s) en réception, selon les récepteurs, leurs attentes, leurs situations, leur(s) degré(s) d'attention et d'implication.

Le subjectivisme influe encore sur la question de la subjectivité. Que les locuteurs emploient tel terme ou telle tournure, telle image, telle figure, que ces dernières soient relativement figées ou défigées, mortes ou vives / revitalisées, toutes ces manifestations d'une subjectivité individuelle ou collective font sens sur l'arrière-plan des formes reçues, des modes d'expressions antérieurs, si conventionnels dans leur formulation – dite non marquée – qu'ils paraissent objectifs. Or c'est confondre l'objectivité avec des manières si établies et partagées qu'elles sont comme naturalisées, considérées comme objectives, alors qu'elles relèvent d'une intersubjectivité partagée dominante, ce qui n'est pas du tout la même chose. On pourrait penser régler la question en parlant d'expressivité, car de fait, tout est, dans la vie des signes, expressif. Mais encore faut-il analyser les formes de cette expressivité, et l'on retrouve la question de formes expressives subjectives, d'autres plus objectivantes, de formes d'expressivité originale, personnelle, d'autre, plus conventionnelles et collectives, voire stéréotypées, etc. Bref, on n'échappe pas à la question de la subjectivité, et, là encore, elle n'existe, pour le linguiste, que dans l'après-coup, à partir de la profération des discours. Et même ce qui a une apparence d'objectivité en raison de formulations non marquées peut être réinterprété comme intention subjective de mieux faire valoir ses propres représentations en leur donnant une forme naturalisée, objectivante, censée mieux masquer la subjectivité du PDV.

Comment décririez-vous la pertinence des jeux de mots dans la société ? Dans quelle mesure pensez-vous que l'importance des jeux de mots varie en fonction des langues, des cultures et des sociétés ? Quel est, selon vous, le statut des jeux de mots dans votre propre langue, culture ou société ?

Les JDM sont de formidables observatoires. À l'écrit comme à l'oral, si l'on peut dire, dans les genres premiers de la vie quotidienne comme dans les genres seconds à visée plus esthétisante (Bakhtine 1984 : 271) ; dans les diverses situations privées ou publiques, institutionnelles ou moins formelles ; dans des configurations visant des groupes auxquels on appartient (*in-groups*) ou non (*out-groups*) ; dans les différents genres, avec des variations selon que les situations sont plus ou moins ritualisées et routinisées, les genres plus ou moins conventionnels et normalisés, selon les calculs des locuteurs, pour se faire connaître et reconnaître.

- Ils dépendent donc de variables collectives et de caractéristiques ou de calculs personnels, d'abord en fonction de dimensions idiolectales : il y a des locuteurs prisonniers de leur image, de leur personnage, qui ont un usage rigide et répétitif de tel ou tel JDM, et cela est loin de ne concerner que des personnalités publiques célèbres.
- Il y a ensuite des variations stylistiques qui conduisent à privilégier telle figure et tel type de JDM, en fonction de normes stylistiques qui ont trait au genre : la comédie privilégie souvent le genre bas, les allusions scatologiques ; la tragédie, surtout en contexte agonique, des antanaclases ou des syllepses, des hyperboles ; la poésie des métaphores vives, des oxymores ; les conversations entre amis des contrepèteries, des JDM basés sur les doubles sens et la double-entente, des à-peu-près ; la publicité des troncations (aphérèses, etc.), des jeux avec des défigements… ; les discours politiques toutes sortes de répétitions phoniques ou lexicales (anaphores, épiphores) ou encore les allusions, les mouvements emphatiques ; les discours scientifiques des jeux sur les préfixes, les renversements avec antithèses, chiasmes, antimétaboles, etc. Bien sûr, tout cela est à très (trop) gros grain, on entrera dans des subdivisions plus raffinées selon les sous-genres, les époques, on opposera bien des contre-exemples, mais les grandes tendances sont là. C'est par rapport à elles qu'on peut mesurer des écarts significatifs.
- Enfin, la troisième grande source de variations concerne les diverses tactiques éthotiques (*i.e.* liées à l'ethos), en fonction des effets argumentatifs (et émotionnels) directs ou indirects (Amossy 2018 ; Rabatel 2018c) que le locuteur veut produire sur ses destinataires.

Plus largement, les JDM jouent un rôle dans toutes les sphères de la vie sociale, politique, religieuse, culturelle (j'intègre ici les composantes informationnelles, éducatives et académiques) : leurs fonctions relèvent tantôt du cognitif, tantôt de l'agir, tantôt du rituel ou de l'institutionnel. Elles se manifestent dans les situations monologales ou dialogales, monologiques ou dialogiques[24] qu'elles irriguent au plan énonciatif, interactionnel. En ce sens, les JDM participent à la construction des identités personnelles et collectives, influent sur des procédures d'affiliation, de connivence (Rabatel 2015c, 2020b) ou de désaffiliation (désolidarisation), que ce soit sur le mode de la grosse caisse claironnante ou de l'implicite, du demi-mot, de la double entente (*dog whistles*, *i.e.* des « appels du pied »), etc. J'y reviendrai plus loin, dans ma réponse à la question sur la dynamique des JDM.

Pour le reste, quel est le statut des JDM dans ma propre langue, culture et société ? Je pourrais dire que certains JDM ont une grande place, ou du moins (ce qui n'est pas exactement la même chose), une certaine valeur (voire une valeur certaine), à l'instar de l'art de la pointe de la formule, du trait d'esprit, du calembour ou de l'ironie antiphrastique, toutes manifestations de ce qu'on a pu appeler l'esprit français, à moins que ce ne soit l'esprit de cour, ou des salons. Le caractère fluctuant des dénominations dit assez la difficulté de la réponse. Certes, il y a de loin un esprit français et des JDM qui en relèvent. Mais tout cela dépend des époques (encore que les JDM précédents perdurent), des milieux. Les JDM ne sont pas du même ordre dans une cour d'école, lors d'une soutenance de thèse (pour briller, quoi de mieux que le jeu des antithèses, chiasmes, et, plus raffiné encore, des antimétaboles). Il y aurait toute une sociologie à faire sur la nature et les usages des JDM non seulement selon les milieux, les âges, les sexes, mais encore selon les supports et les publics visés, notamment dans les médias écrits ou audiovisuels, sur les réseaux.[25] Il me semble aussi que les évolutions des mentalités influent sur les producteurs de JDM : autrefois, autant que je sache, beaucoup de JDM étaient l'apanage des hommes (en tout cas, ce sont beaucoup de JDM masculins dont on a la trace, car les hommes prenaient plus « facilement » la parole que les femmes, écrivaient plus « facilement » que les femmes puisqu'ils bénéficiaient d'une position supérieure dans toutes les strates de la population et à toutes les époques de la vie. Il en était de même pour les humoristes professionnels, qui étaient des hommes. Aujourd'hui, je suis frappé par le nombre de femmes humoristes, par la diversité de leurs per-

---

24 Sur les différences entre monologal / dialogal et monologique / dialogique, voir *supra* note 8.
25 Cet aspect concerne également la question sur l'avenir de la recherche sur les JDM (voir *infra*). Cependant, j'en parle ici parce que la culture française, à en croire Michèle Sarde (1984), présente un certain nombre de spécificités relativement aux relations entre les sexes.

formances, y compris dans des registres vulgaires autrefois l'apanage des hommes... Il y aurait là beaucoup à investiguer, je crois.

Comment décririez-vous votre point de vue sur la notion de « jeux de mots » ? Cette étiquette vous convient-elle ? Ou existe-t-il d'autres terminologies que vous préférez ou qui, selon vous, fonctionnent mieux ? Ou, à l'inverse, voyez-vous des avantages spécifiques à l'utilisation du terme de « jeux de mots » ?

On touche ici à une question très complexe, tant au plan notionnel qu'au plan des dénominations concurrentes en français pour penser les jeux de langage : *jeu(x) de mots, jeu(x) de langage, mot(s) d'esprit, trait(s) d'esprit*. La difficulté se rencontre aussi dans les autres langues : *language game, wordplay, humour, pun, joke, nonsense, Sprachspiel, Witz*, etc. Leur polysémie tient aussi aux différences d'approches, patentes quand il s'agit du *Witz*, du *nonsense*, entre les approches philosophiques de Carnap, Wittgenstein (d'autant qu'il y a plusieurs Wittgenstein), les approches psychanalytiques de Freud, Lacan[26], les approches littéraires à la Lewis Carroll ; de plus, il n'y a pas de recouvrement d'une langue à l'autre, comme cela est patent avec l'« *humour* » anglais et l'« humour » français.[27] Sur tous ces plans, je ne peux que renvoyer le lecteur au *Vocabulaire européen des philosophies* dirigé par Barbara Cassin (2019)[28], qui est, véritablement, le *Dictionnaire des intraduisibles*.

Sans entrer davantage dans les discussions précédentes, je dirais que l'étiquette de « JDM » me convient bien, pour plusieurs raisons : son contenu, qu'il s'agisse des jeux réglés (*game*) ou des jeux libres (*play*) est plus englobant que les *puns, jokes, Witze*, mots d'esprit, car il y a des JDM qui ne sont ni des *Witze*, ni des

---

26 Ce dernier proposait de traduire *Witz* non par « mot d'esprit » mais par « trait d'esprit », en rapprochant *Witz* de *Blitz*, renvoyant à la fulgurance de l'éclair (Baladier 2019 : 596).

27 C'est pourquoi je récuse aussi la catégorie d'humour comme catégorie générique, et lui préfère celle de jeu (de mots ou de langage), dont l'arrière-plan ludique et désacralisateur (voir *infra*) est fondamental, à la condition que le jeu ne soit pas indexé seulement sur le comique : car on peut jouer sur le tragique aussi, sur des émotions qui ne relèvent ni du comique ni du tragique, les exacerber, les atténuer, bref, on peut jouer avec elles (Rabatel 2021 : 301 et, surtout, 331–349).

28 Voir notamment l'entrée *ingenium* (esprit) 592–597 rédigée par Alain Pons, avec des compléments de Rémi Brague (2019 : 593, sur l'intuition de l'esprit capable de dépasser le donné, d'établir des relations, non sans fulgurance), de Fabienne Brugère (2019, sur les relations entre *wit* et *humour*, p. 694–595), de Charles Baladier (sur le *Witz* selon Freud et ses différentes traductions, p. 596). Voir aussi l'entrée *nonsense* (Sandra Laugier 2019 : 859–865) et l'entrée consacrée au signifiant et au signifié (Cassin, Ildefonse, Klippi et Rosier-Catach 2019 : 1176–1187).

puns, ni des *jokes*, ni qui relèvent de l'humour au sens anglais du terme ; de plus, cette expression est relativement vierge de toute les stratifications et chevauchements très imparfaits qui concernent les notions ci-dessus. J'ajoute encore un autre argument en faveur de la notion de JDM : c'est que l'expression renvoie au *jeu* (qui ne correspond pas exactement aux *jokes* – aux blagues –, le terme *jokes* étant plus spécifiant). Le jeu est une notion essentielle, puisque c'est la tête nominale du syntagme prépositionnel. Sur ce plan, je voudrais préciser en quel sens j'entends cette notion, car il en est souvent fait un usage trivial. Pour ma part, comme j'ai enseigné dans des instituts de formation des enseignants, j'ai été amené à beaucoup lire de travaux de toutes disciplines sur la question, mais c'est chez Benveniste, dans un texte peu connu, que le linguiste que je suis a trouvé les considérations les plus substantielles. Le jeu, libre ou réglé, permet à la fois un fort investissement des sujets dans le jeu et une capacité de mise à distance, de décentrement, avec ses règles déconnectées de la réalité, du domaine du *comme si*, ce qui va de pair avec une tendance à la désacralisation, selon Benveniste (2015). Ce dernier commence par distinguer nettement le jeu du sacré, pour mieux dégager la force dynamique désacralisante du jeu :

> Le sacré suppose une réalité, celle du divin ; par le rite, le fidèle est introduit à un monde distinct, plus réel que le vrai. Le jeu, au contraire, se sépare du délibérément du réel. On peut dire que le sacré est du sur-réel, le jeu, de l'extra-réel. — En outre, l'opération sacrée a une fin pratique, qui est de rendre habitable le monde terrestre, de repousser les forces hostiles, d'organiser la société, de procurer subsistance ou victoire. Le jeu n'a en soi aucune destination pratique ; son essence est dans sa gratuité même. [...] — Enfin, dans le sacré, les règles très strictes de la cérémonie ont chacune et en soi leur efficience ; elles doivent provoquer l'intervention de la divinité par appel direct et en même temps permettre aux hommes de supporter sans danger le contact terrible et maléfique du sacré. Dans le jeu, les règles ne sont rien séparément et sont tout ensemble ; ce qui montre bien leur propriété structuralisante ; elles servent à délimiter le cadre spatial et temporel, les 'conventions', et en même temps elles constituent par elles-mêmes le jeu entier. C'est pourquoi, au total, le sacré est tension et angoisse ; le jeu exaltation et délivrance. [...] Le jeu n'est donc au fond qu'une *opération désacralisante*. Le jeu est du sacré inversé et les règles du jeu ne servent qu'à assurer cette inversion. Cela apparaîtra mieux si l'on montre en quoi consiste cette transmutation et comment elle se réalise.
> Dans le sacré réside l'efficience suprême, condition primordiale de l'efficience humaine. [...] Or la puissance de cet 'acte' sacré réside précisément dans la conjonction du mythe qui énonce l'histoire et du rite qui la reproduit. Si à ce schème nous comparons celui du jeu, la différence apparait essentielle : dans le jeu, seul le 'rite' survit, on ne conserve que la forme du drame sacré [...] Mais on a aboli le 'mythe', l'affabulation des paroles prégnantes qui confère aux actes leur sens et leur vertu. Retranché de son mythe, le rite se réduit à un ensemble réglé d'actes désormais inefficaces, à une reproduction inoffensive de la cérémonie, à un pur 'jeu'. De la lutte divine pour la possession du soleil, il reste un jeu de balle ou le joueur peut impunément – un dieu eût-il jamais privilège pareil ? – s'emparer à son gré du disque solaire. Tel est le *ludus*. (Benveniste 2015 : 180–181)

Il n'est pas sans intérêt de souligner que cette relativisation de la contradiction est aussi celle du rêve, de l'inconscient, comme on l'a vu avec le concept de signifiance. Enfin, on peut légitimement considérer que ce que Benveniste dit de l'activité ludique en général vaut aussi pour l'activité ludique langagière.

Si donc la notion de jeu me va très bien, je suis plus réservé sur celle de mot, qui joue le rôle de complémenteur, dans la mesure où bien des jeux de langage sont en-deçà des mots et beaucoup d'autres vont au-delà d'eux. On retrouve là la question de l'empan des JDM, au sens restreint (Lecolle 2016 ; Thaler 2016 ; Winter-Froemel 2016) ou large. En un sens restreint, il y a JDM lorsque les mots jouent intentionnellement[29] avec les signifiants (phoniques et / ou graphiques – dès le niveau des phonèmes (et des graphèmes), puis des morphèmes, sans s'arrêter aux lexies simples ou complexes –) *et* avec les signifiés. Mais il peut aussi y avoir JDM, en un sens étendu, lorsque des mots / prédications bien formés jouent avec un seul des plans de l'expression ou du contenu et avec la situation. C'est le cas des énoncés ironiques, humoristiques, ou encore des énoncés hyperboliques : car c'est une autre façon de *jouer* avec le langage que s'amuser avec ses inappropriétés, ses incongruités, ses effets inattendus, dans une optique profondément « désacralisante » (Benveniste 2015 : 181). On pense ici aux distinctions anciennes entre tropes en un seul mot ou en plusieurs, distinctions qui ont une part de pertinence, selon ce qu'on analyse, mais qui sont aussi dépassées (ou plutôt : perdent de leur pertinence) dès qu'on analyse des JDM qui organisent de larges fragments de textes. On pourrait dire que cette façon de voir n'a aucune consistance, car la saillance repose sur des fragments d'énoncés courts, et, de plus, sur des éléments contigus. Cet argument n'est pas faux, dans la plupart des cas. Mais il n'a pas réponse à tout, il faut encore prendre en considération les JDM *in praesentia* et ceux qui sont *in absentia*, nombreux, pour lesquels la saillance ne saurait reposer sur la contiguïté, mais sur des phénomènes d'empreinte mémorielle et d'imprégnation culturelle. On pourrait encore alléguer d'autres exemples : personnellement, j'établis une distinction entre reprise (inintentionnelle) ou répétition (intentionnelle) d'un même signifiant et reformulation d'un même signifié avec des signifiants différents (Rabatel 2017b : 71–91 et Rabatel 2021 : 231–266, 439–477). En règle générale, ces manifestations ne sont reconnaissables que dans un même énoncé ou dans des énoncés contigus. Cela

---

29 Intentionnel n'est pas synonyme de volontaire (pas plus qu'inintentionnel serait le synonyme d'involontaire) : ainsi un lapsus involontaire n'est-il pas dénué d'intentionnalité. Quant au jugement d'intentionnalité, il peut certes émaner du producteur du JDM, mais cette situation n'a rien d'obligatoire, il est possible qu'il résulte tout aussi bien des récepteurs. Les sources d'intentionnalité sont souvent coprésentes, et peuvent converger ou diverger, se contredire ou s'avérer complémentaires, en fonctions des hypothèses et des PDV substitutifs ou cumulatifs. D'où, dans cette perspective, l'importance du phénomène de l'écoute, j'y reviendrai.

dit, une reprise d'un même signifiant (et plus encore s'il s'agit d'une suite de signifiants !) est susceptible de devenir une répétition, selon son emplacement, par exemple en tête de paragraphe, de chapitre, voire de partie, en tête et en fin de section. On me dira que ces manifestations ne sont pas des JDM, mais, tout au plus des figures (ce qu'elles sont en effet) ; mais ce sont aussi des façons de jouer avec les mots, sinon sur les mots (Rabatel 2021 : 231–266). Prenons encore l'exemple des isolexismes, qui jouent sur changements affectant un même radical (avec un jeu sur des affixes, sur les marques de singulier ou de pluriel, des changements de morphèmes temporels et personnels) : ce sont d'authentiques JDM qui ont une dimension métalinguistique et métadiscursive indéniable. Mais dira-t-on que des répétitions, des reformulations qui se répètent, ne produisent aucun effet de contagion sémantique, même si on joue davantage sur les signifiés que sur les signifiants (Rabatel 2020a) ? Autrement dit, bien sûr, le centre de la notion de JDM est celui du jeu avec les signifiants et les signifiés, mais on ne saurait exclure sans dommage de l'analyse des manifestations plus larges dans lesquelles le langage manifeste une dimension métadiscursive forte à *jouer avec des effets à distance, avec les situations, les représentations des récepteurs, leurs attentes*. Il n'est donc pas nécessaire de ne s'en tenir qu'à une conception restreinte des JDM, sauf à passer à côté de beaucoup de phénomènes intéressants.

Ici, s'ouvre à mes yeux un autre argument qui me conduit à prendre cette notion reçue de JDM en la complexifiant, et en en ayant un usage étendu, conformément à ma conception de l'énonciation problématisante. J'incline donc à intégrer la notion de JDM dans un ensemble plus englobant, celui de *dynamique figurale*, comme je l'ai fait dans mon livre de 2021. Je parle de dynamique, parce que je défends une conception large de la notion de figure, au-delà des tropes, étendue au texte, comme je l'ai dit à propos des JDM, mais aussi à la notion de figure d'auteur (Rabatel 2007a, 2021 : 70–77 et 481–567[30]), qui me parait subsumer des approches complémentaires de la figure du sujet, de sa construction dynamique, à travers un travail de figuration ininterrompu. Avant de développer cette thèse, je voudrais, même si c'est un peu prématuré, expliciter brièvement le lien entre la notion de figure d'auteur et la notion de JDM, au sens large indiqué ci-dessus. La figure de l'auteur, sous toutes ses dimensions, repose sur un travail de figuration de soi, qui consiste à jouer avec ses propres PDV comme avec ceux des autres, parfois en jouant *sur* les mots, parfois *avec* les mots (les siens, ceux des autres), en jouant *sur des dimensions méta-*, tant au plan linguistique que discursif-interactionnel, en considérant que ces jeux (qui peuvent être très sérieux) portent sur des unités (mor-

---

[30] Voir Rabatel (2021) pour une présentation plus détaillée et une mise en relation avec des notions connexes, notamment l'auteur impliqué, l'auctorialité.

phèmes, mots) ou sur des ensembles suprasegmentaux de toute sorte. Mais revenons à la notion de figure d'auteur.

Je fais d'abord référence à la conception de Foucault (1969) sur l'auteur, qui présente l'intérêt de couper le lien avec l'idéologie des grands auteurs singuliers dans le domaine littéraire et de penser l'auteur comme la résultante d'un travail intra- et extratextuel de co-construction de la représentation de soi et de son message, dans un cadre interdiscursif formaté par les discours antérieurs, les normes culturelles, les régularités affectant les genres discursifs. Le travail de figuration de la figure d'auteur s'éloigne en revanche de Foucault, d'abord parce qu'il concerne *n'importe quel locuteur et n'importe quelle prise de parole*[31], ensuite parce qu'il met l'accent, en dépit du poids de l'interdiscours, sur le *caractère assignable de ses interventions* (Rabatel 2017 : 111–122), dont chacun est responsable, ainsi que sur le *lien entre la parole et l'action.*[32] On pourrait objecter que, puisque la figure d'auteur concerne le *locuteur*, il est contre-intuitif et contre-productif de parler de figure d'*auteur*. J'assume cependant ce choix, car le locuteur est souvent indexé sur un ou des énoncés, et l'auteur sur des fragments textuels plus amples. Or la figure syncrétique d'un locuteur dépasse de loin des énoncés décontextualisés, et se développe dans des textes, en situation, autrement dit dans des discours situés. La figure d'auteur fait émerger du texte ou du discours, à défaut d'une voix nécessairement originale, une voix propre, qui correspond à la pensée ou au positionnement du sujet locuteur, par-delà son inscription dans un interdiscours plus ou moins prégnant. La figure d'auteur est la résultante des choix de planification et de gestion

---

31 Il s'ensuit que la figure d'auteur n'est pas réductible aux auteurs littéraires ou scientifiques (Bokobza Kahan et Amossy 2009), mais qu'elle peut éventuellement concerner ces derniers, à la condition d'intégrer à son analyse toutes ses composantes et de les penser en termes de responsabilité énonciative.

32 Il est significatif que l'on parle de l'*auteur* d'une bonne / mauvaise action, le terme ayant des significations beaucoup plus larges que celui d'écrivain. Cette remarque a une portée épistémologique qui n'est pas anecdotique. Il est certain que lorsque des concepts ont une dénomination qui emprunte à la langue naturelle (comme auteur), il ne faut pas confondre les significations de la langue naturelle et les définitions conceptuelles. Mais cela ne doit pas conduire à « prendre pour argent comptant » les idées et les concepts, qui doivent être historicisés et pensés en référence aux mots de la langue dont ils sont issus. On gagne à « prendre les mots aux mots », à penser les mots / concepts dans « l'amplitude multiple de leur sens, des amplitudes différentes selon les langues, d'où l'impossibilité de superposer les langues et les réseaux. Je trouve réjouissant qu'il y ait un seul mot pour dire 'aimer' en français (j'aime Dieu, mon amant et la tarte à la rhubarbe), alors qu'en anglais je dois discerner ce que je *love* de ce que je *like* » (Cassin 2020 : 179–180). NB : sur les implications de cette attitude épistémologique qui fait sa place à la sophistique et à la psychanalyse lacanienne, particulièrement utiles en certains contextes, notamment l'analyse des JDM, voir encore Cassin (2020 : 155–159).

de sa parole et de celle des autres. Elle permet de penser le lien entre une figure d'autorité externe – référant à la personne réelle et à son statut, qui gère les contraintes situationnelles, est exposée à des choix socio-culturels, économiques, politiques, etc. dont il ne faut jamais oublier le primat – et l'autorité qui exerce sa primauté dans ce cadre contraint, par le langage.[33] Que le locuteur soit pleinement conscient ou non des logiques et des effets de ses choix, la question n'est pas (seulement) de savoir ce qu'il a voulu dire, mais, surtout, de comprendre ce que dit son discours, tel que l'interprètent les destinataires ou récepteurs additionnels qui s'érigent en co-énonciateurs du discours et en co-constructeurs de la figure d'auteur. Ainsi que l'écrit Barthes, « dans le texte, d'une certaine façon, *je désire* l'auteur, j'ai besoin de sa figure (qui n'est ni sa représentation, ni sa projection) comme il a besoin de la mienne » (Barthes 1973 : 45–46). Même lorsque cette conception est déconnectée du monde littéraire qui était la référence de Barthes, elle reste pertinente : dans toute interaction un tant soit peu prolongée et substantielle avec autrui, l'interlocuteur ou le destinataire a besoin d'interpréter le(s) message(s) en fonction d'une intentionnalité rapportée au centre irradiant des positionnements du locuteur, à son image d'auteur. Simmel propose une formulation plus générale de ce principe en soulignant combien tout commerce social repose sur la construction d'une image d'autrui : « Toute relation entre les hommes fait naître dans l'un l'image de l'autre, et il est clair qu'il y a entre celle-ci et cette relation réelle des actions réciproques » (Simmel [1908] 1999 : 349). Je souscris globalement à ce principe, à la dialectique de sa co-construction. Cependant, compte-tenu de ma position de linguiste, je borne mon examen de la figure d'auteur qui émane des relations discursives qu'entretiennent des interlocuteurs.[34]

La figure d'auteur, telle que définie ci-dessus, repose essentiellement[35], dans l'ordre de ses manifestations discursives, sur trois composantes qui en expriment des facettes complémentaires, que je définis comme suit :
- L'idiolecte est le lieu discursif socialisé d'émergence et de manifestation du Soi sous le regard de l'Autre, dans une dialectique entre un idiolectant (celui qui

---

33 Voir *supra* note 23.
34 Toutes ces dimensions s'incarnent notamment dans les positionnements du locuteur / énonciateur par rapport aux autres, et plus largement à l'altérité et à l'opacité, ce qui se traduit par un ensemble de postures énonciatives de co-, sur- ou sous-énonciation : voir Rabatel (2012). Il n'aura pas échappé au lecteur, au surplus, que toutes les réflexions précédentes ne sont pas sans rapport avec ce que j'ai dit plus haut sur l'intentionnalité, la subjectivité et la responsabilité énonciative.
35 Voir aussi Rabatel (2023b) pour une illustration synthétique de ces trois composantes et de la figure d'auteur à propos d'un poème de Prévert et Rabatel (2024) pour une analyse de ces composantes en lien avec le positionnement scientifique de Frans de Waal dans son dernier ouvrage relatif à la question du genre chez les animaux.

parle sa parole dans le *hic et nunc de l'énonciation*) et un idiolecté, qui correspond à l'image personnelle construite par ses prises de parole antérieures comme à celles, de nature (stéréo)typisante, que les autres se font de lui (Rabatel 2005).
– L'ethos correspond à des formes d'expression du Soi pour séduire ou convaincre l'auditoire de la thèse ou de la représentation que le locuteur / énonciateur propose à son assentiment (Rabatel 2021 : 533–534).
– Le style est la forme d'expression du Soi en rapport avec les formes génériques (orales et écrites) de mise en ordre de l'expérience (Rabatel 2007b), dans les genres premiers et seconds, ayant une visée fonctionnelle ou esthétique.

Sur quelles marques appuyer l'analyse de ces composantes de la figure d'auteur ? La réponse est complexe, parce qu'elle repose sur des cooccurrences de marques, souvent les mêmes pour les trois composantes, mais orientées dans des perspectives différentes. D'une certaine façon, c'est l'entier du discours qui fait sens, en considérant que les marques pertinentes ne sont pas seulement celles qui concernent le travail de figuration du locuteur et de ses interlocuteurs ou destinataires (énonciation) ; la figuralité traverse également sa façon de référer aux objets du discours (*i.e.* la référenciation), notamment à travers les choix de nomination, de qualification, de quantification, de modalisation, de temporalité, d'aspectualité, de connexion, d'ordre des mots, de mise en relief, du type de progression thématique, de gestion des implicites, sans compter les choix de planification, la façon de citer autrui, de se positionner par rapport à lui, ses aptitudes à défendre son ou ses points de vue et tout autant à entendre celui ou ceux des autres[36], ses capacités à marquer ses points d'accord, ses désaccords, ou à ne pas prendre position sans durcir les interactions ou passer pour une personne trop prudente, ses capacités à faire émerger du consensus, etc. Un dernier mot encore, sur ce point. J'ai évoqué les stratégies discursives des locuteurs au plan idiolectal, stylistique et éthotique. Ces composantes de la figure d'auteur s'inscrivent dans des configurations sociologiques plus vastes, celles qui concernent les stratégies de placement des locuteurs dans des champs déterminés (Bourdieu) et aussi qui les conduisent à adopter des tactiques de positionnement envers des alliés, des concurrents, y compris au plan linguistique, en jouant avec toutes les facettes de leur figure d'auteur (Rabatel 2025a), à travers lesquelles le locuteur / énonciateur joue avec ses mots, ceux des autres.

---

[36] Ces marques correspondent aussi à l'expression linguistique des points de vue : voir Rabatel (2017a : 44–79) et l'introduction de Rabatel (2021 : 32–77).

La collection de volumes « The Dynamics of Wordplay / La dynamique des jeux de mots » vise à aborder les jeux de mots comme un phénomène dynamique. Y a-t-il des aspects spécifiques de cette dynamique qui vous semblent particulièrement intéressants ou importants ?

Il me semble remarquable de voir comment les JDM (et donc aussi plus largement les figures) qui jouent sur les mots et avec eux sont de nature à engendrer du texte, à enrichir les mécanismes de son interprétation, et, tout autant, dès lors que les JDM et figures se manifestent en contexte de face-à-face, à orienter les interactions entre locuteurs et éventuellement leur rapport au public (si public il y a). Sur tous ces points, la dynamique peut enrichir les composantes cognitive, émotionnelle, interactionnelle, actionnelle, ce qui est une preuve indubitable de leur caractère foncièrement dynamique, aux antipodes d'une conception réduisant les JDM et les figures à des dimensions ludiques, esthétiques « gratuites », qui seraient un simple supplément d'âme.

Partant de là, un des aspects spécifiques de cette activité concerne leur efficacité pragma-énonciative, à travers leurs effets sur la réception et l'interprétation ou l'action, et invite à reprendre du point de vue de cette dynamique la question de la performativité, à travers l'analyse de l'illocutoire et du perlocutoire – lequel n'est pas un simple extérieur à la dimension linguistique, mais une des manifestations de son efficacité pragmatique. Car la performativité ne saurait se réduire à certains verbes performatifs ni à des emplois en première personne, par des personnes habilitées (Anquetil 2025). On sait l'importance des JDM et des figures dans les discours politiques, poétiques, publicitaires, religieux : ils exercent une performativité, un faire croire, un faire dire, un faire agir sans qu'il soit besoin de recourir à l'un de ces critères, ne serait-ce que par le biais d'une ritualisation qui paradoxalement, met d'abord l'accent sur le discours pour lui-même, pour son propre compte, ce détour réflexif entraînant par surcroît une dimension performative accrue, dans la mesure où les récepteurs se sentent appelés à faire leur le contenu des messages, en raison de l'accent mis sur sa forme. Les JDM et figures ne sont certes pas les seuls à jouer un rôle dans cette dynamique, mais ils y contribuent, et il y a là bien des aspects à investiguer. Barbara Cassin propose encore une autre façon de repenser la performativité : elle insiste sur des énoncés qui *font être* dans et par le langage, dont le modèle est l'*epideixis* (Cassin 2018 : 128–132, 2022 : 59–63), avec notamment son exemple fétiche de l'éloge. On peut donner d'autres exemples de cette dimension performative, tels les prières, les litanies, et plus largement les phénomènes de répétition, qui se répètent dans les textes, mais qui se répètent également dans les performances (Cassin 2018 : 77–78) des récepteurs qui s'érigent en récepteurs actifs du message : c'est vrai pour les prières rituelles qui reviennent à des périodes rituelles de l'année liturgique ; pour les phénomènes de communion et d'entraînement dans les concerts, quand les spectateurs reprennent en chœur les chansons, dansent ; quand les participants d'un meeting politique reprennent des slogans et cherchent, comme dit Badiou, à se « courager » ensemble (à se donner du courage) pour continuer leur lutte. Je pense aussi, bien sûr, à la figure d'auteur, puisque ce travail de figuration nous fait être aussi *dans et par* le langage. On pourrait donner encore d'autres exemples, qui ne figurent pas dans Rabatel (2021) je pense aux textes de Daech à destination des lecteurs francophones qu'il s'agit d'inciter au passage à l'action terroriste contre l'Occident ennemi (Rabatel 2020c). Avec ces phénomènes pragmatiques de co-construction du sens des messages, qui invitent au partage d'émotions, de valeurs et de formes de vie, la performativité des messages est redoublée par la performance de leur profération ; et la performance de la profération est superperformée, pour ainsi dire, par la réception / performance en commun de communautés qui s'incorporent le message, affichent leurs engagements, leur unité, fût-ce au besoin contre d'autres.

Dans le prolongement des réflexions précédentes, la dynamique des JDM pourrait aussi regarder comment ceux-ci, qui s'appuient sur un fonds collectif, le remettent en circulation et le reformulent soit en s'inscrivant dans le collectif soit en s'affichant sous une forme singulière, originale, nouvelle, et comment ce travail ambitionne de recréer un collectif autour de nouvelles façons de dire, de ressentir, de voir. Je ne vise pas ici la question de la créativité langagière des JDM en tant que telle, mais plutôt en tant que dynamique créatrice d'identités singulières ou collectives (Rabatel 2020d), en tant que les JDM sont des lieux particuliers de reconfiguration de *nous* de tailles et de valeurs variables – ce qui n'est pas sans effet sur la mesure de leur performativité et de leur empreinte, voire de leur emprise idéologique.

Cette question touche aussi à notre rapport à l'altérité d'une part, à l'opacité d'autre part. Ces deux questions sont différentes, en droit, mais on ne saurait écarter le fait que ce qui nous semble transparent relève de notre rapport à l'identité personnelle (et que, réciproquement, tout ce qui relève de notre identité nous paraisse d'une évidence foncière). Le malheur est que nous ne sommes pas seuls, que le dialogisme règne en maître, et que, de surcroît, même quand nous sommes seuls, nous ne sommes jamais identiques à ce que nous avons été, à ce que nous croyons être, dans le présent comme dans le futur. Nos identités sont donc instables, multiples, et nous sommes faits de beaucoup d'altérité, laquelle est non seulement chez les autres, mais aussi en nous : non seulement dans la langue des autres, dans la nôtre propre ; non seulement dans notre rapport aux autres ou à nous-même, mais dans notre rapport à la langue (Rabatel 2021 : 367–387). Sur tous ces plans, l'altérité redouble une opacité foncière, qui tient au rapport du langage avec le monde : cela tient à une instabilité foncière des signes, indépendamment de leur conventionnalité : qu'on convoque ici la motivation ou l'arbitraire des signes, les ambivalences résultant de leur plurisémie ou polysémie, de leur homophonie ou de leur homonymie (Rabatel 2015b), et, plus largement, les évolutions sémantiques diachroniques ou la coexistence de leurs manifestations synchroniques, les mots disent toujours plus que les sens du dictionnaire, non seulement du fait de leur mise en discours, mais encore en raison de l'intégration des données susmentionnées qui relèvent de la signifiance, opacité encore accrue par les phénomènes de co-construction du sens. J'ai évoqué plus haut la question du jeu, notamment autour des énonciations feintes, mais aussi, indépendamment de ces dernières, du jeu avec les situations, les attentes, et, en définitive, avec les formes de proximité et de distance (Koch et Oesterreicher 1985, 2001 : 586), sous leurs dimensions langagières, en écho avec des préoccupations d'ordre psychologique ou sociologique.

Dans les volumes de la série publiés jusqu'à présent, y a-t-il des aspects spécifiques concernant les jeux de mots qui ont été particulièrement intéressants – ou surprenants – pour vous ?

J'ai été très intéressé par la lecture des 7 premiers volumes de la collection, notamment, en premier lieu, par les enjeux pragmatiques des JDM (DWP, vol. 2, Winter-Froemel et Zirker 2015), leurs dimensions métalinguistique et métadiscursive (DWP, vol. 1, Zirker et Winter-Froemel 2015), leurs innovations morphologiques et leur productivité (DWP, vol. 5, Arndt-Lappe, Braun, Moulin, et Winter-Froemel 2018), et, plus largement, leur créativité (DWP, vol. 4, Full et Lecolle 2018), tout comme avec la saisie de la dynamique des JDM en lien avec les textes et les contextes (DWP, vol. 7, Winter-Froemel et Demeulenaere 2018). En deuxième lieu, j'ai été très intéressé de découvrir plus en détail des travaux liés à des problématiques que je connaissais de loin, sans les avoir jamais abordées, par exemple la prise en compte de leurs dimensions pluriglossique, des jeux d'une langue à l'autre (DWP, vol. 3, Knospe, Onysko et Goth 2016), ou encore des jeux avec des traditions culturelles et avec les variations que provoquent les JDM (DWP, vol. 6, Winter-Froemel et Thaler 2018). D'une façon plus générale, j'ai été séduit par la ligne générale de la collection, qui associe étroitement les perspectives de la production des JDM et de leur réception et par le souci constant de croiser les analyses littéraires et linguistiques, et, plus encore, par le souci de croiser des approches linguistiques relevant de paradigmes variées, énonciation, pragmatique, analyse de discours, linguistique textuelle, approches lexicologiques, cognitives, traductologiques, etc.

Enfin, j'ai été étonné par la recherche de liens entre théories et pratique, production (artistique ou non) de JDM : cette dimension était le plus souvent présente dans les journées d'études qui ont servi de base aux différents projets éditoriaux, et elle est au cœur de DWP, vol. 8 (Winter-Froemel 2018).

Que pensez-vous de l'avenir de la recherche sur les jeux de mots ? Quelles sont, selon vous, les questions de recherche et les perspectives de recherche les plus importantes et les plus prometteuses pour la recherche actuelle et future sur les jeux de mots ?

J'ai évoqué, dans ma réponse à la question sur la dynamique des JDM (voir *supra*), la performativité des JDM et, plus largement, de la figuralité. Cette dimension pourrait être explorée à travers une analyse systématique des traces émotionnelles concernant les JDM et la figuralité en eux-mêmes, mais aussi les traces émotionnelles du rapport de l'émetteur à ces objets du discours, au(x) récepteur(s). Une autre dimension connexe importante, en lien avec la prise en compte de la dimension incorporée et énonciative du langage, serait de regarder du côté des manifestations corporelles des sensations, des affects, des perceptions, de leur extériorisation, et de voir dans quelles mesures ces dernières participent au jeu quasi théâtralisé du producteur des JDM, de sa façon d'occuper l'espace (y compris l'espace textuel), d'entrer en relation avec la cible, les destinataires du JDM. Il s'agirait en somme de voir ce que sont les effets de cette théâtralisation sur les autres participants, avec des phénomènes d'écho, de contagion ou au contraire des manifestations de distance. Ces dimensions émotionnelles et incorporées, énactées seraient aussi à analyser du côté des mécanismes de la prise en charge et de la responsabilité énonciatives. À ce sujet, il y aurait bien des choses à investiguer dans les manifestations des JDM pour les enfants, ou entre enfants. On sait qu'il existe des spécificités dans la façon dont les adultes s'adressent aux bébés et aux jeunes enfants. Les études acoustiques mettent en relief le fait que les paroles sont

> prononcées d'une voix plus aiguë, avec plus de variations de ton et des voyelles plus articulées que dans la conversation entre adultes. Les berceuses se distinguent par des rythmes lents et des structures mélodiques simples et répétitives. Dans le discours comme dans le chant adressé aux bébés, les timbres vocaux sont purs et moins durs que dans d'autres contextes. Ces caractères universels semblent déterminés par les fonctions des vocalisations : les paroles visent à attirer l'attention du bébé, tandis que les berceuses s'efforcent de l'apaiser. (Stépanoff 2024 : 77)

Qu'en est-il lorsque les messages à destination des enfants comportent des JDM ? Je ne pense évidemment pas au stade des bébés, mais à la période où l'enfant maîtrise suffisamment le langage, à partir de huit ou neuf ans, pour qu'on lui raconte des histoires, y compris qu'il en lise lui-même[37], qui reposent sur un usage fréquent voire systématique de jeux avec les mots, comme dans la collection célèbre, en France, du Prince des Mots Tordus de Pef (*L'ami vert cerf* [l'anniversaire] *du prince de Motordu*, *La belle lisse poire* [histoire] *du prince de Motordu*, *Le dictionnaire des Mots Tordus*), sans oublier bien des *Histoires* ou des poèmes de Prévert, Tardieu, *Les Enfantasques* de Claude Roy, etc. Il serait intéressant d'analyser les oralisations de ces JDM, les manifestations paraverbales ou proxémiques qui accompagnent leur émission ou leur réception / compréhension, etc.

En outre, il me semble que l'analyse des JDM invite à une reconception des relations entre locuteur / émetteur, d'un côté, énonciateur et récepteur, de l'autre, et, dans cette perspective, à abandonner les conceptions locuteuro-centrées pour accorder plus d'importance aux énonciateurs et aux co-énonciateurs, et, dans cette perspective, à l'écoute. C'est là une inflexion de mes travaux dont une des sources d'influence se trouve dans tous les échanges autour de la dynamique des JDM, qui est fortement mise en avant dans tous les volumes de la collection. C'est en effet le récepteur, à la condition qu'il s'érige en co-énonciateur, qui fait ou parfait la richesse du JDM. Parler de récepteur est une approximation, mieux vaudrait dire l'écouteur. Bravo (2011 : 198) cite les propos d'André Green (2003 : 47) à propos de ce qu'il nomme la « rencontre analytique » : « Cette rencontre est faite de parole et d'écoute […] : écoute non de ce qui est dit mais de 'ce qui se parle' dans ce qui est dit ». L'écoute peut être involontaire ou volontaire, active ou « flottante », mais toujours les sens en éveil… Enfin, l'écouteur est un actant syncrétique, qui peut englober le locuteur, à l'écoute de sa parole, comme d'autres écouteurs indépendants du locuteur. Une deuxième source d'influence est directement tributaire des travaux de Bergounioux sur l'endophasie. En effet, ce dernier défend le rôle central de l'auditeur, dans le locuteur lui-même : « Le locuteur, c'est un discours reçu, et pas forcément d'une personne » (Bergounioux 2004 : 92).[38] Ce phénomène d'écoute n'est pas propre à la parole intérieure (PI), mais l'audition y joue un rôle capital, pour des raisons articulatoires d'une part, situationnelles d'autre part, avec « le relâchement » que favorise la mise en arrière-plan des contingences actionnelles, dialogales, favorisant ainsi un « auto-entraînement du discours » (Bergounioux 2004 : 103–105). En somme, dans la PI,

---

37 La complexité du décodage pertinent est telle qu'elle requiert un support écrit, qui favorise une posture de recul analytique pour repérer les JDM. Mais la difficulté est telle qu'elle rende souvent nécessaire, au début tout au moins, l'aide de l'adulte, qui oralise d'une façon particulière les fragments comportant des JDM.
38 Cet auditeur interne n'a donc que peu à voir avec les auditeurs externes que sont les récepteurs, récepteurs indirects ou additionnels des interactions verbales (Kerbrat-Orecchioni 1984).

> L'audition n'est pas contenue dans le signal qui ne joue qu'un rôle d'amorce du discours. Entendre est le produit d'une disposition psychique qui mobilise ou retire l'attention, qui ruine ou amplifie l'investissement sur l'autre, en sorte qu'on s'apprête à entendre de sa part des miracles pour peu que le fantasme s'en mêle mais au rebours dans l'indifférence de ce qui n'intéresse pas. (Bergounioux 2004 : 82)

Toutefois, considérer le physiologique et l'articulatoire comme des manifestations de surface, inutiles du point de vue sémiologique du système de la langue, est discutable (Parret 2014 : 123), plus encore si on laisse de côté la question de la PI et qu'on prend en compte la question des JDM – au demeurant très fréquents dans la PI. La PI, paradoxalement, rappelle l'importance du fait psychique dans le langage *et* l'empreinte du « corps-fait-voix » (Parret 2014 : 128). De plus, entendre des mots, des syntagmes, les mettre à distance, jouer avec eux, c'est être sensible à une autre « corporalité », celle des signes, être attentif aux échos ou aux suites inattendues qu'ils provoquent en nous. Que ces signaux soient une « amorce du discours », ce n'est pas rien.

Dans cette perspective, j'incline à distinguer dans l'auditeur des rôles spécifiques. D'un point de vue linguistique, l'écouteur (Éct) est à la source d'un acte volontaire et actif d'écoute – extravertie, en appui sur l'audition d'un phénomène physique extérieur, ou introvertie, en appui sur des subvocalisations –, à la recherche de significations lui apportant des informations supposément utiles. Il ne s'agit pas de « s'écouter parler », mais d'être *à* et *dans* l'écoute des autres, de sa propre parole, de « s'écouter quand on parle » (Culioli 2004 : 20), voire quand « ça parle ».

L'entendeur (Etd) se scinde en trois rôles linguistiques différents, reposant sur une relation complexe à l'écoute, d'abord d'opposition à cette dernière (entendre sans écouter), puis, progressivement, dans une attitude complémentaire[39] d'intellection croissante de l'écouté / écoutable, en appui sur l'écoute d'une parole vive ou simulée :
– Un entendeur 1 (Etd 1) dont l'activité auditive passive non intentionnelle repose sur la perception d'un bruit ou d'une parole, l'Etd 1 pouvant entendre sans écouter.
– Un entendeur 2 (Etd 2), qui adopte une attitude active de compréhension intellectuelle envers une parole humaine qui est d'abord entendue au sens physique, y compris dans ses variations prosodiques.
– Un entendeur 3 (Etd 3) plus intellectualisé, voire herméneute, qui comprend des messages sous les messages, est sensible au choix des mots (donc à la morphologie et au lexique) et à l'organisation des discours (donc à la syntaxe et aux

---

39 Pour éviter d'entendre sans écouter ou d'écouter sans entendre / comprendre.

structurations rhétorico-textuelles et génériques), aux modalités et actes de langage sous-jacents et, en ce sens, sensible aux données prosodiques et rythmiques en lien avec ces dimensions textuelles / discursives[40], pas nécessairement indexées sur des voix, au sens acoustique, mais davantage sensible à leur(s) valeur(s) symbolique(s). L'Etd 3 est un interprète qui entend d'autres PDV en sus (et en dessous) de ce qui est dit, tout en étant capable d'adopter une posture méta (linguistique et discursive).

Je renvoie à mes travaux sur la question (Rabatel 2025 b, 2026) pour une adaptation de cette typologie à la PI. Ce qui me semble important, c'est le rôle de l'écoute dans la production et l'interprétation des JDM et de la figuralité. L'écoute s'avère une des sources de la dynamique des JDM, car elle est au cœur du flux associatif caractéristique de la parole intérieure, surtout dans la mesure où elle joue sur des associations reposant sur des jeux les signifiants. Ce qui fait, accessoirement, qu'une piste d'investigation serait ici d'analyser la place des JDM dans la parole intérieure. Mais, indépendamment de cette recherche très spécifique, c'est le rôle des écouteurs et des trois sortes d'entendeurs qui mériterait d'être repéré dans l'analyse des JDM et de la dynamique figurale, tant en production qu'en réception. En production, sans doute les rôles ne se répartissent-ils pas de la même façon lorsque l'émetteur écrit des JDM ou lorsqu'il les produit à l'oral, dans une situation monologale – même s'il parle seul devant un public, comme un conférencier, un prêtre durant son sermon – : il écoute sa parole, il se surveille, mais il est aussi un Etd 2 ou un Etd 3. En situation d'interaction orale, l'activité de l'émetteur l'oblige, s'il veut participer pleinement aux échanges, à écouter sa parole comme celle des autres, et à solliciter fortement toutes ses capacités de bon entendeur. En réception, à l'écrit, toujours, le co-énonciateur d'un énoncé écrit ou d'un texte plus ample ne s'appuie pas sur son activité d'écouteur, mais il sollicite fortement les Etd 2 et 3, et, selon les contextes, l'Etd 1. En situation de réception dialogale, l'écouteur redevient fortement sollicité, tout comme les Etd 1, 2, ou 3, selon les situations ou les genres de discours et suivant les types d'écoute requis : on n'écoute pas de la même façon un cours qui ne vous intéresse que de très loin, l'être que l'on veut séduire, le partenaire que l'on veut convaincre, ni non plus de la même façon si l'on est engagé dans l'échange ou en position de témoin – et c'est encore autre chose en situation d'arbitre. Il me semble qu'il y aurait beaucoup à dire sur ce point, d'autant que ces phénomènes ne dépendent pas que des paramètres précédents, mais encore des différents types de

---

[40] Les choix lexicaux et syntaxiques, tout comme ceux des actes de langage, des modalités, des dimensions prosodiques et rythmiques ont des répercussions phonologiques et symboliques importantes pour l'analyse de certaines formes d'oralité.

JDM. Je ne voudrais pas clore cette question sans inviter le lecteur à faire le lien entre ce que j'ai dit en commençant sur la signifiance et la sursignifiance et les diverses attitudes de l'écouteur et des entendeurs, car il y a une sorte d'interdépendance réciproque fondamentale entre ces deux problématiques : ce sont bien l'écoute, les diverses formes d'attention de l'entendeur qui sont une des préconditions favorables au déploiement de la signifiance et de la sursignifiance, et, inversement, la signifiance et la sursignifiance fonctionnent comme des opérateurs qui suractivent le rôle de l'écouteur et des différents entendeurs.

Il me semble également qu'une des pistes de recherche prometteuses serait de tenir compte du rôle des formes sémiotiques visuelles, qui jouent un si grand nombre, dans la poésie, la publicité, les messages politiques, sur les réseaux. Je ne pense pas seulement aux signifiants graphiques, mais encore à l'empreinte (et sans doute à une sorte d'emprise) que des phénomènes purement visuels – tels que le jeu des polices, avec leur taille, les jeux de couleurs, les variations de luminance, l'orientation des lettres ou des mots, le jeu entre avant-plan et arrière-plan (ou forme et fond) – exercent sur l'efficacité des messages (Groupe µ 1992) ; en ce sens, ils participent de leur dimension pragmatique à travers leur force impressive. Un autre défi serait d'analyser les interactions entre le verbal et la dimension sonore. Dès lors, on pourrait s'interroger sur un possible enrichissement du modèle précédent centré sur l'écoute en prenant en compte d'autres sensorialités que l'audition. Si, comme je le soutiens, l'approche énonciative gagne à ne pas rejeter hors du domaine de l'analyse linguistique le sujet parlant, sa corporalité, il est possible d'envisager que le domaine des JDM soit alimenté par d'autres sens que l'ouïe.[41] On pourrait intégrer d'autres perceptions liées au toucher – à l'instar du travail pionnier de Verine (2021) –, à l'olfaction et au goût et aux synesthésies affectant ces sens (dont la liste n'est pas exhaustive).

Autre dimension à creuser : les critères relatifs à l'appréciation des JDM, à leur pauvreté, leur richesse, bref, à toutes les manifestations d'intersubjectivité sur lesquelles ils reposent et qu'ils provoquent.[42] Beaucoup de linguistes se refusent à cet examen, au motif qu'ils doivent rester objectifs. Mais c'est une conception

---

[41] Ce n'est pas par hasard que je cite d'abord les perceptions auditives et visuelles : elles sont, d'un point de vue anthropologique, les plus sollicitées par les êtres humains (et la plupart des autres animaux), car elles permettent d'appréhender le plus vite et du plus loin ce qui est bon ou dangereux pour l'espèce. Les autres perceptions, reposant sur le contact, exposent à davantage de dangers. Vue et audition ont donné matière à un riche lexique ; mais cela ne signifie pas que le lexique des autres sens soit réduit à la portion congrue : voir Verine (2021) ainsi que les travaux répertoriés dans sa monographie.

[42] Cette interrogation croise la question du sexe et du genre des producteurs de JDM, que j'ai brièvement évoquée à la fin de ma réponse à la question sur la pertinence des JDM en société.

courte de l'objectivité, comme s'il était possible d'analyser les objets indépendamment du travail d'objectivation de ses choix rationnels mais subjectifs concernant ses références théoriques, ses hypothèses, etc. (Rabatel 2013d). C'est là une vraie lacune, comme le remarque Culioli, car il est scientiste de nier sa subjectivité ou celle des autres. J'ai abordé frontalement ces questions à propos des lapsus, des contrepèteries, des blagues, et je suis heureux de voir que cette question est prise à bras le corps notamment dans un futur volume de la collection dédié à cette problématique qui touche à la psycholinguistique et à la sociolinguistique.

Autrement dit, je plaide pour une approche des JDM « dans tous les sens », c'est-à-dire, dans toutes les significations (en langue), tous les sens (en discours), dans toutes les acceptions scientifiques (restreintes et élargies), dans toutes les directions (dans des corpus, des genres et des situations variés, dans des langues et sociocultures diverses), enfin, en mobilisant le maximum de niveaux (phonétique, lexical, morpho-syntaxique, discursif...) et de cadres théoriques (énonciatif, sémantique, argumentatif, interactionnel, herméneutique...).

Souhaitez-vous ajouter d'autres observations ?

That's all folks ! (Enfin, pour le moment...)

Références bibliographiques

Amossy, Ruth. [2000] 2006. *L'argumentation dans le discours*. Paris : Armand Colin.
Amossy, Ruth. 2018. Introduction : la dimension argumentative du discours – enjeux théoriques et pratiques. *Argumentation et Analyse du Discours* 20. DOI : 10.4000/aad.2560. URL : http://journals.openedition.org/aad/2560 (consulté le 1er septembre 2019).
Anquetil, Sophie. 2025. *La performativité des co-illocutions dans le discours institutionnel. Le cas du rapport d'information parlementaire*. Inédit d'HDR, Université de Limoges, 8 janvier 2025.
Arndt-Lappe, Sabine, Angelika Braun, Claudine Moulin & Esme Winter-Froemel (éds.). 2018. *Expanding the Lexicon. Linguistic Innovation, Morphological Productivity, and Ludicity* (The Dynamics of Wordplay 5). Berlin & Boston : De Gruyter.
Bakhtine, Mikhaïl. 1984. *Esthétique de la création verbale*. Paris : Gallimard.
Baladier, Charles. 2019. Le « Witz » selon Freud et ses traductions. In Barbara Cassin (éd.), *Vocabulaire européen des philosophes. Dictionnaire des intraduisibles*, 596. Paris : Seuil, Le Robert.
Banfield, Ann. 1995. *Phrases sans parole. Théorie du récit et style indirect libre*. Paris : Seuil. (Version originale anglaise 1982, *Unspeakable Sentences : Narration and Representation in the Language of Fiction*, Routledge Revival).
Barthes, Roland. 1973. *Le plaisir du texte*. Paris : Seuil.
Barthes, Roland. [1975] 2002. Roland Barthes par Roland Barthes. In Roland Barthes, *Œuvres complètes*, vol. III, 77–250. Paris : Seuil.

Benveniste Émile. 2011. *Baudelaire*, édition établie par Laplantine Chloé, Limoges : Lambert-Lucas.
Benveniste, Émile. [1947] 2015. Le jeu comme structure. *Deucalion. Cahiers de philosophie* 2. 161–167, repris in Émile Benveniste, *Langues, cultures, religions. Choix d'articles réunis par Chloé Laplantine & Georges-Jean Pinault*, 177–183. Limoges : Lambert-Lucas.
Bergounioux, Gabriel. 2004. *Le moyen de parler*. Lagrasse : Verdier.
Blestel Élodie & Chrystelle Fortineau-Brémond. 2018. Submorphémie et chronoanalyse : le langage en action. In Élodie Blestel & Chrystelle Fortineau-Brémond (éds.). *Le signifiant sens dessus dessous. Submorphémie et chronoanalyse en linguistique hispanique*, 9–25. Limoges : Lambert-Lucas.
Bokobza Kahan, Michèle & Ruth Amossy. 2009. *Ethos discursif et image d'auteur. Argumentation et analyse du discours* 3. DOI : https://doi.org/10.4000/aad.656.
Boone, Annie & André Joly. 1996. *Dictionnaire terminologique de la systématique du langage*. Paris : L'Harmattan.
Bottineau, Didier. 2012. Submorphémique et corporéité cognitive, Miranda. DOI : https://doi.org/10.4000/miranda.5350. URL : http://journals.openedition.org/miranda/5350 (consulté le 27 février 2025).
Brague, Rémi. 2019. Intuition, ar. « ads ». In Barbara Cassin (éd.), *Vocabulaire européen des philosophies. Dictionnaire des intraduisibles*, 593. Paris : Seuil, Le Robert.
Bravo, Federico. 2011. *Anagrammes. Sur une hypothèse de Ferdinand de Saussure*. Limoges : Lambert-Lucas.
Brugère, Fabienne. 2019. Wit and / or Humour. In Barbara Cassin (éd.), *Vocabulaire européen des philosophies. Dictionnaire des intraduisibles*, 594–595. Paris : Seuil, Le Robert.
Calvet, Louis-Jean. 2010. *Le jeu du signe*. Paris : Seuil.
Cassin, Barbara. 2018. *Quand dire c'est vraiment faire*. Paris : Fayard.
Cassin, Barbara. 2019. *Vocabulaire européen des philosophies. Dictionnaire des intraduisibles*. Paris : Seuil, Le Robert.
Cassin, Barbara. 2020. *Le bonheur, sa dent douce à la mort. Autobiographie philosophique*. Paris : Fayard.
Cassin, Barbara. 2022. *Ce que peuvent les mots*. Paris : Bouquins éditions.
Cassin, Barbara, Frédérique Ildefonse, Carita Klippi & Irène Rosier-Catach. 2019. Signifiant. In Barbara Cassin (éd.), *Vocabulaire européen des philosophies. Dictionnaire des intraduisibles*, 1176–1187. Paris : Seuil, Le Robert.
Comte-Sponville, André. 1988. *Le mythe d'Icare. Traité du désespoir et de la béatitude*, t. 1. Paris : Presses Universitaires de France.
Culioli, Antoine. 2004. De l'énonciation à la « grammaire subjective ». Entretien avec Antoine Culioli. In Dominique Ducard (éd.), *Entre grammaire et sens : Études sémiologiques et linguistiques*, 7–22. Paris : Ophrys.
Dennett, Daniel. 1990. *La stratégie de l'interprète : le sens commun de l'univers quotidien*. Paris : Gallimard.
Ducrot, Oswald. 1984. *Le dire et le dit*. Paris : Minuit.
Eemeren, Frans van & Rob Grootendorst. 1987. *Handbook of Argumentation Theory*. Amsterdam : Foris.
Eemeren, Frans van & Rob Grootendorst. 1996. *La Nouvelle Dialectique*. Paris : Kimé.
Elias, Norbert. 1985. *L'esprit de cour*. Paris : Flammarion.
Full, Bettina & Michelle Lecolle (éds.). 2018. *Jeux de mots et créativité. Langue(s), discours et littérature* (The Dynamics of Wordplay 4). Berlin & Boston : De Gruyter.
Foucault, Michel. [1969] 2001. Qu'est-ce qu'un auteur ? In *Dits et écrits*, T. 1., 817–849. Paris : Gallimard.
Goffman, Erving. 1973. *La mise en scène de la vie quotidienne*. T. 1 : *La présentation de soi*. T. 2 : *Les relations en public*. Paris : Minuit.
Goffman, Erving. 1974. *Les rites d'interaction*. Paris : Minuit.

Goffman, Erving. 1987. *Façons de parler*. Paris : Minuit.
Goffman, Erving. 1991. *Les cadres de l'expérience*. Paris : Minuit.
Green, André. 2003. La cure parlante et le langage. *Psychiatrie française. Les conférences de Lamoignon, Le langage* 1, XXXIII 3-4. 36-61.
Grice, H. Paul. 1979. Logique et conversation. *Communications* 30. 57-72
Grize, Jean-Blaise. 1990. *Logique et langage*. Gap & Paris : Ophrys.
Groupe μ (Édeline, Francis & Jean-Marie Klinkenberg). 1992. *Traité du signe visuel*. Paris : Seuil.
Jakobson, Roman. 1963. *Essais de linguistique générale*. Paris : Seuil.
Jorland, Gérard. 2004. L'empathie, histoire d'un concept. In Alain Berthoz & Gérard Jorland (éds.), *L'Empathie*, 19-49. Paris : Odile Jacob.
Joseph, John E. 2021. *Saussure*. Limoges : Lambert-Lucas.
Kerbrat-Orecchioni, Catherine. 1984. Pour une approche pragmatique du dialogue théâtral. *Pratiques* 41. 46-62.
Knospe, Sebastian, Alexander Onysko & Maik Goth (éds.). 2016. *Crossing languages to play with words. Multidisciplinary perspectives* (The Dynamics of Wordplay 3). Berlin & Boston : De Gruyter.
Koch, Peter & Wulf Oesterreicher. 1985. Sprache der Nähe — Sprache der Distanz. Mündlichkeit und Schriftlichkeit im Spannungsfeld von Sprachtheorie und Sprachgeschichte. *Romanistisches Jahrbuch* 36. 15-43.
Koch, Peter & Wulf Oesterreicher Wulf. 2001. Gesprochene Sprache und geschriebene Sprache / Langage parlé et langage écrit. In Günter Holtus, Michael Metzeltin & Christian Schmitt (éds.), *Lexikon der Romanistischen Linguistik*, vol. I.2, 584-627. Tübingen : Niemeyer.
Krieg-Planque, Alice. 2009. *La notion de « formule » en analyse de discours. Cadre théorique et méthodologique*. Besançon : Presses universitaires de Franche-Comté.
Laugier, Sandra. 2019. Nonsense. In Barbara Cassin (éd.), *Vocabulaire européen des philosophies. Dictionnaire des intraduisibles*, 859-865. Paris : Seuil, Le Robert.
Lecolle, Michelle. 2016. Some Specific Insights into Wordplay Form : Sublexical vs. Lexical Level. In Sebastian Knospe, Alexander Onysko & Maik Goth (éds.), *Crossing Languages to Play with Words. Multidisciplinary Perspectives* (The Dynamics of Wordplay 3), 63-70. Berlin & Boston : De Gruyter.
Merleau-Ponty, Maurice. 1945. *La phénoménologie de la perception*. Paris : Gallimard.
Maturana, Humberto R. & Francisco J. Varela. 1994. *L'arbre de la connaissance. Les racines biologiques de la compréhension humaine*. Paris : Adisson-Wesley.
Menant, Sylvain. 2022. L'esprit voltairien, l'esprit français par excellence. *Revue d'histoire littéraire de la France* 122-3. 543-577.
Parret, Hermann. 2014. *Le son et l'oreille. Six essais sur les manuscrits saussuriens de Harvard*. Limoges : Lambert-Lucas.
Paveau, Marie-Anne. 2006. *Les prédiscours*. Paris : Presses de la Sorbonne nouvelle.
Poirier Marine. 2019. *Éléments pour une étude de la coalescence en espagnol. Contribution aux fondements d'une linguistique du signifiant énactivisante*. Thèse de doctorat, Université de Rennes 2.
Pons, Alain. 2019. Ingenium. In Barbara Cassin (éd.), *Vocabulaire européen des philosophies. Dictionnaire des intraduisibles*, 592-597. Paris : Seuil, Le Robert.
Rabatel, Alain. 1998. *La construction textuelle du point de vue*. Paris & Lausanne : Delachaux et Niestlé. / 2023 [Réédition avec avant-propos]. Limoges : Lambert-Lucas.
Rabatel, Alain. 2003. Les verbes de perception en contexte d'effacement énonciatif : du point de vue représenté aux discours représentés. *Travaux de linguistique* 46. 49-88 [en ligne].
Rabatel, Alain. 2005. Idiolecte, ethos, point de vue : la représentation du discours de l'autre dans le discours d'ego. *Cahiers de praxématique* 44, 93-116 [en ligne].

Rabatel, Alain. 2007a. La figure de l'auteur à travers la construction théorico-didactique des objets grammaticaux. *Lidil* 35, 41–60 [en ligne].

Rabatel, Alain. 2007b. La dialectique du singulier et du social dans les processus de singularisation : style(s), idiolecte, ethos. *Pratiques* 135-136, 15–34 [en ligne].

Rabatel, Alain (éd.). 2008a. *Langue française 160, Figures et point de vue* [en ligne].

Rabatel, Alain, 2008b. Figures et points de vue en confrontation. *Langue française* 160, 3–19 [en ligne].

Rabatel, Alain. 2008c. Points de vue en confrontation dans les antimétaboles PLUS et MOINS. *Langue française* 160. 20–35 [en ligne].

Rabatel, Alain. 2008d. *Homo narrans. Pour une analyse énonciative et interactionnelle du récit*. T. 1 : *Les points de vue et la logique de la narration*. T. 2 : *Dialogisme et polyphonie dans le récit*. 2ᵉ éd. 2020. Limoges : Lambert-Lucas.

Rabatel, Alain. 2009. Prise en charge et imputation, ou la prise en charge à responsabilité limitée. *Langue française* 162, 71–87 [en ligne].

Rabatel, Alain. (éd.). 2011a. *Les figures de l'à-peu-près*. *Le français moderne* LXXIX-1 [en ligne].

Rabatel, Alain. 2011b. Pour une analyse pragma-énonciative des figures de l'à-peu-près. *Le français moderne* LXXIX-1, 1–9 [en ligne].

Rabatel, Alain. 2011c. Figures d'à-peu-près et nom propre. *Le français moderne* LXXIX-1, 22–33 [en ligne].

Rabatel, Alain. 2012a. Positions, positionnements et postures de l'énonciateur. *Travaux neuchâtelois de linguistique* 56, 23–42 [en ligne].

Rabatel, Alain. 2012b. Ironie et sur-énonciation. *Vox Romanica* 71, 42–76.

Rabatel, Alain. 2013a. Humour et sous-énonciation (vs ironie et sur-énonciation). *L'information grammaticale* 137. 36–42 [en ligne].

Rabatel, Alain. 2013b. Humour, sous-énonciation. In Maria Dolores Vivero Garcia (éd.), *Frontières de l'humour*, 89–108. Paris : L'Harmattan.

Rabatel, Alain. 2013c. Le listeur / sur-énonciateur dans les listes de discours représentés des romans historiques. In Sophie Milcent-Lawson, Michelle Lecolle & Raymond Michel (éds.), *Listes et effet liste en littérature*, 381–394. Paris : Classiques Garnier.

Rabatel, Alain. 2013d. L'engagement du chercheur, entre 'éthique d'objectivité' et 'éthique de subjectivité'. *Argumentation et Analyse de Discours* 11 [en ligne].

Rabatel, Alain. 2015a. Des répétitions dans le discours religieux : l'exemple des litanies. *Le discours et la langue* 7/2. 23–38.

Rabatel, Alain. 2015b. La plurisémie dans les syllepses et les antanaclases. *Vox Romanica* 74. 124–156.

Rabatel, Alain. 2015c. Analyse énonciative de la connivence représentée dans les récits. *Les Cahiers du GADGES* 13. 189–229 [en ligne].

Rabatel, Alain. 2015d. Points de vue en confrontation dans les contrepèteries. In Esme Winter-Froemel & Angelika Zirker (éds.), *Enjeux du jeu des mots. Perspectives linguistiques et littéraires* (The Dynamics of Wordplay 2), 31–64. Berlin & Boston : De Gruyter.

Rabatel, Alain. 2016. Jeux de mots, créativité verbale et/ou créativité lexicale : des lexies et des formules. In Christine Jacquet-Pfau & Jean-François Sablayrolles (éds.), *La fabrique des mots français*, 233–249. Limoges : Lambert-Lucas.

Rabatel, Alain. 2017a. *Pour une lecture linguistique et critique des médias. Éthique, empathie, point(s) de vue*. Limoges : Lambert-Lucas.

Rabatel, Alain. 2017b. Frontières de la reformulation : frontières supra-catégorielles, catégorielles, infra- et trans-catégorielles. *Analele Universității din Craiova, Seria Științe Filologice*, Anul XXI Nr. 1 / *Annales de l'université de Craiova, Série sciences philologiques – langues et littératures romanes*, Année XXI, n° 1. 66–103 [en ligne].

Rabatel, Alain. 2018a. À quelles conditions les lapsus clavis sont-ils des jeux de mots ? In Esme Winter-Froemel & Alex Demeulenaere (éds.), *Jeux de mots, textes et contextes* (The Dynamics of Wordplay 7), 49–76. Berlin & Boston : De Gruyter.

Rabatel, Alain. 2018b. La créativité verbale dans les devinettes : points de vue cumulatifs, assertions non sérieuses et sous-énonciation. In Bettina Full & Michelle Lecolle (éds.), *Jeux de mots et créativité. Langue(s), discours et littérature* (The Dynamics of Wordplay 4), 227–250. Berlin & Boston : De Gruyter.

Rabatel, Alain. 2018c. Pour une reconception de l'argumentation à la lumière de la dimension argumentative. *Argumentation et analyse de discours* 20 [en ligne].

Rabatel, Alain. 2020a. Répétition en avant et signifiance. À propos de Sainte Geneviève Patronne de Paris de Charles Péguy. In Véronique Magri & Philippe Wahl (éds.), *Répétition et signifiance. L'invention poétique*, 49–64. Limoges : Lambert-Lucas.

Rabatel, Alain. 2020b. Figures de la connivence dans Les récits de la demi-brigade. In Gérard Berthomieu & Sophie Milcent-Lawson (éds.), *Jean Giono, une poétique de la figuration*, 75–95. Paris : Classiques Garnier.

Rabatel, Alain. 2020c. Pour une analyse conjointe de la programmation des actions et de l'incitation à l'action. Le discours de DAECH dans Dar al-Islam. *Langue française* 206. 65–80.

Rabatel, Alain. 2020d. La construction des identités personnelles et collectives autour de François Hollande dans le discours du Bourget de 2012 raconté par Laurent Binet. In Paola Paissa & Roselyne Koren (éds.), *Du singulier au collectif : construction(s) discursive(s) des identités collectives dans les débats publics*, 55–69. Limoges : Lambert-Lucas.

Rabatel, Alain. 2021. *La confrontation des points de vue dans la dynamique figurale des discours – énonciation et interprétation*. Limoges : Lambert-Lucas.

Rabatel, Alain. 2023a. La double articulation au défi du texte. Les substrats rhétorico-textuel et pragma-énonciatif de la (sur-)signifiance. In Federico Bravo (éd.), *La double articulation, on en crève ! Repenser le signifiant*, 107–124. Limoges : Lambert-Lucas.

Rabatel, Alain. 2023b. Idiolecte, style, éthos et figure(s) d'auteur dans « Les Belles familles » de Jacques Prévert. In Lucile Gaudin-Bordes, Émilie Devriendt & Hélène Ledouble (éds.), *L'énonciation entre collectif et singulier : poétique, éthique, politique* (Au cœur des textes), 85–97. Paris & Louvain-la-Neuve : Académia.

Rabatel, Alain. 2024. Positionnement, postures énonciatives et figure d'auteur en contexte scientifique. L'exemple de Frans de Waal dans *Différents. Le genre vu par un primatologue*. *Cahiers de praxématique* 81 [en ligne].

Rabatel, Alain. 2025a. Propositions linguistiques pour l'analyse des concepts de place, de stratégies de placement et de tactiques de positionnement. *Espaces-Temps* [en ligne].

Rabatel, Alain. 2025b / à paraître. Écouter, (s')entendre, dans le « laboratoire et l'atelier » de la parole intérieure (Mes Nippes et Dominos de Gabriel Bergounioux). In Layal Kanaan-Caillol, Céline Dugua & Annette Gerstenberg (éds.), *Représenter la parole*, 163–184. Berlin & Boston : De Gruyter.

Rabatel, Alain. 2026 / à paraître. À l'écoute des oralités dans la parole intérieure vigile : les voix, les corps et le corps des signes. *Romanica Wratislaviensia* 73.

Rabatel, Alain & Véronique Magri-Mourgues (éds.). 2014. *Pragmatique de la répétition lexicale*. Semen 38 [en ligne].

Rabatel, Alain & Véronique Magri-Mourgues (éds.). 2015. *Le discours et la langue* 7-2.

Sarde, Michèle. 1984. *Regards sur les Françaises. X^e–XXe siècle*. Paris : Stock.

Saussure, Ferdinand de. 2013. *Anagrammes homériques*. Présentés et édités par Pierre-Yves Testenoire. Limoges : Lambert-Lucas.

Sechehaye, Albert. [1933] 1969. La pensée et la langue, ou comment concevoir le rapport organique de l'individuel et du social dans le langage. *Journal de Psychologie*. Repris dans Jean-Paul Pariente (éd.), *Essais sur le langage*, 69–96. Paris : Minuit.

Simmel, Georg. [1908] 1999. *Sociologie. Études sur les formes de la socialisation*. Paris : PUF.

Starobinski, Jean. 1971. *Les mots sous les mots. Les anagrammes de Ferdinand de Saussure*. Paris : Gallimard.

Stépanoff, Charles. 2024. *Attachements. Enquête sur nos liens au-delà de l'humain*. Paris : La Découverte.

Thaler, Verena. 2016. Varieties of Wordplay. In Sebastian Knospe, Alexander Onysko & Maik Goth (éds.), *Crossing languages to play with words. Multidisciplinary perspectives* (The Dynamics of Wordplay 3), 47–62. Berlin & Boston : De Gruyter.

Varela, Francisco J., Evan Thompson & Eleanor Rosch. 1993. *L'inscription corporelle de l'esprit. Sciences cognitives et expérience humaine*. Paris : Seuil.

Verine, Bertrand. 2021. *Le Toucher, par les mots et par les textes*. Paris : L'Harmattan.

Vernant, Denis. 2021. *Dire pour faire. De la pragmatique à la praxéologie*. Grenoble : UGA Éditions.

Winter-Froemel, Esme. 2016. Approaching Wordplay. In Sebastian Knospe, Alexander Onysko & Maik Goth (éds.), *Crossing languages to play with words. Multidisciplinary perspectives* (The Dynamics of Wordplay 3), 11–46. Berlin & Boston : De Gruyter.

Winter-Froemel, Esme. 2018. *Sprach-Spiel-Kunst. Ein Dialog zwischen Wissenschaft und Praxis* (The Dynamics of Wordplay 8). Berlin & Boston : De Gruyter.

Winter-Froemel, Esme. À paraître. Creativity and Wordplay. In Dirk Geeraerts & Dylan Glynn (éds.), *The Cambridge Handbook of Lexical Semantics*. Cambridge : Cambridge University Press.

Winter-Froemel, Esme & Angelika Zirker (éds.). 2015. *Enjeux du jeu des mots. Perspectives linguistiques et littéraires* (The Dynamics of Wordplay 2). Berlin & Boston : De Gruyter.

Winter-Froemel, Esme & Verena Thaler (éds.). 2018. *Cultures and Traditions of Wordplay and Wordplay Research* (The Dynamics of Wordplay 6). Berlin & Boston : De Gruyter.

Winter-Froemel, Esme & Alex Demeulenaere (éds.). 2018. *Jeux de mots, textes et contextes* (The Dynamics of Wordplay 7). Berlin & Boston : De Gruyter.

Zirker, Angelika & Esme Winter-Froemel (éds.). 2015. *Wordplay and Metalinguistic / Metadiscursive Reflection. Authors, Contexts, Techniques, and Meta-Reflection* (The Dynamics of Wordplay 1). Berlin & Boston : De Gruyter.

Olivier Douzou
L'album pour enfant, expérience et réflexion autour du jeu

Olivier Douzou (© Adèle de Boucherville)

Olivier Douzou est né à Rodez en 1963. Architecte Diplômé DPLG en 1987 de l'école de Montpellier, Olivier Douzou est entre 1988 et 1993 directeur artistique dans deux agences parisiennes de design et communication visuelle. En 1993, il publie son premier ouvrage jeunesse, *Jojo la Mache*. Cet album ouvre alors le secteur jeunesse des Éditions du Rouergue qu'il dirige entre 1994 et 2001, initiant plusieurs collections de cette maison : albums, doado, touzazimute, l'œil amusé, 12X12, etc. Il est par ailleurs travailleur indépendant, directeur artistique et graphiste pour les Éditions du Rouergue jusqu'en 2001, il participe ensuite à la création des éditions L'Ampoule à Paris et publie en 2003 ses albums aux éditions

Olivier Douzou, https://www.olivierdouzou.com/

MeMo. *le nez* est récompensé en 2006 au salon du livre et de la presse jeunesse de Montreuil en Seine-Saint-Denis qui lui propose une carte blanche l'année suivante pour l'exposition « Play ». Depuis 2007 il est le scénographe de ce salon et de ses expositions. En 2011, il retrouve le secteur jeunesse du Rouergue pour en assurer la direction artistique et la direction éditoriale des albums en poursuivant par ailleurs son activité indépendante dans les domaines de l'image, de l'objet et de l'espace. Olivier Douzou est l'auteur / illustrateur de 90 albums qui ont été primés (Totem, Baobab, Pépite au salon de Montreuil, Bologna Ragazzi Award, Pitchou d'or, etc.) et traduits dans une vingtaine de langues.
(adapté de https://www.olivierdouzou.com/olivierdouzou.com/olivier_douzou_._biographie.html, consulté le 26 avril 2025)

Bibliographie

Jojo la mache. Paris : Éditions du Rouergue, 1993.
Mono le cyclope. Paris : Éditions du Rouergue, 1993.
Yoyo l'ascenseur. Paris : Éditions du Rouergue, 1994.
Ermeline & sa machine. Illustrations Isabelle Chatellard. Paris : Éditions du Rouergue, 1994.
Les petits bonshommes sur le carreau. Illustrations Isabelle Simon. Paris : Éditions du Rouergue, 1994.
Misto Tempo. Paris : Éditions du Rouergue, 1995.
Le défilé. Illustrations Émilie Chollat. Paris : Éditions du Rouergue, 1995.
Les 40 coups. Paris : Éditions du Rouergue, 1995.
Tour de manège. Illustrations Régis Lejonc. Paris : Éditions du Rouergue, 1995.
Loup. Paris : Éditions du Rouergue 1995.
Icare. Illustrations Régis Lejonc. Paris : Éditions du Rouergue, 1996.
autobus numéro 33. Illustrations Isabelle Simon. Paris : Éditions du Rouergue, 1996.
Boïnkgh. Paris : Éditions du Rouergue, 1996.
Luchien. Paris : Éditions du Rouergue, 1996.
Les Chocottes. Illustrations Isabelle Chatellard. Paris : Éditions du Rouergue, 1996.
Navratil. Illustrations Charlotte Mollet. Paris : Éditions du Rouergue, 1996.
Au petit bonheur la chance. Texte Annie Agopian. Paris : Éditions du Rouergue, 1996.
Esquimau. Paris : Éditions du Rouergue, 1996.
Monsieur Pivert, Monsieur Moineau. Paris : Éditions du Rouergue, 1997.
Souliax. Illustrations Lamia Ziadé. Paris : Éditions du Rouergue, 1997.
Un balayeur, un an, un balai. Paris : Éditions du Rouergue, 1997.
Comptes tout ronds. Paris : Éditions du Rouergue, 1997.
Le zèle d'Alfred. Paris : Éditions du Rouergue, 1997.
Records. Illustrations Lynda Corazza. Paris : Éditions du Rouergue, 1997.
On ne copie pas. Illustrations Frédérique Bertrand. Paris : Éditions du Rouergue, 1998.
Tricycle. Paris : Éditions du Rouergue, 1998.
L'explosion du Têtard. Paris : Éditions du Rouergue, 1998.
République du vent. Paris : Éditions du Rouergue, 1998.

Confetti. Paris : Éditions du Rouergue, 1998.
Chacun chez soi. Illustrations Thisou. Paris : Éditions du Rouergue, 1998.
Authentiques exploits et cruelles désillusions. Illustrations Frédéric Rey. Paris : Éditions du Rouergue, 1998.
La famille Citron. Paris : Éditions du Rouergue, 1998.
Capitaine. Paris : Éditions du Rouergue, 1998.
La Ferme. Paris : Éditions du Rouergue, 1999.
Bobi la mouche. Illustrations Lætitia Le Saux. Paris : Éditions du Rouergue, 1999.
Les coulisses de la République du vent. Paris : Éditions du Rouergue, 1999.
Debout. Paris : Éditions du Rouergue, 1999.
Rugby. Paris : Éditions du Rouergue, 1999.
Bon pour le coiffeur. Illustrations Ninon Pelletier. Paris : Éditions du Rouergue, 1999.
Super H. Illustrations Philippe Derrien. Paris : Éditions du Rouergue, 1999.
www.esperenoël. Illustrations Jochen Gerner. Paris : Éditions du Rouergue, 1999.
Réclames. Illustrations Frédéric Rey. Paris : Éditions du Rouergue, 1999.
Arrosoir. Paris : Éditions du Rouergue, 2000.
Va-t'en ! Illustrations Natali Fortier. Paris : Éditions du Rouergue, 2000.
Schproutz. Illustrations Candice Hayat. Paris : Éditions du Rouergue, 2000.
Drôle de bête. Texte Vincent Jean. Paris : Éditions du Rouergue, 2000.
Merci. Illustrations Natali Fortier. Paris : Éditions du Rouergue, 2000.
Remue-ménage. Illustrations Frédérique Bertrand & Frédéric Rey. Paris : Éditions du Rouergue / Centre Georges Pompidou, 2000.
Les petits poissons. Illustrations Bruno Heitz. Paris : Éditions du Rouergue, 2000.
L'Ogre. Paris : Éditions du Rouergue, 2001.
Cumulus. Paris : Éditions du Rouergue, 2001.
Fast-Food. Illustrations Lynda Corazza. Paris : Éditions du Rouergue, 2001.
Les mauvais perdants. Illustrations Frédérique Bertrand. Paris : Éditions du Rouergue, 2001.
Les doigts niais. Illustrations Natali Fortier. Paris : Éditions du Rouergue, 2001.
Le conte du prince en deux. Illustrations Frédérique Bertrand. Paris : Éditions du Seuil, 2001.
Mik. Nantes : Éditions MeMo, 2004.
Nimbo. Nantes : Éditions MeMo, 2005.
Super 8. Nantes : Éditions MeMo.
Lucy. Nantes : Éditions MeMo, 2005.
le nez. Nantes : Éditions MeMo, 2006.
Pierre et le l'ours. Illustrations Frédérique Bertrand. Nantes : Éditions MeMo, 2007.
Play. Nantes : Éditions MeMo, 2007.
Rolling et les statues-menhirs. Rodez : Éditions Musée Fenaille, 2010.
La dispa.ition. Paris : Éditions du Rouergue, 2011.
Le petit bonhomme pané. Illustrations Frédérique Bertrand. Paris : Éditions du Rouergue, 2011.
Boucle d'or et les trois ours. Paris : Éditions du Rouergue, 2011.
Plupk. Illustrations Natali Fortier. Paris : Éditions du Rouergue, 2012.
Fourmi. Paris : Éditions du Rouergue, 2012.
Fourmi. Réalisation Opixido. Application numérique, 2012.
Poèmes de terre. Illustrations Anouk Ricard. Paris : Éditions du Rouergue, 2012.
Fiabla-bla. Texte de Fausta Orecchio [édition en italien]. Roma : Orecchio Acerbo, 2012.
Le bon docteur Poutingue. Illustrations José Parrondo. Paris : Éditions du Rouergue, 2012.
Camion toc toc. Paris : Éditions du Rouergue, 2012.

Les aventures d'Alexandre le gland. Paris : Éditions du Rouergue, 2012.
Teckel. Les comptines en continu 2. Illustrations Frédérique Bertrand. Paris : Éditions du Rouergue 2012.
Poney. Illustrations Frédérique Bertrand. Paris : Éditions du Rouergue, 2012.
Ours. Les comptines en continu 3. Illustrations Frédérique Bertrand. Paris : Éditions du Rouergue, 2012.
Minou. Les comptines en continu 4. Illustrations Frédérique Bertrand. Paris : Éditions du Rouergue, 2012.
Reviens ! Illustrations Natali Fortier. Paris : Éditions du Rouergue, 2013.
Truite. Les comptines en continu 5. Illustrations Frédérique Bertrand. Paris : Éditions du Rouergue, 2013.
Zignongnon. Illustrations Frédérique Bertrand. Paris : Éditions du Rouergue, 2013.
Comme deux gouttes. Paris : Éditions du Rouergue, 2013.
Forêt-Wood. Illustrations José Parrondo. Paris : Éditions du Rouergue, 2013.
Costa Brava. Illustrations Frédérique Bertrand. Paris : Éditions du Rouergue, 2013.
Lola. Paris : Éditions du Rouergue, 2013.
Kyé. Sore : la maison est en carton, 2013.
Le 1er c'est canard. Paris : Éditions du Rouergue, 2014.
Go escargot go ! [sous le nom de Elena & Jan Kroell]. Paris : Éditions du Rouergue, 2014.
Le conte du prince en deux. Ou l'histoire d'une mémorable fessée. Illustrations Frédérique Bertrand. Réédition. Paris : Rouergue, 2014.
Touït touït. Paris : Éditions du Rouergue, 2014.
Pipeau. Paris : Éditions du Rouergue, 2016.
Buffalo Belle. Paris : Éditions du Rouergue, 2016.
par ici ! Illustrations Benoit Audé. Paris : Éditions du Rouergue, 2019.
Les aoûtiens. Illustrations Frédérique Bertrand. Paris : Éditions du Rouergue, 2019.
Bonjour veaux, vaches, cochons. Les comptines en continu. Illustrations Frédérique Bertrand. Paris : Éditions du Rouergue, 2021.
Je. Paris : Éditions du Rouergue, 2023.

Cette interview a eu lieu le 14 avril 2025 sous forme d'une visioconférence. Les réponses ont été transcrites par Esme Winter-Froemel.

1 Première partie : expériences

Pourriez-vous nous citer un ou deux jeux de mots préférés (parmi les vôtres ou par d'autres auteurs ou autrices) et dire pourquoi ils ont une signification particulière pour vous ?

Je ne citerai pas précisément de jeu de mots, mais j'ai fait un livre qui est d'ailleurs traduit en allemand qui s'appelle le nez et où c'est un nez qui est bouché, donc qui parle du nez et qui dans ses propos créé la confusion. Ça provoque des jeux de mots, et c'est ces jeux de mots-là que je préfère, la confusion entre la langue bien parlée et la langue déformée par l'accessoire du nez.

Quelles sont pour vous les caractéristiques essentielles du jeu de mots ? Qu'est-ce qui fait pour vous l'intérêt de jouer avec les mots et le langage ? Quelle est l'importance des jeux de mots pour vous ?

Mon terrain de jeu est le livre jeunesse. Dans le livre jeunesse, on joue un peu sur tout, on joue sur la ligne d'horizon, on joue sur les couleurs, sur les dimensions, sur l'échelle, … Pour moi, le jeu de mots fait partie d'un jeu, parce que pour moi, le livre est un jeu. Mon premier livre (*Jojo la mache*, 1993), je l'ai fait aussi en jouant aussi sur les mots, en faisant des confusions entre certains mots. Le jeu se faisait aussi graphiquement, visuellement, et dans la lecture. Pour moi, le livre est un objet total, et le jeu de mots s'accorde bien avec le jeu que permet le livre pour enfants.

Vous décririez-vous comme un artiste du jeu de mots et de l'humour verbal ? Y a-t-il des descriptions qui ne vous conviennent pas, ou d'autres descriptions qui vous conviendraient mieux ?

Moi, un artiste du jeu de mots, ça me va bien, parce que je trouve que le jeu de mots participe effectivement à l'humour, et l'humour est un des ressorts du livre pour enfants et du monde en général. Quand on voit comment ont évolué les publicités depuis vingt ans, le ressort, c'est l'humour.

Pourriez-vous décrire, peut-être à l'aide d'un exemple concret, comment vous créez vos jeux de mots et vos textes ou œuvres ?

Ça dépend. Pour moi, c'est un tout. J'écris en même temps que je dessine. Je trouve des expressions en même temps que je me sers de mon crayon. Ça dépend aussi des livres. Il y a des livres qui sont plus sérieux que d'autres, on va dire. Mais le jeu de mots est un ingrédient qui revient beaucoup dans mes livres. Comment, je ne sais pas. Depuis toujours, je suis fasciné par la confusion que font les enfants sur certains mots. Par exemple, j'ai une nièce qui, quand elle était petite, disait *feu dentifrice* au lieu de dire *feu d'artifice*. Il y a des confusions que font les tout petits aimant rigoler d'ailleurs, et adultes aussi. Donc c'est vrai que ça vient d'expériences personnelles mais ça vient aussi d'un intérêt pour la langue, et c'est un jeu de déconstruction, de déséquilibre qui va permettre une situation drôle.

Quelles ont été ou quels sont pour vous des modèles ou des sources d'inspiration dans le domaine des jeux de mots et des jeux de langage ?

Il y a une qui est importante pour moi, c'est le chanteur français Boby Lapointe. J'ai été bercé par lui, il m'a indiqué la voie, pas pour faire comme lui, mais le plaisir de modifier le sens des mots, de jouer avec eux, de jouer sur leurs sonorités. La sonorité est aussi importante dans les livres pour enfants, la tonalité et le rythme sont importants. Souvent le jeu de mots participe à ça aussi. Donc pour moi, c'est Boby Lapointe. Après, je ne vois pas mieux en France.

Qu'est-ce qui est important pour vous dans votre travail avec la langue et dans vos jeux de mots, quand vous concevez vos textes, et, au cas échéant, quand vous les présentez devant un public ?

Pour moi, l'important est de faire, au moins, sourire. L'important, c'est de tordre un peu la langue française pour peut-être renvoyer aussi les enfants à la langue originale. On m'a dit que certains de mes livres favorisaient aussi l'accès à la lecture à certains gamins qui avaient des problèmes de compréhension, d'écriture, de dyslexie et que c'était un super moyen de décomplexer certains enfants qui avaient du mal à rentrer dans les livres habituellement.

Avez-vous toujours eu un intérêt particulier pour le langage ? Votre rapport au langage et aux jeux de mots a-t-il évolué au fil du temps ?

Il a forcément évolué, car quand j'étais petit, je détestais écrire, je détestais encore plus lire. Mais j'aimais beaucoup l'humour. Quand j'étais petit, je dessinais, je faisais des caricatures. Les caricatures, c'est des jeux de traits. Et j'aimais bien aussi m'amuser avec le dessin. Je me suis mis à jouer sur les mots plus tard, quand le texte a été nécessaire effectivement pour écrire les livres. Donc ça m'est venu au moment où j'ai fait mon premier livre.

Quelle importance accorderiez-vous aux jeux de mots en ce qui concerne le succès de vos textes et œuvres ?

Ce que j'expliquais un peu avant, c'est que je crois que ça crée un décalage dans la lecture. J'ai toujours des sujets décalés. Je considère que les livres pour enfants, c'est aussi un objet de dérangement, dans le sens positif de la chose, c'est-à-dire que ça déclasse un peu tout ce qu'on sait, et ça apporte des vérités, des situations qui sont nouvelles. Et le jeu de mots participe à ça, évidemment.

2 Deuxième partie : réflexions

Dans quelle mesure le jeu de mots est-il lié à une réflexion sur le langage ou sur la communication et les interactions verbales ? Dans quelle mesure les jeux de mots impliquent-ils une réflexion sur les caractéristiques fondamentales du langage ?

Je pense que les jeux de mots renvoient au langage original. Le jeu de mots est un moyen d'enrichir la langue, finalement. Il y a plusieurs manières de jouer sur les mots. J'ai fait plusieurs titres, chaque fois c'est un peu différent. Je joue sur les mots avec des chiffres aussi, des fois. C'est un peu comme la littérature de jeunesse qui renvoie quelque part à des réalités aussi. Le jeu de mots renvoie de la même manière au langage courant.

Y a-t-il des domaines ou des thématiques qui se prêtent particulièrement bien aux jeux de mots ? Dans quelle mesure le jeu de mots touche-t-il aussi (ou peut-il toucher aussi) des domaines et des thèmes sérieux ?

C'est plus difficile d'amuser les gens sur des thèmes sérieux. C'est souvent assorti de sujets inventés, en fait, le livre permet ça, permet l'invention totale, autant dans la construction du texte que de l'image. Et c'est vrai que le jeu de mots se prête effectivement plus au côté ludique du livre, et on a du mal à mélanger le thème sérieux et le côté ludique. J'ai fait des livres sérieux aussi, sans jeux de mots, et c'est un ingrédient qui a moins sa place dans les livres un peu sérieux.

Dans vos textes et dans vos jeux de mots, y a-t-il une importance particulière d'autres langues ou de processus de traduction entre différentes langues ou variétés de langues ?

J'aimerais bien, mais je ne suis pas très doué en langues étrangères. Au contraire, le jeu de mots peut être une barrière à l'ouverture du livre dans la traduction. Le jeu de mots, on en fait quelque chose de très national. J'ai des livres qui ont été traduits, mais ils sont souvent traduits paradoxalement par des poètes, c'est-à-dire, par des gens qui s'emparent de la langue et qui la manipulent bien. Ce ne sont pas forcément des auteurs de livres pour enfants, ils peuvent être des auteurs de littérature générale. L'utilisation des jeux de mots peut être une barrière en ce qui concerne le côté international.

Il peut m'arriver de mélanger des mots anglais et des mots français, par exemple, mais je n'ai pas de souvenir précis.

Dans quelle mesure les jeux de mots sont-ils un signe de créativité ? Y a-t-il des limites de la créativité lorsque l'on joue avec les mots et la langue ?

C'est sans limites dans les livres pour enfants. Ce que je disais tout à l'heure, c'est que le livre pour enfants est l'invention totale. On invente les personnages, on peut dessiner un éléphant qui rentre dans une page. C'est un espace qui est tellement vierge au début. Tout est permis, et le jeu de mots, effectivement, contribue à l'inventivité, parce que c'est un élément supplémentaire finalement pour détourner ou contourner ou apporter quelque chose de nouveau, une invention, une histoire nouvelle.

Dans quelle mesure le fait de jouer avec les mots vous donne-t-il la possibilité d'élargir les possibilités d'expression de la langue ?

Ça, j'aimerais bien, élargir les possibilités d'expression. Souvent, le travail sur les jeux de mots dans les livres est très bien relayé par les enfants. Et on le voit quand on parle dans les classes, quand on passe dans des classes après la publication d'un ouvrage. Les enfants s'emparent très bien de ce jeu en fait, et pour l'appliquer à leurs propres projets d'histoires. Ça donne des résultats plus ou moins surprenants, mais l'enfant est un super relai aux jeux de mots. Je vous ai parlé de l'exemple d'une nièce qui confondait les mots. L'enfant aussi à un certain âge est capable de jouer, de s'amuser de toutes ces constructions.

Y a-t-il des schémas et des techniques spécifiques que vous utilisez lorsque vous jouez avec les mots et le langage ? Les jeux de mots s'inscrivent-ils dans une culture ou une tradition particulière (ou plusieurs) ?

J'ai fait avec une artiste française, une illustratrice, Anouk Ricard, un livre qui s'appelle *Poèmes de terre* et qui joue sur les mots dans tous les registres. Il y a les palindromes, les mots qui s'inversent, le verlan, l'argot. C'est un ouvrage qui parle des vers, des vers de terre, mais qui est tout en vers, dans toutes les formes de vers, de quatrains, dans tous les types de langage. Du coup, je m'appuie aussi sur toutes les formes grammaticales de la langue française, les contrepèteries, par exemple, tout ça, tous ces jeux sur les mots. Et j'ai fait un panoramique de tout ce qui se fait à travers des petits poèmes. Et ça obéit à certaines règles. Quand on fait des petits textes, au lieu d'avoir un mot palindrome, on essaie d'avoir une phrase palindrome, c'est-à-dire qui se lit dans les deux sens. Et ça, c'est des recherches. Du coup, ça s'appuie effectivement sur des formes de phrases qui existent, mais ça nécessite aussi d'en trouver d'autres.

Quel rôle le contexte joue-t-il dans les jeux de mots ? Dans quels contextes jouez-vous avec les mots et le langage ? Et y a-t-il aussi des contextes dans lesquels ne jouez-vous pas avec les mots et le langage ? Y a-t-il des contextes dans lesquels les jeux de mots fonctionnent particulièrement bien ou, inversement, des contextes dans lesquels les jeux de mots sont difficiles ou ne fonctionnent pas, ou sont à éviter ?

Le contexte dans lequel ça fonctionne bien, c'est dans l'oral, et je pense que ça m'a toujours intéressé, contrairement à l'écriture et la lecture. C'est un contexte où finalement le fait de faire rire et de faire des jeux de mots, dans une famille ou dans un groupe d'amis, donne une certaine incise, et j'ai toujours adoré ça. C'est déranger là aussi. On ne fait pas de jeu de mots sans en avoir fait à l'oral, je crois. On ne l'invente pas à l'écrit sans l'avoir travaillé à l'oral, et c'est un contexte dans lequel ça se passe très bien. Après, effectivement, comme dans tous les contextes, il y a des endroits avec des gens avec qui on ne peut pas faire de jeux de mots. Pour ce qui est du livre pour enfants, je me sens totalement autorisé à faire des jeux de mots, parce que ce sont des jeux et que, pour moi, je l'ai dit quelques fois dans ma carrière, le livre est vraiment un jeu.

Y a-t-il de mauvais jeux de mots ?

Oui ! Comme partout !

Pensez-vous qu'il soit légitime de dire qu'un jeu de mots particulier est « bon » ou « mauvais » ?

Il y a des jeux de mots qui sont drôles et des jeux de mots qui ne sont pas drôles. Le bon jeu de mots est drôle, et le mauvais jeu de mots n'est pas drôle, il est attristant, presque.

Quel est l'intérêt d'analyser les jeux de mots ? Ou bien perdent-ils alors leur charme et devraient-ils être tout simplement appréciés ?

C'est dans le contexte qu'il faut les analyser. Ça me gênerait qu'on prenne un jeu de mots d'un de mes livres sans parler du livre total et voir ce qu'il apporte dans la lecture dans la totalité. Je trouve que le sortir du contexte, c'est comme dans une conversation, quand un jeu de mots sort, des fois c'est au bon moment, des fois c'est au mauvais moment, et si on le sort du contexte, alors il n'a pas la même tonalité. Les isoler, ça me paraît plus compliqué.

Les locutions verbales et les tournures figuratives jouent-elles un rôle particulier dans les jeux de mots ?

Oui oui oui, tout à fait ! Je vous disais que j'étais mauvais en français, mais j'adorais la grammaire, et j'adorais l'orthographe. C'est un peu comme un code qui existe, qu'on a appris, qu'on nous a inculqué, et qu'on veut contourner. Le côté auteur aussi passe par cette volonté de contourner des règles, et je pense que du coup, ces règles-là, elles sont importantes, pour déconstruire, ou construire des jeux de mots.

Quelle est l'importance de la connivence entre les producteurs et les récepteurs des jeux de mots ? Y a-t-il aussi des cas où certains récepteurs n'arrivent pas à comprendre un jeu de mots et sont exclus du jeu ?

Oui, bien sûr. Il existe des tas de gens qui n'ont pas d'humour, malheureusement. Et il y a des jeux de mots qui échappent forcément. Il y a des gens aussi chez qui ça échappe, et puis une minute après, ça revient. Des fois, il y a des gros décalages entre les gens, et les récepteurs sont heureusement tous différents. Heureusement. Et je me suis toujours imposé d'avoir des jeux de mots dans les livres, mais que celui qui ne les comprenne pas, qu'il comprenne quand même l'histoire. Que ça ne soit pas le ressort essentiel du livre, mais que ça soit le petit plus qui fait que quand on apporte son expérience ou sa connaissance des codes, on a un enrichissement d'un détournement.

Comment décririez-vous l'importance et le statut des jeux de mots dans la francophonie ?

Je n'ai pas la chance d'avoir beaucoup d'expérience là-dedans. Dans les pays où il y a beaucoup d'humour, il y a beaucoup de jeux de mots, comme la Belgique, par exemple. Mais je pense que le jeu de mots voyage bien. Je pense que dans la francophonie, il existe des liens, des trajectoires faciles pour les jeux de mots.

Pensez-vous que la langue française se prête particulièrement bien aux jeux de mots ?

Pour moi, elle se prête bien, c'est sûr. Mais vous dire si elle se prête mieux que les autres langues, je n'en sais rien.

Les variétés de langue (les accents, les dialectes, etc.) ou les langues étrangères sont-elles une ressource importante pour les jeux de mots ?

Pour moi non. En ce qui concerne ma trajectoire, ça n'a pas été quelque chose de très important. Mais j'ai toujours eu la curiosité de voir comment mes jeux de mots sont traduits dans les autres langues. C'est vrai qu'il faut avoir une connaissance de la langue qui est parfaite. Il m'est arrivé d'illustrer un livre avec une maison d'édition Italienne, écrit en italien, avec plein de jeux de mots (*Fiabla-bla*, 2012), mais que j'ai illustré littéralement. Donc j'ai illustré, j'ai fait le contrepied par rapport à mon travail habituel, j'ai tout pris littéralement.

Y a-t-il quelque chose d'autre qui vous semble important et que vous aimeriez encore faire remarquer ?

Je voudrais peut-être dire que le jeu de mots est un petit risque qu'on prend quand on écrit quand même, parce que les parents peuvent vouloir aussi des choses très sérieuses, et on va dire, très conventionnelles. C'est un petit risque pris. Mais je suis pour les expériences d'écriture. Je suis très fan de l'Oulipo, par exemple. C'est des formes littéraires avec contrainte, et le jeu de mots en est une. S'affranchir de ces contraintes-là, c'est aussi le jeu d'auteur. C'est tout ce que j'avais à rajouter.

Anne-Marie Mercier-Faivre

« Des mamans de bonheur » : le jeu de mots dans les ouvrages pour la jeunesse (France, 1980–2024)

Résumé : Dans les ouvrages destinés aux enfants, les auteurs jouent avec la langue de manière diverse selon l'âge de leur public, en ayant conscience d'écrire pour un double public, les enfants et les adultes (acheteurs, prescripteurs et parfois lecteurs à voix haute). Pour les plus jeunes, certains albums accompagnent leur découverte de la langue, tandis que certains récits mettent en scène des énoncés enfantins fautifs mais souvent riches de sens. Cette littérature est aussi construite pour faciliter les apprentissages linguistiques par l'image, puisque ce sont des livres illustrés, le jeu et la fantaisie : jeux avec le sens propre et le sens figuré, devinettes, calembours, syntaxe fantaisiste, tout est susceptible de jeu. Ainsi les jeunes lecteurs sont confrontés de manière joueuse à toute la combinatoire de la langue. Au-delà du souci pédagogique, la littérature de jeunesse est un lieu de créativité : réécritures, invention linguistique et jeu avec les tabous se combinent avec les images. Enfin, le jeu de mot permet un autre jeu sérieux quand il est utilisé pour questionner le monde social : par son intermédiaire, ce qui touche au genre (*gender*), aux inégalités, aux impasses et aux troubles du langage peut être abordé en contournant une censure toujours présente.

Mots-clés : album, apprentissages, censure en littérature de jeunesse, jeu de mots, littérature de jeunesse, poésie, réécriture, tabous en littérature de jeunesse

Anne-Marie Mercier-Faivre, Université Lyon1 (INSPE), IHRIM UMR 5317, anne-marie.mercier@univ-lyon1.fr, mercier-faivre@wanadoo.fr

> La poésie, c'est la musique des mots, c'est la liberté.
> Les poèmes sont autant de mamans de bonheur.
> (Pef, *L'Ivre de français*, p. 30)

1 Introduction

Ce qu'on appelle « littérature de jeunesse » s'adresse aussi bien aux tout petits qu'aux jeunes adultes, mais nous nous limiterons aux ouvrages destinés aux enfants, de zéro à environ 12 ans, particulièrement aux albums et à quelques contes. Ceux-ci peuvent être très divers, allant de l'imagier au récit, en passant par le documentaire ou le recueil de poésie. Or, dans la quasi-totalité de ces catégories, on trouve des jeux sur le langage, sur la langue, et même sur la littérature. Le psycholinguiste Evelio Cabrejo Parra, qui s'est intéressé au développement du rapport à la langue et au récit chez les tout petits[1], l'affirme ainsi : « Entrer dans la langue, c'est construire la voix, la musique, c'est construire la poésie, et donc la littérature » (Stupar 2021 : 5). Pour cette raison, on ne séparera pas apprentissage de la langue et approche de la littérature : les deux sont ici liés.

Comme les jeux de mots, la littérature destinée aux enfants se rapproche beaucoup de l'oral, mais pour d'autres raisons : d'abord par tradition (les comptines et les contes traditionnels sont issus d'une tradition orale), ensuite par nécessité puisque les albums sont souvent lus par des adultes à des enfants qui ne savent pas lire, et parfois à des enfants déjà lecteurs. Ceci fait qu'elle s'adresse à un double lectorat qui n'a pas les mêmes compétences linguistiques ni les mêmes préoccupations et que le lecteur adulte peut, par son oralisation, biaiser la réception (Boulaire 2009 : 21). Elle a pour autre caractéristique de présenter un système de double énonciation, le narrateur visuel (Nières-Chevrel 2003) se superposant au narrateur verbal, et le contredisant parfois. Autre particularité : la perception du comique et des jeux de mots dépend de l'âge et du développement du lecteur : ce n'est que vers 7 ans que « les enfants comprennent que le sens des mots peut être ambigu »[2] (McGhee 1979 cité par Feuerhahn 1993 : 221). Enfin, l'édition fran-

---

[1] À ce titre, il a été invité à faire des conférences dans des salons du livre de jeunesse, comme à Saint-Paul-Trois-Châteaux, Montreuil, etc.
[2] Dans le travail de McGhee, au 1er stade (avant 2 ans) l'enfant rit de juxtapositions incongrues, au 2e, il rit de dénominations farfelues (2 ans et plus), au 3e, vers 3 ans, « l'incongruité s'applique aux concepts, surtout aux formes et aux objets jusqu'à 6 ans » ; il joue avec les mots et l'invention de mots entre 3 et 6 ans. Sur sa compréhension des métaphores (« magique » 5–7 ans, « métonymique » 6–8 ans, « métaphorique primitive » 8–9 ans) voir Brédard et Rondal ([1982] 1997 : 104–109).

çaise pour la jeunesse est soumise à la censure, la loi de 1949 mettant des limites à ce qu'elle peut dire ou montrer.

Il est bien sûr impossible de faire un état complet de la question du jeu de mots dans les livres pour enfants, même si sa présence importante est relativement récente[3] – en mettant de côté les comptines –, d'autant plus que la notion sera prise dans un sens large, incluant jeu sur le son et jeu sur le sens, mêlant jeux d'oralisation et jeux qui permettent de mieux saisir certains aspects de la langue comme sa dimension arbitraire ou motivée.

> Wordplay that juxtaposes formally near-to identical items with different meanings can highlight the "dangers" arising from the arbitrariness of language (a small change on the level of form can make a big change on the level of content). Wordplay that combines series of formally similar items can serve to demonstrate the difficulties that may arise from the limited repertoire of distinguishing units (phonemes) in language, and the speaker's linguistic mastership (not getting trapped by the formal similarities; cf. tongue twisters like [*She sells sea-shells on the sea-shore*]. (Winter-Froemel 2016 : 20–21)

Je proposerai en partant de ces cas de figure quelques éclairages sur différents points qui me semblent particulièrement importants et spécifiques à cette littérature et qui mettent en valeur les enjeux liés au jeu sur la langue, sans analyser en détail ces jeux. Dans un premier temps, on verra comment la littérature de jeunesse cherche à accompagner l'enfant dans sa découverte de la langue. Les sons et le rythme priment sur le sens et accompagnent les premières articulations de l'en-

---

[3] *Der Struwwelpeter* de Hoffmann (1845) est dans doute le premier album jouant avec les mots et les sons de manière systématique (Feuerhahn 1993 : 68), suivi par ceux de son traducteur Louis Ratisbonne (Fedotova 2022), et par Wilhelm Busch, avec *Max und Moritz* (1865) et surtout Lewis Carroll, avec *Alice's Adventures in Wonderland* (1864). Ce livre met la question du langage au cœur des aventures d'Alice, ce qui a poussé Marina Yaguello à intituler l'un de ses livres « Alice au pays du langage » – elle y évoque le dialogue célèbre d'Alice avec Humpty-Dumpty (Yaguello 1981 : 9, 29–30). Dans les classiques francophones, la présence du jeu de mots est plus discrète. On en trouve par exemple chez André Maurois (*Patapoufs et Filifers*, 1930) et chez Jean de Brunhoff (*Le Roi Babar*, 1948), avec la « Chanson des éléphants » en langue mammouth (p. 17) et dans certains noms propres : « Les éléphants qui sont trop vieux pour aller en classe ont tous choisi un métier. [...] Tapitor est cordonnier, Pilophage officier, Capoulosse docteur, Barbacol tailleur, Podular sculpteur et Hatchibombotar arroseur-balayeur. Doulamor est musicien, Olur mécanicien, Poutifour paysan, Fandago savant, Justinien peintre et Coco clown » (p. 24–25). En mettant à part comptines, poésies et devinettes, c'est surtout à partir de la fin des années 1980, avec l'influence d'auteurs de l'École des loisirs comme Claude Ponti et Yak Rivais – Feuerhahn (1993 : 131–132) voit également en l'éditeur Jean Fabre un initiateur – que de nombreux jeux de mots apparaissent dans des albums narratifs. L'introduction de la linguistique dans l'enseignement des lettres et le regain de la réécriture parodique peuvent avoir joué un rôle à la même époque. Tout cela serait à vérifier.

fant. Elle imite sa langue tâtonnante, souvent incorrecte, aussi bien sur le plan du vocabulaire que de la syntaxe, et mime le cheminement de la construction de la langue chez l'enfant. Elle installe aussi un dialogue ou une connivence entre adulte (lecteur ou auteur) et enfant (auditeur ou lecteur) autour de l'opacité du langage. La littérature de jeunesse ayant presque toujours une dimension didactique, le jeu est mis au service des apprentissages et l'on verra dans un deuxième temps quelques ouvrages qui peuvent favoriser une meilleure compréhension du fonctionnement de la langue. Dans un troisième temps, on examinera des ouvrages plus orientés vers la jubilation et la création libre. Enfin, on s'interrogera sur la dimension sérieuse de ces jeux qui parfois cherchent à transmettre un message grave à de jeunes lecteurs sans les blesser.

2 Accompagner les tâtonnements de l'enfant

2.1 Le babil et ses prolongements, jouer avec les sons et les rythmes

Au commencement, il y a l'écoute des voix, *in utero* déjà, puis le babil : « avant 3 ans, l'enfant, loin d'être un infans (celui qui ne parle pas) est déjà dans la langue. Le bébé fait de la linguistique comme M. Jourdain de la prose :[4] il apprend le langage en l'utilisant, le langage y est en même temps objet d'analyse et outil » (Stupar 2021 : 6). Le tout petit entre en contact avec le langage par des échanges avec ses parents, échanges qui pour lui sont d'abord une musique, un rythme, des sons variés, des intonations. Ce premier jeu, pré littéraire (Bonafé 1993), est continué par les comptines, par des textes proposant des onomatopées, par tous ceux dans lesquels la musicalité et le rythme priment sur le sens.

Touït touït, d'Olivier Douzou raconte une histoire, sans paroles mais avec des sons inscrits en gros caractères incitant l'adulte à les exagérer : un petit oiseau gazouille (« touït, touït, touït, touït, touït... »), il tente de capturer un ver qui se rebiffe (« grrr »), et finit par renoncer (« pfffffff, pfffffff »). Les images racontent l'histoire ; les sons, avec leur répétition et leur longueur (indiquée par le nombre de lettres) lui donnent une présence et une vivacité.

---

[4] Allusion à une scène d'une comédie de Molière, *Le Bourgeois Gentilhomme* (1670), où le Bourgeois, M. Jourdain, apprend qu'il parle en prose (II, 4).

Dans son article « L'Oralité de la langue pour les albums pour les petits », Marie-Claude Javerzat analyse *Alboum*[5] (un joli titre en mot-valise) de Christian Bruel (1998), bel exemple de représentation d'un jeu, et d'un jeu avec les mots. Il montre un processus d'empilement de jouets, doudous, etc., ajoutés page après page jusqu'à l'écroulement de la pile, tandis que le texte progresse par répétitions, chaque double page reprenant le texte des précédentes et ajoutant l'élément nouveau, à la manière de certaines rondes enfantines (comme « Le fermier dans son pré »). Le rythme régulier (en hexasyllabes), les assonances, les anaphores et l'effet d'accumulation se combinent pour construire une progression qui explose à la fin, avec l'écoulement de la pile et le mot « Boum » suivi d'un point d'exclamation. Analysant d'autres albums, Marie-Claude Javerzat montre les effets d'une formule répétée, procédé extrêmement courant dans les livres pour les plus jeunes mais aussi dans certains contes[6], et les ressources offertes à la voix du lecteur conteur dans *Plic Plac Ploc* (Bushiba 2012 ; Javerzat 2021 : 14–16), qui combine onomatopées et reprise de comptines. Certaines comptines ont une dimension métalinguistique[7], d'autres plus poétique ou herméneutique.

Thierry Dedieu a repris plusieurs comptines traditionnelles dans une collection intitulée « bon pour les bébés », avec des albums cartonnés de très grand format, destinés à une lecture collective. Cette collection est destinée à des enfants de maternelle (ou plus jeunes) qui n'ont *a priori* pas la connaissance de tout le lexique utilisé mais qui seront fascinés par les effets de rythme et de sons induits par une énonciation rapide, comme le montre le titre de l'un des premiers, *Pinicho, oinichba* (Dedieu 2015) ; voici le texte (le symbole / indique un changement de page à l'intérieur d'une double page, le saut de ligne indique un changement de double page) :

Pie niche haut, / oie niche bas.
L'hibou niche ni haut ni bas. / L'hibou niche au chaud.
Où coucou niche. Coucou niche haut, bas, ici, là-bas.
Hupe aussi niche haut. Poule aussi niche bas.

Pinicho oinicheba libounich nioniba libounichocho oucoucounich coucounichobaïcilaba upossinicho pouloss inichba.

---

5 Voir aussi son analyse de *VRRRR !* de C. Bruel et N. Claveloux, où l'onomatopée dit tout.
6 Elle donne l'exemple d'un conte de Tolstoï, *Le Gros Navet*.
7 Comme « une oie, deux oies… c'est toi » (Nières-Chevrel 2013 : 221), Le « sept » attendu est remplacé par la chute et conclusion du comptage (c'est une « comptine »), La liaison en -*t* permet de composer le pronom personnel « toi » ; on passe d'un nombre, dans une succession, à une désignation et donc à un énoncé performatif.

Allitérations en [ʃ], assonances et contrastes vocaliques (voyelles fermées comme [i] et [y], en contraste avec la grande aperture des [a] et [wa], et bien d'autres). Enfin, le texte final, à lire rapidement, réintroduit de la confusion, de la gaieté. Cette séquence est à l'image de nombreuses phrases mémorisées par les enfants : des sons, un rythme, mais un sens qui échappe.[8]

2.2 Virelangues

Le texte de *Pinicho* le rapproche des virelangues, ou fourchelangues, « groupe de mots difficiles à articuler, assemblés dans un but ludique ou pour servir d'exercice d'élocution » (Galeron 2020 : 7). Ils ont en vue un programme double qui intéresse notre propos : le terme « exercice » connote l'apprentissage, l'effort, le monde scolaire, alors que la dimension ludique entraine dans une autre voie, pas forcément opposée : apprendre en s'amusant. Ces textes souvent absurdes, destinés à entrainer l'articulation, sont liés à la tradition orale mais l'édition contemporaine pour la jeunesse s'en est emparée. Ainsi, Henri Galeron a illustré certaines séquences bien connues, comme celle des « chaussettes de l'archiduchesse », de « rat vit rot », des « six cyprès », etc. en les prenant tantôt au pied de la lettre, tantôt de manière plus distante mais toujours avec un brin de fantaisie qui peut virer au fantastique. Quant au trompe-oreille, c'est d'après Galeron « une phrase difficile à comprendre, souvent formée de monosyllabes, qui donne l'impression d'être en langue étrangère ou d'avoir une autre signification »[9]. Ainsi, il illustre « l'eusses-tu cru que ton père fût là peint ? »[10], « la mule a bu tant qu'elle n'a plus pu », « qu'a bu l'âne au lac ? L'âne au lac a bu l'eau » ….

Ces énoncés patrimoniaux sont parfois réécrits et parodiés. Dans son étude sur Claude Ponti, Yvanne Chenouf analyse le réemploi de certaines comptines bien connues des enfants (« une souris verte » et « une poule sur un mur ») transformées dans *Pétronille et ses 120 petits* :

---

8 Par exemple dans le conte du « Petit Chaperon rouge », la formule « Tire la chevillette et la bobinette cherra » : le « et » étant perçu comme indiquant un ajout – et non un lien temporel ou causal –, la fin se réduit souvent pour eux à un objet mystérieux (bobinettechera) qu'il faut tirer avec la chevillette.
9 La distinction entre virelangue et trompe-oreille est parfois difficile à faire. Le premier cherche à faire « fourcher » la langue, c'est-à-dire à faire trébucher le locuteur, le deuxième est davantage du côté de la réception, la compréhension étant rendue difficile par le retour de sons proches.
10 On peut entendre « Lustucru » (personnage du folklore) et « fut lapin ».

Le détournement pontien des formes traditionnelles et populaires de la culture enfantine est une forme de ce « recyclage »[11] [...] À la différence des autres jeux de langage pontien s'attachant généralement à l'épaisseur du signifiant, on assiste ici à un travail sur le sens qui détache ponctuellement le lecteur de la forme. (Chenouf 2006 : 197, 199)

On constate cela dans certains albums récents qui remotivent avec humour ces séquences figées devenues des ritournelles, en les amalgamant et tentant d'en faire des histoires, proposant ainsi une première approche, ludique, de l'intertextualité. Dans *Qui va à la chasse perd ses chaussettes* (Péault 2024), « À peine la riche archiduchesse a-t-elle mis ses chaussettes et son chandail à sécher qu'un rusé chat les lui chipe... Mais c'est sans compter sur le garde-chasse – amoureux secret de l'archiduchesse – qui finit par lui échanger six slips chics contre les précieux biens ».[12]

Enfin, certains poètes s'emparent également des virelangues, comme Jean-Hugues Malineau dans *Dix dodus dindons* et *Quatre coqs coquets* illustrés par Pef et parus dans une collection intitulée « L'humour en mots ».[13] Les *Comptines et poèmes pour jouer avec la langue* de Pierre Coran combinent un entraînement à la prononciation avec une initiation à la poésie.[14] En voici un exemple : « La sardine dîne / La semoule moule / [...] La carotte rote, / Pamplemousse mousse, / Caracolle colle, / Et la morue rue. // Mais que lit le brocoli ? // C'est le mystère des frigidaires (p. 102).

2.3 Onomatopées

Les onomatopées ont une belle place dans cet univers des sons même si ce ne sont pas à proprement parler des jeux de mots. Bien souvent, les enfants apprennent à reproduire le son émis par un animal avant de connaitre le substantif qui le désigne ; ainsi on leur propose un rapport au langage construit sur la motivation. Dans *Le Lapin qui ne disait rien* (2019b), Bruno Gibert joue avec les cris d'animaux,

---

[11] Y. Chenouf développe le fait que ce processus est généralisé en art contemporain.
[12] « [...] ce chat chapardeur et ce fidèle garde-chasse n'ont-ils pas plus en commun qu'il n'y parait ? C'est ce que chette [sic] histoire nous dira ». Voir sur le site de l'éditeur : https://editions lesfourmisrouges.com/produit/qui-va-a-la-chasse-perd-ses-chaussettes/ (consulté le 10 mai 2025).
[13] On y trouve, avec d'autres œuvres de Malineau des ouvrages de Joël Martin et Rémy Le Goistre et de Denis Prache (jeux, contrepèteries, étymologies...). Voir en bibliographie.
[14] On peut le voir à travers la table de l'ouvrage : « pour ne pas zozoter ; pour ne pas chuinter ; pour que les consonnes sonnent ; pour que les voyelles s'emmêlent ; pour ne pas bredouiller ; pour nasiller come un canard ; pour délier les langues à nœuds ; pour jongler avec les rimes ; pour jouer avec les mots ».

associant les onomatopées au vocabulaire qui les désigne : « dans la ferme le coq coquerique [dans l'image on lit 'Cocorico'], le dindon glougloute ['glouglouglou'], le poulet piaule ['pôtpôtpôt'] [...] les hirondelles trissent ['iiiiiiiiiiiiiiii'] [...] Sur le chemin le corbeau croasse ['croââ, croââ, croââ, croââ'] mais le crapaud coasse ['coââ'] ». Le hibou bouboule, les souris chicottent... mais le lapin ne dit rien ! Ses amis de la ferme inquiets l'emmènent voir à la ville « un célèbre docteur, un de ceux qui apprennent à parler aux petits enfants muets ». Récemment, Soledad Bravi a publié un imagier intitulé *Le Livre des bruits* dans lequel chaque objet ou animal est associé à une onomatopée ; leur succession se fait parfois par proximité phonique (« Vroum » suit « Atchoum »), avec des variantes comiques : l'escargot ne dit rien mais bouge ses antennes ; à la prise électrique correspond le mot « non ! », et aux épinards « beurk ». Dans ces deux derniers exemples, on voit un jeu de rupture de la règle, dans l'énonciation : le son n'est pas émis par l'objet représenté.[15]

Ce recours aux onomatopées se retrouve également dans de nombreuses forgeries de mots dans des textes qui n'en font pas leur élément central, comme dans *Blaise et le château d'Anne Hiversère* (2004) de Claude Ponti qui s'ouvre avec un « Ce matin il est *dring* heure *twouït twouït* ». L'onomatopée accompagne longtemps les enfants et contribue à ancrer l'idée d'un langage motivé, et surtout musical, dimension à laquelle ils sont très sensibles.

2.4 Erreurs d'articulation, de lexique ou de syntaxe

L'expression des enfants est une source perpétuelle d'émerveillement, tant ils sont doués en trouvailles, pas toujours délibérées, à tel point que certains parents les collectent (Aimard 1976). Erreurs d'articulation, erreurs de césure des mots, constructions fautives ou au contraire régulières quand la langue utilise des « exceptions ». Dans son ouvrage sur Claude Ponti, Yvanne Chenouf caractérise le langage enfantin pour montrer que Ponti est un excellent imitateur mais aussi créateur de ce langage :

> Les linguistes évoquent souvent la combinaison des cubes pour caractériser la parole enfantine. Les sections de mots ne sont pas toutes définies, des mots et surtout certaines expressions sont utilisées avant que le sens n'en soit compris, source de « mots d'enfants » et de

---

[15] Sur le site Babelio, on voit que certains parents désapprouvent, au motif que les tout petits aiment encore les légumes verts – pourquoi alors anticiper sur leur désamour ? – et l'un affirme tricher en substituant « miam » à « berk » : l'adulte lecteur est, *in fine*, maître du texte (https://www.babelio.com/livres/Bravi-Le-livre-des-bruits/127359#!, consulté le 23 mai 2025).

> détournements producteurs. Découpage non conventionnel des mots, substitution d'un mot à un autre, expressions prises au pied de la lettre, pratique innocente de la commutation au sein du mot ou de la phrase... font aussi partie de la palette linguistique pontienne. (Chenouf 2006 : 200)

Claude Ponti joue avec les erreurs courantes des enfants, sans en abuser : métathèse sur le mot spectacle (« pestacle ») dans *Blaise dompteur de taches*, prononciations inhabituelles comme « Mâzon » pour la maison du *Nakakoué*. Plus souvent, les mots dans des phrases mal comprises s'agglutinent et deviennent des noms propres comme « Oh qu'il est laid ! » énoncé à la naissance du personnage de l'album éponyme, *Okilélé*. Ignorant le sens de ces mots[16], il croit que c'est son prénom et confond appel et formule de rejet. Ponti use de ces méprises avec discrétion, sans doute parce que les enfants pourraient ne pas s'apercevoir de la déformation, ou pourraient ne pas en rire.

D'autres auteurs en usent de façon plus systématique, comme Pef dans *La Belle Lisse Poire du Prince de Motordu* (1980), exemple le plus connu de texte dans lequel des mots sont estropiés (voir plus loin pour le décodage) : le prince vit dans un beau chapeau, sur lequel flottent des crapauds bleu, blanc rouge ; l'hiver il joue aux poules de neige, le soir il joue aux tartes..., il fait du râteau à voiles... Rien de trop mystérieux pour les jeunes lecteurs car les stéréotypes textuels et culturels sont là pour baliser le sens et les dessins de Pef mettent en scène la double réalité : le bateau sur lequel Motordu navigue est en forme de râteau, les poules blanches sont lancées comme des boules de neige, et les parts de tartes sont brandies comme lors d'une partie de cartes... Ainsi, le mot initial qui a été « tordu » n'est pas tout à fait absent ; il apparait à travers la paronymie mais aussi par métonymie (de neige), ou par un système de métaphore, de métonymie ou de synecdoques (la forme du chapeau qui ressemble furieusement à un château de brique rouge, la place des crapauds sur les hampes surmontant ce château, la voile surmontant le râteau). *Bou et les trois Zours* d'Elsa Valentin (2008), réécriture de *Boucle d'or* (Lefort 2021), tord systématiquement la langue en usant de procédés plus variés et en mêlant transcription d'oral fautif et langues étrangères, dans un joyeux méli-mélo : « L'était une fois une petite Bou [...] – Jour, petite Bou [...] *Ké tu fais* dans la forest ? » Plus loin, on lit : « *Kik'a* touché mon lit ? *s'excrilla* Grantours ».

Plus complexe, et destiné à des lecteurs plus experts, *Les Aventures d'Alexandre le gland* d'Olivier Douzou ont pour héros un personnage s'exprimant avec un défaut de prononciation (ou un accent très marqué). Le lecteur adulte ne peut

---

[16] J'ai pu constater que le mot « laid » ne fait à présent pas partie du vocabulaire courant d'enfants de moins de 5 ans.

que sourire en lisant le titre qui fait allusion, par paronymie, au personnage bien connu d'Alexandre, roi de Macédoine. L'image sur la couverture montre un petit personnage coiffé d'un béret qui ressemble à la cupule du fruit du chêne (c'est donc bien un gland). Son père le chêne lui demande de rejoindre au sol ses pareils, l'hiver arrivant :

> Alexandre ! il est grand temps de descendre ! [...] Alexandre ! Tu es grand maintenant, descends !
> Je suis gland certes, mais flanchement, j'avoue mon manque de coulage, la chute, soit, mais aplès ?

À ce stade du récit le narrateur précise que « les fruits des chênes, que l'on nomme les akènes » s'expriment en roulant les 'r' » (p. 12). Plus loin il précisera « qu'Alexandre, lorsqu'il s'exprime, use souvent de la rime ». Les lecteurs les plus attentifs – les enfants, peut-être, qui ne sont pas entraînés à la lecture rapide ? – auront déjà repéré une variation sur le titre. Si la page de faux-titre répète le titre de la couverture, celui qui est donné en page de titre surprend, annonçant « LES AVENTULES d'Alexandle le gland ». En bas de page, le nom de l'éditeur a été modifié en « louelgue », tout comme l'intérieur du logo dans lequel figurent non plus deux 'r' (pour Rouergue) mais deux 'l'. Il y a donc substitution systématique des R, et on s'engage dans un récit où le personnage usera tout au long d'un langage ampoulé en roulant les R. Tout se complique dans la mesure ou « gland » et « grand » sont rabattus sur un même mot. Alexandre rencontre un « gland gland » (grand gland), une noisette qui zézaie, un escargot qui découpe les syllabes en insérant des pauses à l'intérieur des mots, et bien d'autres locuteurs bizarres.[17]

Les erreurs de segmentation des mots se retrouvent souvent dans les titres de Ponti (*L'Île des Zertes* (1999), *Blaise et le Château d'Anne Hiversaire* (2008), *La Venture d'Isée* (2012), etc.) ; on peut citer également *Nours* de Bruel (2000) qui lexicalise la liaison dans les successions du type « ton ours », « un ours », etc. Il est d'ailleurs frappant que les titres soient plus concernés par les jeux de mots que les textes eux-mêmes : est-ce un appel publicitaire à l'acheteur adulte ? Dans *Zigomar n'aime pas les légumes* de Corentin (1992), ce sont des dialogues entiers qui introduisent des effets comiques en disloquant la chaîne parlée. Les légumes, décidés à se venger, envisagent les punitions qu'ils infligeront et leurs propos sont transcrits en écriture pseudo phonétique, un peu à la manière de Queneau dans *Zazie dans le métro* (avec « doukipudonktan ») :

---

[17] Olivier Douzou a sans doute pris cette idée lorsqu'il a publié un album inspiré du *Nez* de Gogol dans lequel est transcrite la langue des nez et leur accent imitant une personne enrhumée (Douzou, *Le Nez*, 2006).

– fezonlep leur é ! propose un oignon.
– fez onlé envie nègrette ! dit une tomate.
– esse i onlezanpoizonè ? dit un champignon
– sépa maran pikonl è pluto ! dit une châtaigne.[18]

Le texte n'est compréhensible qu'en l'oralisant et en théâtralisant les frontières de mots suggérées par l'auteur. Le sens fait apparaitre le lien entre la proposition et celui qui l'a énoncée (l'oignon fait pleurer, le champignon empoisonne, etc.).
Mais il ne suffit pas d'introduire des bizarreries ou des « fautes » pour bien imiter le parler enfantin et certains auteurs réussissent mieux ce pari que d'autres. Yvanne Chenouf a relevé chez Claude Ponti des traits fréquents de ce langage : des phrases courtes, de nombreuses redondances, l'emphase avec des « superlatifs pléonastiques » (« très pire », par exemple), des accumulations, des formules enfantines comme « en vrai », « ça fait comme... », etc.

> Le langage enfantin recèle des particularités, une syntaxe, un fonctionnement qui lui sont propres et que des auteurs s'efforcent parfois d'imiter pour séduire de jeunes lecteurs. Ce faux discours enfantin n'est pas reconnu par le lecteur comme celui qu'il voudrait lire. [...] L'écriture de Claude Ponti ne participe pas de cette mystification. Sans être ostentatoire, une véritable création littéraire anime ses albums. Le récit étant à la troisième personne, la parole enfantine est présente dans le texte grâce au style indirect libre. (Chenouf 2006 : 200–201)

Dans ces présentations d'erreurs de langue, qui rit et de quoi rit-on ? Les erreurs de graphie ne peuvent être repérées que par un enfant lecteur, et même bon lecteur. Les erreurs de segmentation des mots sont perceptibles par tous (« Anne Hiversaire », par exemple) si le lecteur adulte marque une pause au bon endroit. Par ailleurs, du côté du lecteur / auditeur enfantin, que le texte « fautif » soit énoncé par un enfant ou par un narrateur supposé adulte n'est pas anodin. Dans le premier cas, il peut y avoir connivence, rire moqueur, souvenir de difficultés partagées mais surmontées depuis, effet de surprise, toute sorte de réactions. Dans le deuxième il peut y avoir rejet du type « pour qui me prend-on ? », ou un refus de voir un écrivain (forcément expert) faire des fautes.[19] Du côté adulte, l'attendrissement devant les erreurs enfantines joue à plein alors que celles-ci peuvent ne pas être décelées par les enfants. Alors à qui est destiné le jeu de mots dans ces cas ? La réponse est : « aux deux ». Un peu comme dans les albums de

---

18 C'est-à-dire : « Faisons-les pleurer », « faisons-les en vinaigrette », « et si on les empoisonnait ? », « C'est pas marrant. Piquons-les plutôt ».
19 Brédard et Rondal signalent qu'un enfant peut faire une erreur et la repérer comme telle dans le discours d'un adulte (1997 : 57–58).

Tintin ou Astérix[20], l'auteur peut faire le pari d'une découverte progressive par le lecteur qui relira année après année les albums aimés. Mais le point important est que la jubilation du jeu avec la langue transforme la lecture, aussi bien pour le lecteur que pour l'auditeur : l'adulte se régale et l'enfant y est sensible, ce qui est extrêmement important pour l'éveil au plaisir du texte.

3 Apprendre en jouant

La littérature pour la jeunesse a depuis ses origines une dimension didactique.[21] Le jeu est au centre de l'apprentissage chez les enfants, parce que c'est bien par un jeu que le langage s'acquiert et que la langue se perfectionne, comme le rappelle Michèle Lusetti dans un article consacré à « la langue en jeu(x) dans la littérature de jeunesse » :

> Outre la motivation, ces jeux permettent d'entrer directement dans le maniement des régularités, la perception des spécificités inhérentes à la langue et du côté palpable des signes. Les jeux avec les mots déploient jusqu'aux confins de la langue la créativité qui est au cœur de l'activité linguistique avec toutes ses composantes phoniques, graphiques ou sémantiques. En linguistique, si l'on a pu, comme Ferdinand de Saussure, comparer la langue à un jeu d'échecs avec ses pièces et son système de règles c'est qu'il y a du jeu dans la langue[22] et que la grammaire du jeu de la langue autorise une création infinie. (Lusetti 2008 : 166–167)

Tous les domaines de l'apprentissage de la langue sont concernés par des tentatives pour en rendre l'enseignement attrayant : de l'apprentissage des lettres (abécédaires) à celui des mots (imagiers et dictionnaires), avant d'arriver à l'apprentissage des formules lexicalisées et à la découverte des textes.

---

20 L'analyse de Marc Blancher (2015) offre de nombreux parallèles avec notre propos comme l'invention de patronymes, le langage textuel et iconique, etc.
21 On peut citer l'*Orbis sensualium pictus* de Comenius (1658) comme le premier exemple de livre illustré qui s'adresse aux enfants. Voir Simon-Oikawa et Renonciat (2009 : 55–73).
22 Par « jeu », il faut comprendre qu'il y a dans la langue des possibilités de permutations, des choix multiples, tout en restant dans le cadre de ses normes.

3.1 Jouer avec les lettres et les mots

Les abécédaires sont eux aussi des terrains de jeu.[23] Les imagiers autrefois « sages comme des images », associant objets quotidiens et mots simples, comme le célèbre *Imagier du Père Castor* de 1952, sans cesse réédité et renouvelé (voir Formet-Jourde 2023), sont parfois pris de folie, comme celui d'Antonin Louchard, *Ceci est un livre*. Sur le modèle du tableau de Magritte, « La trahison des images » et notamment du fameux « Ceci n'est pas une pipe », reproduit en page de couverture, ont été placées des images accompagnées de la mention « ceci n'est pas » suivi du mot recherché. Le jeu vient des associations et de la paronymie. Ainsi sur celles représentant en vis-à-vis un pape et un pope, une pie et une vache (dont les pis sont mis en évidence), un pain et un pin.

> Ceci n'est pas un pape. / Ceci n'est pas un pope, hop !
> Ceci n'est pas une pie. / Ceci n'est pas un pis, tant pis.
> Ceci n'est pas un pain. / Ceci n'est pas un pin.

Si les jeunes lecteurs ont le bénéfice de l'imagier et voient associés mots et images pour commencer à saisir le système graphique et phonologique, ils sont invités ici de surcroît à distinguer réel et représentation avec le modèle de la formule de Magritte et à se régaler avec le jeu des homophones.

3.2 Sens propre et sens figuré

Sens propre et sens figuré sont mis en images par de nombreux auteurs. Certains, comme Alain Le Saux, choisissent de prendre au pied de la lettre les expressions figées en les illustrant. Ainsi dans *Le Prof m'a dit que je devais absolument repasser mes leçons*, le mot « repasser » fonctionne en syllepse[24], l'un des sens étant présent dans la signification de la phrase, l'autre dans l'image, avec le fer à repasser.[25] Plus subtilement, Olivier Douzou a exploité ce va-et-vient entre sens propre et figuré dans plusieurs albums. Dans *La République du vent*, il remotive les expressions figées (que je mets en italiques) autour de la thématique du vent, de l'air :

---

[23] Certains sont des livres à système comme *ABC* de Marion Bataille qui se déplie, joue sur des effets de miroir, de cache, de coulisses, etc. D'autres proposent pour illustrer chaque lettre, des textes saturés de cette lettre comme Anne-Marie Chapouton dans *Mon ABC en comptines* (Flammarion Père Castor, 1999). Claude Ponti a créé un album sur la lettre A (*Le A*, 1998).
[24] Sur la syllepse voir Rabatel (2015a).
[25] Voir la série de Peggy Parish, *Amelia Bedelia*, (1963–1988) qui présente une employée de maison prenant au pied de la lettre les demandes de son employeur.

> Quand le matin le vent *se lève* on se demande d'où il vient. Il vient *l'air de rien* d'un pays de rêve : la République du vent. [...] Quand le vent *tombe*, c'est sur la République du vent qu'il tombe. C'est ici qu'on le ramasse et que l'on récolte dans des besaces tout ce qu'il a *semé*. [...] Avant de tout trier on se prend à rêver d'être dans *l'air du temps* avec des tenues *dans le vent*...

Le jeu d'exploration d'une isotopie à travers des métaphores figées et filées les remotive. Bien mieux que toute leçon de lexique, il peut faire découvrir toutes les possibilités des expressions lexicalisées et leurs potentialités créatives et poétiques.

Esquimau, d'Olivier Douzou (2005), est entièrement fondé sur une syllepse. C'est un album sans texte, en dehors du mot du titre et du même mot, crié à la fin par l'esquimau qui a dérivé sur un fragment de banquise jusqu'à une plage d'un pays chaud où il vendra son dernier fragment de glace planté sur un bâtonnet (fragment de sa rame). Les deux sens du mot cohabitent sur la couverture, dans l'image.[26]

L'exploration des expressions toutes faites peut aussi être un support pour philosopher. Les *Pensées sans compter* de Frank Prévot (2011), comme celles de Pascal sont fragmentaires, apparemment décousues. Elles philosophent en jeux poétiques, calembours, mots d'enfant, rêveries sur les saisons, les humeurs, les émois : « – Plus tard, les minuscules deviennent-elles des majuscules ? / – Prendre du recul m'aide à avancer. / – Être et voir l'été. / – Ceux qui jonglent avec les idées devraient se souvenir que le jongleur se saisit de tout mais ne retient jamais rien », etc.

Ainsi le jeune lecteur apprend les lettres, les mots, la langue, la polysémie, dans des textes qui ne se contentent pas d'édicter des règles mais les développent, les contournent parfois. Il découvre que l'on peut jouer avec les lettres comme avec les mots et que le dictionnaire est un trésor infini. Toutes sortes de mots[27] sont à disposition, bien plus nombreux que ceux de l'oral ou de la classe, souvent surprenants, et capables de toutes sortes de métamorphoses.

---

26 Le personnage bien en vue, au centre de l'image, est en manteau brique, assis sur un iceberg circulaire, et au-dessus la lettre Q, blanche sur fond brique, est en forme de crème glacée.
27 Voir par exemple *Le Dico des mots rigolos* de Piquemal et Moncomble (1999), mettant en avant entre autres Gorgonzola, queue-de-morue, Titicaca, hurluberlu... ou des albums donnant tous les noms de dinosaures, ou ceux des animaux disparus comme *Le Cauchemar du Thylacine* de Davide Calì et Claudia Palmarucci (2021).

3.3 Devinettes

Les charades et devinettes[28], souvent proposées en anthologie[29], permettent d'exercer la sagacité et d'explorer les facettes d'un objet et d'un mot. Selon Jean Perrot, dans les devinettes d'Antonin Louchard [*Dans la galette, il y a...*, 1999] : « Tout se passe comme si le jeu créait une structure répondant aux quatre 'dons initiaux' mis en lumière [...] par Jerome Bruner [*Comment les enfants apprennent à parler*, 1987 : 15] : 'Disponibilité orientée vers les moyens et les fins, transactionnalité, systématisation et abstraction' » (Perrot 1999 : 141).

De nombreux albums réinventent le genre en mêlant humour, poésie, manipulations[30], et amorce de réflexion métalinguistique. D'autres imitent des jeux, comme *Tout en rimes ; 20 poèmes à compléter* de Bruno Gibert : chaque page de droite présente un texte dont chaque ligne doit être complétée par un mot remplacé par des points de suspension ; sur la page de gauche, une image représente de façon stylisée le thème abordé par le texte et propose une liste de mots dans sa partie inférieure. Pas de mode d'emploi, pas de « solution ». Tout est possible, ou presque.[31]

Les Devinettes de la langue au chat de David Dumortier orientent le genre vers la poésie tout en gardant le jeu de découpage des mots. Elles proposent de chercher le « mot » de l'énigme aussi bien avec des indices portant sur les formes et les couleurs qu'avec des morceaux de mots, à la manière d'un rébus.

> C'est une pie mâle / parfois à queue / qui voudrait chanter comme les oiseaux / avec ses touches de noires et de blanc. C'est un ? C'est un ? (un piano) [...]

---

28 Sur les devinettes, voir Rabatel (2018).
29 Michel Beisner et Jacques Charpentreau, *Les Cent Plus Belles Devinettes* (1983).
30 *Cache à mots* de Valérie Yagoubi met en regard une devinette qui fait chercher un mot sous un autre (par exemple bulle sous funambule) et une image représentant ce qui est décrit, qui fonctionne comme un cache ; on doit la soulever pour avoir la solution représentée par une autre image et un mot. « Qu'y a-t-il sous le funambule ? / Un fil ? / Bien sûr, mais non. / Le vide ? / Aussi mais ce n'est pas ça non plus. / Un filet ? / Pas toujours, cherche encore. / Sous le funambule il y a... / des bulles ». « Entonnoir » donnera « noir », « Chouette » mènera à « chou », et « Jasmin » au mot « fin » (c'est la dernière phrase, ce qui propose un joli déplacement vers le métalinguistique).
31 « La Momie a une carie (À l'image on voit la momie sous un parapluie, dans un décor où figurent des orties et une pie) / Vite, soignons la momie avec une infusion de... / Faisons-lui mâcher un peu d'..., / ainsi qu'un peu de ... / râpé. Envoyons-la sur le dos d'un... / qui s'y connaît en caries. / Mais cette pluie est infinie ! / Remettons vite cette momie dans son étui / avant qu'elle ne sente le moisi ! ». Pour quatre mots à trouver, il y a 16 propositions : « rôti, riquiqui, patchouli, vomi, pipi, colibri, ravioli, pie, chipie, ortie, pluie, parapluie, parfumerie, Californie, bougie, colonie » : de quoi s'amuser.

C'est un petit grain triste / resté au fond de la gorge / un petit grain de chat / Qui dit : / *Je t'aime encore / et toujours.* / C'est un ? C'est un ? » (chagrin d'amour).

Ainsi, la devinette, se faisant un peu charade, participe au calembour de façon mélancolique, le chat et le grain faisant surgir le chagrin, les touches noires et blanches de la pie devenant des touches noires et blanches du pi[ano], pour chanter (on peut aussi y voir une référence à la marque de bonbons, « La Pie qui chante » – la pie ne chante pas).

3.4 Calembours, contrepèteries, blagues

Jouant sur la paronymie, l'homonymie ou la polysémie, la littérature de jeunesse use fréquemment de calembours, notamment dans les titres. Michèle Lusetti en donne plusieurs exemples :

> Pour les plus grands, *La Vie des mots, l'ami des veaux, L'eau des mares et l'art des mots*, ou *Des prénoms fous fous fous* [*500 contrepèteries*[32] *avec vos prénoms*] de J. Martin et R. Le Goistre sont l'occasion de découvrir les contrepèteries qui par la permutation de lettres produisent d'autres phrases de sens différent, souvent malicieuses. Les calembours abondent dans les livres et les titres par exemple dans *Les Mots décollent* de G. Féré et A. Ringger, *Ton Porc te ment tôt* [de J-H Malineau, etc.]. On retrouve ce jeu dans *Ces nains portent quoi ??? ????* de P. Cox, [...] qui joue constamment sur le rapport entre signifiant et signifié tout au long des 118 pages de cet imagier, inventaire d'objets que les sept nains portent en vue de les offrir à Blanche-Neige 'dont ils sont éperdument amoureux' ». (Lusetti 2008 : 171)

La poésie pour la jeunesse est une réserve inépuisable de calembours. On trouve des calembours faciles dans *Poèmes pour peigner la girafe* de Jacques Charpentreau, notamment dans « Les larmes du crocodile » (« Si vous passez au bord du Nil / Où le délicat crocodile/ croque en pleurant la tendre Odile » etc.). Des textes plus récents vont plus loin dans le jeu des sons et des sens, mêlant calembours et différentes figures, comme dans le bestiaire revisité par *Ça gazouille* de Constantin Kaïteris (2021).

> Les mots sont là pour leurs sonorités, lophophore ou encore tichodrome échelette. Les poèmes jouent [...] des paronymes (*sarcelle / sorcellerie*), des calembours (*coq de bruyère / stock de gruyère*), de l'exploration des syllabes (*le canari a ri à Cannes*). [...] Ils jouent aussi avec nos expressions imagées, les prenant au pied de la lettre. (Driol 2021)

---

[32] Sur les contrepèteries voir Rabatel (2015b).

Dans ses *Poèmes de terre*, Olivier Douzou fait encore une fois preuve d'originalité. Travaillant autour de la polysémie – abstraction faite de la graphie – du mot [vɛr][33] (mètre poétique ou ver de terre), il donne à son recueil un titre qui joue explicitement sur les deux tableaux et parvient à une certaine virtuosité et à beaucoup de drôlerie. On en trouve un bon exemple dans un poème intitulé « Gulli-ver » qui multiplie les calembours autour du mot « ver », joue sur le sens propre et figuré de « dévoré » et développe également des éléments de la tradition littéraire de jeunesse avec le célèbre héros Gulliver et la séquence de la dévoration des petits par l'ogre (le « géant ») :

> Je suis le ver-micelle. / Je suis le ver-micelle. / Je suis le ver-micelle aussi. / Mille vers se présentent ainsi. / – Et toi qui es-tu ? [...] / Je suis le Gulli-ver / Fait le géant. / Voulez-vous savoir amis vers / Comment on devient grand ? / – Oui…ouiiiiiiiiii ! – Donnez-moi une cuillère / une pincée de sel / de l'eau, une écuelle. / Approchez micelles / approchez, / approchez / chères bestioles / ici c'est l'auberge espagnole / approchez, approchez / je vais vous apprendre / à être dévorées par la curiosité !

D'autres, comme Michel Besnier, s'attachent à la trivialité de la vie moderne et jouent sur les abréviations et expressions figurées. Dans le recueil *Mon Kdi n'est pas un Kdo*, le poème intitulé « Contre-allée » fait permuter les mots et les sons, de l'à-peu-près (Rabatel 2011) jusqu'à la contrepèterie : « Collants à prix bas / bas à prix collant / Prix fou prix choc / prix chou prix phoque / Bouchées à la reine / bourrées à la chaine [...] Thon pleine tranche / temps pleine tronche » (p. 46).

Si les blagues n'ont pour la plupart pas grande ambition pédagogique ni poétique, elles sont cependant le reflet d'une pratique sociale importante, chez les enfants aussi, et assurent la bienveillance de l'auditoire. Dans *Radio banane* de Clémentine Mélois, un jeune singe nommé Aristote trouve dans la jungle un émetteur radio et commence à « jouer à la radio » : « Bonjour la jungle, ici Aristote, en direct de Radio banane ! et maintenant c'est l'heure de votre programme favori : les blagues de Radio banane ». Les blagues et les événements s'enchaînent, de plus en plus fantaisistes, mais il demeure que le cœur de la jubilation est dans les premières étapes : « C'était à n'en pas douter le meilleur jeu de toute l'histoire de la jungle et du jeu » (p. 18). Les trois blagues données dans l'album sont des classiques du genre chez les enfants et font référence à des éléments simples en lien

---

[33] Ce choix a été imité par l'album *Ver vert* de Bruno Gibert (pour plus petits) qui s'est lui-même inspiré du *Ver-vert, ou les Voyages du perroquet de la Visitation de Nevers*, poème de Gresset (1734). Ver-vert le perroquet était capable d'assimiler des langues sociales aussi opposées que celles de dévotes ou de bateliers tandis que le ver aux yeux *vairons* de Gibert part à *Versailles* et croit rencontrer *Vercingétorix*…

avec des animaux ou des fruits : jeu sur les mots incluant des cris d'animaux[34], devinette absurde[35], blague scatologique[36].

3.5 Syntaxe en folie

Yak Rivais a été l'un des premiers, dans *Les Contes du miroir* (1988), à revisiter les contes patrimoniaux afin d'offrir des leçons de langue détournées. Chaque conte est précédé d'un principe de réécriture. Pour « La petite poule rousse », il précise que c'est un « jeu facile : tous les passés simples sont faux » (p. 24) : ainsi, la petite poule « sorta » de chez elle, la clef « tombit », le renard « s'éveillit », ses enfants « lui faisèrent fête », etc. Il n'est pas sûr que cela aide à mémoriser, mais cela permet de réfléchir sur les raisons d'utiliser telle ou telle forme. « Le Petit Poucet » joue sur les homophones : « il était une FOIE un bûcheron et sa femme qui avaient CETTE fils », etc. Les mots fautifs sont signalés par la typographie, sage précaution, car les jeunes lecteurs (jusqu'au collège... au moins[37]) auraient pu avoir des difficultés à repérer fois / foie / foix, ou « je connais le chemin par chœur ».

La syntaxe a son manuel sérieux mais drôle avec *Le Livre de la langue française* d'Agnès Rosenthiel illustré avec des vignettes de Pierre Gay (1985), et son pendant comique avec *L'Ivre de français* de Pef. Pour instruire les élèves sur les marques du féminin et du masculin, il leur propose d'enlever le *e* final ; appliquant ses conseils, les élèves trouvent que le masculin de « reine » est « rein », celui de « mère » est « mer », etc. Tout cela est très approximatif et joue davantage sur les sons que sur les graphies. « Le Prince les corrigea sans les punir car les fautes des élèves le faisaient trop rire. Mais à la fin de la journée tous les enfants savaient que le mâle de l'hirondelle n'est pas l'hirondlui » (p. 24). Passant à la conjugaison, il propose des « tableaux rigolos de conjugaisons de verbes. Ainsi il conjugue le verbe ôter en achevant avec « nous ôtons, vous ôtez, ils zozottent » (p. 27).

---

34 « Quelle est la figure géométrique préférée des canards ? – Je ne sais pas. – Le carré, parce qu'il y a beaucoup de coins coins ! Huhuhuhu riait le toucan de sa grosse voix ». (p. 18)
35 Qu'est ce qui est « jaune, mesure trois mètres de haut et pèse une tonne ? – Je ne sais pas. – Une banane, mais très très grosse. – Huhuhuhuhuhu ! riait l'iguane et tous les autres avec. (p. 25)
36 « Qu'est ce qui est vert et qui pousse au fond de la jungle ? – Je ne sais pas. – un iguane qui fait caca. – Huhuhuhu ! ».
37 La collection « Neuf » de L'école des loisirs vise des lecteurs de 8 à 11 ans.

3.6 Inventer des langues

Claude Ponti invente des langues dans *Une Semaine de Monsieur Monsieur* et dans *Zénobie* (Chenouf 2006 : 199). D'autres écrivent en verlan comme Vincent Malone, dans *Ma zonmé*. Elsa Valentin, dans *Chaprouchka*[38] reprend « Le Petit Chaperon rouge », en radicalisant le mélange qu'elle avait élaboré dans *Bou et les trois ours* et en pratiquant la diglossie. Comme dans les autres réécritures de contes, la familiarité avec cette histoire la rend lisible : « Voici Mister Wolfy Loupo. Il a soif, il a faim, il grogne [...] Au détour du chemin il aperçoit une menina que passa. C'est Chaprouchka. Il fait si chaud qu'elle a laissé son capuchon a casa. [...] What's your name ? demande Wolfy Lupo » (etc.). À la fin de l'album un glossaire, classé par langues donne la signification des mots étrangers présents dans le texte.

On suppose que les enfants ayant joué ainsi en jonglant avec les mots seront plus habiles pour passer d'une langue à l'autre, jouer avec les sons et les sens, ou, en tout cas, y auront plus de plaisir immédiat. Mais il est difficile de mesurer ce qu'acquiert de plus sur le plan des savoirs un enfant qui aura ri, par rapport à un autre qui se sera livré à des apprentissages plus systématiques. On peut faire cependant le pari qu'il aura développé, non un savoir métalinguistique comme on le lit parfois, mais au moins une conscience épilinguistique (Lecolle 2015 : 221)[39] heureuse et propice à d'autres aventures.

4 Créativité

4.1 Réécritures

Le jeu de mots permet souvent de faire du neuf avec du vieux, pour imiter le beau titre de l'article d'Éléonore Hamaide-Jager (2017), « Faire du n(o)euf avec du

---

38 Un autre texte de la même auteure, *Galinella, petite poule rossa*, est dans la même veine.
39 Michelle Lecolle (2015) fait le point sur l'usage parfois excessif de l'expression « savoirs métalinguistiques » : « Le savoir épilinguistique est bien conçu comme un savoir inconscient ('on ne sait pas précisément ce que l'on sait', Auroux 1994 : 23), et il est distingué à ce titre de la 'conscience épilinguistique' qui se manifeste par des 'procédures codifiées (contrôle de correction, jeux de langage, etc.)', (Auroux 1994 : 24) : 'on sait qu'une phrase est correcte sans savoir pourquoi ; on sait ce qu'est un nom (au sens grammatical du terme) sans avoir de mots pour le dire' (Auroux 1994 : 36). 'Le véritable savoir est métalinguistique, c'est-à-dire représenté, construit et manipulé en tant que tel à l'aide d'un métalangage' (Auroux 1994 : 23). En résumé, les termes métalinguistique et réflexion métalinguistique supposent une activité consciente et réfléchie, ce que le terme d'épilinguistique ne suppose pas. »

vieux », illustrant la présence de techniques de l'OULIPO en littérature de jeunesse.[40] Les contes traditionnels sont souvent réécrits avec ces procédés. Dans *Les Sorcières sont N.R.V.* (1988), Yak Rivais et Michel Laclos ont proposé un manuel de réécriture de textes, chaque chapitre offrant une réalisation et des indications pour faire de même. Ils ont transformé des contes célèbres, ou en ont écrit d'autres : calembours, absurdités, phrase abécédaire, mots gommés, gros mots gommés, mot-valise, le comble, anagramme, Marabout, acrostiche, négations, lipogrammes, monosyllabes, etc. Ainsi, ils ont repris « Le petit Chaperon rouge » avec le principe du caviardage, et c'est la grand-mère qui mange sa petite fille, puis le loup. Le comique vient donc essentiellement du renversement du conte bien connu, qu'il faut connaître pour avoir le sous-texte. Celui-ci figure *in absentia* mais est bien présent d'emblée dans la mémoire de la plupart des lecteurs. Dans *Les Contes du miroir* de Yak Rivais « Le Chat botté » est en rébus, « Les trois petits cochons en vers blancs », belle irrévérence ou bel hommage aux classiques ?

Dans l'album *La Face cachée du prince charmant*, Guillaume Guéraud et l'illustrateur Henri Meunier ont exemplifié ce même principe en écrivant une histoire tissée de stéréotypes de genre (dans les deux sens du mot « genre ») assez plate, et en la transformant radicalement : ils ont barré certains passages avec un noir un peu éclairci pour que ce qui a été supprimé reste lisible ;[41] le prince charmant traditionnel est ainsi transformé en garçon malpropre et rustre. Les enjeux restent les mêmes, créer de la surprise, faire rire, apprendre à créer soi-même des textes nouveaux, mais il s'en ajoute deux autres : dénoncer les stéréotypes de genre (masculin / féminin) et les clichés textuels.

Dans *Les Aventures d'Alexandre le gland* d'Olivier Douzou, la réécriture va encore plus loin et fait acte de création véritable. L'histoire commence ainsi :

> Il était une autre fois... / – Un roi ! /... / Eh bien non, ami lecteur... cette fois, rien de cela, / juste un bout de bois... / ... un coin de forêt.
> Et là... un chêne géant d'au moins cent ans qui attend du haut de ses cent pieds et fait les cent pas à sa manière, car il est bien connu que les arbres ne marchent pas et restent plantés. (p. 11)

Tout fait signe dans ces premières lignes : le terme « autre » qui se glisse dans la séquence attendue de « il était une fois », et le « cette fois » qui lui fait écho, et

---

40 Voir aussi la thèse d'Éléonore Hamaide-Jager (2008).
41 "Le prince charmant ~~porte une veste d'uniforme tou~~jours ~~propre. Mannequin parfait et modeste, sans mous~~taches, ~~il possède plusieurs baignoires pour se laver~~ partout", donne : "Le prince charmant est un ours qui fait des taches noires partout."

enfin l'effet de citation qui reprend presque textuellement le début du texte de *Pinocchio* de Collodi.[42] Collodi enchaînait à partir de « un morceau de bois » en précisant : « Ce n'était pas du bois précieux, mais une simple bûche ». Il est certain que les lecteurs, adultes ou enfants, peu familiers avec le texte de *Pinocchio* n'y verront pas la syllepse sur les deux sens du mot « bois » (matériau vs ensemble d'arbres). Il n'y a syllepse que pour ceux qui ont en tête le texte premier.

Tous cependant, sans doute, seront sensibles aux jeux sur les sons et à leurs effets, qu'ils les repèrent ou non : effets de répétition du mot « cent », cascades d'assonances faisant rime (en [wa], [a], ou en [ɛ̃] puis en [ɑ̃]). Un certain nombre sourira à la remotivation d'une expression figée comme « rester planté », et même à « faire les cent pas » dont il est dit qu'il ne faut pas le prendre au pied de la lettre, ce qui est une manière détournée de faire revivre la figure. Ces toutes premières lignes annoncent que la suite va être brillante. Elle l'est en effet : l'histoire de Pinocchio est recréée, renouvelée.

Cette accumulation de jeux, dès les premières lignes, est plaisante mais on peut supposer qu'elle a une autre fonction : elle prévient d'emblée le lecteur un peu expert qu'il est devant un livre intéressant qui puise aux origines de la littérature de jeunesse et qui est prêt à en jouer. Les choix d'albums se faisant souvent par feuilletage en librairie, ce signal précoce, déjà évident dans le titre, est important. Enfin, les références, même joueuses, à l'histoire antique et à un classique de littérature de jeunesse contribuent à légitimer[43] l'album en l'intégrant dans la haute culture.

4.2 Inventer des mots et des choses

La littérature pour la jeunesse privilégie souvent l'imaginaire. Inventer des noms pour inventer de l'inconnu ou avoir un autre regard sur le connu est donc dans ce domaine un procédé courant. Les noms propres sont un grand domaine de fantaisie. On en trouve aussi bien dans des séries populaires comme *Les P'tites Poules*[44] de Christian Jolibois (où l'on trouve un vieux coq nommé Caruso, une Coquette, Coquenpâte, Coqsix, Coqpitt, Bangcoq, Hucocotte, etc.), mêlant clin d'œil

---

[42] « Il était une fois... – Un roi ! – vont dire mes petits lecteurs. Eh bien non, les enfants, vous vous trompez. Il était une fois... un morceau de bois. Ce n'était pas du bois précieux, mais une simple bûche » (trad. Claude Sartirano). https://archive.org/details/les-aventures-de-pinocchio/page/n3/mode/2up.

[43] La littérature de jeunesse a depuis ses origines tenté de s'y rattacher, les *Aventures de Télémaque* de Fénelon en étant l'un des premiers exemples.

[44] Créée en 2001 et publiée chez Pocket jeunesse.

culturel et calembour facile. Claude Ponti est encore dans ce domaine un inventeur génial. Initiant ce thème dans *Pétronille et ses 120 petits* (Chenouf 2006 : 182-183) il donne les 120 noms des souriceaux, se terminant tous par le son [ɛ̃] pour les garçons ou [in] pour les filles et mêlant prénoms redevenus usuels comme Augustin ou toujours désuets comme Gatien avec des noms communs ou verbes (Trusquin, Butine…) ou d'autres encore, pris dans les références de marques bien connues (Soupline) ou forgés (Trifouilline, Amalgamine)… Dans *L'Île des Zertes*, Roméote est l'aimée de Jules, en renversant les genres de la tragédie bien connue ; dans *Okilélé*, Daphné Nuphar est une Grenouille en mal de métamorphose, allusion à Ovide que les plus grands seront seuls à comprendre, comme l'exemple précédent. On trouve des noms venus d'amalgames comme le poussin Foulbazar ou l'île de Katreure (Chenouf 2006 : 184). D'autres sont choisis pour leur aspect sonore : Oum-Popotte, le héros du *Chien invisible*, doit trouver un nom pour son chien afin de s'en faire un ami. Ce sera Oum-Platichotte, belle déclinaison d'un autre qui est un peu du même. Quant aux monstres, ils ont des noms à leur image, comme le Sagoinfre, le Martabaf, le Schniark, etc. Dans les bestiaires, l'invention permet de créer des animaux fantastiques. Ponti invente des « carpoizelles » dans *Blaise et l'Île des Zertes*, et dessine une chimère qui correspond à ce mot. On y boit de la « pétillonade », le *-ade* du mot lim*onade* devenant un suffixe associé au verbe *pétiller*.

D'autres auteurs utilisent le procédé de la composition régulière pour inventer des animaux en prenant modèle sur des mots composés existants : les dinosaures de *Dipoilocus*[45] (Lallemand 2022) compilent les terminaisons savantes.[46] Poisson-fesse[47], le héros de l'album éponyme de Pauline Pinson (2024), rencontre dans les fonds marins des poissons-chats, des poissons-scies, mais aussi des « poissons-clefs à molette », et même un « poisson-tomme de Savoie » avec qui il jouera à la « raclette »…

De nombreux titres sont obtenus avec le procédé du mot-valise, facile à comprendre et souvent lourd de sens, comme *La Dentriste*.[48] D'autres, comme Rascal

---

[45] On aura reconnu sous ce nom « dix poils au cul », la terminaison latine masquant l'obscénité légère.
[46] Dipoilo*cus*, Petitprouto*saure* [« prout », en français étant l'onomatopée pour un pet], Troipoilo*tors* [trois poils au torse], Katrodes*tyle* [qui a trop de style] ou le Bronzducran*us* [Bronze du crâne (donc chauve)] (Lallemand 2022).
[47] Paru en 2024, *Poisson-fesse* est un grand succès éditorial. Plus de 50 000 exemplaires en moins d'un an, traduit dans près de dix langues, il est devenu un phénomène international.
[48] Thomas Scotto, Jean-François Martin (ill.), *La Dentriste*, Thierry Magnier, 2006. Un enfant est dans la salle d'attente et essaie d'oublier sa peur en faisant la liste des variations sur le mot « dent » et les expressions qui y sont attachées.

dans *Ami-Ami* incluent dans le titre un jeu de mots qui résume toute l'histoire : celle-ci présente un lapin qui cherche désespérément un ami et accepte l'invitation d'un loup. L'issue (fatale) n'est indiquée que par des indices dans l'image, mais si on prononce rapidement le titre, on entend « Ah miam-miam » et les enfants le remarquent vite.

4.3 Inventer des définitions

On invente aussi des « Bêtes curieuses », pour reprendre le titre de François David et Henri Galeron, en reprenant des mots existants et en inventant des définitions nouvelles pour animer des objets ou pour remotiver des noms d'animaux : la caille est un animal frileux, l'aspirateur est une « bête à roues comme le paon ».

Dans *Cligne musette. Poèmes diminutifs et gymnastiques* de David Dumortier, on part d'un mot pour le confronter à un autre, proche tantôt sur le plan du signifiant, tantôt sur celui du signifié, en jouant aussi parfois sur des références culturelles, et ainsi lui trouver un sens caché : « Trompette : Nez à musique entre les oreilles d'un éléphanteau. [...] Causette : petite fille qui parle seule en allant chercher de l'eau au fond de la nuit » ... *Le Petit Gibert Illustré* de Bruno Gibert imite le dictionnaire en donnant pour chaque mot une définition tantôt drôle, tantôt prosaïque dans le cadre des codes d'un dictionnaire.

Ces entorses faites aux textes patrimoniaux et à la langue, proposent un espace de liberté qui tranche avec la règle scolaire, bien souvent faite de normes et d'interdits. Les mots sont des réservoirs d'autre mots, les objets sont détournés de leur usage. Le dictionnaire devient subversif.

4.4 Jouer avec les tabous

Comme pour les adultes, les jeux de mots destinés aux enfants ont parfois à voir avec les tabous, et particulièrement avec la scatologie.[49] On l'a vu avec les créations de dinosaures de Clémence Lallemand, Dipoilocus et Petitproutosaure, dans un album qui a obtenu le Prix des Enfants[50] 2023.

> Avec l'acquisition du langage, le rire de jouissance corporelle se charge progressivement du sens transgressif attaché aux manifestations de non-contrôle du corps pour l'adulte. La

---

[49] Claude Gaignebet a été un pionnier dans cette réflexion avec *Le Folklore obscène des enfants*, G.-P., Maisonneuve et Larose, 1974.
[50] Décerné par l'Udaf du Puy-De-Dôme.

fameuse expression « caca-boudin » n'est certes joyeusement exploitée par les petits [...qu'] en fonction de la tolérance de l'environnement au sens provocateur (Feuerhahn 1993 : 231).

On trouve quelques traces de ce versant comique[51], les éditeurs faisant montre d'une certaine prudence (Christian Bruel (2006) a eu des ennuis avec la censure lorsqu'il a publié une anthologie de comptines[52] non expurgées). Les « gros mots » sont *a priori* interdits dans les albums pour les enfants (pour les romans pour adolescents c'est tout autre chose) : on ne doit pas les écrire mais on joue autour de cette interdiction. Philippe Jalbert travaille ces limites dans *Il était une fois une histoire sans caca* (Seuil, 2024), reprenant en partie le dispositif qu'il avait utilisé pour trois albums précédents, *Il était une fois une souris ver...* (2023), *Il était une fois un roi et une rei...* (2020), *Il était une fois le Petit Chaperon rou...* (2022). Chaque album joue sur la surprise, suspendant la fin du mot à la tourne de page. Ainsi le Petit Ch... devient à la page suivante le Petit Chat Botté, puis il cueille un bou... boudin, et non le bouquet de fleurs attendu, etc. Le roi et la reine sont coiffés de superbes cou... couches. Dans l'*Histoire sans caca*, un enfant répète toujours le mot (« ca... canard ») jusqu'au moment où il dérape : « il rêvait de devenir pompier pour conduire un ca... caca de mammouth ». L'humour tient à l'attente et à la surprise, à l'absurdité et à la satisfaction de voir enfin le mot interdit apparaitre avec un gigantisme libérateur (le mammouth, qui dit mieux ?). Au passage les lecteurs apercevront un peu du jeu de la prétérition et de ses ruses.

Quant à la formule « caca-boudin », qui provoque toujours une hilarité que certains adultes ont du mal à comprendre, est-ce un mot composé, un pléonasme par métaphore, ou simplement un alliage de mots, dont le second est bizarre – la plupart des enfants ignorant sa signification charcutière ? Stéphanie Blake (2002) a publié un album sous ce titre, montrant son petit héros lapin habituel en proie lui aussi à une irrépressible pulsion : il répond à tout propos « caca boudin » ; les mots sont présentés en entier sur la page. Un degré est donc franchi par rapport à Philippe Jalbert. L'expression interdite est répétée dans la plupart des doubles pages, mais avec l'excuse que c'est un lapin qui parle. Le lapin est guéri après être

---

[51] Pour les plus petits, l'apprentissage de la propreté justifie l'usage d'albums en classe sur ce thème ; certains ont eu un immense succès comme *De la Petite Taupe qui voulait savoir qui lui avait fait sur la tête*) traduction française de *Vom kleinen Maulwurf, der wissen wollte, wer ihm auf den Kopf gemacht hat*), de Werner Holzwarth (1989). Au-delà de son aspect documentaire (la taupe interroge plusieurs animaux sur leurs déjections), il joue avec les onomatopées.

[52] On y trouvera dans les plus sages le bien connu « À cheval sur mon bidet, quand il trotte il fait des pets », mais aussi « Il parait qu'en Italie / ceux qui font pipi au lit, on leur coupe le zizi pour en faire des spaghettis, Il parait qu'en Angleterre / ceux qui font caca par terre, etc. », et d'autres ayant trait plus directement à la sexualité.

passé par l'estomac d'un loup, et se met à parler en langage extrêmement soutenu, mais il rechute immédiatement avec un autre mot du même acabit :[53] le contraste entre niveaux de langue fait aussi le sel de l'histoire.

Corinne Dreyfuss s'est essayée à cet exercice périlleux, en prenant au pied de la lettre le mot « gros » de la formule « gros mot » dans un album au tire redondant, *Gros mots malpolis* : « Certains gros mots sont si gros / qu'ils ne peuvent pas sortir de la bouche des enfants // ni entrer dans leurs oreilles. // C'est parce que les adultes ont de grandes bouches / qu'ils laissent parfois échapper des gros mots. ». Pour les plus grands, un manuel existe pour inventer des insultes, le *Manuel des gros mots de Roald Dahl*, compilé par Susan Rennie, qui propose une découverte des mots inventés par l'auteur et traduits (« farfoulet », « fiente de myrmidon », « schnockombre » …). Pour finir, le sexe est peu abordé et l'est dans des albums militants dont les titres évoquent une certaine légèreté et sont proches du jeu de mots : *Mademoiselle Zazie a-t-elle un zizi ?* (Lenain 1998) renverse les stéréotypes, *Le Guide du Zizi sexuel* (Bruller 2001) de la série de BD de Zep, *Titeuf*, se veut un manuel d'éducation sexuelle qui réponde aux questions des enfants. Quant aux autres tabous que la littérature de jeunesse pourrait évoquer[54], ils ne prêtent pas à ma connaissance au jeu de mots pour cette tranche d'âge.

S'il y a levée partielle de l'interdit, grâce à des inventions langagières parfois loufoques, le respect des bienséances reste la norme. Ce respect est brisé, dans les exemples présentés du moins, dans des cas où le mot force son passage de façon irrésistible, imitant certaines pulsions enfantines. On peut supposer que cela allège le poids des tabous sans les rendre caducs (encore une fois, la littérature de jeunesse est surveillée par la loi de 1949 et les acheteurs sont des parents ou des médiateurs soucieux d'éducation ; rares sont les livres plébiscités avec assez de force pour les imposer contre leurs avis, comme la série des *Titeuf*).

5 Mettre en question le monde social

Ainsi, « le jeu de mots n'a pas nécessairement une finalité comique ; il peut également être subversif et avoir une fonction poétique » (Winter-Froemel et Zirker 2015 : 7–8). Il a aussi la capacité d'alléger un discours pour le faire entendre sans heurter, quel que soit le niveau de réception (enfant ou adulte). Il permet d'abor-

---

53 Le dernier mot de l'album est « Prout », fous rires garantis.
54 Le thème de la mort (en dehors du suicide) n'est plus un tabou complet, non plus que celui de l'inceste (s'il l'a jamais été… voir « Peau d'Âne »), du genre ou de l'homosexualité ; restent ceux des pratiques sexuelles, de la politique et de l'économie (voir Bruel 2022).

der des sujets sociétaux, des drames individuels ou collectifs, avec la légère distance qu'introduit l'attention à la fonction poétique du langage.

5.1 S'interroger sur le genre

Buffalo Belle d'Olivier Douzou (2016) propose un monde dans lequel toutes les syllabes en « il » deviennent des « elle », et inversement, à travers le personnage d'une fillette un peu garçon manqué. Le temps passant, ce jeu apparait plus dangereux à l'entourage de l'enfant devenu adolescente, qui persiste et entre en révolte. L'album s'achève par un poème de Buffalo Belle, affirmant « je suis ce que je suis / je serai ce que je veux ».

> Petite / j'avais un vrai penchant pour les lassos / les colts et les fuselles // sur mon cheval à bascule / je me faisais des fellems / j'étais cow-boy dans mon western-vermicil // On m'appelait Annabil / Je m'appellais Buffalo Belle / A cet âge-là pas de perelle/ si tu préfères elle à il / ou il à elle // Tout le monde trouve ça gentelle / un jeu puerelle, un simple babelle / pas de quoi se faire de belle // Dans la cour de l'école maternil / c'était bac à sable et tractopil / pas de maril pour Annabil // [...] il est-il elle ? / Dans la nature tout est tilement plus subtelle / le pistel est femil / la pimprenile est à la fois elle et il.

La conclusion montre le sérieux de ce jeu : « Buffalo Belle s'est fait la Bil » (*se faire la belle* signifie 's'enfuir'). On est passé tout doucement d'un jeu sur le masculin et le féminin en langue, avec les propos mis en exergue[55], à la question du genre dans le monde social, en passant par des jeux d'enfant puis à la « cour des grands » où Annabil n'est « pas vraiment demoisil modèle », puis à la réaction de l'entourage (« La nouvil fit l'effet d'une bombe : / miss il // On tomba des nues, on implora le ciel : // miss elle Ainsi soit-elle ») et enfin à la rupture (« l'exelle pour l'ex-il »).

Cette virtuosité peut sembler gratuite, mais elle dit que la question des genres n'est pas qu'une question de syntaxe, donc de normes, mais une affaire existentielle. Le sujet brûlant de l'appartenance assignée à un genre et de la liberté que l'on pourrait prendre avec elle est traité ainsi légèrement et même poétiquement (les mêmes syllabes [il] et [ɛl] revenant constamment) en apparence, ce qui le rend acceptable. Dans le même ordre d'idée, *La Belle* est *la Bête* de G. Guéraud et C. Franek, montre que « le jeu sur les homophones grammaticaux est moins léger qu'on ne croit et entraine vers une réflexion plus profonde, tout être ayant en lui la Belle « et » la Bête » (Lusetti 2008 : 172).

---

55 « Certaines gens sont incertains », « singulièrement l'amour est il et plurielles les amours sont elles ».

5.2 S'interroger sur le monde (comme il va...)

Olivier Douzou, dans *Les Petits Bonshommes sur le carreau* (1994) a abordé un autre sujet grave : le mot « carreau » désigne à la fois une vitre embuée sur laquelle un enfant a dessiné maladroitement un « bonhomme », geste graphique plutôt que représentation fidèle, et le fait d'être laissé « sur le carreau », exclu. À l'extérieur il y a des sans-abri ; c'est l'hiver, la nuit, ils sont les autres « petits bonshommes », représentés par des photos de modelages réalistes d'Isabelle Simon.

> Ce n'est qu'un petit bonhomme / dessiné du bout des doigts, / il a des yeux mais il ne voit pas. // De l'autre côté de la fenêtre, / du côté où il fait froid, / il y a des tas de petits bonshommes, / des petits bonshommes *sur le carreau* / *sur la paille* et dans la misère, / **coté verso**. // [...] Ce n'est qu'un petit bonhomme / dessiné du bout des doigts, / il sourit jusqu'à ses oreilles, / mais il n'entend pas. // De l'autre côté de la fenêtre, / du côté où il fait froid, / les petits bonshommes murmurent, / ils parlent devant les *murs qui n'ont pas d'oreilles*, devant le soupirail / et écoutent les *bouches d'égout qui restent muettes*. [...] Un tout petit bonhomme [...] / qui a une tête, une bouche, des yeux et des bras. / Il a même un cœur mais il ne le sait pas. // De l'autre côté de la fenêtre, / du côté où il ne fait pas chaud / il y a des tas de petits bonshommes, qui vivent par terre / pétrifiés par le froid / jusqu'au bout des doigts. // Ce n'est qu'un tout petit bonhomme dessiné du bout des doigts, / sur le carreau côté recto / mais il sera du côté où il fait froid, / **côté verso** / dès qu'on tirera le rideau. / Et il ne le sait pas.

Comme c'était le cas pour *Esquimau*, tout l'album est construit autour d'un jeu de mot, ici sur les deux sens, propre et figuré, de l'expression « sur le carreau ». Plusieurs séries de métaphores l'accompagnent. Mais au lieu que les deux sens se succèdent comme c'était le cas dans le précédent, ils alternent régulièrement, révélant les deux faces d'une vie, deux possibilités (riche / pauvre, à l'abri / sans abri). La fin, renvoyant le petit bonhomme de la vitre à l'obscurité et au froid résonne comme un avertissement adressé au lecteur : « il ne le sait pas » pourrait aussi désigner l'ignorance dans laquelle nous sommes quant à ce qui peut advenir dans nos vies. Le rire qui accompagnait la métamorphose de l'esquimau en crème glacée ne fonctionne pas ici, mais bien plutôt la réversibilité des situations, mise en évidence par le « jeu » de mots. Parfois, la littérature de jeunesse ne joue plus.

5.3 Troubles dans le langage

Il y a encore d'autres formes de jeu malheureux dans la langue. Lorsque la princesse Dézécolle, institutrice, comprend le défaut de langage du Prince de Motordu et décide de le « soigner dans [son] école publique, gratuite et obligatoire », cela se passe d'abord très mal pour lui car lorsqu'il répond, il fait rire tous les élèves : « ils n'avaient jamais entendu quelqu'un parler ainsi ». Si le texte est sobre sur les sentiments qui habitent Motordu, l'image n'est pas ambigüe et son air navré fait contraste avec les regards en coin moqueurs des uns et l'hilarité bruyante et agitée des autres. Le prince fait l'expérience de la honte scolaire et si l'histoire finit bien, c'est grâce à son application et « aux efforts constants de son institutrice ». Le jeu de mots involontaire (erreur ou *lapsus*) n'est pas drôle pour celui qui l'émet.

Dans un roman pour jeunes lecteurs, *Toufdepoil* le narrateur raconte qu'on s'est moqué de lui à cause de son incompréhension d'un mot lorsqu'on lui a demandé « t'as une belle-doche [belle-mère] toi aussi ? ».

> J'ai dit oui tout de suite. J'étais sûr qu'il parlait de la 2CV de papa, la deuche. La dodoche. Je lui ai même dit qu'elle était jaune mimosa et qu'il l'avait peut-être vue dans la rue quand mon père venait m'attendre.
> Frédéric s'est mis à rire, à rire. […] Ils rigolaient tous en se foutant de moi. […] Sûr, Belle-Doche m'avait fait passer pour un imbécile. (Gutman 1995 : 12)

Cela illustre l'une des « fonctions sociales des jeux de mots et l'inclusion / exclusion de groupes d'auditeurs : les différents types de connaissances qu'un emploi particulier de jeu de mots requiert. » (Winter-Froemel et Zirker 2015 : 19). Le jeu de mots en littérature de jeunesse peut lui permettre d'être un reflet du réel social.

Dans *Poisson-fesse*, on apprend au cours de l'histoire que Poisson-tome de Savoie s'appelle en réalité Steven, et Poisson-fesse, Damien : ce sont leurs camarades qui ont inventé ces noms (parce qu'il « a une tête de fesse »). La souffrance n'est que suggérée : le petit héros poisson (appelons-le Damien), exagère son défaut pour faire rire ses camarades avec lui mais se lasse de « faire le clown », c'est-à-dire de faire rire à ses dépens. Retrouver leur vrai prénom après leur séjour dans les abysses redonne aux personnage un ancrage dans le réel proche de la surface et leur permet de se resocialiser. Ici le jeu sur le nom n'a rien de la poésie créatrice de Ponti mais révèle un cruel jeu social que Ponti avait lui-aussi évoqué dans *Okilélé*, comme on l'a vu plus haut.

Enfin, de nombreux albums[56] évoquent des maladies du langage, ou une langue amputée, inopérante, comme *J'ai attrapé la dyslexie*[57] de Z. Sazonoff (Rouergue, 2005), et *Ma mamie en poévie* de François David (2018), qui fait le « lien

---

[56] Par exemple *L'Attrapeur de mots* de J.-F. Dumont (Flammarion Père Castor, 2009), *Le Coupeur de mots* (traduction française de *Der Sprachabschneider*, 1980) d'H. J. Schädlich trad. de Jeanne Étoré et Bernard Lortholary, Flammarion, coll. Castor Poche, 1990…
[57] Voir aussi Michel Driol (2020) à propos de lapsus dans *Le Lac de singes* d'Elise Turcotte, et Chantal Magne-Ville (2017) sur *Les Mots d'Enzo* de Mylène Murot.

entre la maladie mentale, le vieillissement, la confusion de mots et la langue, ce qui permet de belles créations verbales » (Driol 2018). *Le Mangeur de mots* de Dedieu évoque le cas d'un enfant devenu mutique.

> Dans la tête de Le Bougni les idées se croisaient. Il parlait d'une chose, et déjà lui venait l'idée d'une autre [...] Il ne séparait plus les mots. [...] Ça donnait des phrases comme ça : 'Leballonestdégonflécardemaincémercredi.Yaplusdelaitdansmoncartablépuisé ?'.

Il mange ses mots, lui dit-on, et il prend les choses à la lettre :

> Il écoutait puis il répétait les mots qui lui semblaient les plus appétissants : chantilly fraise couscous spaghetti [...]. Puis il eut l'appétit d'autres mots : « locomotive », bigoudi ». Il préférait les mots ronds et joufflus. Certains mots l'agaçaient. Le mot taxi le faisait tousser, il le recrachait tout de suite. Pareil pour « casquette » ou « tarentule ».

Le médecin tente de lui faire dire trente-trois, il dit « tendres doigts », les traitements absurdes finissent par le rendre aphasique. Livré à lui-même, il apprend avec les animaux, parle avec les plantes. Envoyé en institution pour enfants à troubles cognitifs, il communique avec les autres enfants en « fourmi », par « petits gestes saccadés, par d'innombrables battements de cils, deux ruades et une reculade, il dit son nom, qu'il était content de faire leur connaissance. Qu'il était sûr de bien s'entendre avec eux. » La situation se dénoue (en partie) avec l'arrivée de Lola, qui ne parle que « l'humain »,

> de sa bouche sortaient des mots si harmonieux, qu'il lui vint même l'idée de se remettre à cette langue pourtant si étriquée [...] c'était bien. C'était miel. [Il décide de reparler] avec des mots d'homme. Mais il serait très sévère dans leur sélection, il les choisirait avec précaution, pour leur harmonie, leur sens, leur couleur, pour le rythme des lèvres. Pour que chaque mot prononcé ne soit pas un mot de plus dans le vacarme des hommes.

Le jeu de mots est parfois un jeu plus sérieux qu'on ne croit : il révèle à la fois les beautés du langage et ses pièges, les ressources de l'intériorisation et les difficultés de la communication.

6 Conclusion

Pour les plus jeunes enfants les jeux de mots présents dans les albums ont une certaine innocence et leur proposent de faire l'expérience, à travers des écrits et des images, d'une jubilation à l'intérieur du monde sonore. Plus tard, la langue s'y fait apprentissage, se charge d'histoire et de bizarreries, de double sens comme autant de chausse-trappes ou de jubilation ludique. Les jeux de mots sont des révélateurs des côtés lumineux et obscurs de la langue. Ils sont aussi le lieu où s'affirme une double communication, d'adressage multiple, le lecteur adulte étant parfois le premier visé par des jeux qui échappent à la compréhension de la plupart des jeunes lecteurs, ce qui fait que les jeux de mots sur les titres, destinés particulièrement aux adultes acheteurs, sont le lieu où la créativité des auteurs peut s'afficher sans trop se contraindre. Cette complexité est redoublée par l'interaction entre un texte et des images qui ne vont pas toujours dans le même sens et suivent leur propre rythme, offrant parfois une nouvelle vie aux métaphores figées et une visibilité aux figures.

Explorant toutes les ressources de la langue – et même *des* langues –, mêlant tradition et modernité, s'inspirant des recherches de l'Oulipo comme d'anciennes traditions orales, pouvant aller de la poésie la plus subtile au calembour le plus plat, les auteurs de littérature de jeunesse usent d'une liberté presque totale. Celle-ci est cependant restreinte par l'idée de ce qu'on peut ou non dire aux enfants, tant sur le plan des mots interdits que des sujets tabous. Le jeu de mots est aussi un moyen de contourner ces interdits, en jouant autour des limites, ou en adoucissant un propos cruel en l'abordant de façon biaisée, dans une langue qui use de détours, de jeux de miroir, qui se fait poétique malgré tout. Cependant, la langue est parfois mise en position d'accusée : par le jeu de mots peut se lire la souffrance sociale qu'elle peut engendrer, et ses insuffisances. La tentation du refus du langage et la recherche d'une communication plus directe et plus claire émergent parfois de ces textes.

À travers ces jeux se lit l'inventivité et la subversion des genres et des normes d'une littérature qui cherche à éduquer ses lecteurs tout en éveillant leur esprit critique, leur conscience aussi bien linguistique que sociale. Enfin, par le jeu de mots, on peut aussi dire ce qu'on ne pourrait pas dire autrement, ce qui est le propre de la littérature.

Références bibliographiques

Albums et récits pour la jeunesse cités

On trouvera de nombreux autres titres à la suite de l'article de Michèle Lusetti (https://www.revue-recherches.fr/wp-content/uploads/2017/01/165-187-Lusetti-2.pdf) et sur le site de NVL (https://www.nvl-larevue.fr/bibliographie-selective-langue-nvl-227/).

Beisner, Monika & Jacques Charpentreau. 1983. *Les Cent Plus Belles Devinettes*. Paris : Gallimard.
Besnier, Michel. 2008. *Mon Kdi n'est pas un Kdo*. Paris : Møtus.
Blake, Stéphanie. 2002. *Caca boudin*. Paris : L'école des loisirs.

Bravi, Soledad. 2021. *Le Livre des bruits*. Paris : L'école des loisirs.
Bruel, Christian & Nicole Claveloux (ill.). 2001. *VRRRR !* Paris : éditions Être.
Bruel, Christian. 2006. *Quand serons-nous sages ? Jamais, jamais, jamais, et Quand serons-nous diables ? Toujours, toujours, toujours*. Paris : éditions Être.
Bruel, Christian. 1998. *Alboum*. Paris : éditions Être (réed. Th Magnier, 2013).
Bruller, Hélène & Zep [Philippe Chapuis] (ill.). 2001. *Le Guide du zizi sexuel*. Grenoble : Glénat.
Brunhoff, Jean de. 1948. *Le Roi Babar*. Paris : Hachette. https://gallica.bnf.fr/ark:/12148/btv1b1046558 10/f29.
Bushiba, Etsuko, Kaori Moro (ill.) & Uara (trad. fr.). 2012. *Plic Plac Ploc !* Paris : Didier jeunesse.
Calì, Davide & Claudia Palmarucci (ill.). 2021. *Le Cauchemar du Thylacine*. Paris : La Partie.
Charpentreau, Jacques. 1994. *Poèmes pour peigner la girafe*. Paris : Gautier-Languereau.
Coran, Pierre. 2005. *Comptines et poèmes pour jouer avec la langue*. Paris : Casterman.
Corentin, Philippe. 1992. *Zigomar n'aime pas les légumes*. Paris : L'école des loisirs.
Cox, Paul. 2001. *Ces Nains portent quoi ???????* Paris : Seuil jeunesse.
Dahl, Roald, Susan Rennie (compilation), Quentin Blake (ill.) & Marie Leymarie (trad. fr.). 2019. *Manuel des gros mots de Roald Dahl*. Paris : Gallimard jeunesse.
David, François & Elis Wilk (ill.). 2018. *Ma Mamie en poévie*. Paris : CotCotot.
Dedieu, Thierry. 2001. *Le Mangeur de mots*. Paris : Seuil jeunesse.
Dedieu, Thierry. 2015. *Pinicho, oinichba*. Paris : Seuil jeunesse.
Douzou, Olivier & Anouck Ricard (ill.). 2012. *Poèmes de terre*. Rodez : Éditions du Rouergue.
Douzou, Olivier & Isabelle Simon (ill.). 1994. *Les Petits Bonshommes sur le carreau*. Rodez : Éditions du Rouergue.
Douzou, Olivier. 1998. *La République du vent*. Rodez : Éditions du Rouergue.
Douzou, Olivier. 2005. *Esquimau*. Rodez : Éditions du Rouergue.
Douzou, Olivier. 2012. *Les Aventures d'Alexandre le gland*. Rodez : Éditions du Rouergue.
Douzou, Olivier. 2014. *Touït touït*. Rodez : Éditions du Rouergue.
Douzou, Olivier. 2016. *Buffalo Belle*. Rodez : Éditions du Rouergue.
Douzou, Olivier. 2006. *Le Nez*. Nantes : MeMo.
Dreyfuss, Corine. 2000. *Gros mots malpolis*. Paris : Thierry Magnier.
Dumont, Jean-François. 2009. *L'Attrapeur de mots*. Paris : Flammarion Père Castor.
Dumortier, David. 2008. *Cligne musette. Poèmes diminutifs et gymnastiques* (« poèmes pour grandir »). Le Chambon-sur-Lignon : Cheyne.
Dumortier, David & Aurelia Fronty (ill.). 2021. *Les Devinettes de la langue au chat*. Paris : Rue du monde.
Féré, Gildas & Art Ringger (ill.). 2004. *Les Mots décollent*. Paris : L'école des loisirs.
Galeron, Henri. 2020. *Virelangues et trompe-oreilles*. Paris : Les Grandes personnes.
Gibert, Bruno. 2010. *Le Petit Gibert illustré*. Paris : Albin Michel.
Gibert, Bruno. 2019a. *Tout en rimes ; 20 poèmes à compléter*. Paris : Seuil jeunesse.
Gibert, Bruno. 2019b. *Le Lapin qui ne disait rien*. Paris : Sarbacane.
Gibert, Bruno. 2021. *Le Ver vert*. Paris : La Partie.
Guéraud, Guillaume & Henri Meunier (ill.). 2019. *La Face cachée du prince charmant*. Rodez : Éditions du Rouergue.
Guéraud, Guillaume & Claire Franek (ill.). 2002. *La Belle est la Bête*. Paris : Thierry Magnier.
Gutman, Claude. 1995. *Toufdepoil*. Paris : Pocket jeunesse.
Holzwarth, Werner, Wolf Erlbruch (ill.) [1989], Rozenn Destouches & Gérard Moncomble (trad. et adapt.). 1993. *De la Petite Taupe qui voulait savoir qui lui avait fait sur la tête* (traduction de *Vom kleinen Maulwurf, der wissen wollte, wer ihm auf den Kopf gemacht hat*). Paris : Milan.
Jalbert, Philippe. 2024. *Il était une fois une histoire sans caca…* Paris : Seuil jeunesse.

Kaïteris, Constantin & Kotimi (ill.). 2021. *Ça gazouille*. Paris : Møtus.
Lallemand, Clémence & Lise Benincà (ill.). 2022. *Le Dipoilocus et autres dinosaures méconnus*. Paris : Hélium.
Le Saux, Alain. 1990. *Le Prof m'a dit que je devais absolument repasser mes leçons*. Paris : Rivages.
Lenain, Thierry. 1998. *Mademoiselle Zazie a-t-elle un zizi ?* Paris : Nathan.
Louchard, Antonin. 1999. *Dans la galette, il y a…* Paris : Thierry Magnier.
Louchard, Antonin. 2002. *Ceci est un livre*. Paris : Thierry Magnier.
Malineau, Jean-Hugues & Pef (ill.). 1997. *Dix dodus dindons – le trésor des virelangues* (L'humour en mots). Paris : Albin Michel Jeunesse.
Malineau, Jean-Hugues & Véronique Deiss (ill.). 1999. *Les Charades* (L'humour en mots). Paris : Albin Michel Jeunesse.
Malineau, Jean-Hugues & Emmanuel Kerner (ill.). 2002. *Drôles de poèmes. Pour les yeux et les oreilles* (L'humour en mots). Paris : Albin Michel Jeunesse.
Malineau, Jean-Hugues. 2004. *Ton Porc te ment tôt* (L'humour en mots). Paris : Albin Michel Jeunesse.
Malineau, Jean-Hugues, Pef (ill.). 2005. *Quatre coqs coquets ou le trésor des virelangues* (L'humour en mots). Paris : Albin Michel Jeunesse.
Malone, Vincent & Soledad Bravi (ill.). 2004. *Ma Zonmé*. Paris : Seuil jeunesse.
Martin, Joël & Rémy Le Goistre. 1994. *La Vie des mots, l'ami des veaux* (L'humour en mots). Paris : Albin Michel Jeunesse (L'humour en mots).
Martin, Joël & Rémy Le Goistre. 1995. *L'eau des mares et l'art des mots* (L'humour en mots). Paris : Albin Michel Jeunesse.
Martin, Joël & Rémy Le Goistre. 2000. *Des prénoms fous fous fous [500 contrepèteries avec vos prénoms]* (L'humour en mots). Paris : Albin Michel Jeunesse.
Martin, Joël & Rémy Le Goistre. 2011. *Le Mot vache et le veau mâche – Des contrepèteries pour tous* (L'humour en mots). Paris : Albin Michel.
Maurois, André & Jean Bruller [Vercors] (ill.) [1930] 2013. *Patapoufs et Filifers*. Paris : Albin Michel Jeunesse.
Mélois, Clémentine & Rudy Spiessert (ill.). 2021. *Radio banane*. Paris : L'école des loisirs.
Murot, Mylène & Carla Cartagena. 2017. *Les Mots d'Enzo*. Albussac : Utopique.
Péault, Yvan & Jean-François Biguet (ill.). 2024. *Qui va à la chasse perd ses chaussettes*. Montreuil : Les Fourmis rouges.
Pef [Pierre-Élie Ferrier]. 1980. *La Belle Lisse Poire du Prince de Motordu*. Paris : Gallimard jeunesse.
Pef [Pierre-Élie Ferrier]. 1986. *L'Ivre de français* (Folio cadet 134). Paris : Gallimard jeunesse.
Pinson, Pauline & Magali Le Huche (ill.). 2024. *Poisson-Fesse*. Montreuil : Les Fourmis rouges.
Piquemal, Michel, Gérard Moncomble & Fernando Puig-Rosado (ill.). 1999. *Le Dico des mots rigolos – De Abracadabra à Zygomatique* (L'humour en mots). Paris : Albin Michel.
Ponti, Claude. 1990. *Pétronille et ses 120 petits*. Paris : L'école des loisirs.
Ponti, Claude. 1993a. *Blaise dompteur de taches*. Paris : L'école des loisirs.
Ponti, Claude. 1993b. *Okilélé*. Paris : L'école des loisirs.
Ponti, Claude. 1995. *Le Chien invisible*. Paris : L'école des loisirs.
Ponti, Claude. 1998. *Le A* (Tromboline et Foulbazar 8). Paris : L'école des loisirs.
Ponti, Claude. 1999. *Sur l'île des Zertes*. Paris : L'école des loisirs.
Ponti, Claude. 2004. *Blaise et le château d'Anne Hiversaire*. Paris : L'école des loisirs.
Prache, Denis & Nicole Claveloux. 2003. *Le Dessous des mots* (L'humour en mots). Paris : Albin Michel.
Prévot, Frank & Martin Jarrie (ill.). 2011. *Des Pensées sans compter*. Andernos-les-Bains : Éditions L'Édune (papillottes).
Rivais, Yak & Michel Laclos. 1988. *Les Sorcières sont N.R.V.* Paris : L'école des loisirs (neuf).

Rivais, Yak.1988. *Les Contes du miroir*. Paris : L'école des loisirs (neuf).
Sazonoff, Zazie. 2005. *J'ai attrapé la dyslexie*. Rodez : Éditions du Rouergue.
Schädlich, Hans Joachim. [1980] 1990. *Le Coupeur de mots* (traduction de *Der Sprachabschneider*, par Jeanne Étoré & Bernard Lortholary). Paris : Flammarion.
Turcotte, Elise & Marianne Ferrer (ill.). 2020. *Le Lac de singes*. Paris : De La Martinière Jeunesse.
Valentin, Elsa. 2008. *Bou et les trois Zours*. Puy-en-Velay : L'Atelier du Poisson Soluble.
Valentin, Elsa. 2020. *Chaprouchka*. Paris : Syros.
Valentin, Elsa. 2021. *Galinella, petite poule rossa*. Paris : Syros.
Yagoubi, Valérie & Agnès Audras (ill.). 2024. *Cache à mots*. Paris : Seuil jeunesse.

Sources secondaires

Aimard, Paule. 1976. *Les Jeux de mots de l'enfant*. Villeurbanne : Simap éditions.
Blancher, Marc. 2015. « Ça est un bon mot ! » ou l'humour (icono-)textuel à la Goscinny. In Esme Winter-Froemel & Angelika Zirker (éds.), *Enjeux du jeu de mots. Perspectives linguistiques et littéraires* (The Dynamics of Wordplay 2), 273–290. Berlin & Boston : De Gruyter.
Bonafé, Marie. 1993. *Les Livres c'est bon pour les bébés*. Paris : Calman-Lévy.
Boulaire, Cécile. Les deux narrateurs à l'œuvre dans l'album : tentatives théoriques. In Viviane Alary & Nelly Chabrol Gagne (éds.), *L'Album : Le Parti pris des images*, 21–28. Clermont-Ferrand : Presses Universitaires Blaise Pascal.
Brédard, Serge & Jean-Adolphe Rondal. [1982] 1997. *L'Analyse du langage chez l'enfant. Les activités métalinguistiques*. Bruxelles : P. Mardaga.
Bruel, Christian. 2022. *L'Aventure politique du livre de jeunesse*. Paris : La Fabrique éditions.
Chenouf, Yvanne. 2006. *Lire Claude Ponti : Encore et encore*. Paris : éditions Être.
Driol, Michel. 2001. *Ça gazouille. A bec et à plumes…*. Lietje. https://www.lietje.fr/2021/11/08/ca-gazouille/ (consulté le 1 juin 2025).
Driol, Michel. 2020. *Le Lac de singes. Quand dyslexie rime avec poésie*. Lietje. https://www.lietje.fr/2020/04/29/le-lac-de-singes/ (consulté le 1 juin 2025).
Fedotova, Olga. 2022. *Le Best-Seller oublié : Louis Ratisbonne, un pionnier de la poésie pour enfants au XIXe siècle*. Thèse, Université Lyon 2.
Fedotova, Olga. 2020. Louis Ratisbonne, poète pour enfants / poète pour adultes. In Marion Mas & Anne-Marie Mercier-Faivre (éds.), *Écrire pour la jeunesse et pour les adultes. D'un lectorat à l'autre* (Rencontres 459), 77–92. Paris : Classiques Garnier.
Feuerhahn, Nelly. 2013. Le Comique. In Isabelle Nières-Chevrel & Jean Perrot (éds.), *Dictionnaire du livre de jeunesse*, 214–220. Paris : éd. Du Cercle de la Librairie.
Feuerhahn, Nelly. 1993. *Le Comique et l'enfance*. Paris : PUF.
Formet-Jourde, Catherine (éd). 2023. *L'Imagier du Père Castor : une aventure éducative au long cours*. Montreuil : Les amis du Père Castor.
Gaignebet, Claude. [1974] 2002. *Le Folklore obscène des enfants*. Paris : Maisonneuve et Larose.
Hamaide-Jager, Éléonore. 2008. *Influences, jeux d'échos, intertextualité entre l'œuvre de Georges Perec et la littérature de jeunesse contemporaine*. Paris : thèse Université de Paris-Est.
Hamaide-Jager, Éléonore. 2017. Faire du n(o)euf avec du vieux : de *La Disparition* de Georges Perec à *Pool* de Pascale Petit et Renaud Perrin. In Christelle Reggiani (éd.), *Relire Perec* (La Licorne, n °122), 403–415. Rennes : Presses Universitaires de Rennes.

Javerzat, Marie-Claude. 2021. L'Oralité de la langue pour les albums pour les petits. *NVL (Nouvelles du livre de jeunesse)* 227. 13–19.

Lecolle, Michelle. 2015. Jeux de mots et motivation : une approche du sentiment linguistique. In Esme Winter-Froemel & Angelika Zirker (éds.), *Enjeux du jeu de mots. Perspectives linguistiques et littéraires* (The Dynamics of Wordplay 2), 217–242. Berlin & Boston : De Gruyter.

Lefort, Régis. 2021. Trouver une langue, *Bou et les trois Zours* d'Elsa Valentin. *NVL (Nouvelles du livre de jeunesse)* 227. 20–24.

Lusetti, Michèle. 2008. La langue en jeu(x) dans la littérature de jeunesse. Entre enseignement de la grammaire et de la littérature. *Recherches* 48 (« L'enseignement de la langue »). 165–187.

Magne-Ville, Chantal. 2017. *Les Mots d'Enzo. Quand les mots terrifient... Lietje.fr* https://www.lietje.fr/2017/07/13/les-mots-denzo/ (consulté le 1 juin 2025).

Nières-Chevrel, Isabelle. 2003. Narrateur visuel et narrateur verbal dans l'album pour enfants. *Revue des livres pour enfants* 214. 69–81.

Nières-Chevrel, Isabelle. 2013. Comptines et formulettes. In Isabelle Nières-Chevrel & Jean Perrot (éds.), *Dictionnaire du livre de jeunesse*, 220–224. Paris : Cercle de la Librairie.

Perrot, Jean. 1999. *Jeux et enjeux de la littérature de jeunesse*. Paris : Cercle de la librairie.

Simon-Oikawa, Marianne & Annie Renonciat (éds.). 2009. *La Pédagogie par l'image en France et au Japon*. Rennes : Presses Universitaires de Rennes.

Rabatel, Alain (éd.). 2011. *Figures de l'à-peu-près* [Numéro Spécial]. *Le Français moderne* 2011-1.

Rabatel, Alain. 2015a. La plurisémie dans les syllepses et les antanaclases. *Vox Romanica* 74. 124–156.

Rabatel, Alain. 2015b. Points de vue en confrontation substitutifs ou cumulatifs dans les contrepèteries (in absentia). In Esme Winter-Froemel & Angelika Zirker. 2015. *Enjeux du jeu de mots. Perspectives linguistiques et littéraires* (The Dynamics of Wordplay 2), 31–64. Berlin & Boston : De Gruyter.

Rabatel, Alain. 2018. La créativité verbale dans les devinettes : points de vue cumulatifs, assertions non sérieuses et sous-énonciation. In Bettina Full & Michelle Lecolle (éds.), *Jeux de mots et créativité : Langue(s), discours et littérature* (The Dynamics of Wordplay 4), 227–250. Berlin & Boston : De Gruyter.

Rosenthiel, Agnès & Pierre Gay (ill.). 1985. *Le Livre de la langue française* (« découverte Cadet »). Paris : Gallimard.

Stupar, Claudine Charamnac. 2021. *Par le bout de la langue* [Numéro Spécial]. *NVL (Nouvelles du livre de jeunesse* [anciennement *Nous voulons lire !*]).

Stupar, Claudine Charamnac. 2021. Prendre la littérature... par le bout de la langue. *NVL (Nouvelles du livre de jeunesse)* 227. 5–11.

Winter-Froemel, Esme. 2016. Discussion Forum : Approaching Wordplay. In Sebastian Knospe, Alexander Onysko & Maik Goth (éds.), *Crossing Languages to Play with Words. Multidisciplinary Perspectives*, 11–46. Berlin & Boston : De Gruyter. https://www.degruyterbrill.com/document/doi/10.1515/9783110465600/html.

Winter-Froemel, Esme & Angelika Zirker (éds.). 2015. *Enjeux du jeu de mots. Perspectives linguistiques et littéraires* (The Dynamics of Wordplay 2). Berlin & Boston : De Gruyter.

Yaguello, Marina. 1981. *Alice au pays du langage. Pour comprendre la linguistique*. Paris : Seuil.

Raphaëlle Jung
Flore fantastique de la francophonie

Résumé : Les pages suivantes présentent une virée botanique à travers une francophonie imagée et imaginée. En six planches, composées et illustrées par l'autrice, un petit herbier fantaisiste voit le jour. S'y croisent et dialoguent jeux de mots, dessins détaillés de plantes (qui se plantent, à dessein, sur les détails) et les histoires, petites et grandes, que nous (nous) racontons à propos de la francophonie. Des racines (in)temporelles qui traversent les siècles aux tiges poussant sous le soleil des Calembours, des corolles fleurant les accidents de l'histoire, sa cruauté aussi, aux fruits qui offrent leur musique syncopée à qui veut bien tendre l'oreille, cette *Flore fantastique* invite à (re)découvrir quelques facettes de la francophonie à travers le jeu des images et des mots.

Raphaëlle Jung, Julius-Maximilians-Universität Würzburg, Neuphilologisches Institut / Romanistik, Am Hubland, 97074 Würzburg, raphaelle.jung@uni-wuerzburg.de

LE CHÊNÉGAL
Quercus wolofensis

Arbre au tronc droit et aux feuilles crénelées, reconnaissable à son écorce lisse, le *chênégal* pousse dans toute l'Afrique de l'Ouest. Ses racines plongent en profondeur dans le passé et s'étendent à des millénaires à la ronde. Elles se déploient si loin qu'elles atteignent les royaumes du Djolof et du Tekrour, et bien d'autres encore. C'est ce dense réseau qui a permis au *chênégal* de survivre le tumulte des siècles et les massacres fais d'herbe et de Thiaroye. Ses petits fruits orange et acidulés mûrissent pendant la saison sèche. Lorsque l'harmattan souffle, ces griottes tremblent dans le vent et on les entend murmurer, racontant la geste de Soundiata Keïta ou chantant la complainte du ventre de l'Atlantique. Si l'on entaille son écorce, le *chênégal* saigne du bissap, sève florale et cramoisie qui étanche toutes les soifs. Dans les campagnes, le *chênégal* est inséparable des tapis et satalas multicolores qui invitent à se reposer dans son ombre ; en ville, on déguste en attendant le bus une portion d'œufs-cube-Maggi assis autour de son tronc.

LA BELGE-DE-JOUR

Wallonculus vlaamis var. tricolor

Créée en 1830 par un jardinier astucieux, cette plante vivace est caractérisée par sa fleur en forme d'entonnoir. Ses pétales jaunes et rouges, qui contrastent avec le calice noir charbon, font de la *belge-de-jour* la vedette des plates-bandes dessinées. Résistante et facile à cultiver, la *belge-de-jour* pousse à l'anvers comme à l'endroit, et supporte autant le vent du nord qui vient s'écarteler que la plaine fumante qui tremble sous juillet. Malgré de vigoureux efforts de sélection visant à créer des variétés monochromes, la *belge-de-jour* a conservé jusqu'ici sa corolle tricolore. Dans les parcs et les jardins qu'elle agrémente, elle est souvent plantée aux côtés d'une autre valeur sûre de l'horticulture, la margritte commune (*leucanthemum dadaii*), qui n'est pas une fleur mais y ressemble beaucoup.

LA NOIX DE CAJUN

Anacadium fluvialis

La *noix de cajun* est une drupe à coquille dure qui pousse à l'extrémité d'un pédoncule charnu comestible. Il s'agit du fruit de l'anacadien, arbre aux racines en échasse qui croît dans les eaux saumâtres du delta du Mississipi. Reconnaissable à sa forme rappelant un banjo, la noix de cajun est emblématique de la cuisine louisianaise, où elle accompagne de nombreux plats salés et sucrés. Grillée, concassée, en sauce ou soupe, cuisson express à la vapeur ou four et à mesure – la *noix de cajun* se prête à toutes les envies et rehausse gombos et potées de zaricot. Malgré les efforts de l'industrie agro-alimentaire américaine de la remplacer par sa cousine moins chère, la noix de pécandille, la *noix de cajun* a su conserver son identité régionale et convaincre une nouvelle génération d'amateurs.

LE SUISSENLIT

Taraxacum helveticum

Connu pour ses nombreuses propriétés curatives, le *suissenlit* pousse dans les environnements les plus hostiles – Jacques Balmat est connu pour avoir ramené un bouton de *suissenlit* de son ascension du Mont Blanc en 1786, cueilli au sommet de la montagne. À la fois gracile et résistante, cette plante vivace aux fleurs rouge vif est appréciée depuis des siècles : le *suissenlit* est décrit pour la première fois dans *De confœderatio herbarum*, chef d'œuvre d'enluminure gothique dont le manuscrit le plus ancien, datant de 1291, a été redécouvert à Schwytz au milieu du XVIIIe siècle. Résistant à tous les efforts de cultivation, le *suissenlit* est, encore aujourd'hui, une plante sauvage des Alpes. Ceci le rend difficile à récolter et a empêché sa commercialisation à grande échelle à l'ère moderne, ce qui en explique le prix élevé au gramme et son surnom de « safran des neiges ». Pourtant, malgré ces obstacles, il enthousiasme botanistes en herbe et apothicaires amateurs, qui s'entendent pour dire qu'il le vaud bien.

LES ANTILLES CORAIL

Lentes taiines

Fruits du petit antiller, les *antilles corail* sont cultivées depuis des millénaires dans les Caraïbes où elles sont encore aujourd'hui un aliment de base. Le nom évoque la fameuse couleur lumineuse de ces légumineuses, petites pépites rouges-orangées que l'on peut acheter partout sur les marchés de Fort-de-France et de Pointe-à-Pitre. Ces petits légumes secs, qui poussent à l'intérieur de gousses allongées, sont récoltés plusieurs fois par an et peuvent se conserver pendant des années. Le poids chiche des *antilles corail* ne doit pas tromper quant à leurs qualités nutritives, qui en font la star de la cuisine caribéenne. Subtiles en goût et nourrissantes, les *antilles corail* se déclinent dans de nombreux plats mais sont traditionnellement servies avec une montagne de patates pelées et une sauce Marie-Galante.

LE QUÉBISCUS
Althaea laurentiana

Le *québiscus* est un petit arbuste aux fleurs bleues et blanches et aux feuilles irrégulières (dites « laurencéolées »), natif de la façade atlantique du Canada. Inconnu en Europe avant les voyages de Jacques Cartier, le *québiscus* était utilisé par les Algonquins, qui consommaient traditionnellement ses petites baies comestibles. Celles-ci mûrissent en octobre, pendant une saison qui n'existe que dans le nord de l'Amérique (là-bas, on l'appelle l'été indien). Appréciées pour leurs propriétés émollientes, ses fleurs héliotropes suivent pendant la journée la course du soleil, un phénomène connu sous le nom de « révolution tranquille ». Aujourd'hui, le *québiscus* s'est répandu hors de ses terres natales, particulièrement en France, où on y cultive depuis les années 1960 une variété aux couleurs vives, le *québiscus libre*.

Raphaëlle Jung
Les jeux de mots entre texte et image : expériences et réflexions

Fig. 1 : Un dessin à l'aquarelle de l'autrice (© Raphaëlle Jung)

Originaire de Strasbourg, Raphaëlle Jung est chercheuse à l'université de Würzburg, où elle fait actuellement son doctorat en littérature française médiévale. Après des études de français et d'histoire, elle a enseigné pendant plusieurs années la pratique de la langue et la littérature française à Würzburg. Plurilingue autant dans sa vie privée que professionnelle, elle est animée par une fascination

---

Raphaëlle Jung, Julius-Maximilians-Universität Würzburg, Neuphilologisches Institut / Romanistik, Am Hubland, 97074 Würzburg, raphaelle.jung@uni-wuerzburg.de

Open Access. © 2025 the author(s), published by De Gruyter. This work is licensed under the Creative Commons Attribution 4.0 International License.
https://doi.org/10.1515/9783111555072-006

pour le langage parlé et écrit, pour les belles-lettres et pour les mots du quotidien, pour les espaces qui s'ouvrent (écarts linguistiques, loufoqueries bilingues) lorsque plusieurs langues se rencontrent. En 2023, elle a participé au *science slam She* talks*, qu'elle a gagné avec une contribution multilingue. Lorsqu'elle ne travaille pas (ou n'a pas envie de le faire), elle dessine, peint, illustre, gribouille – et lorsqu'elle en a l'opportunité, elle aime créer au confluent de ses divers centres d'intérêt.

1 Première partie : expériences

Quelles sont pour vous les caractéristiques essentielles du jeu de mots ? Qu'est-ce qui fait pour vous l'intérêt de jouer avec les mots et le langage ? Quelle est l'importance des jeux de mots pour vous ?

Les meilleurs jeux de mots nous viennent comme ça, en une milliseconde, en pleine conversation. Ils s'imposent et demandent à être dits et savourés immédiatement. Paradoxalement, un bon jeu de mot est aussi celui que l'on attend, dont on pressent l'arrivée parce qu'on l'a si souvent entendu ; pensons aux blagues de papa (*dad jokes*, *Papawitze*), sorte de genre universel qui provoque invariablement les roulements d'yeux et les sourires involontaires.

Vous décririez-vous comme un(e) artiste du jeu de mots et de l'humour verbal ? Y a-t-il des descriptions qui ne vous conviennent pas, ou d'autres descriptions qui vous conviendraient mieux ?

Pas une artiste, non, mais une amatrice invétérée.

Pouvez-vous nous citer un ou deux jeux de mots préférés (parmi les vôtres ou par d'autres auteurs / autrices) et dire pourquoi ils ont une signification particulière pour vous ?

Comme tout le monde, j'adore les jeux de mots de Goscinny, particulièrement sur les noms ; j'ai notamment une grande affection pour le camp retranché de Tartopum, en Corse. *Cracks me up every time.*

Mais ceux que je préfère, ce sont les jeux de mots qui naissent de la rencontre entre plusieurs langues, plusieurs prononciations, plusieurs intonations différentes : homonymies ou paronymies surprenantes (« how can you see me, see me, see me si minaaaable » [Charles Aznavour, *Formidable*]), calembours, portemanteaux étranges[1] etc. Chaque fois qu'on me demande, ici en Allemagne, si j'ai une gélule d'ibuprofène à donner à quelqu'un (« hättest du ein Ibu für mich ? »), je pense à un hibou, l'hibouprofène, qui vient à grand coup d'aile apaiser les maux de têtes.

Pouvez-vous décrire, peut-être à l'aide d'un exemple concret, comment vous créez des jeux de mots ou comment vous les utilisez dans votre vie professionnelle ?

C'est presque toujours au détour d'une conversation que les jeux de mots me viennent, surtout dans un contexte bilingue. Ils naissent du moment et, souvent, ne font sens que dans ce moment précis – ils exigent qu'on les verbalise immédiatement. C'est en tout cas ce que je me dis pour justifier ma fâcheuse tendance à en user et en abuser. Il faudrait peut-être demander à mes étudiants ce qu'ils en pensent, eux qui ont souvent dû les subir.

Quelles ont été ou quels sont pour vous des modèles ou des sources d'inspiration dans le domaine des jeux de mots et des jeux de langage ?

Trois réponses : mon père (les blagues de papa, c'est pas une blague !) ; la lecture d'*Astérix* ; le fait de vivre à l'étranger, et d'être confrontée quotidiennement à une autre langue que la mienne. Et une mention spéciale à François Perusse et à ses *Deux minutes du peuple* (« une onomatopée, hein ? ah tu liras le journal demain, ça va être écrit 'un homme a topé un autre' »).

Avez-vous toujours eu un intérêt particulier pour le langage ? Votre rapport au langage et aux jeux de mots a-t-il évolué au fil du temps ?

Oui, la langue m'a toujours intéressé ; j'ai toujours beaucoup lu et beaucoup (trop) parlé. Mais c'est en écoutant les autres que viennent les meilleures idées de jeux de mots : vouloir jouer avec ce que nous propose(nt) la / les langue(s) exige que l'on sache aussi se mettre en retrait.

---

1 Il existe aussi une faune fantastique de la francophonie : le réulion, le guadeloup, le lynxembourg, le guyanneton et bien d'autres…

2 Deuxième partie : réflexions

Dans quelle mesure le jeu de mots est-il pour vous lié à une réflexion générale sur le langage ou sur la communication / les interactions verbales ? Dans quelle mesure les jeux de mots impliquent-ils une réflexion sur les caractéristiques fondamentales du langage ?

Le verbe écrit et oral est omniprésent dans nos vies – surtout pour nous, qui sommes ce qu'on appelle en anglais des *knowledge workers*. Mais jouer avec la langue implique toujours une mise en retrait, comme l'acte de faire un petit pas de côté, ne serait-ce que pour une seconde. Ce moment de pause, un peu *méta*, est nécessaire lors du jeu de mot, aussi intégré à la conversation soit-il. Peut-on appeler ce phénomène une réflexion ? Peut-être pas tel quel. Mais il demande une prise de distance par rapport au *hier und jetzt* du moment, et en cela, il constitue l'ébauche d'une réflexion.

Y a-t-il des domaines ou des thématiques qui se prêtent particulièrement bien aux jeux de mots ? Dans quelle mesure le jeu de mots touche-t-il aussi (ou peut-il toucher aussi) des domaines et des thèmes sérieux ?

Il y a très peu de domaines qui ne s'y prêtent pas. Mais il y a certainement de bons et de mauvais moments...

Dans vos textes et dans vos jeux de mots, y a-t-il une importance particulière d'autres langues ou de processus de traduction entre différentes langues ou variétés de langues ?

Le jeu de mot est pour moi inséparable du processus de traduction et des phénomènes de plurilinguisme. J'ai grandi en Alsace, et j'ai ainsi toujours été confrontée à ces situations où deux mondes linguistiques bien différents se rencontrent, se superposent et s'ensemencent au quotidien, et où les quiproquos de langage sont légion. Se mouvoir ainsi entre deux systèmes linguistiques (chose que font de nombreux Alsaciens, même lorsqu'ils ne sont pas dialectophones : après tout, chez nous, l'eau se spritze et se boit par schlucks), c'est déjà jouer avec la / les langue(s).

Dans quelle mesure les jeux de mots sont-ils pour vous un signe de créativité ? Y a-t-il des limites de la créativité lorsque l'on joue avec les mots et la langue ?

Ha ! Non, je ne pense pas qu'il y ait de limites. Les jeux de mots sont évidemment synonymes de créativité, mais pas d'une créativité à connotation exclusive, apanage des « artistes ». Il s'agit de la créativité du quotidien, accessible à tous, mise en œuvre par tous, qui refuse de se faire trop « académiser ». Toutes les personnes en situation d'exil linguistique, toutes celles qui vivent, par choix ou par contrainte, loin de chez elles, et doivent tous les jours utiliser une langue bien différente de la leur, une langue aux sonorités bizarres, ridicules, dérangeantes même – toutes ces personnes ont vécu le fou rire incontrôlable qui naît d'une situation de grincement linguistique. Jouer avec l'autre langue, avec la sienne, savourer les jeux de mots, rire : tout cela permet de s'approprier une langue, de regagner un sentiment de contrôle.

Dans quelle mesure le fait de jouer avec les mots vous donne-t-il la possibilité d'élargir les possibilités d'expression de la langue et du vocabulaire ?

Pour moi, la force du jeu de mot réside dans son pouvoir pictural. C'est pour cela d'ailleurs qu'illustrer le jeu de mot est exercice particulièrement satisfaisant ! Parce qu'il crée ainsi dans nos têtes des images nouvelles, provoquantes, loufoques (à quoi ressemble vraiment la *mouche cousue* du fameux calembour ?[2]) et qu'il est, à mon sens, profondément visuel, le jeu de mot élargit sans aucun doute nos possibilités d'expression.

Considéreriez-vous le jeu de mots comme une pratique culturelle ? Y a-t-il des schémas et des techniques spécifiques que vous utilisez lorsque vous jouez avec les mots et le langage ? Est-il important pour vous que le jeu s'inscrive dans une culture ou une tradition particulière (ou plusieurs) ?

Je n'en sais pas assez sur ce sujet pour avancer une réponse fondée. Ce qu'on peut cependant facilement constater, c'est que différentes langues se prêtent plus ou moins bien à différents types de jeux de mots. Les charades et les rébus, incontournables classiques du jeu de mot à la française, sont ainsi bien plus ardus dans une langue comme l'allemand, qui ne fonctionne pas sur le même principe de

---

2 « Motus et bouche cousue / Botus et mouche cousue ».

syllabes homophones que le français. Étant animée d'une logique fondamentalement française lorsque j'aborde le jeu de mot, j'ai souvent été frustrée par l'allemand. Mais c'est justement là que s'ouvre un espace de possibilité unique au plurilinguisme : comment se comporte l'allemand lorsque je le manipule « à la française » ? Quel peut être l'apport de l'anglais – langue malléable par excellence – dans une telle situation ? etc.

Y a-t-il pour vous de mauvais jeux de mots ? Pensez-vous qu'il soit légitime de dire qu'un jeu de mots particulier est « bon » ou « mauvais » ? Quel est pour vous l'intérêt d'analyser les jeux de mots ? Ou bien perdent-ils alors leur charme et devraient-ils être tout simplement appréciés ?

Je ne pense pas qu'il faille traiter le jeu de mot comme un objet intouchable ! Il y un temps et un moment pour le jeu de mot, et un temps et un moment pour l'analyse.

Les locutions verbales et les tournures figuratives jouent-elles un rôle particulier pour vous dans les jeux de mots ?

Oui ! J'aime particulièrement toutes les situations de double sens (je préfère d'ailleurs le terme anglais [hérité du français], *double entendre*, parce que pour qu'un jeu sur la sémantique fonctionne, tous les interlocuteurs doivent auparavant s'*entendre* sur les différents sens d'un mot). Un grand classique du genre : dans *Astérix et Cléopâtre*, lorsque l'architecte égyptien Numérobis, en retrouvant Panoramix, annonce « Je suis, mon cher ami, très heureux de te voir », le druide, se tournant vers Astérix et Obélix qui sont présents à l'arrière-plan, leur explique : « C'est un alexandrin ».

Le quotidien, cependant, est une source également riche en double sens, quelle que soit la langue. Par exemple, la question « can you toss the salad ? » permet de jouer sur les deux sens de *toss*, 'touiller' et 'jeter' ; ou alors « tu me descends le saladier ? », qui offre la possibilité de jouer sur l'emploi argotique du mot *descendre*, qui signifie 'tuer' (un classique dans notre famille, merci Papa !). Pensons également à « the milk went bad », qui a inspiré de nombreux cartoons et *internet memes*.

En français courant, on utilise, sans y penser, d'innombrables tournures figuratives (voir le champ lexical de la nourriture : on raconte un détail *croustillant*, on *dévore un livre* et on *mange ses mots*, on *se régale* grâce à un bon film mais on *déguste* quand on souffre, on *cuisine* quelqu'un pour lui extirper des informations, ...) qui se prêtent très bien aux jeux de mots.

Quelle est l'importance de la connivence entre les producteurs et les récepteurs des jeux de mots ? Dans quelle mesure pensez-vous que les jeux de mots donnent également lieu à des processus d'exclusion sociale, ou à l'exclusion de tiers qui ne participent pas au jeu ?

Tout dépend du contexte et du type de jeu de mot. Plus un jeu de mot est attendu (et plus il s'agit d'un phénomène qui fonctionne par effet d'itération), plus la connivence entre producteurs et récepteurs est importante. À l'inverse, certains jeux de mots sont particulièrement efficaces lorsqu'ils sont inattendus, qu'ils créent un effet de surprise, qu'ils choquent un petit peu – dans ces cas-là, un manque de connivence peut justement être un atout.

Dans quelle mesure, les jeux de mots peuvent se baser selon vous sur une confrontation d'identités, de langues et de cultures différentes ? Les variétés de langue (accents, dialectes, etc.) ou les langues étrangères vous paraissent-elles être une ressource importante pour les jeux de mots ?

J'aime les jeux de mots monolingues, mais je crois que je préfère encore ceux qui naissent de la confrontation de langues et de cultures différentes. Là aussi, l'expérience alsacienne est mon point de départ. Là-bas, qu'on mange du *chou rouge* ou qu'on ait les *joues rouges*, on a affaire à une homophonie (traditionnellement, les locuteurs de l'alsacien ne savaient pas faire la différence entre [ʃ] et [ʒ], une caractéristique qui se perd aujourd'hui) ; on comprend que ces frictions bilingues quotidiennes sont une source inépuisable de calembours.

Marc-Olivier Jean « Élémo »
Jeux de mots et jeux de sonorités dans le slam – expériences et réflexions

Marc-Olivier Jean « Élémo » (© Dariane Sanche)

Élémo (Marc-Olivier Jean, de son vrai nom) est un amoureux des mots, adepte du slam et animateur d'ateliers d'écriture dans les écoles secondaires et primaires. C'est en 2017 qu'il sort son premier album EP *Celui qui aime les mots*. En 2020, il est approché pour animer les capsules SLAM sur la plateforme de *Télé-Québec en classe*. Il est également invité à l'émission *Les Suppléants* et *Cochon Dingue* dans le but d'expliquer ce qu'est le slam et comment se lancer. En 2021, il est la grande

---

Marc-Olivier Jean « Élémo », https://www.marcolivierslam.com/

 Open Access. © 2025 the author(s), published by De Gruyter. This work is licensed under the Creative Commons Attribution 4.0 International License.
https://doi.org/10.1515/9783111555072-007

vedette de la série *SLAM JAM*, de nouvelles capsules web pédagogiques qui initient les jeunes à la poésie et aux figures de style. Plus encore, Élémo cumule maintenant plus de 16 millions de vues, 3 millions de likes et plus de 230 000 abonnés depuis son inscription sur l'application *TikTok* grâce à ses sketchs humoristiques mêlant rimes et jeux de mots. Il a été invité au spectacle *Montréal Symphonique* pour déclamer un slam accompagné par les musiciens des trois orchestres – l'Orchestre Métropolitain, l'Orchestre symphonique de McGill et l'Orchestre symphonique de Montréal. En 2019, il récite les textes de Félix Leclerc à la Maison Symphonique aux côtés de Émile Bilodeau, et Salomé Leclerc lors du concert *Héritage*.
(adapté de https://www.marcolivierslam.com/, consulté le 19 avril 2025)

Cette interview a eu lieu le 14 avril 2025 sous forme d'une visioconférence. Les réponses ont été transcrites par Esme Winter-Froemel.

1 Première partie : expériences

Pourriez-vous nous citer un ou deux jeux de mots préférés (parmi les vôtres ou par d'autres auteurs ou autrices) et dire pourquoi ils ont une signification particulière pour vous ?

J'ai un texte qui s'appelle « Ma richesse », et je dis dans ce texte « Ma richesse ce n'est pas d'avoir deux bacs, mais deux becs, et un bic à la main pour écrire sur le Québec ». Ce que j'aime dans cette phrase-là, c'est que je joue avec le mot *Québec*, c'est-à-dire que j'ai réussi à trouver des mots qui commencent par *b* et qui terminent par *c*, donc on parle de *bec, bic, bac*, et j'ai réussi à créer une phrase avec tout ça en parlant du Québec. J'étais quand même assez fier de ça parce que je pense que l'idée d'avoir des bons jeux de mots c'est de réussir à créer une phrase qui a du sens, et j'ai pu réussir à faire ça avec les mots que j'avais trouvés. Après c'est un texte que j'aime beaucoup aussi, « Ma richesse », qui parle du Québec.

Quelles sont pour vous les caractéristiques essentielles du jeu de mots ? Qu'est-ce qui fait pour vous l'intérêt de jouer avec les mots et le langage ? Quelle est l'importance des jeux de mots pour vous ?

L'importance des jeux de mots pour moi est que ça va créer de l'impact, ça va créer quelque chose de très fort, et d'amusant parfois à la limite, parce qu'on ne s'attend pas à ça. Les jeux de mots créent la surprise, c'est-à-dire que je peux avoir un jeu de mots, puis, par la suite on trouve d'autres mots qui sonnent un peu pareil. Pour moi, les jeux de mots, ce sont des mots qui ont la même sonorité. Quand le public n'attend pas ces mots, cela produit un effet de surprise, et c'est justement cet effet-là qui me plaît. C'est la raison pour laquelle j'aime en ajouter. Il y a quelque chose de très créatif, et ça demande beaucoup de réflexion aussi, parce que des fois on entend des mots, mais si on prend le temps de réfléchir, de voir s'il y a d'autres sons qui sonnent un peu de la même façon, c'est là qu'on réussit à trouver des jeux de mots. C'est ce que j'aime : inventer des mots qui se ressemblent et qui, une fois prononcés, suscitent l'étonnement des spectateurs. C'est un peu pour ça que je m'adonne à cette pratique, car ça peut entraîner un impact très fort et amusant. Après avoir entendu des jeux de mots, que ce soient des jeux de mots de rappeurs ou de slameurs, slameuses, etc., ça crée quelque chose chez moi de très fort. Je trouve ça vraiment impressionnant !

Vous décririez-vous comme un artiste du jeu de mots et de l'humour verbal ? Y a-t-il des descriptions qui ne vous conviennent pas, ou d'autres descriptions qui vous conviendraient mieux ?

Un artiste des mots, tout simplement. J'aime vraiment jouer avec les mots, et ce, sous toutes leurs formes, puisque je fais du slam, mais parfois, je le fais d'une manière humoristique. C'est mon plaisir. Cette passion a commencé quand j'ai découvert le slam. Je me suis rendu compte alors que les possibilités étaient réellement infinies. Il y a beaucoup de mots dans la langue française – on parle de 30 000 mots –, et j'ai compris au fur et à mesure que j'écrivais que, wow, il existe une multitude de manières de s'exprimer de cette manière, ce qui laisse libre cours à ma créativité.

Pourriez-vous décrire, peut-être à l'aide d'un exemple concret, comment vous créez vos jeux de mots et vos œuvres humoristiques ?

J'ai l'habitude de donner des ateliers d'écriture, dans lesquels j'explique aussi ma manière de jouer avec les mots. Par exemple, si je veux jouer avec le mot *passion*, je vais séparer le mot en syllabes, à peu près : *pas-si-on*. Par la suite, j'essaie de voir s'il y a d'autres mots dans ce mot-là. Assez facilement, dans *passion*, on trouve le mot *pas* – faire un pas, ou *pas faire quelque chose* –, on trouve le mot *si*, et ensuite on trouve le mot *on*. À partir d'un mot, j'ai trouvé d'autres mots. Après, l'exercice est de faire quelque chose avec tous ces mots qu'on a trouvés. Par exemple, j'avais trouvé « Chaque action est un grand pas si on / Avance avec passion. »

PASSION
PAS – SI – ON
Chaque action est un grand pas si on
Avance avec passion

Et en plus, si on ajoute du rythme et si on accentue un peu les mots qu'on a trouvés, c'est là que ça devient beaucoup plus intéressant. Au final, comment ai-je réussi à trouver ce jeu de mots-là ? En décortiquant le mot en syllabes, on trouve d'autres mots, et ensuite, on fait quelque chose, mais quelque chose qui se tient. La force d'un jeu de mots réside dans le sens qu'il véhicule. Il faut réussir à trouver une phrase qui est compréhensible, qu'on comprend, et qui a du sens.

C'est mieux d'avoir des mots un peu plus longs, parce que c'est là qu'on retrouve plus de mots courts. Pour *apprécier*, je pourrais à peu près le séparer en *ap-pré-ci-er*. Et souvent pour m'aider, je vais le dire à voix haute. Ça me permet de trouver plus facilement des mots. Déjà quand je dis *apprécier*, je peux entendre le mot *scier* par exemple. Évidemment il y a les mots courts comme *si*, *et*. Il y a le mot *précis* aussi si je combine les deux syllabes. Je cherche encore : « apprécier, ... apprécier... ». *Précis*, même encore plus court, il y a le mot *récit* aussi. Il y a *app*, les applications, ça pourrait être ça. Un goût peut être *âpre*. On est proche du mot *après* aussi. Je peux me permettre d'ajouter ce mot, ça se ressemble beaucoup. À partir d'un seul mot, je peux trouver plein de mots. *Près*, ... Puis il y a différentes façons de les écrire, je suis *prêt* à relever le défi, par exemple. C'est fou ce qu'on peut faire, ça nous laisse place à beaucoup de jeux. Je regarde ces mots-là, et je pourrais même aller plus loin, puisque *précis* ressemble au mot *précieux*, qui peut être intéressant. Évidemment, ça ne se termine pas de la même façon qu'*apprécier*, mais comme on est très proche au niveau de la sonorité, pour moi ça fonctionne. Je regarde tous ces mots-là : qu'est-ce que je peux faire avec ça ? Peut-être que le *récit* est *précieux*. Ou peut-être que j'*apprécie* le *récit*, peut-être que je pourrais écrire « Après avoir apprécié ce récit précieux, je me sens prêt à poursuivre », par exemple. Déjà on joue avec les sonorités, parce que ce sont des consonnes qui se répètent, des sonorités qui se répètent. C'est ma technique pour jouer avec les mots, séparer les mots en syllabes, et essayer de voir s'il y a d'autres mots dans ces mots.

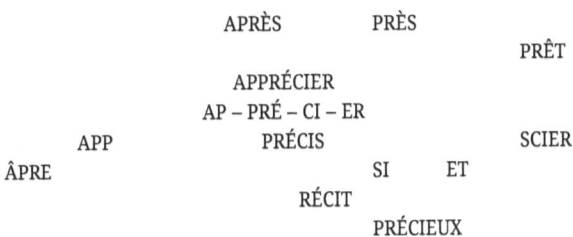

Quelles ont été ou quels sont pour vous des modèles ou des sources d'inspiration dans le domaine des jeux de mots et des jeux de langage ?

Il y a les artistes qui aiment beaucoup jouer avec les mots, il y a les slameurs, les rappeurs que j'écoute beaucoup. J'apprécie beaucoup Nekfeu, qui excelle dans l'art de jouer avec les sons des mots. J'admire également les textes de Youssoupha, ainsi que la plume acérée de Lefa. Le vétéran du rap, MC Solaar, m'a également marqué, et plus récemment Kacem Wapalek, un véritable maître en matière de jeux de mots.

Qu'est-ce qui est important pour vous dans votre travail avec la langue et dans vos jeux de mots, quand vous concevez vos textes, et, au cas échéant, quand vous les présentez devant un public ?

Je pense que j'ajoute des jeux de mots pour mon propre plaisir, parce que j'aime la beauté qu'ils peuvent apporter au texte, ainsi que leur rythme. Ça permet aux gens de comprendre que tout est possible et qu'on peut être très créatifs. J'aime démontrer qu'on peut communiquer efficacement en utilisant abondamment des jeux de mots, tout en transmettant une profonde émotion et un message clair. C'est ce qui me passionne. Mettre en évidence la richesse et la beauté de notre langue et donner de l'impact au message. Donc, je ne me concentre pas uniquement sur les mots et leur forme. J'insiste également sur le fond du texte, c'est-à-dire le message qu'il véhicule, ainsi que les émotions qu'il suscite. Il y a tout ça que j'aime dans le slam, et je pense que c'est pour cette raison-là que je le fais aussi. C'est parce que j'ai un message que je veux transmettre au public. Et par la force des mots, par le pouvoir des jeux de mots, c'est possible.

Avez-vous toujours eu un intérêt particulier pour le langage ? Votre rapport au langage et aux jeux de mots a-t-il évolué au fil du temps ?

Je n'ai pas toujours eu un rapport avec le langage et les mots. J'ai toujours été fasciné par l'art en général. Quand j'étais plus jeune, je dessinais beaucoup, j'étais très attiré par le dessin. Et c'est vraiment plus tard, à l'âge de 21, 22 ans que j'étais attiré par les mots, par les jeux de mots, par cette manière de raconter une histoire de façon imagée. Donc, la poésie et tout ça, c'est venu plus tard. Et oui, ça a évolué, parce qu'au départ, c'était simplement essayer d'écrire, essayer de jouer avec la langue française, et après ça s'est transformé en une véritable passion, puis j'ai décidé d'en faire ma carrière. J'ai commencé à m'intéresser un peu plus à la poésie, j'en ai lu un peu plus. J'essaie toujours d'enrichir mon vocabulaire maintenant, parce qu'avec un plus grand nombre de mots, on peut s'amuser davantage avec ceux-ci. Au fil du temps, j'ai exploré plusieurs mots et jeux de sonorités, ce qui a entraîné une évolution inévitable au niveau de mon écriture.

Quelle importance accorderiez-vous aux jeux de mots en ce qui concerne le succès de vos textes ou œuvres ?

J'imagine que ça ajoute quelque chose, un côté beaucoup plus créatif à mes œuvres. Je crois que les gens sont profondément émerveillés par ça. Quand on utilise beaucoup de jeux de mots dans un texte, qu'ils sont bien choisis, qu'ils fonctionnent tous et qu'ils sont pertinents, ça donne un résultat qui impressionne. Je crois que j'ai gagné un certain succès grâce à cette méthode, mais à vrai dire, je ne sais pas à quel point elle constitue la base de mon succès. En tout cas, ce qui est sûr, c'est qu'à travers mes jeux de mots, il y a un message qui vient chercher les gens, sans aucun doute, parce que ça apporte beaucoup d'émotions. Il y a des gens qui viennent me voir pour me dire que c'est fort, c'est très inspirant. Les mots véhiculent un message profond qui résonne avec l'auditoire.

2 Deuxième partie : réflexions

Dans quelle mesure le jeu de mots est-il lié à une réflexion sur le langage ou sur la communication et les interactions verbales ? Dans quelle mesure les jeux de mots impliquent-ils une réflexion sur les caractéristiques fondamentales du langage ?

Définitivement, les jeux de mots permettent de comprendre comment fonctionne le langage. Bien sûr, tout dépend de la façon de jouer avec ces mots. Certains préfèrent les expressions orales sur scène, comme le slam, où l'artiste se produit devant un public qui apprécie les jeux de mots et l'aspect artistique de la performance. Le public comprend que c'est une œuvre, une œuvre qui nous fait réfléchir aux multiples façons de communiquer. Dans la vie de tous les jours, c'est autre chose, on ne va pas constamment s'exprimer avec des jeux de mots. La plupart du temps, c'est davantage pour donner un ton plus humoristique, ou pour jouer avec les expressions. Les jeux de mots sont moins courants au quotidien, mais ils font partie de notre langage et de nos interactions verbales, et c'est une manière de révéler sa richesse et sa créativité.

Y a-t-il des domaines ou des thématiques qui se prêtent particulièrement bien aux jeux de mots ? Dans quelle mesure le jeu de mots touche-t-il aussi (ou peut-il toucher aussi) des domaines et des thèmes sérieux ?

Les jeux de mots peuvent être très présentes dans l'humour ! C'est toujours dans l'effet de créer de la surprise. La plupart du temps, on ne s'y attend pas, car on joue avec des mots similaires ou parfois avec des homonymes. On peut aussi voir la même chose dans le rap ou dans le slam, cet effet de surprise. Par contre, dans le rap, cette méthode est appelée *punchline*, mais c'est un peu le même principe. On utilise des mots similaires, mais de sens différents pour créer l'impact et la surprise. Ces deux sphères offrent des opportunités pour des jeux de mots.

Dans certains cas, le jeu de mots sera écrit dans un style et sur un ton plus engagés. Et le message sera très émouvant. J'écris souvent des textes engagés, et j'ai quand même ajouté des jeux de mots. Comme j'ai dit, c'est pour créer de l'impact. Pour moi, le jeu de mots est dans la forme, dans la manière d'écrire le texte, mais il est tout à fait possible que le fond soit engagé, dramatique ou au contraire, très drôle. Il y a plein de façons d'aborder un thème en y ajoutant des jeux de mots. Il y a plein de façons d'évoquer soit le drame, soit la joie ou la tristesse à travers des jeux de mots. Tout dépend du fond et de l'approche.

Dans vos textes et dans vos jeux de mots, y a-t-il une importance particulière d'autres langues ou de processus de traduction entre différentes langues ou variétés de langues ?

Pas dans mes textes en tant que tels. Mais dans les jeux de mots, il peut y avoir tellement de possibilités qu'on peut se permettre de même jouer entre différentes langues. Il y a des langues, par exemple, l'espagnol, le français, qui ont un peu les mêmes sonorités. Je pense même au créole, parce que je suis d'origine haïtienne. Il y a beaucoup de mots en français qu'on retrouve dans le créole, et c'est possible de jouer avec ces différents mots-là pour créer quelque chose de très créatif.

Dans quelle mesure les jeux de mots sont-ils un signe de créativité ? Y a-t-il des limites de la créativité lorsque l'on joue avec les mots et la langue ?

J'ai déjà un peu répondu à la question à travers mes multiples réponses. Depuis que j'écris, et ça fait maintenant 15 ans, j'ai remarqué que les possibilités sont vraiment infinies. Il n'y a pas de limites, vraiment. Ça n'arrête pas. Je trouve toujours quelque chose, un nouveau jeu de mots auquel je n'avais pas pensé, et c'est ça qui est merveilleux. Peu importe, on ne va jamais arrêter, on va toujours trouver quelque chose de nouveau, et c'est là le plaisir. C'est le plaisir d'avoir trouvé quelque chose que je n'avais jamais entendu. On peut définitivement être très très très créatif. Mais encore faut-il découvrir de nouveaux mots, ajouter plus de mots à notre bagage pour être en mesure de trouver quelque chose de différent et original. Il y a des jeux de mots qui sont très répandus, et des mots qu'on utilise plus souvent que d'autres. Avec les mots qu'on utilise souvent, on va moins se démarquer. L'originalité, ça vient des mots nouveaux, des mots qu'on utilise moins. On joue avec ces mots, et ça donne quelque chose de plus intéressant, de plus savoureux à l'écoute.

Dans quelle mesure le fait de jouer avec les mots vous donne-t-il la possibilité d'élargir les possibilités d'expression de la langue ?

L'exercice, pour ma part, est d'essayer d'enrichir le vocabulaire. De cette façon je peux avoir plus de possibilités pour jouer avec les mots. Si j'enrichis mon vocabulaire, ça me permettra de mieux maîtriser le français, ce qui sera bénéfique pour moi et pour mes œuvres. J'essaie donc de découvrir des mots inconnus pour avoir accès à un plus grand nombre de jeux de mots, et ainsi élargir mes possibilités d'expression.

Y a-t-il des schémas et des techniques spécifiques que vous utilisez lorsque vous jouez avec les mots et le langage ? Les jeux de mots sont-ils pour vous une pratique culturelle ?

Définitivement il y a des techniques. Je vous ai montré quelques techniques. Il y a encore plusieurs figures de style qui permettent de jouer avec les mots. Lorsqu'on parle d'allitérations, par exemple, des consonnes qui se répètent à plusieurs reprises, ou lorsqu'on parle d'assonances, ce sont des jeux de mots, des jeux de sonorités. Et il y en a plein d'autres. J'ai découvert ça avec le temps. Il y a la paronomase, où l'exercice est de jouer avec des paronymes, des mots qui se ressemblent. Il y a les vers holorimes aussi, encore une fois ce sont des sonorités qui se répètent. J'ai pris le temps de découvrir tout ça, et c'est fou comme il y a plein de façons de jouer avec les sonorités.

Et les jeux de mots comme une pratique culturelle ? On en entend dans divers milieux artistiques, que ce soit le slam, dans les spectacles, dans les concerts, etc. Les jeux de mots, pour moi, ça se dit à voix haute. On est moins porté à les lire. On les préfère sous forme orale, parce que ce sont des jeux de sonorités. On peut donc les retrouver dans la chanson, le rap, le slam, la poésie récitée et l'humour.

Quel rôle le contexte joue-t-il dans les jeux de mots ? Dans quels contextes jouez-vous avec les mots et le langage ? Et y a-t-il aussi des contextes dans lesquels ne jouez-vous pas avec les mots et le langage ? Y a-t-il des contextes dans lesquels les jeux de mots fonctionnent particulièrement bien ou, inversement, des contextes dans lesquels les jeux de mots sont difficiles ou ne fonctionnent pas, ou sont à éviter ?

Pour ma part, les contextes dans lesquels j'utilise les jeux de mots, c'est le slam. Ce n'est pas une surprise. Dans le slam, les jeux de mots sont très souvent utilisés. Comme j'ai dit, ça peut créer beaucoup d'impact, un effet qui impressionne. Comme j'ai dit, l'humour aussi peut fonctionner dans le contexte familial ou entre amis. On s'amuse parfois avec les mots. Et parfois, c'est involontaire. Par exemple, un quiproquo. On entend un mot, et là on dit, « Mais j'ai cru entendre ... ça. » Et là on se met à rire, puisque ça donne une tournure de phrase comique ou cocasse. C'est souvent dans les contextes sociaux que ça arrive.

Est-ce qu'il y a des contextes où on ne peut pas utiliser des jeux de mots ? Je ne pense pas. Je pense que les jeux de mots peuvent être présents partout, parce qu'il y a un sens derrière chaque jeu de mots. Par contre, en création, il faut faire attention au fond et à la forme pour permettre que le jeu de mots soit efficace.

Y a-t-il de mauvais jeux de mots ? Pensez-vous qu'il soit légitime de dire qu'un jeu de mots particulier est « bon » ou « mauvais » ?

Pour moi, un bon jeu de mots est celui qui est puissant, celui qui a du sens, qui suscite une émotion et qu'on comprend tout de suite. Tu peux avoir un bon jeu de mots, et un jeu de mots puissant. Le jeu de mots puissant est celui qui crée encore plus d'impact, qui crée vraiment l'effet de surprise, les punchlines, ou en humour, le gag qui nous a fait vraiment rire, parce qu'on ne s'y attendait pas. Quand un jeu de mots est faible, c'est que sa signification n'a pas été immédiatement comprise à cause d'une mauvaise interprétation. C'est en fonction de la réaction des gens qu'on va comprendre si le jeu de mots fonctionne ou s'il manque de force.

Quel est l'intérêt d'analyser les jeux de mots ? Ou bien perdent-ils alors leur charme et devraient-ils être tout simplement appréciés ?

L'analyse des jeux de mots est importante. J'essaie de comprendre ce qui a créé l'impact aussi fort. Je prends le temps d'analyser. Je suis auteur, et des fois j'entends des slams, je me demande, « Mais pourquoi j'ai réagi ? Pourquoi j'ai été impressionné ? » Le fait de l'analyser permet de mieux comprendre de quelle façon c'est possible de le faire, et de cette façon peut-être qu'on pourra nous-mêmes réussir à créer des jeux de mots tout aussi forts. Bien sûr, ce n'est pas sur le moment que je vais tout analyser. Si je regarde un concert de slam, je ne vais pas être dans mon analyse, je vais l'apprécier d'abord, le recevoir et dire « wow, c'est impressionnant, ça m'a touché ! ». Et après, oui, j'y vais pour une deuxième écoute et je prends le temps de l'analyser. Ça permet de mieux comprendre de quelle façon il est possible de faire des jeux de mots.

Les locutions verbales et les tournures figuratives jouent-elles un rôle particulier dans les jeux de mots ?

Définitivement. C'est de cette façon qu'il sera défini comme un jeu de mots. Il faut s'amuser avec tout ce qui est tournure de phrase, le son des mots, le double sens.

Quelle est l'importance de la connivence entre les producteurs et les récepteurs des jeux de mots ? Y a-t-il aussi des cas où certains récepteurs n'arrivent pas à comprendre un jeu de mots et sont exclus du jeu ?

En tant que producteur et récepteur de jeux de mots, je me penche sur l'impact qu'ils peuvent avoir. J'apprécie la liberté qu'offrent ces jeux de mots pour explorer diverses voies et susciter la surprise. Je pense aux récepteurs aussi lorsque je crée. Et je dirais même qu'il faut d'abord être récepteur de nos œuvres. C'est-à-dire que lorsque je crée un jeu de mots, et que je dis « wow, oui, j'ai réussi à créer quelque chose, à penser à quelque chose qui fonctionne, et qui a de l'impact ! » Donc moi, si j'aime, je deviens un peu le récepteur qui apprécie ce que je viens d'écrire. Et lorsque je le partage, il y a le récepteur. S'il réagit, ça veut dire que ça donne de l'impact. C'est ce qu'on souhaite. Créer chez le récepteur des émotions, de l'impact, et de la surprise.

Comment décririez-vous l'importance et le statut des jeux de mots dans la francophonie ?

Je ne dirais pas qu'il y a une importance particulière dans la francophonie. Pour ma part, dans ma carrière, oui, mais pas dans la francophonie. Les jeux de mots peuvent avoir une importance, surtout si on est dans la création, si on veut aller chercher quelque chose de plus original. En tant que créateur, les jeux de mots sont une belle avenue pour ça. Les jeux de mots sont présents dans la francophonie, mais ils pourraient l'être plus, je pense. C'est dans certains secteurs qu'ils sont très présents. Quand on parle de slam, inévitablement, on entend beaucoup de jeux de mots, mais dans d'autres contextes, pas nécessairement.

Les variétés de langue (les accents, les dialectes, etc.) ou les langues étrangères sont-elles une ressource importante pour les jeux de mots ?

Pour quelqu'un qui a un bagage au niveau du langage, qui connaît plusieurs langues par exemple, qui est polyglotte, il y a beaucoup plus de possibilités en termes de jeux de mots, parce qu'il en connaît beaucoup plus. Il pourrait se permettre aussi de jouer avec différents langages dans un texte poétique par exemple. Je devrais essayer de mêler le français et le créole pour écrire un texte. Je n'ai jamais pensé à ça. Je pense que ça pourrait être très beau. Je vais m'y mettre !

Y a-t-il quelque chose d'autre qui vous semble important et que vous aimeriez encore faire remarquer ?

Je pense qu'on a fait le tour. Je ne m'attendais pas à ces questions variées, très précises. Ça m'a fait plaisir d'y répondre.

Joachim Mileschi
P.U.N.CHLINES ? L'exploitation des sigles dans les jeux de mots de rap français

Résumé : Le présent article se propose d'examiner la relative absence des formes canoniques de jeux de mots sur les sigles dans le rap français. Cette absence est jugée étonnante de prime abord, le jeu de mots constituant un des codes stylistiques du rap, et les sigles y apparaissant également avec une grande fréquence. Nous établissons d'abord une typologie des jeux de mots impliquant les sigles : pôle du signifiant (paronomase), pôle du signifié (métaphore), pôle hybride (détournement et homonymie), pôle élémentaire du graphème. Nous portons ensuite notre étude sur le triplet para-synonymique *VIH / SIDA / MST* dans le grand corpus ouvert LRFAF (Courson 2024) pour montrer que l'absence de détournements peut s'expliquer par les propriétés connues des sigles : autonomisation partielle en tant que lexie démotivée et conservation épilinguistique d'une trace de motivation (embrayage ambiréférentiel). Nous montrons que ces deux facteurs ne suffisent pas à épuiser la question et proposons d'ajouter une caractéristique intermédiaire : la « connotation graphématique » (pseudo-sémantisation des graphèmes) qui concerne les formes épelées (sigles stricts) par oppositions aux formes lues (parfois dites *acronymes*).

Mots-clés : acronymes, corpus, épellations, épilinguistique, linguistique de stylistique de genre, sigles, rap, rap français

Joachim Mileschi, Université Sorbonne Nouvelle – ED 622 – EA 7345 Clesthia, joachim.mileschi@sorbonne-nouvelle.fr

> Les lettres travaillent pour moi
> Akhenaton, « Chez le mac », 1997

> T'as rien d'un voyou, t'es juste une voyelle
> Mac Tyer, « Patrimoine du ghetto », 2005

1 Introduction

« Fureur de dire » (Lapassade et Rousselot 1990), « esthétique hors-la-loi » (Béthune 2003 [1999]) ; « voix violentes, immorales... et politiques » (Pecqueux 2008). Les premières études consacrées au rap ont mis en lumière l'aspect contestataire d'un genre musical qui non seulement est foncièrement une forme d'expression orale, mais se définit nettement comme une pratique poétique élaborée, une « écriture de la voix » (Rubin 2001).

Cet aspect contestataire fut le seul que les médias généralistes ont choisi de retenir d'abord du genre, ignorant largement sa dimension poétique et artistique, rabattant rap et rappeurs sur le plan du seul porte-parolat de « la banlieue » et des « jeunes de banlieues », réalités souvent déjà fantasmées d'avance (Hammou 2014).

Mais il est vrai que du point de vue du rap aussi cette dimension n'est pas sans importance, tant le rap s'est construit très tôt comme une « expression des lascars » (Boucher 1998), dont un des impératifs éthiques et esthétiques ressortit de l'*authenticité* et qui s'affirme comme une *culture* avec tout ce que ce terme comporte de globalisant – et donc de potentiellement stéréotypique.

Dès lors, l'omniprésence des jeux de mots en rap peut donc avoir de quoi étonner : le jeu de mots est volontiers associé à l'humour et à la légèreté. Ils paraissent incompatibles avec la violence des propos et le très grand sérieux dans lequel est tenue la pratique du rap par ceux qui s'y livrent. Ainsi, « comique », « comédien », « bouffon », « clown », « marrant » (nominalisé) sont autant d'insultes qu'on retrouve fréquemment dans les textes de rap et qui mettent une distance nette entre ce que les rappeurs disent d'eux-mêmes et ces termes, traditionnellement associés à ceux qui se livrent aux jeux de mots. Plus ponctuellement, le corpus de rap français atteste ici et là que les jeux de mots sont vus comme une pratique humoristique et légère :

(1) Ma mère m'a dit : « Tu sais, mon fils, ton disque est triste »
Mais non, regarde, maman, je danse, j'fais l'imbécile
Comme quand j'étais petit, j'suis là, je fais des blagues
Des jeux de mots tout nazes, regarde, les gens aiment bien
Disiz, « Auto-dance », 2017

En partant de ce questionnement, nous examinerons les modalités d'apparition des jeux de mots dans le rap francophone en général, avant de mener une étude à partir de l'observatoire linguistique du sigle. Le comportement atypique du sigle dans les jeux de mots du rap nous invitera à une étude de cas sur le triplet *MST / SIDA / VIH* afin de mettre en lumière des critères énonciatifs pertinents pour comprendre à la fois les modalités sous lesquelles le rap mobilise la forme du jeu de mots et la différenciation épilinguistique qui apparait entre ces différents sigles.

2 Les codes d'une écriture : *punchlines* et jeux de mots

Encore aujourd'hui, il peut être étonnant que cette présence du jeu de mots n'ait pas été affectée par le succès d'audience gigantesque du genre au cours des dix dernières années, succès qui en aurait fait « la nouvelle pop » selon une expression quelque peu polémique discutée récemment par Maïzi (2025 : 200), créant des conditions d'écoute des textes parfois précaires (au profit d'un statut de musique d'ambiance). Bien des règles d'écritures se sont vues modifiées par ces transformations depuis les débuts du rap.

Ainsi, les textes se sont raccourcis sous l'influence des nouveaux formats d'écoute, les thèmes et les formes ont perdu en originalité (plus précisément l'originalité s'est diluée dans une production standardisée plus volumineuse, du moins dans le sous-genre dominant du moment) et en général la complexité textuelle s'est nettement amoindrie en surface : les priorités esthétiques se sont déplacées sur des questions rythmiques et pragmatiques (Adjerad 2022 : 23). Pourtant, il est encore difficile de trouver un texte d'une chanson rap qui ne comporte pas au moins un jeu de mots. À tel point qu'il peut sembler que ce soit là une des règles d'écriture du rap.

Même des textes qui surjouent la simplicité froide, en économisant au maximum les artifices artistes, trouveront de quoi glisser des jeux de mots. Dans cet exemple, le défigement de la collocation *faire le méchant*[1] (par la substitution du

---

[1] Enregistrée par la lexicographie : « Prendre un air menaçant, résister ou s'opposer par la force », TLFi. Quoique *jouer* puisse être vu comme relevant d'un emploi libre, il nous semble qu'il y a bien sollicitation d'une équivalence *faire/jouer* présente dans plusieurs collocations (*faire le/jouer les fiers-à-bras, faire le/jouer au malin*). L'expression *jouer le méchant* telle quelle n'est pas absente de certains relevés lexicographiques à vocation traductologique : https://www.wordreference.com/fren/m%C3%A9chant (consulté le 11 mai 2025).

verbe *jouer* et par l'introduction de la lexie antithétique *gentil* en périphérie) ne crée pas ou peu de polysémie mais se contente de saisir la lexie *méchant* (adjectif nominalisé, qui qualifie un caractère) avant sa concaténation dans une périphrase verbale qui reste très transparente (puisque *jouer le méchant*, c'est bien se comporter comme un méchant) :

(2) Arrête de jouer le méchant
Quand tu viens chez nous t'es gentil
Kalash Criminel, « Guedro », 2016

Malgré un travail sur le figement et les nuances de sens (car *jouer le méchant* n'est pas antonyme en langue d'*être gentil*) il est difficile de voir un jeu de mots dans un tel exemple : il montre au contraire un travail vers une écriture aux effets d'univocité aussi appuyés que possible, jusqu'à la redondance. Pourtant, dans le même texte, on trouve encore un jeu de mots beaucoup plus appuyé qui peut sembler détonner, si ce n'est qu'il s'insère plus largement dans les codes du genre rap :

(3) Ouais mon gars j'suis un non-fumeur
Qui peut te passer à tabac (tah, tah, tah !)
Kalash Criminel, « Guedro », 2016

Le rappeur saisit ici le sens courant du nom *tabac* dans la locution figée *passer à tabac* (c'est-à-dire *rouer de coups, tabasser*).[2]

2.1 Rime ou jeu de mots ? Embarras d'une frontière

L'onomatopée de ce dernier exemple, à la fois écho de la syllabe initiale de *tabac* et imitation du bruit d'une arme automatique fréquemment présente chez le rappeur, permet d'appréhender un problème de nomenclature ou de conceptualisation qui traverse toute l'écriture rap. À vrai dire, ce problème est inhérent au concept de jeu de mots lui-même, mais le rap le pose de manière aigüe : quand peut-on parler de jeu de mots, et quand y a-t-il simplement paronomase ou écho sonore ? La solution proposée par Kerbrat-Orecchioni (2018 : 28) est que le jeu de mots exploite les deux plans du signifiant et du signifié à la fois. Satisfaisante dans la plupart des genres de discours, elle pose une difficulté particulière en rap et

---

2 La locution dérive de *tabasser*, verbe variante de *taper* d'après le *Trésor de la Langue Française informatisé*. La forme graphique de la locution a déjà subi en langue la contamination du nom de l'herbe à fumer, et il est très probable que cette locution peu transparente soit réanalysée dans ce sens par les locuteurs.

plus généralement dans les formes poétiques. Le rap fait de l'allitération une exigence : à la fois par une règle de cadence et de brio technique qui favorise une densité maximale d'échos sonores (Barret 2008 ; Mahiou 2021), et en même temps par la règle plus rigoureuse du retour régulier de la rime sur les temps forts de l'*instrumentale* (Rossi 2012).

De fait, un terme du jargon rap souligne cette double exigence de densité et de régularité. La *rime multisyllabique* ou simplement la *multisyllabique* est une rime la plus riche possible, et elle brouille volontiers la frontière entre le jeu de mots et la simple paronomase :

(4) C'est moi qui sais le faire le mieux, pas besoin de faire le bilan
Je fais taire le milieu, comme un jeune Ronaldo à l'Inter de Milan
Alpha Wann, « Flamme Olympique », 2018

Ou encore cet exemple, où apparait littéralement l'expression *jeu de mots* alors même que le plan du signifié n'est pas exploité avec netteté dans la rime *fougères* / *fou j'erre*. Il semble au contraire que ce soit la gratuité de l'identité phonique de locution relativement longues et saisies dans un syntagme bien formé qui soit ici perçue comme relevant du « jeu[ ] de mots » :

(5) La mode c'est les jeux de mots
Alors j'serai un pro : [...]
4x4 du rap, j'rappe même dans les fougères
J'rappe partout à l'affut tel un fou j'erre t'as vu ?
Disiz, « MC Lagaf », 2000

Dans un genre ancré dans une culture orale, le terme de rime lui-même n'est pas strictement codifié et recouvre une réalité mobile. Sur le plan phonétique la rime en rap a plutôt à voir avec l'assonance, voire les « accords » théorisés dans Vanderhoeft (1989 : 96 ; citée par Rossi 2012 : 135). Les rimes de l'exemple (4) montrent cette spécificité : en tradition poétique littéraire française, la rime stricte repose sur la dernière voyelle tonique, en imposant une identité des phonèmes postérieurs (consonnes et dans la tradition classique *e* final atonique, [ə] lorsqu'il est prononcé). Son extension facultative (« richesse ») se mesure au nombre de phonèmes antérieurs (Gouvard 1999). Dans ce système, ne compterait comme rimes que le son [lɑ̃] des paires *bilan* / *Milan* et [jø] dans *milieu* / *mieux*. En rap – comme en slam ou plus lointainement en chanson – la rime est plus tolérante et saisit des configurations sur des rapports de similitude et non d'identité. Il s'agira minimalement d'assonances, souvent enrichies de sons consonantiques, qui peuvent permuter : les paires *faire le bilan* / *Inter de Milan* et *sais faire le mieux* / *fais taire le milieu* comptent donc ici comme des rimes sur toute leur extension. On peut en outre noter que si les séquences fonctionnent minimalement deux à deux, il s'agit en fait d'un réseau d'échos non bijectif (par exemple la permutation [f] / [t] qui intervient dans trois séquences sur quatre et en laisse une orpheline, ou bien le complexe sonore [mil] qui chevauche les deux paires rimiques, car il est présent dans une séquence et une seule de chaque paire).

Mais la rime peut aussi désigner, par métonymie, un segment de discours.[3] Cette dimension immédiatement sémantique de la rime (partagée au demeurant avec la tradition littéraire) accroit encore la difficulté à départager nettement le calembour de ses cousines parmi les figures de diction qui ont les honneurs des dictionnaires de poétique.

En outre, bien d'autres enjeux esthétiques interviennent dans la production textuelle d'un rap. Les effets de paronomase et de polysémie sont aussi à la racine d'une « esthétique de la difficulté » (Marc Martinez 2010 : 186), et d'une recherche de la « musication » (Barret 2008 : 180). L'idée est de créer de « l'analogique, du continu, à la place du digital du langage, de son aspect discontinu » (Pecqueux 2009 : 56), pratique qui peut être rapproché de la transe (Rubin 2013).

Sans prétendre résoudre définitivement la question, on retiendra pour prolonger notre étude le critère volontairement flou de la saillance de la paronomase, saillance qui peut être mise au compte de l'énonciateur comme de l'auditeur. Cette définition a le double avantage d'inclure les paronomases très appuyées mais sans polysémie évidente, que l'usage courant désigne bien comme *jeux de mots* ou *calembours*, et d'autre part de ne pas préjuger d'une intentionnalité de l'énonciateur dont la vérification est toujours précaire.

2.2 Une première enquête sur corpus : « pas un jeu de mots », « plus qu'un jeu de mots » ?

Dans le grand corpus ouvert LRFAF (Le Rap Français Aux Francophones), qui comptabilise 37 307 chansons du répertoire de 611 artistes catalogués « rap » ou « hip-hop » français par Wikipédia (Courson[4] 2024), au moyen du logiciel TXM

---

3 Voir par exemple cet article (non signé) de la radio Mouv' : « Rap français : le top des rimes impossibles en 2016 », *Mouv'*, 2016, https://www.radiofrance.fr/mouv/rap-francais-le-top-des-rimes-impossibles-en-2016-3077703 (consulté le 10 mai 2025).
4 Nos remerciements les plus chaleureux lui sont spécialement adressés pour nous avoir partagé ses travaux et dirigé vers le corpus ouvert LRFAF.

(Heiden, Magué et Pincemin 2010), on cherche l'expression *jeu(x) de mot(s)*.[5] Au total, on relève une cinquantaine d'occurrences.[6] Beaucoup de ces occurrences, surtout au pluriel, interviennent pour qualifier le rap du rappeur lui-même, en conjonction avec d'autres éléments du lexique rapologique, notamment la *rime*, mais aussi le *flow*, ou le *stylo*.

(6) Je taffais mes jeux de mots, je ne dormais plus
    Toutes mes nuits étaient blanches pour que mes feuilles ne le soient plus
    Soprano, « Mélancolique anonyme », 2007

Du rap en général, le jeu de mots peut par métonymie désigner sa qualité artistique (par opposition à son ambition commerciale) :

(7) J'en veux pas aux puristes du son et du jeu de mots
    Autant qu'j'en veux pas aux tubes faut bien qu'j'nourrisse mes mômes
    TiTo Prince, « J'kicke sans masque », 2013

Mais, à l'inverse, le jeu de mots est aussi la cible des critiques de l'écriture des rappeurs rivaux :

(8) Même ton string il s'bouche le nez, tellement tu croundav
    Ils font des vieux jeux de mots, ils prétendent faire de la punchline
    Butter Bullets, « Dernière séance », 2013

Ou bien être disqualifié dans une glose :

(9) Colonizason : plus qu'un simple jeu de mots
    L'rap un moyen pas un but frérot...
    Al Peco, « Kotigui », 2006

Ces exemples soulignent un paradoxe : le jeu de mots est ramené par un certain nombre de rappeurs à la pratique même du rap sur le ton de l'évidence. Et à l'inverse, il est disqualifié lorsque le rappeur entend donner à son propos le plus de poids possible. Mais alors, ne serait-ce pas là disqualifier le rap lui-même ?

---

5 Flexion nécessaire dans des transcriptions dont la qualité n'est pas constante. Nous ne la considérons pas comme un paramètre d'analyse. Nous conservons les transcriptions telles quelles sauf mention contraire.
6 Proposer un chiffre précis à l'unité près n'aurait pas de sens : entre autres parce que quelques-uns des items, quoique présents dans le corpus, ne relèvent pas pour nous du rap proprement dit (par exemple : série télévisée où jouent des rappeurs, R'n'B, slam...). L'ordre de grandeur de la dizaine semble mieux adapté, qui évite d'avoir à décider arbitrairement de chaque item pour camoufler ces incertitudes génériques inévitables.

2.3 Société, violence, humour : l'art de la punchline

On pourrait expliquer ce statut ambivalent par la multiplication des énonciateurs qui n'ont, après tout, pas tous le même point de vue sur leur art ni sur leur langue. Pour autant, la place privilégiée du jeu de mots en rap est indéniable, qu'elle soit évaluée positivement ou négativement. Cette fréquence empêche de lever la contradiction en distribuant ses pôles sur différents individus.

Il a déjà été noté que le rap remet en question la *doxa* esthétique et ontologique occidentale traditionnelle (Béthune 2003 [1999] : 27).[7] Une même ambiguïté recouvre la notion d'humour dans le rap (Adjerad 2022 : 54 ; Lacadée 1999 : 20). Le jeu de mots pourrait également être le lieu de cette remise en cause.

La forme apparait en tout cas comme un moyen d'accomplir les contraintes énonciatives du genre, et notamment la réalisation des *punchlines*, ces segments dont le but est d'impacter au maximum l'auditoire par une formule toujours savoureuse, souvent injurieuse et hostile. Le *punch* (coup de poing) de la *punchline* frappe à la fois l'attention du public et la réputation des rivaux du rappeur ou des réalités qu'il dénonce. Et si le mot peut être traduit de l'anglais par *chute* dans le contexte des devinettes et histoires drôles, le terme en rap a aussi beaucoup d'affinité avec la pratique classique de la *pointe*. Or, la pratique du jeu de mots était justement déjà abondante dans le contexte social fortement hiérarchisé de l'Ancien Régime (Abiven 2018).

Dans un contexte historique plus proche de nous, la psychanalyse a fourni une analyse qui permet de rendre raison de la fonction de « figuration indirecte » du jeu de mots (Freud 2019 [1988] : 175) et de son rôle dans l'évocation de réalités et de désirs tabou (sexuels et / ou agressifs). Un psychanalyste lacanien a ainsi pu affirmer que « le rap se structure comme un mot d'esprit » (Lacadée 1999 : 21).

Cyril Vettorato a employé le terme de « plaisanteries scatologiques ou sexuelles » et souligné que « les jeux de désémantisation et de multiplication des significations des mots que l'on peut observer dans le rap » (2012 : parag. 6) ressortissent d'un « protocole ludique et identitaire » (2012 : parag. 14) dont les racines remontent au parler noir américain et notamment aux *dirty dozens*. En outre, son analyse des *battles* de rap (joutes verbales à prises de parole alternées arbitrées par un public) montre les ambiguïtés vis-à-vis de l'idéologie homophobe et misogyne véhiculée par ce que les praticiens des *battles* percevaient comme les codes

---

[7] Écart affirmé par le philosophe, mais pas nécessairement par les rappeurs, ce qui peut donner lieu à toutes sortes de malentendus. Ainsi la réaction épidermique de jeunes rappeurs face au terme de « fiction nécessaire » employé par Philippe Lacadée (1999 : 14).

du genre, dans une forme d'exorcisation par le genre (discursif) d'une inquiétude dans le genre (sexuel).[8]

3 Des jeux de mots sans initiales ?

Ces éléments établis, notre propos portera sur la façon dont les sigles interviennent dans les jeux de mots du rap.

Nous définirons les sigles comme des unités lexicales dont le signifiant est formé par réduction d'une séquence discursive sur une base graphématique (réduction qu'on désignera comme siglaison) : nous parlerons donc de sigles à la fois pour les sigles lus, ou acronymes (*OVNI*), et les sigles épelés (*RTT*). Nous inclurons dans l'étude les pseudo-sigles que sont les rébus alphanumériques fondés sur une hybridation entre la siglaison stricte (ce que l'anglais appelle *initialism*) et la décomposition du mot en syllabe homophones à des lettres (*PTDR* pour *PÉTÉ De Rire*, *OKLM* pour *AU CALMe*) et les épellations (« L.U.T.T.E » [ɛl.y.te.te.ø], titre d'une chanson de Disiz et motif du refrain), épellations toujours susceptibles d'offrir le support d'une rétrosiglaison (l'interprétation d'un mot comme produit d'une siglaison). Cette inclusion de formes annexes est rendue nécessaire par l'importance sémantique de la forme signifiante du sigle en tant que telle. Cette forme favorise l'autonomie de la lexie par rapport à sa source, (Courbon, Lambert et Dion-Girardeau 2016 : 183–186), mais en exhibe dans le même temps la présence virtuelle. Les linguistes désignent ce mode de signification spécifique du terme d'« embrayage ambiréférentiel » (2016 : 178).

Il est naturel de supposer que le sigle, en tant que forme linguistique, devrait servir de base à de nombreux jeux de mots en rap.

D'abord, pour une raison aveuglément statistique. Si le jeu de mots est une forme très fréquente du genre, la siglaison en est également un trait stylistique caractéristique (Debov 2017). On trouve aussi bien des sigles néologiques (IAM, PNL, *MILS*, *NQNT*, B2O : différents noms de groupes, de rappeurs ou d'albums) que des sigles déjà disponibles dans le lexique courant ou les langues de spécialités. De même que les néologies, ceux-ci apparaissent aussi bien dans les dénominations, les intitulations et les textes eux-mêmes. Citons, pour illustration, le domaine du rap et de la musique : « MC » (prononcé [em.si:], dérive de *Master*

---

[8] Bien que cette analyse porte sur la forme des *battles*, beaucoup des exemples que nous commenterons en montreront la pertinence au-delà, pour le rap enregistré et commercialisé qui constitue notre corpus.

of Ceremony, désigne un rappeur), « DJ » (prononcé [di.dʒe], [di.dʒɛ], [di.ʒej] ou [di.dʒɛj], dérive de *Disc-Jockey*), « SACEM » (Société des Auteurs, Compositeurs et Éditeurs de Musique, principale société de gestion des droits d'auteurs musicaux en France), « SNEP » (Syndicat National de l'Édition Phonographique, association notamment responsable des certifications du nombre de ventes d'une œuvre : « Disque d'Or », « de Diamant », etc.) ; des marques et marchandises de luxe : « LV » (Louis Vuitton), « CBR » (moto sportive de la marque Honda), « RS4 », « RS5 » (*RennSport* : modèles de SUV de la marque Audi) ; ou encore du banditisme, réel ou fantasmé : « OG » (*original gangster*, terme honorifique), « C » (cocaïne), « H » (hashish), « PGP » (*Pretty Good Privacy* : nom d'un protocole de chiffrement de courriel).

Ces exemples montrent que les sigles peuvent avoir des origines très diverses, non seulement discursives, mais aussi en ce qui concerne les systèmes linguistiques qui les ont formés : si le français est majoritaire, l'anglais est bien représenté, que ce soit dans le lexique technique général ou dans la langue du hip-hop qui manifeste là son origine historique. On trouve aussi des langues moins hégémoniques, par exemple le russe (*goulag*, *KGB*, *AK-47*) ou l'allemand, déjà cité, ainsi que l'arabe (*DZ* : désigne les Algériens, renvoie à la translittération du nom Algérie الجزائر).

Au-delà de la rencontre statistique, une autre raison pourrait jouer aussi, plus essentielle. Le principe de condensation que Freud décèle à la racine du jeu de mots, tout autant que son rôle de sublimation des pulsions hostiles fait écho à la fonction qualifiée de « lapidaire » par Jacqueline Percebois (2001 : 629–631), qui combine des impératifs d'économie (articulatoire ou graphique) et d'impact énonciatif. En outre, ce que le fondateur de la psychanalyse identifie comme le rôle d'occultation et de figuration indirecte du mot d'esprit pourrait correspondre aux deux sous-fonctions cryptique et euphémique du sigle que la linguiste propose (Percebois 2001 : 632–634).

Enfin, une possibilité formelle autorise à rapprocher sigles et jeux de mots : le statut de signifiant second du sigle, signifiant dont la forme en exhibe un autre dont il est censé dériver, en fait une forme a priori hautement polysémique.

Ces proximités théoriques ne manquent pas d'attestations : citons les enjeux socio-politiques de la prononciation *snick* du sigle SNCC[9] (Bonnet 2011). De nom-

---

9 *Snick* peut être un nom ou un verbe signifiant *entaille*, *encoche* et *taillader* ou *se battre violemment*. Le *SNCC* (« Student Nonviolent Coordinating Committee », c'est-à-dire *Comité de coordination étudiant non-violent*) fut une organisation qui joua un rôle important dans le mouvement des droits civiques. Pour résumer rapidement la très riche analyse de Bonnet, on fera seulement remarquer que le sens de *snick* est antithétique de la non-violence affirmée dans la

breux détournements de sigles à visée injurieuse, souvent politique et contestataire (et à connotations volontiers sexuelles ou scatologiques), ont été référencés et analysés (Renard 2011). Dans tous les cas, les sigles étaient « détournés », c'est-à-dire réinterprétés sur le mode de la rétroacronymie.

Pourtant, dans notre corpus, les exemples de détournements proprement dits semblent assez rares.[10] En interrogeant quelques sigles courants du rap (ADN, HLM : Habitation à Loyer Modéré, un type d'habitat au bail encadré – , BAC : Brigade Anti-Criminalité, service de police ciblant les quartiers pauvres[11] –, OG SACEM, ANPE : Agence Nationale Pour l'Emploi, renommée depuis en Pôle Emploi puis France Travail)[12] nous n'en trouvons qu'un seul :

(10)   Car ANPE signifie, « Aucun Nègre Pour l'Emploi »
       Neg' Marrons, « A.N.P.E », 1997

3.1 Le sigle dans le jeu de mots : proposition de typologie

On peut établir quatre grands types théoriques de jeux sur les sigles. Nous excluons d'emblée un cinquième type, qui met en jeu les séquences sources des sigles sans expliciter le sigle lui-même, qui relève d'un jeu sur la locution et non sur des sigles proprement dits : par exemple Objet Littéraire Non Identifié (titre de colloque détournant *Objet Volant Non Identifié* sans expliciter le sigle OVNI). Quoique nous placions ces jeux de mots hors de notre typologie, il est difficile de ne pas les aborder par connexité, car ils sont toujours susceptibles de convoquer

---

séquence source, oxymore qui reflète et commente les enjeux polémiques et politiques qui agitèrent les Noirs américains dans leur lutte émancipatrice.
10   Hormis le cas de la chanson « R.A.P. » de Booba (*Panthéon*, 2004) tout entière écrite à partir de variations sur les détournements du mot *rap* épelé et pris comme sigle. Ce cas relève pour nous du hapax. Le fait que le détournement apparaisse ainsi massivement comme principe poétique pour une chanson et une seule de la carrière du rappeur (et à notre connaissance du rap francophone en général) plaide justement pour voir ce procédé comme non standard, manifestant une individualité stylistique forte.
11   Voir notamment l'étude que lui consacre Didier Fassin (2011).
12   Pour ces six sigles, on s'est contenté d'interroger les formes siglées et d'observer le contexte proche des concordances (±12 mots).
Pour *ADN* seulement, on a précisé l'étude en cherchant également les séquences de trois mots dont les initiales successives sont A, D, N. Sur 282 occurrences, deux expressions reviennent plusieurs dizaines de fois : *Afrique du Nord* et *Arche de Noé*, dont les sens dans le discours rap paraissent se prêter particulièrement bien à une rétrosiglaison. Pourtant, ce détournement n'est effectivement interprétable dans aucune occurrence.

virtuellement un sigle plus ou moins connu. Nous y reviendrons en section 3, notamment en discutant les exemples (22) et (23).

(i) Le jeu de mots saisit le sigle comme un mot de la langue, en prenant sa forme signifiante phonique pour pivot

Ce cas est probablement le plus courant, quoiqu'il soit difficile d'établir une fréquence, même indicative. La limite entre le jeu de mots et la rime ou l'allitération est particulièrement poreuse car les correspondances / discordances de signifiés ne sont pas nécessairement convoquées de façon explicite sur le même rapport que la correspondance phonétique qui fait le pivot. Ainsi il est difficile de juger le niveau de saillance de l'exemple (11) : on peut considérer ici que la paronomase *héritier* / *R.I.P* convoque un schéma sémantique /mort/, /naissance/, /génération/ renforcé par différentes stratégies (marqueur interpellatif *mon frère*), mais ces cas sont volontiers à la limite de la simple allitération.

(11) Tu n'es qu'héritier, pas d'ton père mais d'Kery J[13]
Et si ça continue comme ça, mon frère, tu n'seras qu'R.I.P
Médine dans : Kery James (*feat.* Médine et Youssoupha), « Contre nous », 2013

(ii) Le jeu de mots saisit le sigle comme mot de la langue, pour son signifié et ses collocations, dans le cadre d'un autre pivot polysémique

Ce cas, est également assez fréquent. Il s'agit des jeux de mots qui ramènent la lexie à des collocations qu'elle suppose et qui sont, elles, le support de la polysémie. Le jeu de mots ne porte pas alors sur le sigle à strictement parler, il est seulement sollicité par un pivot polysémique. La forme signifiante est dans ce cas accessoire. De ce fait, ces cas sont souvent à la limite de la métaphore.

(12) Pépère en Twingo, trop farhan en BMW
J'ai connu des meufs vierges et des meufs RW ;
La Fouine, « Hamdoulah moi ça va », 2009

Nous voyons à nouveau, dans la rime *BMW* / *RW* [be.ɛm.du.blə.ve] / [ɛʁ du.blə.ve], un cas-limite entre la seule paronomase et le type (i) si on admet une saillance qui nous semble ici insuffisante : la mise en rapport sémantique entre les deux

---

[13] Prononcé avec trace de la prononciation anglaise, mais sans diphtongue : [dʒe].

phrases est très faible, et on peut supposer que la source de *BMW* (*Bayerische Motoren Werke*, « Fabrique de moteurs bavaroise ») est ignorée de la plupart des auditeurs, voire du rappeur lui-même).

Le type (ii) apparait dans la deuxième phrase : « RW » renvoie à un type de disque optique (CD ou DVD) dit « ReWritable (réinscriptible) », type qui s'oppose aux disques qu'on ne peut graver qu'une seule fois, lorsqu'ils sont « vierges », mot qui est ici le véritable support de cette syllepse qui joue sur les clichés sexistes liés à la virginité féminine.

(iii) Le jeu de mots saisit le sigle comme sigle, avec son « embrayage ambiréférentiel »

Les deux premiers types ne sont pas à proprement parler des façons d'exploiter le sigle dans les jeux de mots. Ce n'est qu'à partir de ce troisième type que le sigle intervient en tant que tel et joue sur la possibilité polysémique de l'embrayage ambiréférentiel (la capacité du sigle de fonctionner à la fois comme lexie standard et comme signifiant d'autres signes).

Nous avons cité un cas de détournement (10) et reviendrons en détail sur un autre (16). Ils sont assez rares. L'exemple suivant (13), d'un type également peu fréquent, montre un cas où la polysémie d'un sigle attribué à plusieurs séquences « sources » fonctionne non par détournement mais par une homonymie présente en langue :

(13) Vous savez pas l'effet qu'ça fait de prendre un coup d'CP
      Par un bleu qu'a redoublé treize fois le CP
      Sefyu, « Dans la glace », 2019 [transcription personnelle]

Le sigle *CP* peut désigner la première classe de l'école élémentaire (*CP* sigle alors « Cours Préparatoire »). C'est le sens immédiatement accessible à tout locuteur français. Un deuxième sens de *CP* est beaucoup plus obscur, comme en atteste d'ailleurs une erreur (ici corrigée[14]) de transcription dans notre corpus qui notait *CB*. Ce sens est issu d'une langue de spécialité : *CP* est en effet une abréviation présente dans les renvois des textes juridiques pour désigner le Code Pénal. En

---

14 Nous affirmons qu'il s'agit d'une erreur : notre analyse est cohérente avec notre transcription, aussi bien que la pratique du passage à tabac policier au moyen d'un gros livre à couverture souple, qui est un *topos* des récits criminels et des polars (on le trouve par exemple dans une scène du film *Taxi 3*, Gérard Krawczyk, 2003).

outre, il est possible qu'il n'existe pas dans le sociolecte oral des juristes mais soit sous la forme [se.pe] une invention du rappeur.

Cet exemple montre la complexité du jeu d'homonymie et de son réseau allusif et ironique : le CP étant d'une part la classe où l'on apprend à lire, et le Code Pénal étant de l'autre un livre, assez épais qui plus est. Le fait que le Code Pénal contienne des articles assez explicites sur les peines encourues pour violences en réunion et abus d'autorité ajoute bien sûr à l'ironie amère d'un rappeur victime d'un policier qui fait un usage de la loi conforme à son niveau d'instruction.

(iv) Le jeu de mot ne saisit pas le sigle mais le graphème oralisé

Enfin, on peut citer des cas qui ne convoquent plus le sigle proprement dit (issu effectivement ou virtuellement d'une séquence source) mais ses constituants fondamentaux. Nous incluons ce cas dans la mesure où les graphèmes sont saisis avec des propriétés morphématiques (signifiantes). Il parait légitime d'inclure ce type de jeu de mots car il est fondamentalement lié à la siglaison. En effet, c'est précisément le dépassement du seuil de la double articulation par le graphème qui permet l'embrayage ambiréférentiel.

L'exemple (14) comporte le prénom de naissance Alix du rappeur Kery James, prononcé lettre à lettre. L'épellation à fonction de signature orale est une pratique courante du rap, qui rappelle les pratiques d'une autre composante de la culture hip-hop, le graffiti.

(14) A.L.I.X originaire des terres d'Afrique
Ideal J, « Hardcore », 1998

Ici, l'épellation ne se limite pas à évoquer et imiter oralement l'acte graphique et son poids social. En prononçant chaque lettre du prénom, le rappeur noir d'origine haïtienne dessine une double lecture : *Alix* est concurrencé par *Ali X*. Cette deuxième forme graphique active à la fois la présence d'un prénom musulman très répandu en Afrique, Ali[15], et introduit une allusion à une pratique de dénomination noire-américaine liée à la *Nation of Islam*, un courant religieux nationaliste noir-américain célèbre pour avoir formé Malcolm X au rôle de prédicateur. Selon cette doctrine, le X remplace le nom de famille des membres (masculins) du culte au terme d'un parcours initiatique et doit symboliser le déracinement causé par la

---

15 Nous remercions ici M. Jean-Claude Mapendano pour avoir émis cette hypothèse indépendamment de nous et confirmé par sa meilleure connaissance du continent ce qui n'était qu'une intuition de notre part.

traite et notamment la rupture des liens familiaux souvent pratiquée à dessein par les esclavagistes, avant ou après la déportation (Guérin 1973 : 193). Le symbolisme fort de la lettre, à la fois croix, carrefour, signature des illettrés, inconnue algébrique, et prononcée *ex* en anglais est largement activé dans cette pratique américaine, que Kery James évoque sans doute sous l'influence des origines étasuniennes du hip-hop, mais aussi des idéologies panafricanistes auxquelles s'est très tôt intéressé le rappeur.

Notre dernier exemple de jeu de mots à déploiement complexe est moins politique, mais isole mieux encore la façon dont le graphème est saisi en dehors de son lien avec le système phonologique, pour son poids sémantique – plus ou moins conventionnel. Au terme d'une série de rimes en [ve], qui inclut les sigles issus du monde du sport, peu courants en français oral, « L » et « V » pour *losses* (pertes) et (*victories*), le rappeur Ademo emploie l'expression « parlent dans mon V », qu'on pourrait appeler une locution-valise fusionnant *parler dans le dos* et *avoir le dos (taillé) en V*.

(15) J'kiffe voir la misère s'élever, j'me suis fatigué à rêver
J'me repose sur les faits, ouais, bientôt j'me refais, j'te laisse L, j'prends le V, l'enfer m'est réservé
Les putes parlent dans mon V
PNL, « Je vis je visser », 2015

Le type (iv) partage avec (i) et (ii) la propriété de ne pas engager directement la siglaison proprement dite.

3.2 Hypothèses sur la relative absence des rétrosiglaisons

Au terme de cet aperçu, la question se pose donc de comprendre pourquoi le sigle est peu sollicité pour la pratique du jeu de mots de façon standard, pour sa capacité polysémique conventionnelle. Il nous semble que l'analyse des exemples précédents a déjà fourni le canevas qui permet de formuler trois hypothèses explicatives qui se superposent.

(a) Le détournement serait perçu comme une facilité d'écriture poétique

La première tient justement à la contrainte d'inventivité et d'originalité du rap. Il se pourrait que le détournement simple soit considéré comme une facilité d'écriture et proscrit comme une faute de goût. L'explicitation d'un sigle coprésent pourrait contrarier « l'esthétique de la difficulté » (Marc Martinez 2010 : 186) que les rappeurs mettent en avant Cette première hypothèse serait assez difficile à tester. Elle ne saurait en outre épuiser la question, tant le rap est un genre qui accepte aussi largement l'usage d'un stock de formules et de motifs stéréotypés.

(b) La contrainte de solliciter une langue représentative pèserait sur le choix des jeux de mots

Une deuxième hypothèse peut lever cette contradiction entre originalité et stéréotypisation. En outre, elle reformule les contours de la première d'une façon mieux observable. Dans les exemples cités les sigles ont la valeur qui est la leur en langue. Les torsions imposées à leur usage, qui en faisaient les supports de jeux de mots, n'annulaient pas leur sens premier ni n'en créaient véritablement de nouveaux, mais convoquaient des rapprochements ingénieux (entre signifiés, entre signifiants, entre collocations existantes). Admettre cette contrainte particulière permet de donner un cadre au jeu de mots rap, cadre qui recoupe pleinement la dialectique que le genre s'impose, entre les valeurs d'authenticité, de représentativité et de transmission ; ou plus abstraitement entre l'individualité singulière du rappeur, la collectivité particulière à qui il appartient et l'universalité virtuelle du public.

Le rappeur se doit de montrer une grande maitrise de la langue, pas en tant que système de signes abstraits idéal, mais comme réseaux de différences, entre un « parler autrement » qui prend les valeurs d'un « we code » (Trimaille 1999 : 79–82) et une langue du pouvoir qui s'affirme comme le type unique mais qui n'est qu'un « we code » comme un autre (Calvet 1999 [1987] : 93).

Introduire des sens nouveaux aux sigles par le détournement pourrait donc paraître une affirmation langagière individuelle trop forte pour être admissible. Cette hypothèse cadre au demeurant avec certaines attestations de détournement ou de refus de détournement.

Le nom du groupe IAM, [a.jam] ou [aj.am], a fait l'objet de diverses réinterprétations. Il dérive supposément de la phrase *I Am a Man* (slogan du mouvement des droits civiques étasunien). Le sigle a aussi été réanalysé dans des titres de morceaux ou des propos des membres du groupe : *Invasion arrivant de Mars* (avec un jeu de mots sur le nom de la ville de Marseille), *Indépendantistes Autonomes Marseillais*, ou encore *Imperial Asiatic Men* qui fait référence à des théories panafricanistes à composantes mystiques sur les origines de l'homme (généralement l'homme noir).

Mais, à l'inverse, les possibilités polysémiques de la siglaison de leur nom de groupe ont été contestées par les autres figures tutélaires du rap en France. Lorsque les distributeurs des rappeurs Joey Starr et Kool Shen du groupe NTM tentent d'édulcorer le sens de l'acronyme en laissant entendre qu'il signifiait *Le Nord Transmet le Message*, la réaction des artistes ne laisse pas place au doute : « Pour Joey Starr, NTM signifie bien 'Nique Ta Mère'. Ça n'a rien de symbolique, encore moins de codé à propos d'un 'message à transmettre' » (Pecqueux 2009 : 84). Là encore, l'importance de la représentativité langagière et du contrôle sur son propos paraissent essentiels.

Le détournement à visée contestataire en (10) se réapproprie le sens d'un sigle institutionnel d'ANPE pour en dénoncer le référent, soit l'impuissance de l'Agence Nationale Pour l'Emploi à remédier aux discriminations à l'embauche que subissent les Noirs, voire sa responsabilité directe dans la situation en tant qu'agence d'un État à l'histoire colonisatrice. Un tel détournement permet donc d'affirmer une sensibilité identitaire forte fondée sur l'histoire passée et présente du racisme.[16]

(c)   Le sigle ne serait pas perçu comme impliquant une source

Une troisième hypothèse s'appuierait sur l'idée que le sigle s'autonomise de la séquence dont il émane et donc n'est plus du tout senti comme sigle, ou ne l'est qu'à un titre de rémanence – certains effets de la siglaison étant conservés mais pas la cause initiale du lien avec une séquence source.

Cette hypothèse précise et prolonge les modèles de lexicalisation qui ont déjà bien relevé cette autonomisation. De fait, un sigle peut prendre une « réalité autonome » en langue lorsqu'il renvoie « directement à un signifié sans que la médiation de sa source ne soit nécessaire » (Calvet 1980 : 78). Ce modèle a été approfondi en mettant en avant l'embrayage ambiréférentiel : il est démontré que les sigles ne conservent dans le mode de signification du sigle que « la trace d'une séquence dénominative » (Courbon, Lambert et Dion-Girardeau 2016 : 178).

Nous proposons ici l'idée que la spécificité ambiréférentielle du sigle n'est pas la seule à jouer dans sa perception comme lexie non standard. Le type (iv) en est déjà un indice, qui montre que le graphème n'est pas nécessairement saisi pour sa capacité à encoder une lexie particulière, mais en tant que graphème-morphème (14), voire en tant que pur élément graphique (15).

4 Étude de cas : *MST / SIDA / VIH*

Une occurrence de détournement contrastive peut permettre de tester cette hypothèse :

---

[16] Le nom du groupe Neg' Marrons montre nettement cette préoccupation : dans la langue esclavagiste, un « marron » ou « negmarron » désigne un esclave en fuite.

(16) MST : MC's se travestissent
13Block, « 9.3. Gangstérisme », BLO, 2018

Cet exemple est tout à fait canonique du détournement de sigle : sur la base de la séquence graphématique oralisée [ɛm.ɛs.te], une nouvelle séquence énonciative (prédicative) est proposée comme « source » du sigle à la place de sa source conventionnelle *maladie sexuellement transmissible*, cette nouvelle source étant censée en dévoiler le sens. Le détournement respecte aussi les codes du rap et des punchlines.

On pourrait voir ici un cas où le détournement est autorisé par un aspect revendicatif et communautaire : d'abord parce que la charge transphobe fonctionne comme repoussoir identitaire, ensuite parce que le rapprochement entre le sigle *M.S.T* et des pratiques de genre non hétéronormées est une forme allusive de dénonciation de la responsabilité (évidemment imaginaire) des personnes LGBT dans la diffusion des IST[17] et notamment du SIDA. De ce point de vue, le détournement du sigle permet d'évoquer une réalité à la fois taboue et mal comprise de façon allusive. Cet usage est très similaire à l'analyse proposée par Renard (2011 : 40) d'un détournement complotiste et antisémite de « Pepsi-Cola[18] ». Il est ainsi possible que le détournement soit ici admis parce qu'il est pris au sérieux, du moins dans une certaine mesure, et se donne comme révélateur d'une vérité cachée et non comme une astucieuse correspondance.

Nous voudrions montrer que cette analyse ne suffit pas à expliquer seule la possibilité du détournement. Nous proposons d'étudier le doublet synonymique *SIDA / VIH* et son hyperonyme *MST*. Ce doublet permet de représenter un sigle lu et un sigle épelé en limitant leurs différences sémantiques : *VIH* et *SIDA* ne se distinguent pas nettement dans l'usage non médical.

---

17 Suite à des recommandations de l'Organisation Mondiale de la Santé, l'appellation *MST* tend à être remplacée dans la langue médicale contemporaine par la locution mieux englobante *infection sexuellement transmissible* et son sigle associé *IST*, car toutes les IST ne sont pas symptomatiques dès le stade de l'infection – ce que le terme *maladie* laisse entendre. C'est notamment le cas du VIH qui peut rester asymptomatique des années. Nous employons donc l'appellation moderne pour désigner le référent de *MST*.

18 Ce détournement, sans doute humoristique et militant à l'origine, attribuait la séquence lettrique *PEPSI* à la locution *Pay Every Penny To Save Israel* (« Payez jusqu'au dernier centime pour sauver Israël »). Mais cette forme de dénonciation de la politique étrangère américaine (la marque de soda étant assimilée à son État national) et de son soutien explicite à l'État israélien n'est pas toujours prise avec la distance du détournement : la rétrosiglaison a fini par être prise au sérieux comme une étymologie réelle, et expliquée comme un « message subliminal » propagé par des instances nébuleuses ou « entités ».

Or, à sens à peu près équivalent, on peut montrer en première approche que le voisinage de ces trois sigles se comporte différemment. On observe à une distance de vingt mots s'il contient d'autres sigles ou épellations.

Tableau 1 : Cooccurrence locale des trois sigles étudiés avec d'autres sigles : effectifs et proportions

	SIDA	VIH / V.I.H	MST / M.S.T
Nombre d'occurrences	222	24	77
Occurrences voisinant un autre sigle (± 20 mots)	18	8	32
Proportion	8%	33%	42%

On peut voir dans la distribution une nette différence de proportion, entre *SIDA* d'une part et *VIH* ou *MST* de l'autre.[19] Les règles d'écriture du rap et les impératifs de cadence et d'assonances peuvent expliquer cette différence. Pour *VIH*, par exemple, la plupart des sigles voisins jouent sur des paronomases plus ou moins appuyées (parmi d'autres : *LVMH* – marque de luxe –, *HLM*, *H.A.C.H.E* – épellation de *hache* –, *H1N1* – virus de la grippe A –, *CIA* – *Central Intelligence Agency*, renseignement américain).

Ces contraintes ne suffisent toutefois pas à expliquer ces disparités : des paronomases tout aussi valables peuvent être produites sans recourir à d'autres sigles, et sont largement attestées en corpus. L'occurrence de *H.A.C.H.E* [aʃ.a.se.aʃ.ø] relevée plus haut fournit un indice de l'importance de l'effet de sigle, puisque la

---

[19] On peut calculer les valeurs-p bilatérales du test de Fisher-Yates associées aux couples SIDA-VIH et SIDA-MST qui sont inférieures respectivement à 10^{-3} et 10^{-5}. Ces valeurs montrent des différences de proportions « statistiquement significatives », selon une formule répandue mais peu parlante (Hurlbert, Levine et Utts 2019). Elles indiquent que, pour chaque couple, il y aurait moins d'une chance sur mille (respectivement cent mille) d'observer de telles différences de proportions si chacun des mots du couple avait un voisinage en sigles de probabilité similaire.
Le terme de « probabilité similaire » doit se comprendre comme relatif à un univers des discours possibles qui serait homogène au corpus. Un tel univers serait ici l'objet générique « rap francophone », et on peut dans cette approche considérer que la différence observée est le reflet d'une contrainte de discours et non d'un hasard distributionnel. Cette remarque appelle toutefois une précaution épistémologique importante sur les démarches statistiques, qui obligent à travailler sur de tels objets abstraits, dont les modalités d'existence sont discutables lorsqu'il ne s'agit pas des permutations d'une liste fermée.

séquence non épelée est également paronomastique de *VIH*. Il semble que le sigle se distingue ici nettement de l'acronyme.

Cette première variation sur la qualité acronymique ou non du sigle nous invite à observer sa dépendance à la capacité d'accueillir des jeux de mots. De toutes les occurrences de *SIDA*, on relève essentiellement des allitérations ou des rimes, dont une seule porte sur tout l'acronyme :

(17) 416, c'est le nombre de morts par heure du Sida
Maladie ou génocide ? Mais qui décida ?
Furax Barbarossa, « On va dans l'mur », 2006

Et un seul jeu de mots saillant :

(18) Tu l'sais
Fa sol la sida
La fausse note dans ma mélodieuse vie
Pit Baccardi, « Larmes amères », 2001

Il est notable que le sigle *VIH* appelle, malgré sa fréquence bien moindre, deux jeux de mots du type 2.1 (iv).

(19) Je savais quoi faire de ma V.I.E.
Que Dieu me préserve du V.I.H. et de celles qui pratiquent la M.A.G.I.E
Hayce Lemsi, « #Totopirate », 2017

(20) « La vie est belle, ça s'écrit pas VIH »
Sniper, « Gravé dans la roche », 2003

On trouve des occurrences épelées de *S.I.D.A.* [ɛs.i.de.a] Celles-ci n'apparaissent que dans des paronomases appuyées, (on trouve deux cas jouant sur *est-ce idéal* [ɛs.i.de.al], et un sur *des idées à* [de.zi.de.a]), sans référence à la qualité de sigle. Nous en reproduisons un ci-dessous :

(21) Di Di Di Différents caractères, frèro gare à toi
Garage à bites, S.I.D.A., est-ce idéal ?
Sexion d'Assaut, « Gotham City », 2007

Les formes développées médicales *syndrome de l'immunodéficience acquise* et *virus de l'immunodéficience humaine* sont absentes du corpus. Aucune variante de ces locutions n'est repérable sur les 200 attestations du mot *syndrome* ni sur les 350 de *virus*. En revanche, on trouve une occurrence de *maladie sexuellement transmissible* et cinq jeux de mots qui font varier l'adverbe et / ou le nom-tête sur le mode :

(22) La Peste, maladie musicalement transmissible
Disiz, La Peste, « Un scratch un beat un rap », 2000

(23) Le H.I.P frappe et s'disperse aux quatre vents
Depuis les scientifiques comme des dingues
Cherchent à trouver un antidote pour soi-disant le combattre, en vain
Car sacré virus textuellement transmissible qui transperce sa cible
La Brigade, « Faut pas contester ça », 2001

La présence dans le corpus de ces locutions et de ces jeux de mots sur la locution tend à indiquer que la forme source du sigle *MST* est bien plus présente à la mémoire des locuteurs que celle de *VIH*. Le détournement parait donc d'autant moins probable que le sigle est senti comme un élément de la langue et lexicalisé indépendamment de la locution qui lui sert de source.

Pour finir, nous proposons deux remarques appuyées sur cette étude de cas. D'abord, on peut noter que l'exemple (12) fournit un cas extrême de dissociation entre saillance de l'épellation et effacement de la forme développée. La sollicitation de la rime *BMW / RW* repose entièrement sur l'impression d'épellation, la rime étant formée sur la prononciation des graphèmes, avec une adaptation vers l'alphabet français de ces sigles étrangers. Ce fait tend à montrer que le signifié convoqué est totalement indépendant de toute séquence source, réelle ou virtuelle. En outre, BMW et RW sont respectivement mis en relation avec *Twingo* et *vierge* dont les morphologies respectives (mot-valise forgé par une marque française avec le lexique anglais, mot issu du fonds latin) sont très différentes. Pertinente pour la rime, la morphologie siglique nous parait bien ignorée sémantiquement sans que ces mots soient assimilés entièrement à des lexies standard.

Enfin l'exemple (23) montre un jeu de mots qui pourrait nécessiter un aménagement de notre typologie. L'épellation sur *H.I.P* [aʃ.i.pe] permet en effet un jeu sur le signifiant qui repose sur la nature du sigle en soi, sur une virtualité paronomastique avec d'autres sigles non explicités et non sur une paronomase en particulier, ni nécessairement sur la virtualité d'une forme développée. En évoquant la nomenclature épidémiologique, l'effet de sigle de l'épellation initie à lui seul la métaphore filée du genre musical assimilé à un pathogène. Il apparait donc que la « connotation graphématique » des sigles épelés leur confère (ou aide à leur conférer) des attributs sémantiques par elle-même.

Une hypothèse mériterait d'être examinée en ce sens : la forme graphique du sigle et le choix des ponctuations qu'on trouve dans les transcriptions sont hautement variables (usage ou non de points séparateurs, présence ou absence de point final, tirets séparateurs, plus rarement espaces). Il a été établi que la progression d'un acronyme vers une graphie en minuscules était un signe de sa lexicalisation avancée. On peut citer *radar* et *laser*, des exemples classiques et emprunts de l'anglais, mais le phénomène concerne aussi des sources de siglaison françaises. Citons par exemple *cédex* pour *courrier d'entreprise à distribution exceptionnelle*, ou *gav* (*garde à vue*) un sigle très fréquent dans le rap. Cependant, la question se pose encore pour les sigles épelés, qui passent rarement en minuscule en-dehors de l'écrit informel (messagerie instantanée et réseaux sociaux). Observer si le paramètre de la connotation graphématique est corrélé au comportement des formes graphiques pourrait permettre d'asseoir la pertinence de cette dimension épilinguistique.

5 Conclusion

Le rap est un genre de discours poétique et oral où abondent jeu de mots et sigles. Pourtant, l'examen systématique d'un corpus de neuf sigles en rap mené sur le grand corpus ouvert LRFAF montre que le comportement standard des jeux de mots portant sur les sigles, tel que le décrit Renard (2011) est peu fréquent. Les sigles pris dans des jeux de mots sont apparemment plutôt traités comme des mots standards de la langue, ce qui correspond aux observations qui admettent leur autonomisation de la forme source.

Il existe néanmoins des cas où le sigle est saisi pour ses propriétés particulières : d'une part son embrayage ambiréférentiel (la capacité de référer à la fois à un objet du monde et à la séquence qui a fourni la source de la siglaison) d'autre part son aptitude plus générale à oraliser et morphématiser des graphèmes. La saisie par le jeu de mots permet de mettre en lumière une différence de comportement assez nette entre le sigle épelé et le sigle lu (acronyme). L'observation faite sur le doublet *VIH / MST* montre notamment qu'un sigle épelé peut ou non être associé à sa forme source sans que cela pèse par ailleurs sur sa perception en tant que lexie non standard. Cette différence nuance les modèles de lexicalisation du sigle existants. Elle plaide pour distinguer la connotation ambiréférentielle du sigle, l'impression qu'il dérive d'une séquence dénominative, de sa connotation « graphématique », qui ne sont pas nécessairement activées à parts égales.

Le jeu de mots, forme centrale du rap, apparait ainsi dans notre corpus comme un lieu de variation pertinent pour mettre en lumière des propriétés épilinguistiques du sigle. À l'inverse, le comportement atypique du sigle permet d'entrevoir une stylistique du jeu de mots en rap et les types de manipulations langagières que le genre admet ou repousse.

Références bibliographiques

Abiven, Karine. 2018. Pouvoir du jeu de mots : dominer par la parole en contexte d'inégalité sociale. In Esme Winter-Froemel & Alex Demeulenaere (éds.), *Jeux de mots, textes et contextes* (The Dynamics of Wordplay 7), 117–134. Berlin & Boston : De Gruyter. https://doi.org/10.1515/9783110586459-006.

Adjerad, Daniel. 2022. *Punchlines : La richesse d'une énonciation*. Marseille : Le mot et le reste.

Barret, Julien. 2008. *Le rap ou l'artisanat de la rime*. Paris : L'Harmattan.

Béthune, Christian. 2003 [1999]. *Le rap : une esthétique hors la loi*. Paris : Autrement.

Bonnet, Valérie. 2011. SNCC ou snick ? Les enjeux sociaux d'un acronyme. *Mots. Les langages du politique* 95. 43–56. https://doi.org/10.4000/mots.20077.

Boucher, Manuel. 1998. *Rap, expression des lascars : significations et enjeux du rap dans la société française*. Paris : L'Harmattan, Union peuple et culture.

Calvet, Louis-Jean. 1980. *Les sigles* (Que sais-je ? 1811). Paris : Presses Universitaires de France. https://gallica.bnf.fr/ark:/12148/bpt6k33632952.

Calvet, Louis-Jean. 1999 [1987]. *La guerre des langues et les politiques linguistiques* (Pluriel). Paris : Hachette Littératures.

Courbon, Bruno, Maxime Lambert & Samuel Dion-Girardeau. 2016. La fabrique du sigle : entre focalisation référentielle et (re)dénomination. *Neologica* 10. 171–216. https://doi.org/10.15122/isbn.978-2-406-06279-0.p.0171.

Courson, Benoît de. 2024. *LRFAF : une exploration numérique du rap français depuis les années 1990*. https://osf.io/d96tr (consulté le 1 janvier 2000).

Debov, Valéry. 2017. *Rimes de rap français : Abréviations, sigles et acronymes*. Paris : L'Harmattan.

Fassin, Didier. 2011. *La Force de l'ordre : Une anthropologie de la police des quartiers*. Paris : Seuil.

Freud, Sigmund. 2019 [1988]. *Le mot d'esprit et sa relation à l'inconscient* (Folio Essais). Paris : Gallimard.

Gouvard, Jean-Michel. 1999. *La Versification*. Paris : Presses Universitaires de France.

Guérin, Daniel. 1973. *De l'oncle Tom aux Panthères noires* (Collection 10–18). Paris : Union générale d'édition.

Hammou, Karim. 2014. *Une histoire du rap en France*. Paris : La Découverte.

Heiden, Serge, Jean-Philippe Magué & Bénédicte Pincemin. 2010. TXM : Une plateforme logicielle open-source pour la textométrie –conception et développement. In Sergio Bolasco, Isabella Chiari & Luca Giuliano (éds.), *Statistical Analysis of Textual Data – Proceedings of 10th International Conference Journées d'Analyse Statistique des Données Textuelles*, vol. 2, 1021–1032. Rome : Edizioni Universitarie di Lettere Economia Diritto. https://shs.hal.science/halshs-00549779.

Hurlbert, Stuart H., Richard A. Levine & Jessica Utts. 2019. Coup de Grâce for a Tough Old Bull : "Statistically Significant" Expires. *The American Statistician* 73 (sup1). 352–357. https://doi.org/10.1080/00031305.2018.1543616.

Kerbrat-Orecchioni, Catherine. 2018. Heurs et malheurs du jeu de mots. In Esme Winter-Froemel & Alex Demeulenaere (éds.), *Jeux de mots, textes et contextes* (The Dynamics of Wordplay 7), 25–48. Berlin & Boston : De Gruyter. https://doi.org/10.1515/9783110586459-002.

Lacadée, Philippe. 1999. Dans le langage, un équivalent de l'acte. *Lettre mensuelle de l'École de la cause freudienne* 178. 19–22.

Lapassade, Georges & Philippe Rousselot. 1990. *Le rap ou la fureur de dire*. Paris : Loris Talmart.

Mahiou, Idir. 2021. Du flow binaire au flow polyrythmique, « de la rime scolaire à la rime rappeuse » : une histoire des performances formelles dans le rap en France de Chagrin d'amour à Ärsenik. *Itinéraires. Littérature, textes, cultures* (2020–3). https://doi.org/10.4000/itineraires.9222.

Maïzi, Mehdi. 2025. *Le rap a gagné –À quel prix ?* Paris : La fabrique. https://www.eyrolles.com/Loisirs/Livre/le-rap-a-gagne-9782358722926/.

Marc Martinez, Isabelle. 2010. Voix signifiantes : le cas du rap français. *Thélème : Revista Complutense de Estudios Franceses* 25. 183–195. https://hdl.handle.net/20.500.14352/44507.

Pecqueux, Anthony. 2008. Des voix violentes, immorales... et politiques : À propos de quelques conditions pour une chanson politique (le cas du rap français). In Céline Cecchetto & Michel Prat (éds.), *La chanson politique en Europe* (Eidôlon), 31–40. Pessac : Presses Universitaires de Bordeaux. https://doi.org/10.4000/books.pub.25451.

Pecqueux, Anthony. 2009. *Le Rap : idées reçues sur le rap*. Paris : Le Cavalier Bleu.

Percebois, Jacqueline. 2001. Fonctions et vie des sigles et acronymes en contextes de langues anglaise et française de spécialité. *Meta : journal des traducteurs / Meta : Translators' Journal* 46(4). 627–645. https://doi.org/10.7202/003821ar.

Renard, Jean-Bruno. 2011. Le détournement de sigles. Entre jeu de mots et expression contestataire. *Mots. Les langages du politique* 95. 29–42. https://doi.org/10.4000/mots.20052.

Rossi, Daniela. 2012. Le vers dans le rap français. *Cahiers du centre d'études métriques* 6. 117–143.

Rubin, Christophe. 2001. Le texte de rap : une écriture de la voix. In Béatrice Marillaud (éd.), *L'oralité dans l'écrit et réciproquement : actes du 22e colloque d'Albi*, 267–276. Toulouse : CALS-CPST.

Rubin, Christophe. 2013. Le rap et la transe : polyrythmie et possession. *Position et identité du sujet dans le rap – European MediaCulture* 1–13. https://www.yumpu.com/fr/document/view/19580078/position-et-identite-du-sujet-dans-le-rap-european-mediaculture.

Trimaille, Cyril. 1999. Le rap français ou la différence mise en langues. *Lidil – Revue de linguistique et de didactique des langues* 19(1). 79–98. https://doi.org/10.3406/lidil.1999.1748.

Vanderhoeft, Claire. 1989. Problèmes de métrique dans la poésie unanimiste. La théorie des accords. In Marc Dominicy (éd.), *Le souci des apparences : neuf études de poétique et de métrique*, 93–119. Bruxelles : Éditions de l'Université de Bruxelles.

Vettorato, Cyril. 2012. « Ça va être un viol » : Formes et fonctions de l'obscénité langagière dans les joutes verbales de rap. *Cahiers de littérature orale* 71. 115–140. https://doi.org/10.4000/clo.1492.

Hélène Favreau
Quand les mots-valises façonnent les marques : analyse de quelques exemples en publicité

Résumé : A priori, on pourrait penser que ce sont les marques qui façonnent leurs discours publicitaires et fabriquent les créations lexicales que ceux-ci contiennent. L'objectif assigné à la présente contribution est pourtant d'explorer la possibilité inverse, c'est-à-dire la façon dont la dynamique du jeu de mots occasionnée par la présence de mots-valises en publicité contribue (ou non) à la portée ludique de l'énoncé publicitaire ainsi qu'au renforcement du message de marque. Ces néologismes ponctuels – mais jamais accidentels – sont de véritables créations originales ; d'abord par le jeu (au sens d'exploitation des potentialités infinies du système) sur le matériau linguistique, dans ses dimensions morphologique, syntagmatique et sémantique ; ensuite par l'engagement du récepteur que suscite l'opération de décodage et d'interprétation de ces figures néologiques subversives. Les mots-valises représentent ainsi l'aboutissement de processus syncrétiques qui viennent amplifier la condensation morphologique et la densité sémantique, principes ô combien structurants dans l'économie discursive de la publicité contemporaine. L'analyse prendra appui sur un certain nombre d'occurrences issues de supports publicitaires multimodaux (affiches, publicités télévisuelles, campagnes digitales). Les mots-valises étudiés dans cette contribution ont été collectés entre 2009 et aujourd'hui. À cet échantillon ont été ajoutées des occurrences déjà relevées (Grunig 1990). Nous mobiliserons dans un premier temps les outils de la morphologie lexicale afin d'examiner la structure interne de ces unités. Il s'agira ensuite d'envisager les conditions rendant les mots-valises opérants dans certains textes publicitaires et inopérants ou, en tout cas, moins efficaces dans d'autres, de l'aveu même de certaines marques qui anticipent les difficultés de décodage en les formulant explicitement au sein de l'annonce.

Mots-clés : amalgamation, créativité lexicale, discours publicitaire, efficacité, jeu de mots, lexicalisation, mots-valises, néologisme, onomastique commerciale, productivité

Hélène Favreau, Université Catholique de l'Ouest, 3 place André Leroy, 49008 Angers cedex 01, France, +33(0)272796323, hfavreau@uco.fr

Open Access. © 2025 the author(s), published by De Gruyter. This work is licensed under the Creative Commons Attribution 4.0 International License.
https://doi.org/10.1515/9783111555072-009

1 Introduction

Nul doute qu'une approche combinatoire du système linguistique permet de mesurer ou, à tout le moins, de percevoir les potentialités infinies d'un idiome donné. En effet, à partir d'un nombre d'éléments fini en langue, les règles d'agencement de ces unités de deuxième puis de première articulation (Martinet [1960] 1980) entre elles permettent de créer une infinité d'énoncés de niveaux supérieurs (mots, phrases, discours). Cela permet à l'objet-langue de s'assurer un renouvellement perpétuel tout en s'inscrivant dans une dynamique d'évolution car :

> [...] la langue française n'est pas *fixée* et ne se fixera point. Une langue ne se fixe pas. L'esprit humain est toujours en marche, ou, si l'on veut, en mouvement, et les langues avec lui. [...] Les langues sont comme la mer, elles oscillent sans cesse. [...] C'est en vain que nos Josués littéraires crient à la langue de s'arrêter ; les langues ni le soleil ne s'arrêtent plus. Le jour où elles *se fixent*, c'est qu'elles meurent. (Hugo [1827] 1985 : préface)

Cette évolution de la langue trouve assurément son expression la plus marquante dans la créativité linguistique. Celle-ci peut prendre différentes formes, mais nous retiendrons la créativité lexicale pour notre propos, et plus particulièrement l'une de ses manifestations les plus originales : le mot-valise, forme lexicale résultant de la fusion d'au moins deux mots-sources. C'est chez Lewis Carroll que l'on en trouve une occurrence précoce[1], doublée d'une définition de la notion : « Well, '*slithy*' means 'lithe and slimy'. 'Lithe' is the same as 'active'. You see it's like a portmanteau – there are two meanings packed up into one word »[2] (Carroll [1871] 2022 : 53). Le terme ainsi créé combine les traits morphologiques et sémantiques de ses constituants pour générer un terme hybride, comprenant en principe une charge stylistique et pragmatique spécifiques. Plus proche de nous, on peut penser au verbe *divulgâcher* (de *divulguer* et *gâcher*) qui a fait son entrée dans l'édition 2020 du

---

[1] Bien que largement reprise et commentée, ce n'est néanmoins pas la première occurrence du phénomène (des créations lexicales s'apparentant au mot-valise se trouvent par exemple dans la littérature rabelaisienne mais sans jamais être explicitement désignées comme telles). Toutefois, L. Carroll est bel et bien le premier à désigner explicitement le procédé sous un nom. Aucune attestation antérieure n'existe avec une désignation claire, stable ni théorisée du phénomène. À ce sujet, le lecteur pourra se reporter à Renner (2015a) qui expose la variété terminologique existant en français et en anglais pour décrire aujourd'hui ce procédé.

[2] « Eh bien, '*slictueux*' signifie 'souple, actif, onctueux'. C'est comme une valise, voyez-vous bien : il y a trois significations contenues dans un seul mot » (traduction d'Henri Parisot, Paris : Flammarion, 1970).

Larousse[3] et qui illustre bien la manière dont ce type de néologisme parvient à condenser deux univers morphosémantiques en un seul item discursif. L'analyse de ces créations se trouve donc à la croisée de deux perspectives : l'une, morphologique, en ce qu'il s'agit d'un phénomène de formation lexicale non canonique (Renner 2015a ; Plag 2018) ; l'autre, sémantique, en tant que production de nouvelles unités de sens, parfois polysémiques ou ambiguës (Fradin 2009).

Le discours publicitaire étant un espace se distinguant notamment par sa capacité à surprendre, séduire et ancrer un message dans l'esprit des potentiels consommateurs (Berthelot-Guiet 2003), on peut facilement imaginer que le mot-valise, par les traits définitoires déjà évoqués qui le caractérisent, y occupe une place de choix. Néologismes, transgressions linguistiques et autres jeux de mots sont autant d'outils rhétorico-stylistiques à même d'être mobilisés pour susciter la curiosité et l'attention. À ce titre, le mot-valise, parce qu'il combine normalement polysémie, concision et expressivité, représente un levier déterminant de démarcation et d'impact mémoriel dans un environnement médiatique saturé d'information publicitaire (Berthelot-Guiet, Marti de Montety et Patrin-Leclère 2013). Au-delà de cette dimension différenciante, il permet aussi d'associer au sein d'un même signifiant plusieurs univers de sens, facilitant peut-être la circulation d'une identité de marque complexe (Cook 2001) ou d'un message doublement ciblé, comme c'est souvent le cas avec les jeux de mots (Crystal 1999). La créativité linguistique semble, dès lors, dépasser le travail purement esthétique et stylistique sur le matériau linguistique pour tendre progressivement vers un objectif communicationnel sous-tendu par la logique économique du marché, s'apparentant en cela à une véritable stratégie linguistique.

Notre question centrale de recherche est donc la suivante : dans quelle mesure la formation morphosémantique des mots-valises en publicité s'inscrit-elle dans une dynamique de jeu de mots, contribuant à la fois à la densité sémantique et à l'efficacité du message publicitaire ? À ce stade, nous formulons l'hypothèse que le mot-valise est un objet linguistique tout à fait atypique sur le plan morphosémantique (en opérant simultanément une condensation formelle et un croisement sémantique), ce qui lui confère une portée ludique ou, à tout le moins, une efficacité persuasive, en contexte publicitaire, en ce qu'il fait appel aux ressorts du jeu linguistique et de la surprise cognitive. Notre démarche se fondera essentiellement sur une méthodologie qualitative, à partir d'un corpus de quelques occurrences. Nous chercherons tout d'abord à examiner la structure interne des mots-valises recueillis à l'aune d'une typologie préalablement définie. Nous procéderons ensuite

---

3 Version française de l'emprunt à l'anglais *spoiler*, qui signifie « révéler les éléments clés d'une intrigue d'une œuvre de fiction ».

à une analyse sémantique en contexte, en explorant les effets de sens induits par ces créations ainsi que leur éventuelle contribution au message global de la campagne publicitaire.

2 Description synthétique des mots-valises

Le phénomène d'amalgamation lexicale qui est à l'origine les mots-valises est sans conteste largement répandu et fait l'objet de nombreuses recherches. Sans chercher à revenir ici sur le détail des aspects théorico-empiriques qui permettent d'expliquer les tenants et aboutissants de la production de mots-valises, il semble toutefois important d'esquisser les contours définitoires de ces objets atypiques en évoquant les approches retenues pour en rendre compte. Dire qu'il existerait autant de typologies que de linguistes s'étant frottés à l'exercice serait un cliché. Chronologiquement, on peut mentionner Grésillon (1984), Clas (1987), Galisson (1987), Bat-El (1996), Fradin (2000), Renner (2006), Léturgie (2011), pour ne citer que les études majeures sur le sujet. Malgré cette multiplicité d'approches, il en ressort que ces linguistes s'accordent sur un certain nombre de critères définitoires, à la fois du point de vue morphologique et, probablement dans une moindre mesure, du point de vue sémantique.

2.1 Caractéristiques morphologiques

Une première façon d'organiser la diversité apparente de ces productions est de s'en remettre à un classement morphologique. Les matrices lexicogéniques développées par Tournier (1985), affinées ensuite par Sablayrolles (2000), permettent de mettre en évidence les structures sous-jacentes au processus de création lexicale. Le mot-valise[4] s'y inscrit dans la matrice interne de néologie morphosémantique, comme un cas particulier de composition. En effet, le point de départ de la construction de ces entités est la présence d'au moins deux lexèmes qui ont vocation à être assemblés. Cependant, le processus de mot-valisage dépasse la simple juxtaposition des termes initiaux (composition dite « classique ») pour adopter d'autres propriétés qui confèrent à ces créatures hybrides un statut extragrammatical (Fradin 2015). Parmi elles, on notera :

---

[4] Ou amalgame, selon la terminologie employée. A ce sujet, nous renvoyons à l'article de Vincent Renner sur ce point précis (Renner 2015a).

- le fait qu'ils puissent s'appuyer sur une combinaison d'unités que la composition classique ne combine jamais,
    - par exemple, les noms propres entre eux : *Merkozy* (*Merkel* + *Sarkozy*), *Brangelina* (*Brad Pitt* + *Angelina Jolie*) ;
    - les verbes entre eux : *divulgâcher* (*divulguer* + *gâcher*), etc.
- le fait de dépendre d'opérations phonologiques qui contraignent la formation des mots-valises (troncation, recouvrement, linéarisation).

Ce volet phonologique nous semble essentiel dans la définition du mot-valise puisqu'il a une incidence sur l'aspect syntagmatique.

On appelle troncation le fait qu'il puisse y avoir une perte d'un ou plusieurs segments des mots-sources initiaux. Celle-ci n'est pas systématique et peut toucher les phonèmes ou syllabes se situant à l'initiale (aphérèse) et / ou les phonèmes / syllabes se situant en finale (apocope). Il en va ainsi, par exemple, dans la langue ordinaire, de termes comme *blog* (*web* + *log*), *autobus* (*automobile* + *omnibus*), etc.

On parle de recouvrement lorsque les deux mots-sources présentent un segment homophone qui n'apparaîtra qu'une seule fois dans le mot-valise final, selon un principe de non-réduplication, comme dans *rurbain* (*rural* + *urbain*) ou *célibattante* (*célibataire* + *battante*), par exemple.

La linéarisation renvoie au fait que les constituants du mot-valise sont linéairement ordonnés sans qu'une partie du premier mot-source ne soit traitée après une partie du second. Ainsi, on dira de *pixel* qu'il est linéaire puisque résultant de *pic*(ture) + *el*(ement) mais que *rajolivissant* ne l'est pas puisque formé sur le modèle mot-source$_1$ (*ra*) + mot-source$_2$ (*joli*) + mot-source$_1$ (*vissant*).

Dans la définition la plus large de ces entités, il suffit qu'une seule de ces caractéristiques s'applique pour que l'on ait à faire à un mot-valise (Mattiello 2013). D'autres linguistes (Arcodia et Montermini 2012) estiment que ces paramètres doivent s'additionner pour pouvoir parler de mot-valise. Le périmètre de la catégorie est ainsi plus ou moins étendu et certaines lexies peuvent se trouver tantôt incorporées, tantôt exclues de certaines typologies. Nous retiendrons pour notre part qu'il existe un critère minimal (fusion de deux mots-sources) ; les éventuels paramètres additionnels ne rendant, à notre avis, que plus saillante – et plus efficace ? – l'atypicité de ces productions.

2.2 Caractéristiques sémantiques

Le processus de mot-valisage ne peut évidemment être réduit à la seule fusion morphologique de deux mots-sources. Les sens des mots-sources sont amenés également à se fondre dans le mot-valise, selon des possibilités combinatoires qui sont fonction de leur catégorie syntaxique. En effet, la façon dont la part signifiante des segments va se combiner crée une interaction entre les signifiés des deux termes. Il en résulte une richesse sémantique lexicale évidente mais non moins paradoxale puisqu'elle obéit au principe d'économie linguistique. Une telle compression sémantique peut alors donner lieu à une multiplicité d'interprétations. La littérature scientifique donne également à voir un certain nombre de catégorisations intégrant cette dimension interprétative. Là où Fradin, Montermini et Plénat (2009) isolent cinq types d'interprétation sémantique propres aux mots-valises (à savoir : coordonnée, intersective, causale, argumentale, équative), Gries (2012) en différencie cinq autres (synonymique, cohyponymique, contractive, scénique, autre). Nous nous en remettrons pour notre part aux patrons interprétatifs suggérés par Arnaud et Renner (2014) qui recommandent d'étendre aux mots-valises les analyses existant déjà pour les mots composés, ce qui conduit Renner (2015a), par la suite, à distinguer les cinq catégories suivantes :
- interprétation relationnelle : *gazinière* (cuisinière à gaz)
- interprétation analogique : *alicament* (aliment agissant comme un médicament)
- interprétation hybride : *jaguarion* (hybride de jaguar et de lionne)
- interprétation multifonctionnelle : *discontacteur* (appareil remplissant la double fonction de disjoncteur et de contacteur)
- interprétation additionnelle : *velcro* (bande autoagrippante constituée d'une face de type velours et d'une face de type crochet) (Renner 2015a)

On peut d'ores et déjà supposer, à travers une telle typologie, que certaines interprétations vont être de nature plus analytique (répondant à une certaine forme de systématicité) quand d'autres seront plus créatives (c'est-à-dire dépendant plus fortement d'éléments contextuels), selon la perspective sémiotique envisagée.

3 Discours publicitaire et créativité linguistique

La communication publicitaire est par nature plurisémiotique et multicanale : elle fait intervenir du texte (écrit ou oral), de l'image (fixe ou animée) et parfois du son. Même si notre étude porte sur la part linguistique du message publicitaire, rappelons et gardons à l'esprit que ces composantes, textuelle d'une part, iconique d'autre part, peuvent difficilement être isolées lorsqu'il s'agit de rentrer dans l'analyse compte tenu du fait que « l'iconographie fait partie intégrante de l'annonce [...]. La communication publicitaire est d'essence visuelle tant elle accorde de l'importance aux signes iconiques » (Guidère 2000 : 36).

La part linguistique du message publicitaire se manifeste en plusieurs endroits de l'annonce : on la trouve dans les noms de marque et de produit, dans les slogans d'accroche (*headline*) et d'assise (*baseline*) ainsi que dans le rédactionnel en général (Lugrin 2006 : 103 ; Adam et Bonhomme 2012 : 62), mais aussi dans les dialogues de spots télévisuels ou radiophoniques. Les objectifs assignés à la langue sont alors d'ordres différents mais potentiellement complémentaires : cette dernière peut tour à tour remplir un rôle référentiel lorsqu'il s'agit de nommer, identifier une nouvelle marque, un nouveau produit ou service, avoir une fonction plus interpellative dans le cas des slogans, répondre à un objectif plus dénotatif ou narratif dans le cas des scénarios de spots. Quoi qu'il en soit, la nécessité de produire un impact sur les récepteurs est primordiale afin de garantir que le message sorte du lot et laisse une empreinte dans l'esprit des futurs acheteurs. Cela conduit notamment Grunig, citée par Berthelot-Guiet, à assimiler la dimension textuelle d'une annonce à un « précipité de langue » où « le discours se trouve ainsi pris dans un système de densification qui aboutit le plus souvent à la recherche de formes à haute teneur sémantique et / ou rares du point de vue créatif : phénomène qui favorise l'utilisation de certaines formes de transgressions linguistiques particulièrement visibles dans un recours particulier à la néologie » (Berthelot-Guiet 2003 : 60).

On peut dès lors percevoir, sinon une analogie, au moins une convergence entre cette densification du discours publicitaire et la condensation morphosémantique inhérente au procédé conduisant au mot-valise, défini plus haut.

3.1 Néologie publicitaire : formalisme ou transgression ?

Les messages publicitaires sont donc, pour toutes ces raisons, particulièrement propices à l'apparition d'innovations linguistiques, de nature et de formes différentes. De telles manifestations de créativité trouvent leur fondement dans des fonctionnements néologiques parfaitement systémiques[5] et donc, réguliers. En revanche, si le système de la langue renferme et prévoit théoriquement ces potentialités, certaines d'entre elles restent peu exploitées et donc relativement rares et, en cela, revêtent un caractère plus marginal, les situant alors à la limite avec le hors-système. C'est le cas des mots-valises qui, s'ils sont assez absents du discours ordinaire (dans lequel ils ne représentent que quelques occurrences inscrites dans la langue, le reste n'étant qu'hapax ou autres occasionnalismes liés à l'usage), font l'objet, par rapport au français standard, d'une surexploitation dans le cadre de l'argumentation publicitaire. En l'espèce, on peut donc établir que la publicité suit les règles en même temps qu'elle ne les suit pas ! Adam et Bonhomme voient dans ce renversement et ce penchant tout à fait singulier du discours publicitaire pour la créativité lexicale en général, l'amalgamation en particulier, l'émergence d'une « langue dans la langue » (Adam et Bonhomme 2012 : 216). Certes, il semble difficile de généraliser ce phénomène à l'ensemble des messages publicitaires ; pour autant, nombreux sont ceux où le travail sur le code linguistique lui-même occupe une place centrale dans le texte publicitaire. En effet, les circonstances « où l'annonceur déstructure et, ce faisant, rend conscient le système de signes qu'il utilise » (Adam et Bonhomme 2012 : 43) donnent à voir non seulement la dimension métalinguistique de ce type de messages mais aussi le goût et la propension de ce média pour la portée ludique ainsi générée. Ainsi, au-delà du formalisme et de la transgression que l'on pourrait voir dans la créativité néologique en publicité, c'est bien l'humour verbal qui semble être au cœur des enjeux en ce qu'il concilie décalage (que l'on peut assimiler à une forme de transgression) par rapport à des attendus ou normes (c'est-à-dire un degré de formalisme) phonologiques, morpho-syntaxiques ou sémantiques, autant de caractéristiques qui sont le propre des jeux de mots.

3.2 Rôles du jeu de mots publicitaire

L'affinité singulière qu'entretiennent publicité d'un côté, et langue de l'autre, trouve son expression la plus évidente et la plus révélatrice dans le recours massif aux jeux de mots. Outre le fait que les jeux de mots publicitaires soient d'importants moteurs de créativité linguistique, ils remplissent aussi plusieurs fonctions en com-

---

5 On se reportera notamment à Louis Guilbert qui a segmenté la néologie en distinguant les niveaux auxquels elle pouvait opérer, décrivant ainsi la néologie phonétique, sémantique, d'emprunt et syntagmatique (Guilbert 1975).

munication publicitaire, déjà largement décrites par de nombreuses recherches antérieures. Nous les rappelons ici de façon synthétique :
- fonction phatique : l'annonceur cherche, par une forme morphosémantique plus ou moins atypique à capter l'attention de sa cible, à s'assurer que le canal de communication est ouvert (Adam et Bonhomme 2012 : 42), et partant, à se démarquer, notamment dans un environnement médiatique très saturé et très concurrentiel. Dans cet esprit, la transgression des normes lexico-grammaticales procure des formes inattendues, voire incongrues, telles que les mots-valises, présentant un avantage certain dans la création d'un effet de surprise, émotion-clé dans l'argumentation publicitaire qui va affecter l'attention du récepteur ;
- fonction mnémotechnique : elle est à mettre en corrélation avec la fonction précédente puisque le contact créé peut résulter d'une stimulation allant de la simple sollicitation à un énoncé beaucoup plus provocant, susceptible de faciliter du même coup « la mémorisation et l'ancrage de la marque ou du produit » étant donné que ce sont là les « premières conditions de succès pour un slogan »[6] (Fuhrich et Schmid 2016 : 136) ;
- fonction de séduction / connivence : la recherche d'une réaction d'ordre affectif chez le destinataire est au cœur du discours publicitaire qui renferme « des visées empathiques plutôt qu'informatives ou explicatives » et doit pouvoir « produire un état émotionnel de plaisir ou de jubilation » (Soulages 2006 : 104-105), ce qui est évidemment porté par la ludicité inhérente au jeu de mots mais aussi par le pacte colludique (Vorger 2011) sous-tendu par ce dernier puisqu'il implique et engage le destinataire dans une dynamique de re- et co-construction du sens, précision particulièrement valable pour les mots-valises ;
- fonction de dissimulation de la relation commerciale : elle est à mettre en corrélation avec la fonction précédente puisqu'en « jouant » (!) sur la connivence engendrée par la dimension ludique, le publicitaire mettrait en place une sorte de subterfuge reléguant au second plan la vocation marchande de l'annonce (Tallarico 2018).

Les différents paramètres énoncés dans cette partie nous permettent de mieux caractériser le discours publicitaire en l'appréhendant comme espace de circulation de formes (et de sens) relevant de et révélant un positionnement éminemment ludique.

---

6 Notre traduction de : « [...] their potential to be retained in memory and recalled [...] is the first prerequisite for the success of a slogan » (Fuhrich et Schmid 2016 : 136).

4 Étude de corpus

À partir d'un recueil de publicités françaises prélevées « au fil de l'eau » entre 2009 et aujourd'hui sur tout type de supports (affichage, digital, spots télévisuels) pour l'intérêt linguistique qu'elles présentaient, nous avons retenu un échantillon de 19 annonces, faisant intervenir au moins un mot-valise à quelque niveau textuel que ce soit, dans le but d'examiner la structure interne de ces créations et d'identifier leur impact tant en termes d'attraction / captation qu'en termes de contribution au sens. Nous précisons ici que la majorité des mots-valises appartenant à la catégorie des noms de produits provient d'un relevé antérieur à notre recueil puisque nous avons incorporé un certain nombre d'exemples déjà relevés par Grunig (1990). Il nous a semblé, en effet, pertinent de différencier le recours aux mots-valises pour les noms de produits / marques de ceux utilisés dans le reste des textes publicitaires. Au total, le corpus est constitué de 23 occurrences que nous présentons dans cette partie.

4.1 Pouvoir référentiel et principe d'économie linguistique

Nous faisons le choix de différencier, au sein du corpus retenu, les mots-valises constitutifs de la marque et / ou du produit de ceux qui apparaissent en d'autres endroits du texte publicitaire (notamment dans les slogans d'accroche ou dans les narratifs). Il nous semble en effet qu'ils n'y ont pas tout à fait la même raison d'être.

En repartant des différentes propriétés morphologiques identifiées en 2.1, nous pouvons organiser quelques unités de notre exemplier dans le tableau suivant :

Tableau 1 : Mots-valises dans l'onomastique commerciale

Exemple	Nature	Nature des constituants	Morphologie	Type d'imbrication	Sens de la composition
[1] Nescafé	Nom de produit	Nom propre (marque) / N	Nestlé + café	troncation (apocope)	Da / Dé
[2] Apérifruits	Nom de produit	N / N	apéritif + fruits	troncation (apocope)	Da / Dé
[3] Gerscottes	Nom de produit	Nom propre (marque) / N	Gerblé + biscottes	double troncation (apocope + aphérèse)	Da / Dé
[4] Gercao	Nom de produit	Nom propre (marque) / N	Gerblé + cacao	double troncation (apocope + aphérèse)	Da / Dé
[5] Cracotte	Nom de produit	Adj / N	craquante + biscotte	segment homophone + double troncation (apocope + aphérèse)	Da / Dé
[6] Ordinathan	Nom de produit	N / Nom propre (marque)	ordinateur + Nathan	segment homophone + troncation (apocope)	Dé / Da
[7] Confipote	Nom de produit	N / N	confiture + compote	segments homophones discontinus + troncation	Dé / Da
[8] Génifique	Nom de produit	N / (N) / Adj	gène + (génie) + bénéfique	segment quasi-homophone + troncation (aphérèse)	Dé / Da
[9] Bridélice	Nom de produit	Nom propre (marque) / N	Bridel + délice	segment quasi-homophone consécutif	Dé / Da
[10] Liptonic	Nom de produit	Nom propre (marque) / N	Lipton + tonic	segment homophone consécutif	Da / Dé
[11] Abridéal	Nom de marque	N / Adj	abri + idéal	segment homophone consécutif	Dé / Da

On remarque tout d'abord, dans cet échantillon de mots-valises, une surreprésentation des noms de produits par rapport aux noms de marques. Dans le domaine de l'onomastique commerciale, si marques et produits partagent la nécessité pragmatique d'être identifiés et donc nommés, leur fonction respective les singularise : le nom de marque permet de distinguer « un produit d'autres semblables appartenant à la même classe d'objets » alors que le nom de produit permet de différencier « un produit en tant que constituant de la classe (ou sous-classe) d'objets qu'il nomme, par opposition à d'autres produits constituant d'autres classes (ou sous-classes) » (Fèvre-Pernet et Roché 2005 : 5). La nécessité de différenciation apparaît donc comme plus impérative dans le cas des produits, ce qui explique le recours plus massif à ces formations non-conventionnelles (en apparence, seulement). Ceci étant posé, on remarquera tout de même que la majorité de ces mots-valises s'appuie, dans la nature des constituants en jeu, sur le nom de la marque dont est issu le produit qu'ils désignent.

Morphologiquement, le tableau est ensuite structuré selon le type d'imbrication qui va de la moins travaillée à la plus opérante. Ainsi les exemples [1] à [4] font état de pertes syntagmatiques plus ou moins importantes, pouvant aller d'un simple phonème à plusieurs syllabes, pouvant affecter un seul des deux lexèmes initiaux ou les deux. Un deuxième « niveau » concerne les exemples [5] à [8] où la présence d'un segment homophone vient faciliter le glissement et l'assemblage des termes de départ, même s'il se produit toujours une perte en un ou plusieurs endroits. Enfin, les exemples [9] à [11] rendent compte du niveau « supérieur » où non seulement un segment homophone (ou quasi-homophone) est présent mais celui-ci termine le premier mot et commence le second, servant ainsi de pivot (selon le principe de non-réduplication) à l'ensemble, endiguant toute troncation et assurant la linéarité. Tous les indicateurs sont vérifiés dans cette catégorie, ce qui peut concourir à faire de ce type de mots-valises ceux qui paraissent être « les mieux venus dans le cadre publicitaire » (Grunig 1990 : 62).

Sémantiquement, il est intéressant de constater que toutes ces occurrences conservent un sens compositionnel. Au-delà de l'orientation déterminant-déterminé (Da, Dé, dans le tableau), qui correspond à la composition traditionnelle en français[7], on analysera essentiellement le degré de motivation de ces néologismes. En tant que mots intégralement construits, on peut supposer qu'elle est non négligeable. Les exemples où les mots-valises prennent appui sur le nom de la marque (ici, 5 sur 11) relèvent tous d'une interprétation relationnelle. La matrice produit générique + Nom de marque (ou inversement) fait qu'en [4], Gercao, c'est le cacao

---

[7] L'analyse des quelques renversements de sens (c'est-à-dire le passage au modèle Dé-Da) est en cours et fera l'objet d'une publication ultérieure.

de la marque Gerblé. On peut ainsi systématiser cette analyse à tous les exemples reposant sur ce modèle : [1] Nescafé, c'est le café de la marque Nestlé ; [3] Gerscottes, ce sont les biscottes de la marque Gerblé ; [6] Ordinathan, c'est l'ordinateur de la marque Nathan et [10] Liptonic, c'est le tonic de la marque Lipton. Cela est facilement compréhensible pour les raisons évoquées plus haut. Quant aux exemples qui n'incluent pas le nom de la marque, ils se répartissent de façon plus hétérogène si l'on suit la distribution catégorielle de Renner (voir 2.2). On retrouve bien sûr un lien relationnel en [2] et [8]. Quant aux mots-valises [5], [9] et [11], ils s'analysent par le prisme d'une interprétation additionnelle : au plan signifié, les mots-valises ainsi produits ont un sens qui est le résultat de l'association de la nature du produit avec une de ses qualités. Enfin, un exemple d'interprétation hybride réside dans l'exemple [7] où le produit vanté est nommé de telle sorte qu'on ne sait pas bien de quoi il s'agit :[8] de confiture ? de compote ? A priori, c'est plutôt un produit hybride comportant aussi bien des propriétés de l'une que de l'autre. En résumé, si l'on ne distingue pas les matrices constitutives de ces 11 mots-valises, on a 7 exemples relevant d'une interprétation relationnelle, 3 faisant fonctionner un rapport d'addition et 1 se rapportant à une interprétation hybride.

Ces différents exemples nous permettent de mesurer le pouvoir référentiel de ces néologismes qui permettent d'étiqueter le réel. Cette fonction dénominative n'est certes pas propre aux mots-valises mais ceux-ci permettent une certaine « économie de la désignation » (Fèvre-Pernet et Roché 2005 : 5) puisque, appliqués aux noms de produits, ils permettent non seulement de l'identifier mais véhiculent également, par lui, des qualités et spécificités, voire une identité en lien avec la marque.

4.2 Productivité vs. efficacité ?

Nous sommes en mesure d'étendre cette analyse morphosémantique du mot-valise publicitaire en incorporant d'autres éléments textuels que les seuls noms de marque et de produit. Ainsi, le tableau suivant rend-il compte de termes que nous avons pu relever tantôt dans des slogans, tantôt dans des scénarios de sketchs publicitaires :

---

8 Ce qui a d'ailleurs été source d'hésitation pour flécher le sens de la composition.

Tableau 2 : Mots-valises dans les textes publicitaires

Exemple	Nature	Support, canal (date)	Annonceur	Nature grammaticale	Nature des constituants	Morphologie	Type d'imbrication
[12] spûre	texte publicitaire	affiche	Nissan	Adj	Adj / Adj	spontanée + sûre	double troncation (apocope + aphérèse)
[13] Tourolf	texte publicitaire	spot télévisuel (2013)	Volkswagen	Nom propre	Nom propre (produit) / Nom propre (produit)	Touran + Golf	double troncation (apocope + aphérèse)
[14] blouge	texte publicitaire	spot télévisuel (2013)	Volkswagen	Adj	Adj / Adj	bleu + rouge	double troncation (apocope + aphérèse)
[15] Golfinelle	texte publicitaire	spot télévisuel (2013)	Volkswagen	Nom propre	Nom propre (produit) / Nom propre (produit)	Golf + Coccinelle	troncation (aphérèse)
[16] gourmeux	texte publicitaire	spot télévisuel (2021)	Saint Albray	Adj	Adj / Adj	gou<u>rm</u>and + c<u>rém</u>eux	segments homophones discontinus + double troncation
[17] passionnaire	texte publicitaire	affiche	Ernst & Young	Adj	Adj / Adj	passio<u>nn</u>é + visio<u>nn</u>aire	segment homophone + double troncation (apocope + aphérèse)

Exemple	Nature	Support, canal (date)	Annonceur	Nature grammaticale	Nature des constituants	Morphologie	Type d'imbrication
[18] biscuiter	texte publicitaire	affiche (2013)	Milka	V	N / V	bis<u>cu</u>it + dis<u>cu</u>ter	segment homophone + troncation (aphérèse)
[19] caractérosité	texte publicitaire	spot télévisuel (2021)	Saint Albray	N	N / N	caractè<u>re</u> + géné<u>ro</u>sité	segment homophone + troncation
[20] findant	texte publicitaire	spot télévisuel (2021)	Saint Albray	Adj	Adj / Adj	<u>fin</u> + <u>fon</u>dant	segment quasi-homophone consécutif
[21] Manjouez !	texte publicitaire	digital	Haribo	V	V / V	man<u>gez</u> + <u>jou</u>ez	segments homophones discontinus
[22] tassimoment	texte publicitaire	spot télévisuel (2009)	Bosch	N	Nom propre (produit) / N	Tassi<u>mo</u> + <u>mo</u>ment	segment homophone consécutif
[23] Révolvolution	texte publicitaire	affiche	Volvo	N	N / Nom propre (marque)	ré<u>vol</u> + <u>Vol</u>vo + lution	enchâssement

Là encore, le choix a été fait de proposer une présentation en fonction du type d'imbrication, plus ou moins fluide. On y retrouve les catégories citées dans la partie précédente mais il est frappant de constater que la proportion d'occurrences de niveau supérieur (soit les mots-valises présentant un segment homophone et n'affichant aucune altération, ainsi que le seul et rare exemple de mot-valise par enchâssement[9]) est bien moindre, comme si le soin porté à l'amalgamation lexicale dans l'identité de produit était plus important que le travail autour du texte général de l'annonce dont l'enjeu se verrait en quelque sorte relégué au second plan.

Nous concentrerons l'analyse sur les cas qui nous paraissent les plus significatifs.

(1) mot-valise [22] *tassimoment*
     Quel est votre **tassimoment** ?[10]
     (Bosch, spot vidéo, 2009)

Dans cet exemple, le nom propre du produit, *Tassimo*[11] (qui désigne à la fois les dosettes de café et la machine permettant leur percolation) est à la source d'un mot-valise après fusion complète avec le nom commun *moment*, assurant une excellente reconnaissabilité des deux lexèmes de départ, maintenus dans leur intégralité. Le terme résultant de cet alliage se comporte d'ailleurs, dans cette interrogation, comme un nom commun, en tout cas du point de vue grammatical.

On peut y déceler une forme de lexicalisation accélérée, ce qui est renforcé par la hashtaguisation (Schuring et Vanderheyden 2022) qui s'ensuit à travers différents réseaux sociaux où les consommateurs du produit sont invités à partager à une large communauté leurs moments de convivialité via le mot-dièse *#Tassimoment*. Il y a donc là une nette valeur identitaire qui fait que la langue rassemble : le mot-valise auquel le consomma(c)teur souscrit en le repartageant matérialise, plus largement, l'adhésion d'une communauté à un produit et aussi le point de rencontre autour de valeurs communes, ce qui fonde et assoit en partie l'identité de marque pour l'annonceur. L'effet de condensation maximale, due à l'imbrication d'un mot-valise dans le mot-valise, est aussi à souligner et participe, à notre sens de la réussite de cette trouvaille.

---

9 Niveau « ultime », si l'on peut dire car plus qu'un segment homophone, le deuxième terme est totalement intégré, voire fondu à l'intérieur du premier. Déjà analysé dans (Favreau 2018 : 392).
10 https://www.youtube.com/watch?v=uOyWNUdq6eQ (consulté le 15 mai 2025).
11 Lui-même qualifié de « brachygraphie entre un lexème français (*tasse*) et le morphème suffixal du superlatif italien (*-issimo*) » (Druetta 2008 : 165–166), il véhicule une identité plutôt positive par l'italianité – et donc, la qualité, s'agissant de café – qu'il dégage, alors même que le producteur n'est pas italien.

(2) mot-valise [18] *biscuiter*
Prenons le temps de **biscuiter** ensemble

Milka, marque connue pour ses tablettes de chocolat, a diversifié son offre il y a quelques années en développant toute une gamme de gâteaux chocolatés. Les noms donnés à ces produits pourraient donner lieu à une analyse linguistique mais ne s'agissant pas de formes amalgamées, nous ne les faisons pas rentrer dans le cadre de cet article. En revanche, ces produits ont un dénominateur commun : le slogan d'accroche (2) déployé dans les différentes campagnes de lancement de ces biscuits qui, lui, est à intégrer à notre étude. Il repose en effet sur le rapprochement phonique de *biscuit* et *discuter*, favorisé par l'existence d'un segment homophone entre [bisk**ɥ**i] et [disk**y**te], ou quasi-homophone si l'on intègre le phonème qui suit immédiatement la séquence homophone (/ɥ/ et /y/ étant articulatoirement très proches). La connexion des deux termes est probablement aussi accentuée, sur le plan graphique, par la présence du <t> dans les deux segments. Une fois n'est pas coutume, le processus entraîne la troncation de l'un des termes, sans que cela ne vienne entraver le rétablissement ultérieur des sens initiaux.

Ceci étant dit, l'analyse pourrait aussi interpréter ce néologisme non plus comme un mot-valise mais comme le produit d'une dérivation classique, par suffixation, qui permet de passer d'un substantif à un verbe, sur le modèle *oxygène > oxygéner, rature > raturer*, etc. Si, dans ces exemples, il est aisé d'inférer le sens du verbe dérivé (*oxygéner* = apporter de l'oxygène, *raturer* = produire des ratures), le schéma semble difficilement reproductible pour *biscuiter* qui ne fait nullement référence à la production de biscuits. Cela est d'ailleurs corroboré par la séquence linguistique dans lequel il apparaît : on « biscuite ensemble », et on « prend le temps de biscuiter », deux segments où il fonctionne comme substitut sémantique parfait de *discuter*, ce qui plaide pour notre première interprétation, alors même que c'est ce terme qui subit la plus grande dissolution.

Toutefois, le fait de se substituer au verbe classique dans un contexte d'emploi donné ne le limite pas au sens de ce dernier. Cette forme nouvelle apporte fatidiquement une valeur ajoutée qui réside ici bel et bien dans l'effacement apparent de *discuter* au profit du terme-vedette *biscuit*. Finalement, il s'agit de discuter autour d'un biscuit, de profiter d'une pause gourmande et conviviale en famille ou entre amis. Le nouveau signifiant est le support d'un signifié nouveau lui aussi, qui n'est pas la simple addition sémantique des deux signifiés initiaux. En se basant sur les éléments co- et contextuels (texte et image), il convient d'envisager une interprétation moins additionnelle qu'analogique : le biscuit qui *fonctionne comme* déclencheur de convivialité, confort et bienveillance. Le recours à cet artefact linguistique s'inscrit dans une véritable stratégie de séduction de l'annonceur qui suggère d'ailleurs à l'acheteur par son slogan de marque, en fin de parcours de lecture, d'« *oser la tendresse* ». Faire appel aux sentiments est un ressort classique du discours publicitaire (cf. *supra*, en 3.2), amplifié ici par la densité morpho-sémantique du mot-valise et les compétences de co-(re)construction du sens auxquelles il fait appel.

Pour les formes suivantes, issues de spots télévisuels, nous avons jugé utile de redonner leur contexte d'apparition en fournissant une transcription des saynètes.

(3) mots-valises [13] Tourolf, [14] Golfinelle, [15] blouge
(Volkswagen, spot vidéo[12], 2013)
[Vendeur au client :] – Alors ?
[Client :] – Le **Tourolf**.
– Euh, un Touran.
– Un **Tourolf**.
– **Tourolf**... ? Non...
– Mais j'hésite avec la **Golfinelle**...
[intertitre : Le plus dur, c'est de choisir]
– Et pour la couleur ?
– **Blouge**. C'est bien, **blouge**.

On se retrouve ici devant rien de moins que trois néologismes répondant à la définition du mot-valise : un faisant référence à un adjectif de couleur, les deux autres renvoyant à des noms propres, issus de produits de la marque Volkswagen. Même s'il s'agit de noms de produits, soulignons qu'ils sont complètement fictifs. Ils n'ont pas une valeur dénominative réelle puisqu'aucun référent ne peut y être associé. Ce sont de pures créations qui n'ont d'autre fonction que de servir la narration en ajoutant un côté ludique. Le contexte est celui d'un crédit à 0 % proposé par l'enseigne sur l'ensemble de ses voitures, fin 2013, offre susceptible de rendre le choix des clients compliqué, ce qui est indiqué par le volet intertitre de la publicité.

Dans la séquence, l'acheteur potentiel se décide tout d'abord pour le *Tourolf*, combinaison du *Touran* et de la *Golf*, deux modèles phares du constructeur. En référence aux propriétés énoncées en 2.1, on a bien affaire à un mot-valise particulier puisqu'il combine des noms propres, et fait état d'une double-troncation : apocope du premier terme et aphérèse du second. Par ailleurs, l'absence de segment homophone peut rendre particulièrement complexe la reconnaissabilité (Renner 2015a : 102) des lexèmes initiaux.

C'est sans compter sur la « deuxième lame » de l'annonce qui renchérit avec une autre création du même ordre : la *Golfinelle*, mot-valise résultant de la *Golf* et de la *Coccinelle* (autre modèle phare de la marque). Cette fois-ci, la réduction in-

---

12 https://www.youtube.com/watch?v=lwd1OXuDauk (consulté le 15 mai 2025).

duite par la troncation est moindre puisque le premier terme est intégralement préservé et joint directement au second qui a, lui, subi une aphérèse de sa première syllabe. En termes d'interprétation, l'identification des lexèmes-sources s'avère probablement moins difficile, en partie parce qu'il y a un segment quasi-homophone résiduel qui permet, sinon de fusionner les deux termes, au moins de les rapprocher en production (et donc de les dissocier en réception) : [gɔlf] + [kɔks-i-nɛl]. Une fois le procédé repéré pour de bon, il donne ainsi au destinataire une clé d'interprétation du premier mot-valise, pour peu qu'il soit passé à côté.

Enfin, la chute du spot suit la même logique puisque la phrase conclusive évoque le choix de la couleur du véhicule retenu : *blouge*, alliage improbable (en tout cas en carrosserie !) de *bleu* et de *rouge*, mais complètement prévu par le système linguistique. Ce néologisme conclusif a également, par l'effet de surprise mais aussi la logique de répétition du procédé, une forte teneur comique, qui est à mettre en relation avec les phénomènes suprasegmentaux (pauses, ton faussement pénétré) et le non-verbal du comédien. L'effet ludique est indéniable et vient en soutien à l'argument de vente mis en évidence : le fait que les futurs propriétaires de Volkswagen vont être confrontés à un choix cornélien qui impliquera nécessairement de renoncer aux autres modèles, aussi avantageuse soit cette offre.

Quand on sait que le spot télévisuel ne dure que 30 secondes, on a là une véritable illustration (pour ne pas dire un emblème) d'une concentration de mots-valises, au service de l'argumentation publicitaire, mais, plus largement, de la marque.

(4) (mots-valises [16] gourmeux, [19] caractérosité, [20] findant
C'est gourmand. C'est crémeux. C'est **gourmeux**. (Saint Albray, spot vidéo[13], 2021)
[Le père :] – C'est marrant, Saint Albray c'est à la fois fin et fondant. C'est **findant** ! Et en même temps, t'as de la générosité... et du caractère ! La **caractérosité findante**. Sans oublier bien sûr sa **tendritude** crémante.
[Regard interloqué du fils qui cherche un soutien du côté de sa mère]
[La mère :] – Hummm... C'est **gourmeux** !
[Saint Albray. C'est gourmand. C'est crémeux. C'est **gourmeux**.]

Force est de constater que la créativité lexicale est de mise dans cette vidéo qui concentre pas moins de quatre néologismes en 25 secondes de film, dont l'un est présent à deux reprises. Trois de ces quatre créations lexicales correspondent à des mots-valises[14], confirmant en cela notre hypothèse sur le caractère très productif de

---

13 https://youtu.be/V2MQWr_oOk4 (consulté le 15 mai 2025).
14 Nous laissons de côté *tendritude* qui nous paraît renvoyer davantage à une dérivation par suffixation en *-itude*, dont la productivité en français avait été mise en lumière, malgré elle, par Ségolène Royal et sa *bravitude* en 2007, qui avaient défrayé la chronique (Favreau 2015 : 201).

ce procédé dans le domaine publicitaire. Il y a deux adjectifs (*gourmeux* et *findant*) et un nom (*caractérosité*). Nous ajoutons que les trois mots-valises créés restent dans la catégorie grammaticale des termes les composant, ce qui n'est pas le cas de tous les exemples étudiés dans cet échantillon. Comme on peut le constater dans la transcription, le spot télévisuel met en scène un père en train d'initier son jeune garçon à la dégustation de fromage. Il se laisse alors emporter par son amour du produit dans une envolée lyrique vantant les qualités gustatives du fromage commercialisé.

Le premier qualificatif employé est [20] *findant*, amalgame de *fin* et *fondant*. Ce mot-valise répond typologiquement à une fusion avec segments quasi-homophones consécutifs [fɛ̃] et [fɔ̃dɑ̃], quasi-homophones car il n'y a que le phonème consonantique initial qui soit strictement commun mais le phonème vocalique qui suit a beau être distinct, il est malgré tout nasalisé dans les deux cas, élément sans doute facilitateur de la concaténation. La perte (du phonème /ɔ̃/) est donc tout à fait négligeable et ne devrait pas entacher le processus de reconnaissance, à l'autre bout de la chaîne communicationnelle, contrairement à ce que laisse supposer l'explicitation anticipée de la forme ; nous reviendrons sur ce point ultérieurement.

Le mot-valise [19] résulte de la combinaison de deux qualités du produit : son *caractère* et sa *générosité*. À l'exception du phonème /ʁ/, qui semble un bien maigre segment pour justifier la fusion, on peine à déceler la logique qui a prévalu dans cette formation. On peut supposer que le terme de départ, largement tronqué à l'initiale sera difficilement identifiable.

Enfin, le néologisme [16] *gourmeux* prend sa source dans les adjectifs *gourmand* et *crémeux*. Là non plus, la reconnaissabilité des termes initiaux n'est pas aisée car les contraintes phoniques ne permettent pas un recouvrement suffisamment opérant. Comme dans le cas précédent, le seul phonème /ʁ/ qu'ont en commun [guʁmɑ̃] et [kʁemø] n'apparaît pas comme étant suffisant pour assurer une lisibilité optimale du mot-valise qui en résulte, même si le caractère horizontal du jeu de mots semble faciliter grandement son décodage. En effet, l'exposition instantanée d'une explicitation fait de chacune de ces formes originales des jeux de mots *in praesentia* (Saussure [1916] 1987 : 171), où les rapports associatifs entre les termes impliqués sont manifestes (ou rendus manifestes) et n'exigent pas (plus ?) d'effort cognitif ni déductif de la part du destinataire.

Par ailleurs, au niveau sémantique, les conjonctions de coordination *et* (pour les deux premiers exemples), doublées des locutions adverbiales *à la fois* et *en même temps* ne laissent aucun doute quant à la nature de l'interprétation sémantique qu'il faut avoir de ces lexies qui est bien additionnelle, en ce qu'elle réunit les quatre qualités attribuées au fromage qui associe, dans le premier cas, un goût finement typé à une texture onctueuse ; dans le second, une expérience gustative unique et originale. Il en va de même pour le troisième exemple où c'est la juxtaposition et le rythme ternaire des propositions qui induit une interprétation cumulative de deux qualités supplémentaires : le moelleux du fromage et sa richesse de goût.

Ainsi, sur le plan morphologique, la rupture avec les conventions linguistiques habituelles crée des lexies inattendues qui produisent un effet de surprise et d'humour, tout en cherchant à renforcer, sur le plan sémantique et argumentatif, une identité de produit, en tant que fromage à la fois savoureux et onctueux, mais aussi le message de plaisir et de convivialité qui lui est associé. Ceci contribue probablement à asseoir son image de marque.

Si la productivité du mot-valise est ici remarquable et s'inscrit dans une stratégie publicitaire visant à capter l'attention du consommateur par son originalité lexicale, elle est cependant contrebalancée par l'efficacité de tant de créativité, dont il est permis de douter. En effet, l'évaluation qualitative du procédé est, à notre sens, à remettre en question. Même si l'on peut raisonnablement admettre que le contexte du spot (scène d'enseignement d'un père à son fils) puisse générer un tel discours didactique, d'explicitation, le simple fait que l'annonceur juge utile de donner les clés de lecture des trois exemples concernés[15] constitue d'abord un aveu de faiblesse de l'impact potentiel de ces formes nouvelles.[16] Ce faisant, il annule également *de facto* le pacte colludique que de telles trouvailles sont censées établir entre lui et le destinataire qui n'a, du coup, plus aucun effort interprétatif à fournir. Sa réception devient complètement téléguidée et pilotée par l'annonceur, ce qui va à l'encontre de cette fonction ludique, dynamique et engageante prêtée au jeu de mots. Il faudrait, bien sûr, prendre le soin de corroborer cela par des études sur la réception.

On voit, à travers ces exemples détaillés que oui, les mots-valises concentrent à eux tout seuls bien des informations relatives aux produits, aux marques, en plus d'engager les destinataires dans une dynamique interprétative. Si l'on suit Botton et Cegarra, « L'intérêt des mots-valises consiste en ce qu'ils rendent manifeste, par suite de la composition elle-même, leur motivation : on voit d'où ils viennent et pourquoi. Il apparaît clairement qu'un tel mot a un sens, et ce sens se lit lorsqu'on désintrique les éléments composants qui se trouvent à l'état de condensation » (Botton et Cegarra 1990 : 19). Mais ce caractère manifeste est, comme nous venons de le montrer, loin d'être une évidence ou un gage d'efficacité dans bon nombre de

---

15 Le cas se produit également en [12] et [17] où les lexèmes initiaux apparaissent explicitement sur les affiches. Une probable non-compréhension des mots-valises est ainsi anticipée, rendant complètement contre-productif le recours à ce procédé...
16 Même s'il le fait probablement pour s'assurer que le message passe.

situations, souvent en raison de leur morphotypologie, qui est l'étape première donnant accès (ou pas) à leur sémantisme. Assez rares, en effet, sont les mots-valises publicitaires qui satisfont l'ensemble des contraintes phoniques, morphologiques et syntagmatiques, gage de qualité. Bien souvent, la composante visuelle (statique ou dynamique) doit alors assurer une aide à l'interprétation, quand ce n'est pas l'annonceur lui-même. Par ailleurs, leur nombre et leur concentration au sein de certains énoncés se fait souvent au détriment de leur qualité et ils ont plutôt l'air de servir uniquement la dimension ludique et surprenante de ces messages publicitaires. Contrairement aux mots-valises utilisés pour les noms de marques, et surtout de produits, ils ne sont ainsi pas tout à fait chargés de la même valeur pragmatique.

5 Conclusion

Cette étude a tenté de mettre en lumière la façon dont la construction morpho-sémantique des mots-valises en publicité densifie le sens et joue avec les codes du discours publicitaire. Nous avons ainsi pu valider l'hypothèse selon laquelle le procédé de condensation morphologique, déjà présent en langue générale, prend une tout autre mesure en publicité où l'enjeu y est encore plus déterminant. La stratégie de densification sémantique qui en résulte n'est plus à démontrer. En revanche, la portée ludique et l'efficacité persuasive qui en découleraient sont moins évidentes à faire émerger. Disons que l'hypothèse mérite d'être nuancée : certes, le lien entre ces objets « de la plus grande impertinence » (Grunig 1990 : 59) et le jeu de mots est confirmé. Les mots-valises peuvent être envisagés comme jeux de mots structurants du discours publicitaire en ce qu'ils piquent systématiquement l'attention de leur destinataire mais leur efficacité reste aléatoire et leur impact difficile à appréhender, si ce n'est par le biais d'études approfondies relevant de la recherche cognitive ou en réception afin de mieux cerner leur portée communicative réelle (Fuhrich et Schmid 2016).

Sans être exhaustive, et de loin, l'analyse des mots-valises de notre corpus, dont le nombre peut paraître relativement réduit, permet toutefois d'aller un peu au-delà de nos hypothèses initiales. L'étude de cet échantillon permet notamment de mesurer l'inexistence d'une forme prototypique de mot-valise en publicité qui serait valable en toutes circonstances. Précisément, ce sont souvent les circonstances de production qui permettent d'en apprécier la motivation et donc d'en décoder le sens. Cela est rendu possible et / ou facilité ou annihilé par la présence (ou l'absence) de recouvrement qui favorise la reconnaissabilité (Renner 2015a : 102) ; la troncation qui, si elle favorise la réduction et la densification, peut aussi, selon l'endroit où elle se produit, affecter l'identification et la reconstruction *a posteriori* des mots-valises. Cela peut être fort dommageable en publicité où le temps et l'attention consacrés à la lecture, sans parler de l'interprétation, de ces messages est minime et où l'impact, la mémorisation et l'originalité priment. Ajoutons que bien que les publicités soient éphémères au sens où leur durée de vie est en principe relativement courte, leurs effets s'inscrivent parfois plus durablement dans le temps. La trace qu'elles laissent dans l'usage linguistique, et parfois dans la langue (Favreau 2018), en est une preuve saillante. De là à penser que certains de ces mots-valises publicitaires puissent se lexicaliser est une étape que nous ne franchirons pas tant l'atypicité de chacune de ces créations est liée à et motivée par leur contexte inédit de production. Sans une fréquence d'exposition plus importante qu'un spot télévisuel ponctuel ou une affiche passagère, ces mots-valises auront bien peu de chances d'être repris hors de leur contexte initial et de s'implanter dans l'usage commun. C'est là le paradoxe : ils resteront peu communs, tout en dépendant d'un processus qui continue, lui, d'être très productif.

Sans doute plus visibles que d'autres néologismes créés en publicité, tels de véritables saillies linguistiques, on peut presque prêter à ces mots-valises un statut de « mots-balises » (Botton et Cegarra : 17) ! Mots complexes à plus d'un titre, qui émaillent souvent la langue ordinaire, jalonnent à l'occasion les discours publicitaires, marquent parfois les esprits, mais sur lesquels il convient, pour le linguiste, de s'arrêter toujours.

Références bibliographiques

Adam, Jean-Michel & Marc Bonhomme. 2012. *L'argumentation publicitaire*. Paris : Armand Colin.

Arcodia, Giorgio & Fabio Montermini. 2012. Are reduced compounds compounds ? Morphological and prosodic properties of reduced compounds in Russian and Mandarin Chinese. In Vincent Renner, François Maniez & Pierre Arnaud (éds.), *Cross-disciplinary perspectives on lexical blending*, 93–113. Berlin & Boston : De Gruyter Mouton.

Arnaud, Pierre & Vincent Renner. 2014. English and French [NN]N lexical units : A categorial, morphological and semantic comparison. *Word Structure* 7(1). 1–28.

Bat-El, Outi. 1996. Selecting the best of the worse : the grammar of Hebrew blends. *Phonology* 13(3). 283–328.

Berthelot-Guiet, Karine. 2003. « Ceci est une marque ». Stratégies métalinguistiques dans le discours publicitaire. *Communication et langages* 136. 58–71.

Berthelot-Guiet, Karine, Caroline Marti de Montety & Valérie Patrin-Leclère. 2013. Entre dépublicitarisation et hyperpublicitarisation, une théorie des métamorphoses du publicitaire. *Semen* 36. [En ligne] https://doi.org/10.4000/semen.9645 (consulté le 15 mai 2025).

Botton, Marcel & Jean-Jack Cegarra. 1990. *Le nom de marque : création et stratégies de marque*. Paris : McGraw-Hill.

Carroll, Lewis. [1871] 2022. *Through the Looking-Glass*. Sophia : Culturea.

Clas, André. 1987. Une matrice terminologique universelle : la brachygraphie gigogne. *Meta* 32(3). 347–355.
Cook, Guy. 2001. *The Discourse of Advertising*. 2nd edn. London : Routledge.
Crystal, David. 1999. *Language Play*. London : Penguin UK.
Druetta, Ruggero. 2008. Les noms de marque et de produit comme marqueurs identitaires. *Éla. Études de linguistique appliquée* 150(2). 157–175.
Favreau, Hélène. 2015. « On s'keep in Sosh » ou l'exemple du français libéré dans et par la publicité. *Voix plurielles* 12(1). 197–206.
Favreau, Hélène. 2018. « Allumeeez le fun » : le jeu de mots comme lieu de croisement des dynamiques linguistique et sociolinguistique dans le discours publicitaire. In Esme Winter-Froemel & Alex Demeulenaere (éds.), *Jeux de mots, textes et contextes* (The Dynamics of Wordplay 7), 387–405. Berlin & Boston : De Gruyter.
Fèvre-Pernet, Christine & Michel Roché. 2005. *Quel traitement lexicographique de l'onomastique commerciale ? Pour une distinction Nom de marque/Nom de produit*. Corela HS(2). [En ligne] https://doi.org/10.4000/corela.1198 (consulté le 15 mai 2025).
Fradin, Bernard. 2000. Combining forms, blends and related phenomena. In Ursula Doleschal & Anna Thornton (éds.), *Extragrammatical and marginal morphology*, 11–59. München : Lincom Europa.
Fradin, Bernard. 2009. Compounding in French. In Rochelle Lieber & Pavol Štekauer (éds.), *Oxford Handbook on Compounding*, 417–435. Oxford : Oxford University Press.
Fradin, Bernard, Fabio Montermini & Marc Plénat. 2009. Morphologie grammaticale et extragrammaticale. In Bernard Fradin, Françoise Kerleroux & Marc Plénat (éds.), *Aperçus de morphologie du français*, 21–45. Saint-Denis : Presses Universitaires de Vincennes.
Fradin, Bernard. 2015. Les mots-valises : jeux et enjeux. *Neologica* 9. 35–60.
Fuhrich, Kerstin & Hans-Jörg Schmid. 2016. Too matsch for you ? Monolingual humorous slogans are recalled better than mixed-language ones. In Sebastian Knospe, Alexander Onysko & Maik Goth (éds.). *Crossing Languages to Play with Words. Multidisciplinary Perspectives* (The Dynamics of Wordplay 3), 135–156. Berlin & Boston : De Gruyter.
Galisson, Robert. 1987. Les mots-valises et les dictionnaires de parodie comme moyens de perfectionnement en langue française. *Éla. Études de linguistique appliquée* 67. 57–118.
Grésillon, Almuth. 1984. *La règle et le monstre : le mot-valise. Interrogations sur la langue, à partir d'un corpus de Heinrich Heine*. Tübingen : Niemeyer.
Gries, Stefan. 2012. Quantitative corpus data on blend formation : psycho- and cognitive-linguistic perspectives. In Vincent Renner, François Maniez & Pierre Arnaud (éds.), *Cross-disciplinary perspectives on lexical blending*, 145–167. Berlin & Boston : De Gruyter Mouton.
Grunig, Blanche-Noëlle. 1990. *Les mots de la publicité. L'architecture du slogan*. Paris : Presses du CNRS.
Guidère, Mathieu. 2000. *Publicité et traduction*. Paris : L'Harmattan.
Guilbert, Louis. 1975. *La créativité lexicale*. Paris : Larousse.
Hugo, Victor. [1827] 1985. Cromwell [préface]. In *Œuvres complètes*. Vol. 12 : Critique, 1–44. Paris : Robert Laffont.
Léturgie, Arnaud. 2011. À propos de l'amalgamation lexicale en français. *Langages* 183. 75–88.
Léturgie, Arnaud. 2015. Amalgamation lexicale et néologie. *Neologica* 9. 81–95.
Lugrin, Gilles. 2006. *Généricité et intertextualité dans le discours publicitaire de presse écrite*. Berne : Peter Lang.
Martinet, André. [1960] 1980. *Eléments de linguistique générale*. Paris : Armand Colin.
Mattiello, Elisa. 2013. *Extra-grammatical morphology in English. Abbreviations, blends, reduplicatives, and related phenomena*. Berlin & Boston : De Gruyter.

Plag, Ingo. 2018. *Word-Formation in English. 2nd edn. Cambridge Textbooks in Linguistics.* Cambridge : Cambridge University Press.
Renner, Vincent. 2006. Dépasser les désaccords : pour une approche prototypiste du concept d'amalgame lexical. In Myriam Pereiro & Henry Daniels (éds.), *Le désaccord*, 137–147. Nancy : Publications de l'AMAES.
Renner, Vincent. 2015a. Panorama rétro-prospectif des études amalgamatives. *Neologica* 9. 97–112.
Renner, Vincent. 2015b. Lexical blending as wordplay. In Angelika Zirker & Esme Winter-Froemel (éds.), *Wordplay and Metalinguistic / Metadiscursive Reflection. Authors, Contexts, Techniques, and Meta-Reflection* (The Dynamics of Wordplay 1), 119–133. Berlin & Boston : De Gruyter.
Sablayrolles, Jean-François. 2000. *La néologie en français contemporain. Examen du concept et analyse de productions néologiques récentes.* Paris : Champion.
Saussure, Ferdinand de. [1916] 1987. *Cours de linguistique générale.* Paris : Payot.
Schuring, Melissa & Anne Vanderheyden. 2022. *Parlez-vous #hashtag ? Quelques éclairages sur l'anglicisme hashtag et ses substituts français mot-dièse et mot-clic.* Congrès Mondial de Linguistique Française – CMLF 2022. https://doi.org/10.1051/shsconf/202213811015 (consulté le 12 mai 2025).
Soulages, Jean-Claude. 2006. Les stratégies humoristiques dans le discours publicitaire. *Questions de communication* 10(2). 103–118.
Tallarico, Giovanni. 2018. Créativité lexicale et jeux de mots dans les messages publicitaires : formes et fonctions. In Esme Winter-Froemel & Alex Demeulenaere (éds.), *Jeux de mots, textes et contextes* (The Dynamics of Wordplay 7), 265–288. Berlin & Boston : De Gruyter.
Tournier, Jean. 1985. *Introduction descriptive à la lexicogénétique de l'anglais contemporain.* Paris & Genève : Champion & Slatkine.
Vorger, Camille. 2011. *Poétique du slam : de la scène à l'école. Néologie, néostyles et créativité lexicale.* Thèse sous la direction de Francis Grossmann et Dominique Abry. Université de Grenoble. https://theses.hal.science/tel-00746972v1 (consulté le 9 mai 2025).

Camille Lavoix

Maggi, la magie (néo)coloniale : jeux de mots, goûts de pouvoir

Résumé : Partant du jeu de mots *Maggi / magie*, cet article interroge le rapport entre calembours et pouvoir, des affiches occultistes de la Belle Époque aux marmites d'Afrique de l'Ouest. Volontairement piquant et ponctué de ses propres traits d'humour, il mêle analyse linguistique, perspectives décoloniales et féministes. La « magie » publicitaire naît chez Julius Maggi, fasciné par l'occultisme, puis s'impose lorsque la Première Guerre mondiale pousse à franciser son patronyme suisse alémanique. Exporté par la colonisation, le cube se retrouve « à toutes les sauces » : en Afrique de l'Ouest, l'homophonie nourrit slogans, parodies et la BD *Aya de Ypougon*, tandis que journalistes, nutritionnistes et consommatrices dénoncent un marketing colonial, sexiste et délétère pour la santé, qualifiant plus volontiers Nestlé de « diabolique » que de « maggique ». À partir d'archives publicitaires et de terrains journalistiques, l'essai montre comment la « magie » de Maggi est devenu un levier d'hégémonie gustative et symbolique.

Mots-clés : *Maggi / magie*, post-colonialisme, féminisme, Afrique de l'Ouest, politique du goût

Avertissement : risque d'allergie aux prises de position épicées.
Cet essai à haute teneur subjective et située est une dégustation critique – truffée de jeux de mots – des détournements linguistiques autour de la magie de Maggi, relevée d'une pincée de vécu et d'une généreuse louche de perspectives décoloniales et féministes.
Écrit après plusieurs années de terrain journalistique en Afrique de l'Ouest, il s'appuie sur des sources académiques, mais aussi sur une expérience viscérale née de mon (dé)goût quotidien, ainsi que sur les réactions de journalistes, de nutritionnistes et de consommatrices qui questionnent cette poudre de perlimpinpin. À vos risques… et papilles !

Camille Lavoix, Julius-Maximilians-Universität Würzburg, Neuphilologisches Institut / Department of English Literature and Cultural Studies, Am Hubland, 97074 Würzburg,
camille.lavoix@uni-wuerzburg.de

1 Maggi, la magie (néo)coloniale : jeux de mots, goûts de pouvoir

« La magie de Maggi » : ce slogan publicitaire joue sur une homonymie savoureuse, née de la prononciation approximative du nom Maggi par la majorité des francophones. Notons, sans attendre l'ébullition, l'exception alsacienne, où une minorité respecte la prononciation germanique [g], à la sauce locale.[1] Julius Maggi (1846–1912), fondateur de l'entreprise Maggi, était un industriel suisse alémanique, mais la prononciation d'origine s'est largement estompée dans l'imaginaire collectif, le *g* se fondant tumultueusement dans le bouillon des normes phonétiques francophones. En effet, cette assimilation linguistique a connu plusieurs cuissons successives, avant de s'imposer comme saveur dominante.

La Première Guerre mondiale plonge le bouillon Kub – l'un des premiers produits Maggi commercialisés en France, l'entreprise créée en 1885 ayant lancé son cube en 1907 – dans le potage de l'anti-germanisme, où la moindre consonance allemande devient suspecte. Si la séquence <gg> demeure peu courante en allemand – on ne la rencontre guère, si ce n'est dans quelques mots comme *Egge* ('herse'), *Bagger* ('excavatrice'), ou *Flagge* ('drapeau'), le *K* du bouillon Kub, en revanche, est aussitôt soupçonné de trahir une germanité coupable (Snégaroff 2019). Les potages Duval, concurrents de Maggi, reprennent ce ressort germanophobe dans une affiche :

> Françaises !!
> PLUS DE BOUILLON KK
> PLUS DE BOTAGES KKK
> Rien de Magik ni de Chimik
> N'ACHETEZ QUE LES EXCELLENTS
> POTAGES DUVAL
> (Publicité germanophobe du concurrent de Maggi, Duval, en pleine Première Guerre mondiale [1915], Pivot 2001 : 94, majuscules dans l'original)

---

[1] Julius Maggi était un Suisse alémanique, bien que son père – et donc son nom de famille – soit d'origine italienne. Il est néanmoins né et a grandi à Frauenfeld, dans un canton germanophone, où son nom se prononce à l'allemande, et non à l'italienne. Dans cet article, le terme « origine » renvoie à l'origine phonétique du nom de Julius Maggi – en l'occurrence, à sa prononciation germanophone. Le débat sur la « bonne » prononciation de Maggi fait toujours rage en 2025 sur TikTok, ici une Alsacienne défend sa prononciation, www.tiktok.com/@cookie.elsass/video/7464566734444399894 et là une Allemande explique à son audience la prononciation Maggi à l'italienne : www.tiktok.com/@zdfinfo/video/7145376581266050309?lang=fr.

Au-delà du jeu *potage / botage* – clin d'œil aux dialectes allemands où les consonnes obstruantes sourdes se voisent – l'annonce fait allusion aux multiples interprétations de l'acronyme « K.K. », systématiquement associé à l'ennemi. Qu'il désigne le « pain K.K. » (*Kriegs-Knäckebrot*, pain brun militaire que les poilus assimilaient volontiers au « caca »), ou qu'il renvoie à la formule *kaiserlich und königlich* (« impérial et royal ») employée par le gouvernement austro-hongrois, la connotation reste nettement hostile. En surchargeant *MagiK* et *ChimiK* de k, Duval attaque la germanité du Kub sans même le nommer. À la même époque, le député Léon Daudet – fils de l'écrivain Alphonse – alimente la (fausse) rumeur selon laquelle les publicités *Maggi* du bouillon Kub dissimuleraient des messages codés à destination de l'ennemi allemand. Les affiches sont saccagées, les magasins pillés (Le Naour [1914] 2011).

L'« affaire Maggi-Kub », rapidement digérée, révèle cependant la profondeur des fantasmes linguistiques et politiques à l'œuvre. Maggi avait senti les fumets de l'anti-germanisme dès son installation à Paris en 1901 : il avait alors croqué son prénom pour celui, francisé, de Jules (Oberli 1998). Il avait sans doute également perçu que son nom évoquait, pour le public parisien, une promesse de « magie » culinaire.[2] Il saura transformer cette méprise phonétique en levier commercial. Jean Mafart le reconnaît comme un « génie de ce qu'on n'appelait pas encore le 'marketing' » (2011 : 523). En effet, Maggi est un précurseur : dès 1886, il ouvrit un département « publicité littéraire et artistique ».

Comment Julius Maggi en vient-il à transformer, d'un coup de baguette (publi)magique, la prononciation de son nom ? Au lieu du ['maɡɪ] germanique, voilà que son patronyme se francise en [maʒi], jusqu'à se confondre avec le mot *magie* [maʒi] dans sa prononciation française. Un glissement phonétique dû au hasard ? Il est tentant d'y voir un jeu d'homophonie volontaire, mais les raisons de Maggi sont peut-être plus littérales. La période à laquelle l'inventeur développe son célèbre condiment liquide (1887), à base de plantes aromatiques, puis les bouillons cubes (1907), correspond à un moment historique marqué par une vogue de l'occultisme qui gagne jusque dans les laboratoires. Comme le rappellent Bensaude-Vincent et Blondel (2002), la communauté scientifique française, au tournant du XXe siècle, goûte elle aussi à l'engouement pour les phénomènes occultes. Marie Curie, fascinée, assiste à des séances de médiums ; Charles Richet,

---

2 Comme le précise Monique Pivot, le sentiment anti-germanique remonte à la défaite de Sedan lors de la guerre de 1870 et Julius Maggi l'avait bien compris (2001 : 41). Pivot rapporte ainsi les propos de Julius Maggi : « La France, précise-t-il ensuite, reste très conservatrice : elle se fait une haute idée de sa cuisine et reste encore très méfiante devant l'industrie alimentaire » (Pivot 2001 : 67).

prix Nobel de physiologie, proclame sa foi dans la clairvoyance après des expériences à base de cartes et d'hypnose en 1884.[3]

Médiums, fantômes, télépathie : à quoi croyait donc Julius Maggi ? Selon la communication contemporaine de Nestlé, dans une page web promotionnelle intitulée « La magie de Maggi », on lit : « Peu de gens savent que Julius Maggi était fasciné par la clairvoyance et pensait même qu'il pouvait prédire l'avenir ». L'écrivain Henry de Monfreid, un temps employé par Julius Maggi rapporta le goût pour l'occulte de son patron qui « consultait même les pythonisses et prétendait à un don de double vue » (Pivot 2001 : 69). Cette fascination transparaît dans une affiche non datée que Monique Pivot reproduit dans son ouvrage (2011 : 84), sans toutefois l'analyser. Je la décris brièvement : le titre, en capitales, proclame « CLAIRVOYANCE » ; un garçonnet, mains derrière le dos, observe une femme qui, devant son fourneau, désigne une marmite fumante d'un doigt pédagogue. Au bas de l'image, la promesse pseudo-oraculaire – qui troque la syntaxe classique contre une musicalité publicitaire – énonce : « C'est grâce à "Maggi" tu sauras / Qu'on fait un potage excellent. » Une seconde affiche non datée, titrée cette fois « SCIENCE » (Pivot 2001 : 82), prolonge le même jeu. Au premier plan, un élève assidu est assis à son pupitre, penché sur ses cahiers. Sur le tableau noir, on lit à la craie une équivalence : MAGGI = MAGIQUE. À droite de l'enfant, le slogan martèle la leçon en vers : « Le mot "MAGGI", tu l'apprendras, Est de magique équivalent. » Julius Maggi s'était-il simplement pris pour un mage moderne, à force de dissoudre ses cubes comme par enchantement ? S'imagginait-il ensorceleur d'une population – qui, de fait, achetait ses cubes par millions ?

Dans tous les K, un constat s'impose : le glissement phonétique, d'abord accidentel ou contextuel, s'est durablement installé après la mort de Julius Maggi. Il tient sans doute moins d'un rite chamanique que d'un effacement phonétique stratégique, autrement dit du gommage de la prononciation allemande au profit d'une réalisation française, mû par des impératifs politiques et commerciaux. Après la disparition de son fondateur en 1912, la marque se compromet avec le régime nazi durant la Seconde Guerre mondiale. Maggi se voit mangée par Nestlé en 1947 dans une tentative assumée de dégermaniser et de dénazifier son image (Pivot 2001 : 109).[4] La prononciation allemande d'origine – ['maɡɪ] – est alors rayée

---

[3] Le test de Richet a été reproduit sans succès par d'autre scientifiques (Hansel 1985 : 101) mais fut néanmoins publié sous le très sérieux nom de « Further experiments in hypnotic lucidity or clairvoyance » (1888).

[4] Les complicités de Maggi avec le régime nazi débutent en 1933, quand la firme évince les membres juifs de son conseil d'administration. Elle se singularise ensuite par le traitement des travailleurs forcés, soumis à une brutalité excédant les normes déjà sévères en vigueur en Allemagne (Rais-Liechti, Peter et Ruch 2001). Dirlewanger, s'appuyant sur les travaux de Daniel

du menu au profit d'une prononciation francisée, [maʒi], réenchantée. La « magie de Maggi » devient le mot d'ordre, omniprésente dans les foyers francophones.

Après leur absorption par Nestlé – déjà implantée sur le continent africain – les petits bouillons arrivent en Afrique dans les valises des colons (Toulemonde 2023), grâce à la libéralisation du commerce que prévoient les traités coloniaux (Slimani 2014). L'expression « La Magie de Maggi » se retrouve déclinée dans tous les chaudrons francophones ; elle est reprise, par exemple, sur *Radio Canada*. En France, en 1984, le champ lexical de l'enchantement est mobilisé dans une publicité en deux parties pour soufflé : sur la page de gauche, intitulée « avant », un homme déguisé en mage présente un sachet de préparation orné du slogan « La formule magique d'un soufflé réussi ! » ; sur la page de droite, « après », le même personnage fait léviter le soufflé bien gonflé (Musée des Arts Décoratifs. s.d.). Une autre publicité pour une préparation de riz à l'espagnole proclame : « Un peu de riz. Un brin de Maggi. Et tout sourit », avec la mention additionnelle « Maggi. C'est pas sorcier. C'est réussi ». Ce slogan figure dans le corpus de la linguiste et germaniste Blanche-Noëlle Grunig, qui l'analyse comme un titre à trois versoïdes – les *versoïdes* étant, selon sa propre définition, des « des segments rappelant plus ou moins exactement le vers classique » et rimant (Grunig 1990 : 178). Elle souligne que cette structuration relativement rare requiert « des efforts de création assez considérables » (Grunig 1991 : 182). Maggi n'y va pas avec le dos de la cuillère pour nous faire avaler la prononciation du « g ».

2 L'Afrique Maggique jusqu'à l'indigestion

Mais c'est bien sur le continent africain que les cubes Maggi, propulsés par toute la vapeur d'une multinationale comme Nestlé, saturent le plus spectaculairement l'espace. Leurs stratégies publicitaires, qualifiées d'« agressives » (Uyehara 2023), vont du parrainage de lutteurs sénégalais et du recours à des influenceurs sur les réseaux sociaux jusqu'aux petites boutiques intégralement peintes aux couleurs de la marque. Même Monique Pivot – dont le récit se déguste comme une recette promotionnelle – parle de « propagande » (2001 : 43). Cette « propagande » laisse même son empreinte sur les productions littéraires. Goûtons l'exemple d'*Aya de*

Bourgeois, rappelle que l'usine Maggi de Singen fournit près des deux tiers de sa production à la Wehrmacht et exige l'envoi de travailleurs forcés de l'Est « pour les exploiter dans des conditions de travail et de vie abominables » (Dirlewanger 2012 : 70). Le 1er mai 1940, Maggi reçoit des mains de Rudolf Hess le fanion d'or la consacrant « entreprise-modèle nationale-socialiste » (Dirlewanger 2012 : 71).

Yopougon, la bande dessinée écrite par Marguerite Abouet et largement diffusée depuis 2005 (le tome 8 est paru en 2023). On y suit Aya, jeune Ivoirienne de la classe moyenne des années 1970–1980, qui rêve de devenir médecin, tandis que ses amies misent plutôt sur le mariage. Dans le tome 4, un échange entre Aya et Bintou au sujet de Rita, qui s'intéresse soudainement à Hervé depuis le succès de sa carrosserie, donne lieu à une réplique emblématique : « Rita est une go cube Maggi : elle est dans toutes les sauces » (Abouet et Oubrerie 2010 : 83).

Ce qui fait le sel de la série Aya, c'est exactement ce type d'inventions linguistiques. Arrêtons un instant la marmite pour examiner le jeu avec l'idiome. Commençons par « à toutes les sauces », locution française bien plus que centenaire : le *Dictionnaire érotique moderne* d'Alfred Delvau ([1864] 1874) définit déjà le libertin comme « un gourmet qui se plaît à manger l'amour à toutes les sauces » (307). La métaphore gagne en saveur quand on lit, quelques pages plus loin, l'entrée « Sauce d'amour », définie en deux mots : « le sperme » (362). L'expression « à toutes les sauces » renvoie donc simultanément à la gastronomie – accommodable de mille façons – et à la sexualité. Le génie – ou la magie – de Marguerite Abouet opère précisément ici : elle glisse dans la marmite son cube Maggi. Par ce geste d'écriture, inscrit dans le large panoramique d'Abidjan qu'offre la planche, elle réactive l'idiome, faisant remonter à la surface ses deux lectures originelles – gastronomique et érotique – tout en y greffant une troisième dimension in situ : l'omniprésence du cube Maggi dans les pratiques et imaginaires culinaires d'Afrique de l'Ouest. Le cube est utilisé, littéralement, dans toutes les sauces – et donc, métaphoriquement, à toutes les sauces : c'est-à-dire un peu trop, à tort et à travers.

L'expression « Maggi à toutes les sauces » n'est pas employée seulement avec humour, mais aussi comme le diagnostic d'une omniprésence bien réelle. Hors de la fiction – du monde de la recherche à celui du journalisme – la formule est reprise dans un registre nettement plus critique, accompagnée d'autres détournements de slogans tout aussi acerbes. Ainsi, la chaîne Al Jazeera Sénégal reprend le jeu de mot pour mieux dénoncer le trio « Maggique » de Nestlé (Maggi, Nescafé, Nido), dont la présence est si envahissante qu'elle en devient un problème de santé publique – d'autant plus aigu que la composition des produits destinés à l'Afrique est souvent bien plus nocive que leurs équivalents européens. Cette pratique a été qualifiée de coloniale par Karen Hofman, professeure de santé publique à l'Université de Witwatersrand (2024 : 6, citée dans *Public Eye*). Dans son enquête, le journaliste Rémy Nsabimana recueille les propos d'experts qui s'alarment en particulier du cas du cube Maggi, que le gouvernement sénégalais, faute de pouvoir l'interdire sans craindre des poursuites judiciaires, a décidé de taxer lourdement. Dans ce contexte, parler de « Maggi à toutes les sauces » prend un sens brutalement littéral : en Côte d'Ivoire, les ménages consomment entre deux et trois bouillons d'assaisonnement par jour (Bamba et al. 2024). Une situation suffisamment maléfique pour que la chaîne YouTube *MoneyRadar* y voie non plus un *Maggi magique*, mais un « Nestlé diabolique, un monstre au féroce appétit ». À l'inverse, Marguerite Abouet paraît mobiliser l'expression « Maggi à toutes les sauces » davantage pour susciter le rire que pour égratigner la marque. L'autrice ne manifeste aucune réserve explicite envers le cube, très présent dans son œuvre : il figure dans presque tous les « bonus ivoiriens » – ces rubriques qui clôturent chaque album par une recette – ainsi que dans de nombreuses pages de son livre de cuisine *Délices d'Afrique* (2023).[5]

Ce qui est en revanche parfaitement intentionnel – et drôle – c'est la manière dont Abouet ajoute encore une couche à la cuisson renouvelée de l'idiome. Dans le jeu de mots « Rita est une go cube Maggi », *go* désigne une jeune femme en nouchi, ce sociolecte que le linguiste ivoirien Jérémie Kouadio N'Guessan décrit comme une « langue cryptée avec des fonctions identitaires affirmées » (2006 : 189). Il en retrace l'origine dans un emprunt au dioula. À ses débuts, dans les années 1970, le nouchi s'impose comme un « code linguistique » de la marge, construit « en opposition aux autres » – c'est-à-dire au français scolaire, administratif, hégémonique (Kouadio N'Guessan 2006 : 189). Les linguistes ivoiriens Konan Stanislas Kouassi et Ouattara Bakary Kamagaté parlent même d'une résistance nouchi face au pouvoir linguistique française. Cependant, au-delà de la créativité langagière incontestable, la dynamique linguistique, le multilinguisme (*Maggi* est un nom de famille italien devenu germanophone, francisé en *magie*, ici combiné à *go*, issu du nouchi), la juxtaposition n'est pas que savoureuse ; elle est aussi politiquement chargée. Accoler *go* à *Maggi*, c'est faire se rencontrer deux univers antagonistes : l'un, symbole de résistance linguistique ; l'autre, pur produit de l'hégémonie. Cette ironie est sans doute involontaire, mais elle n'en reste pas moins piquante. Dire d'une femme qu'elle est *une go cube Maggi à toutes les sauces*, c'est dire qu'elle est comme le cube : dans tous les foyers, cherchant à envouter trop d'hommes. Cependant, le plaisir du jeu verbal n'efface pas la charge stéréotypée : derrière l'inventivité linguistique des personnages affleure le vieux schéma qui moralise encore la sexualité des femmes. Ces logiques sexistes parcourent toute la communication

---

[5] Dans sa recension pourtant très élogieuse de *Délices d'Afrique*, le romancier et journaliste Nicolas Michel signale malgré tout l'omniprésence des cubes Maggi : il transforme même le mot Maggi en hyperlien renvoyant à l'enquête critique de *Jeune Afrique* intitulée « Comment Maggi a colonisé les assiettes africaines », ce qui peut s'interpréter comme une manière de tempérer l'enthousiasme d'Abouet. Sa seule réserve explicite porte, en revanche, sur la question du genre : « il semblerait que les hommes n'aient pas leur place au royaume des fourneaux et que les casseroles, poêles et autres marmites soient réservées au sexe féminin ».

Maggi – des affiches « Maggi de femme » des années 1980 aux récentes campagnes. La "magie de Maggi" mérite donc aussi d'être examinée sous l'angle du genre.

3 Les Souper Woman de Maggi en ont marre d'être prises pour des dindes

Ce sont les femmes qui, dès les débuts de la marque en Europe, ont constitué la cible principale – et c'est toujours le cas aujourd'hui sur le continent africain. Sur des affiches publicitaires des années 1980, le jeu d'homonymie « Maggi / magie » s'incarne dans de grands portraits de femme tenant une cuillère. Pas de cuisine en arrière-plan : seule la tête, cadrée serré, domine l'image, cuillère levée à hauteur du visage. Le slogan indique : « Maggi de femme », puis, juste dessous : « Pour parfumer les viandes blanches ». Cette association convoque l'analyse de la féministe américaine Carol J. Adams dans *The Sexual Politics of Meat* (1990) : la culture patriarcale et notamment la publicité, observe-t-elle, « animalise » les femmes – réduites symboliquement à de la viande. La situation n'a guère changé, elle s'est déplacée, s'agace la journaliste et écrivaine franco-marocaine Leïla Slimani dans *Jeune Afrique*, où elle pose la question : comment remplir le panier de la ménagère africaine de produits occidentaux ? En visant les femmes des classes populaires, répond-elle, les publicitaires n'hésitent pas « à jouer sur l'homophonie entre le nom de la marque et le mot 'magie', prêtant au cube épicé le pouvoir d'envoûter un époux ou de garder un mari volage à la maison » (Slimani 2014). Ils exploitent ainsi croyances, habitudes culturelles et rites religieux, conclue Slimani. Selon elle, à l'aspect genré s'ajoute la question de l'authenticité : « Maggi a totalement perdu son identité européenne » auprès des consommatrices du continent, en utilisant des références locales pour faire oublier leur origine. Après avoir gommé ses racines zurichoises au profit d'un accent parisien, nouveau tour de prestidigitation : le cube caméléon se réclame désormais d'une filiation auprès des femmes africaines.

Et, de fait, Maggi conserve aux yeux de nombreuses cuisinières du continent une aura quasi magique. Comme le racontent avec humour Adaorah Oduah et Olamide Oladoyin, l'alternative locale au cube – la fermentation de graines – sent si fort qu'il faut l'enfermer dans un sac au fond du congélateur en moins d'une seconde, sous peine d'empester toute la maison (17 : 15). *Maggi, magie*, et l'odeur s'évanouit. Mais pas seulement l'odeur, relèvent les deux podcasteuses nigérianes, amères : avec elle, c'est aussi l'indépendance économique des travailleuses rurales, qui cultivaient et vendaient ces condiments artisanaux (soumbala, dawa-dawa...), qui s'est volatilisée. Sans magie aucune. Avec elle, un savoir-faire local, durable, et bénéfique à la santé comme à la terre – localement appelé « maggi indigène » – a également disparu. Ce n'est pas que Maggi ait plus de génie, soulignent les deux femmes, mais bien que Nestlé hérite d'un capital structurel issu de l'histoire coloniale et esclavagiste des sociétés qu'il a absorbées, comme Rowntree. Et il le fait valoir en écrasant toute concurrence. La « Maggi » de femmes, et leur ciblage par des slogans tels que « Avec Maggi, chaque femme est une étoile », suscitent aujourd'hui de plus en plus de critiques. En 2018, *France Info* ironisait sur une campagne nigériane en titrant : « Souper Woman de Maggi, une pub qui ne fait pas recette ». Difficile également d'avaler le surnom « Corrige Madame » donné à la bouteille de Maggi liquide, dans certaines régions d'Afrique de l'Ouest – un détournement où l'inventivité lexicale ne suffit pas à masquer le goût rance du sexisme qui mijote encore dans les représentations de la cuisine.

Si Maggi a longtemps su jouer avec l'homonymie pour faire son beurre, les jeux de mots ne se retournent-ils pas aujourd'hui contre la marque ? Entre ses cubes maggiques trop salés – avec, à l'issue, des taux d'hypertension records – et les recettes coloniales à l'arrière-goût de rassi(sme), la magie fond-elle comme neige suisse au soleil tropical ? Une responsable de la communication de Nestlé affirmait récemment à l'AFP avoir troqué les femmes étoiles contre un nouveau slogan : « Avec Maggi, cuisinez la différence » (Africanews 2018). Or, c'est justement la différence qui est à l'origine du mot magie. Le terme vient du grec *mageia*, désignant dans l'Antiquité les prêtres (*magav*) de l'Empire perse (Graf 1995 ; Bremmer 1999). Autrement dit, la magie, c'était la religion de l'Autre, l'altérité inquiétante, avec son lot de connotations négatives (Benussi 2023). Pour des internautes très critiques – tels les vidéastes de la chaîne MoneyRadar qui parlent d'un « Nestlé diabolique » (2024) — le nouveau slogan pourrait tomber à pic. Sans boule de cristal, difficile de savoir comment ses détracteurs s'en empareront. Reste l'inconnue des détournements linguistico-magiques que nourrira encore le vocabulaire Maggi – et de leur couleur politique. Une chose est certaine : le glissement du nom de marque au nom commun – *la* magie – révèle la puissance d'un empire capable d'imposer un goût, un produit, un mot... dans toutes les bouches. Mais à force d'être sur toutes les lèvres, le sortilège devient amer. C'est quand l'empire tait son nom que la magie opère le mieux. Jeux de mots, goût de pouvoir : quand l'hégémonie se fait condiment, même la langue y laisse des plumes – jamais son sel.

Références bibliographiques

Abouet, Marguerite & Clément Oubrerie. 2008. *Aya de Yopougon*. Tome 4. Paris : Gallimard.
Abouet, Marguerite. 2023. *Délices d'Afrique*. Illustrations d'Agnès Maupré. Paris : Gallimard.
Adams, Carol J. 1990. *The Sexual Politics of Meat*. New York : Continuum.
Africanews. 12.11.2018. Nigeria : un bouillon cube lancé déclenche une polémique sur l'image de la femme. *Africanews*. https://fr.africanews.com/2018/11/12/nigeria-un-bouillon-cube-lance-une-polemique-sur-l-image-de-la-femme/ (consulté le 10 juillet 2025).
Bamba, Lassana, Gervais Mélaine M'Boh, Kipré Laurent Séri, Gnogbo Alexis Bahi, N'Gbesso Amos Ekissi, Kouassi Denis Bédou, Grah Avit Maxwell Beugré & Allico Joseph Djaman. 2024. Situation of consumption of seasoning broths in three cities in Côte d'Ivoire : Abidjan, Bouaké and Daloa. *Journal of Food and Nutrition Sciences* 12(3). 138–145. https://doi.org/10.11648/j.jfns.20241203.12 (consulté le 10 juillet 2025).
Bensaude-Vincent, Bernadette & Christine Blondel (éds.). 2002. *Des savants face à l'occulte (1870–1940)*. Paris : La Découverte. https://shs.cairn.info/des-savants-face-a-l-occulte--9782707136169?site_lang=fr (consulté le 10 juillet 2025).
Benussi, Matteo. 2023. Magic. In Felix Stein (éd.), *The Open Encyclopedia of Anthropology*. http://doi.org/10.29164/19magic (consulté le 10 juillet 2025).
Bourgeois, Daniel. 1998. *Business helvétique et Troisième Reich. Milieux d'affaires, politique étrangère, antisémitisme*. Lausanne : Page deux.
Bremmer, Jan N. 1999. The birth of the term 'magic'. *Zeitschrift für Papyrologie und Epigraphik* 126. 1–12. https://www.uni-koeln.de/phil-fak/ifa/zpe/downloads/1999/126pdf/126001.pdf (consulté le 10 juillet 2025).
Cookie [@Cookie.Elsass]. 27.01.2025. *Prononciation du maggi en Alsace*. #alsace #humour [vidéo]. TikTok. https://www.tiktok.com/@cookie.elsass/video/7464566734444399894 (consulté le 10 juillet 2025).
Delvau, Alfred. [1864] 1874. *Dictionnaire érotique moderne*, 2ème éd. Neuchâtel : Imprimerie de la société des bibliophiles cosmopolites.
Deveaux, Jacques. 12.11.2018. Souper Woman de Maggi, une pub qui ne fait pas recette. *France Info*. https://www.francetvinfo.fr/replay-radio/c-est-mon-info/souper-woman-de-maggi-une-pub-qui-ne-fait-pas-recette_3033129.html (consulté le 10 juillet 2025).
Dirlewanger, Dominique. 2012. *Le rapport Bergier dix ans après sa publication (2002–2012)*. Université de Lausanne. http://www.memorado.ch/bergierdixans.pdf (consulté le 10 juillet 2025).
Fehmiu, Myriam. 09.10.2024. *La magie des cubes Maggi*. Radio Canada. https://ici.radio-canada.ca/tele/l-epicerie/site/segments/reportage/1875431/cube-maggi-sodium (consulté le 10 juillet 2025).
Gaberell, Laurent, Manuel Abebe & Patti Rundall. 2024. Avril. Comment Nestlé rend les enfants accros au sucre dans les pays à revenu plus faible. *Public Eye – Le Magazine*. https://www.publiceye.ch/fileadmin/doc/Konsum/PublicEye_Magazin_47_Nestle_FR_11.pdf (consulté le 10 juillet 2025).
Graf, Fritz. 1995. Excluding the charming : the development of the Greek concept of magic. In Marvin Meyer & Paul Mirecki (éds.), *Ancient magic and ritual power*, 29–42. Leiden : Brill.
Grunig, Blanche-Noëlle. 1990. *Les mots de la publicité*. Paris : Presses du C.N.R.S.
Hansel, Charles Edward Mark. 1985. The Search for a Demonstration of ESP. In Paul Kurtz (éd.), *A Skeptic's Handbook of Parapsychology*, 97–127. New York : Prometheus Books.

Kouassi, Stanislas Konan & Ouattara Bakary Kamagaté. 2020. Le français de Côte d'Ivoire : entre hégémonie et appropriation. *Akofena* 2(2). 101–116. https://www.revue-akofena.com/wp-content/uploads/2021/09/08-T02-06-pp.-101-116.pdf (consulté le 10 juillet 2025).

Kouadio N'Guessan, Jérémie. 2006. Le nouchi et les rapports dioula-français. *Le français en Afrique* 21. 177–191. http://www.unice.fr/ILF-CNRS/ofcaf/21/Kouadio.pdf (consulté le 10 juillet 2025).

Le Naour, Jean-Yves. [1914] 2011. *La grande illusion*. Paris : Perrin.

Mafart, Jean. 2018. Maggi-Kub (affaire). In Hervé Moutouh & Jean Poirot (éds.), *Dictionnaire du renseignement*, 523–524. Paris : Perrin. https://shs.cairn.info/dictionnaire-du-renseignement--9782262070564-page-523?lang=fr (consulté le 10 juillet 2025).

Michel, Nicolas. 03.11.2023. Avec « Délices d'Afrique », l'Ivoirienne Marguerite Abouet se livre en cuisine. *Jeune Afrique*. https://www.jeuneafrique.com/1492206/culture/avec-delices-dafrique-livoirienne-marguerite-abouet-se-livre-en-cuisine/ (consulté le 10 juillet 2025).

Musée des Arts Décoratifs. s.d. *Marques et personnages de la publicité*. MAD Paris. https://madparis.fr/marques-et-personnages (consulté le 10 juillet 2025).

Nestlé. 2019. La magie de Maggi. Une histoire de cubes, d'arômes et de créativité. Mai 2019, https://www.nestle.ch/fr/exemples/la-magie-de-maggi (consulté le 10 juillet 2025).

Nsabimana, Rémy. 13.04.2022. Le trio « maggiique » de Nestlé. Reportage produit par Arwa Barkallah et Alisha Van Bever. *Al Jazeera Sénégal*. www.youtube.com/watch?v=olVhgKTiBhc (consulté le 10 juillet 2025).

Oberli, Patrick. 05.09.1998. Maggi, la recette qui donne du goût au repas. *Le Temps*. https://www.letemps.ch/economie/maggi-recette-donne-gout-repas (consulté le 10 juillet 2025).

Oduah, Adaorah & Olamide Oladoyin. 25.08.2023. Colonial Cubes [Podcast]. *Uncooked Women*. https://creators.spotify.com/pod/show/uncookedwomen/episodes/Colonial-Cubes-e28gms8 (consulté le 10 juillet 2025).

Pivot, Monique. Avec la collaboration de Jean-Pierre Morel. 2001. *Maggi et la magie du bouillon Kub*. Paris : Hoebeke.

Rais-Liechti, Myriam, Roland Peter & Christian Ruch. 2001. Les filiales des sociétés alimentaires et de produits de luxe Nestlé et Alimentana / Maggi. In *Geschäfte und Zwangsarbeit : Schweizer Industrieunternehmen im « Dritten Reich »* [Affaires et travaux forces : les entreprises industrielles suisses sous le Troisième Reich], 3.3. Zürich : Chronos.

Richet, Charles. 1888. Further experiments in hypnotic lucidity or clairvoyance. *Proceedings of the Society for Psychical Research (SPR)* 6. 66–83.

Slimani, Leïla. 05.05.2014. Publicité : la conquête des marchés tropicaux. *Jeune Afrique*. https://www.jeuneafrique.com/133427/societe/publicit-la-conqu-te-des-march-s-tropicaux/ (consulté le 10 juillet 2025).

Snégaroff, Thomas. 02.08.2019. Histoire de folles rumeurs : les bouillons Kub au service de l'armée allemande. *Franceinfo*. https://www.franceinfo.fr/replay-radio/histoire-de-folles-rumeurs/histoire-de-folles-rumeurs-les-bouillons-kub-sont-au-service-de-l-armee-allemande_3531633.html (consulté le 10 juillet 2025).

Toulemonde, Marie. 17.02.2023. Comment Maggi a colonisé les assiettes africaines. *Jeune Afrique*. https://www.jeuneafrique.com/1418662/societe/comment-maggi-a-colonise-les-assiettes-africaines/ (consulté le 10 juillet 2025).

Uyehara, Mari. 16.10.2023. The History of Bouillon Cubes : How Colonialism and Convenience Made Bouillon Cubes a Popular Ingredient in Kitchens Around the World. *Serious Eats*. https://www.seriouseats.com/bouillon-cube-history (consulté le 10 juillet 2025).

YouTube MoneyRadar. 23.12.2021. *Le diabolique business de Nestlé*. https://www.youtube.com/watch?v=ys68lKt_ApM (consulté le 10 juillet 2025).

zdfinfo [@zdfinfo]. 20.09.2022. Wir haben „Maggi" immer falsch ausgesprochen … 🫣 #zdfinfo #wissen #funfact #fail #foodie #essen #aussprache #mehrwissen [vidéo]. TikTok. https://www.tiktok.com/@zdfinfo/video/7145376581266050309 (consulté le 10 juillet 2025).

Antoine Louis
Jeux de mots, jeux autour des mots dans la publicité – expériences et réflexions

Antoine Louis (© Antoine Louis)

Concepteur-rédacteur depuis 2014, Antoine Louis a travaillé dans différentes agences de communication françaises avant de devenir indépendant. Il est spécialisé en campagnes de publicité, en création d'identité et de territoire de marques, en communication corporate et en social media. En parallèle de son activité, il enseigne la création publicitaire en école de communication.

Cette interview a eu lieu le 25 septembre 2025 sous forme d'une visioconférence. Les réponses ont été transcrites par Esme Winter-Froemel.

Antoine Louis, https://www.antlouis.com/

1 Première partie : expériences

Pourriez-vous nous citer un ou deux jeux de mots préférés (parmi les vôtres ou par d'autres auteurs ou autrices) et dire pourquoi ils ont une signification particulière pour vous ?

Il y en a peut-être un que j'ai fait... J'en ai fait des tonnes, mais il y en a un qui est vraiment sorti et qui était devenu la signature d'une marque, qui s'appelait à l'époque Carteland. C'était une entreprise qui faisait des cartes en ligne, des cartes de vœux, des choses comme ça. Et le slogan que j'avais sorti, c'était « All you print is love ». Pour le coup, c'était en anglais, et la stratégie était tout autour de « la carte est un lien d'affection entre les gens », parce qu'aujourd'hui, les gens s'envoient beaucoup de mails, on interagit par social media, etc. C'était un peu au début de ma carrière, donc c'était quand même il y a quelques années, mais c'est encore d'actualité, et j'ai toujours gardé en tête cette signature-là, parce qu'elle était très simple, elle racontait très bien la promesse de la marque, qui était de dire que n'importe quel de leurs produits était des preuves d'amours, et on jouait sur une référence culturelle « All you need is love », juste en changeant un petit peu le verbe, et en gardant la sonorité *need / print*, et ça racontait quelque chose d'assez fort.

Et il y en a une autre qui est peut-être l'un de mes jeux de mots préférés de ces dernières années pour son efficacité. Parce que dans mon métier, il faut toujours le voir au prisme de l'efficacité, est-ce que ça raconte ce qu'on doit raconter ? On ne fait pas du jeu de mots pour le jeu de mots. Enfin, on en fait beaucoup parce qu'on se fait un peu plaisir entre guillemets... Mais c'est une des accroches de la campagne des produits végétaux, du bacon végétal La Vie™ par l'agence Buzzman. Ce sont des campagnes très connues en France avec les fonds rose et tout. L'accroche-phare était « Tout est bon sans le cochon », et donc ça détournait « Tout est bon dans le cochon ». C'est magnifique et je trouve ça redoutablement efficace, parce que déjà ça fait sourire, donc ça crée de la connivence avec les gens, et ça rend tellement efficace le message puisque en effet, ça raconte tout. « Tout est bon sans le cochon », c'est une promesse de goût, mais c'est une promesse de produit végétarien, végétal, en tout cas.

Quelles sont pour vous les caractéristiques essentielles du jeu de mots ? Qu'est-ce qui fait pour vous l'intérêt de jouer avec les mots et le langage ? Quelle est l'importance des jeux de mots pour vous ?

Je vais répondre au prisme de mon métier, en tant que créatif publicitaire. On pourrait répondre au prisme d'autre chose. Moi, par exemple, je fais du rap aussi, et dans la musique, c'est peut-être des choses un peu différentes. Dans la culture, c'est des choses différentes aussi. Mais dans la publicité, le rôle d'une publicité, c'est de créer un lien émotionnel entre la personne qui consomme la publicité et l'annonceur qui diffuse la publicité. Le lien émotionnel, la création d'émotions, c'est ça qui permet de créer de la mémorisation, de créer de l'impact, de modifier un comportement, d'influencer un acte d'achat, enfin, peu importe que ce soit, qu'on doit vendre du jambon ou faire une campagne de sensibilisation aux risques de la cigarette ou aux risques sur la route. Le jeu de mots, il permet ça. Il permet d'aller toucher les gens. Il fait appel à deux choses, je pense. Il fait appel déjà à l'intelligence des gens. C'est un truc que j'avais lu il y a très longtemps, quand j'étais junior, et j'ai toujours trouvé ça assez juste. C'est que comme le jeu de mots, il vient détourner quelque chose qui existe, il oblige à faire un petit exercice intellectuel de compréhension, de décodage, et donc, il crée une récompense dans l'état d'esprit des gens, parce que « Ah oui, j'ai compris ce truc-là, ça m'a parlé, et ça me génère une émotion, ça me fait rire, ça m'émeut, ça me révolte, ... » Mais en tout cas, ça doit générer quelque chose. Et le jeu de mots, il permet aussi de partir d'un référent culturel, puisque le principe d'un jeu de mots, c'est quand même d'aller utiliser une signification de quelque chose, d'une expression consacrée, pour la twister en quelque chose d'autre. En fait, de base, on a un référent qui raconte quelque chose, et nous, on vient expliquer quelque chose d'un petit peu différent. C'est comme un peu ouvrir une porte dans une expression, et je pense que c'est en ça qu'un jeu de mots est quelque chose qui peut être intéressant pour une campagne publicitaire – si c'est bien fait. Parce qu'il y a beaucoup de jeux de mots extrêmement nuls, il y en a plein, plein, plein, plein, plein, c'est un peu la base de l'écriture publicitaire, mais aussi de la mauvaise écriture publicitaire. Là, ça dessert vachement plus que ça ne sert les marques qui font ça, c'est sûr.

Vous décririez-vous comme un artiste du jeu de mots et de l'humour verbal ? Y a-t-il des descriptions qui ne vous conviennent pas, ou d'autres descriptions qui vous conviendraient mieux ?

Je ne me considère pas comme un artiste dans mon travail de publicitaire. Je dis souvent, on ne fait pas de l'art, on fait de la créativité au service du business. Business, c'est un grand mot. Comme j'ai dit tout à l'heure, je peux aussi bien travailler pour vendre des choses dans une logique vraiment business que travailler pour modifier des comportements, pour faire des campagnes de sensibilisation, pour recruter des gens dans des services publics. Ce n'est pas forcément des logiques de business. Après je pense que j'ai un style rédactionnel qui n'est pas mal tourné sur le jeu de mots. Ce n'est pas pour rien que j'ai sorti « Accrochage verbal »[1] à l'époque où j'étais encore au début de ma carrière, en 2017. J'avais envie d'écrire des trucs, c'est ça qui m'intéressait dans la pub, c'était d'avoir la liberté créative et un peu artistique de pouvoir écrire des choses intelligentes, marrantes, émouvantes, à travers le jeu autour des mots. Donc je ne suis pas un artiste dans mon travail. Par contre, je pense que j'ai une dimension artistique autour du mot et autour du jeu de mots, parce que ça fait vraiment partie de mon ADN créatif, de ma personnalité. J'ai toujours aimé ça. Je vous disais tout à l'heure que j'écris du rap, je fais du rap par ailleurs. Mon rap, il n'est pas basé sur des jeux de mots, mais il en utilise un peu, et dans tous les cas, c'est une manière d'aller travailler la langue, avec la sonorité, avec les sens, et donc ça fait vraiment partie de moi. Il y a d'autres concepteurs-rédacteurs qui sont tout aussi bons, qui sont tout aussi efficaces, qui font des belles choses, mais qui ne sont pas particulièrement axés sur ce qu'on appelle le craft. Le craft, en pub, c'est vraiment l'attention au détail artistique. On parle beaucoup de craft visuel, mais moi, je parle de craft rédactionnel. Il y a des concepteurs-rédacteurs qui sont très bons en concept, qui sont bons en écriture, mais qui ne vont pas forcément aller chercher toujours la meilleure manière de crafter une accroche et d'aller jouer sur une figure de style, ou qui vont peut-être avoir un style beaucoup plus direct, peut-être moins artistique, d'une certaine manière.

---

1 Projet créatif personnel sur Facebook (https://www.facebook.com/accrochageverbal/).

Pourriez-vous décrire, peut-être à l'aide d'un exemple concret, comment vous créez vos jeux de mots et vos textes ?

Je pars d'un thème, en fonction de ce que je dois raconter, puisque mon travail, c'est de raconter des messages qui, normalement, me sont donnés dans un brief, si je résume un petit peu la chose. Et donc, pour moi, les jeux de mots, mais de toute façon, la créativité en règle générale, c'est se plonger dans un thème et penser et lister un peu tout ce qui existe autour, en l'occurrence, dans la langue, si on est sur des jeux de mots. On va chercher un peu des expressions autour d'un sujet plus ou moins. Ça peut aussi être très efficace d'aller chercher quelque chose qui n'a rien à voir avec la chose, mais juste en changeant un mot, on joue avec le truc, on l'amène dans notre sujet. La manière de faire, en tout cas, c'est plutôt d'aller chercher des inspirations, des références qui tournent autour de ce champ sémantique peut-être, et après de voir comment est-ce qu'on peut les twister, mais pour que ça raconte au final le message qu'on veut raconter. Ce n'est pas juste pour le plaisir de faire un jeu de mots. C'est pour ça qu'on parle souvent de jeux de mots gratuits. Et donc des fois, il y a des choses qui sont extrêmement tentantes, qui sont très drôles, mais – et ça, c'est l'expérience qui le fait, si j'ai plus de facilité à la faire maintenant qu'il y a dix ans, quand j'ai commencé – des fois je voulais défendre coûte que coûte un jeu de mots que j'avais imaginé pour une marque parce que pour moi, ça répondait au brief, ça racontait quelque chose, alors qu'en réalité, non, en fait, non, c'est marrant, c'est une bonne pirouette rédactionnelle, mais ça ne remplit pas le contrat, l'objectif.

Quelles ont été ou quels sont pour vous des modèles ou des sources d'inspiration dans le domaine des jeux de mots et des jeux de langage ?

Des agences de pub parisiennes surtout. Je pense à Gabriel Gauthier, qui est un grand créatif français, qui est le patron aujourd'hui de l'agence Jésus & Gabriel et qui a bossé dans plein d'agences de pub et qui a vraiment un style verbal. Je ne sais même pas si c'est quelqu'un qui est vraiment dans le jeu de mots, mais en tout cas, il est vraiment dans la finesse d'écriture et toujours dans l'esprit. En fait, moi, je parle de jeu de mots, mais je parle aussi beaucoup de trait d'esprit, et je trouve que ce sont des notions assez liées. Un jeu de mots, c'est un jeu de mots. Tout le monde sait que c'est un détournement d'expression grosso modo, là où le trait d'esprit va plutôt être une capacité à rebondir sur quelque chose qui est évoqué par une phrase, par une notion. Et Gabriel Gauthier est quelqu'un qui a fait des campagnes magnifiques justement là-dessus.

Après il y a l'âge d'or de la pub qu'on a pu avoir peut-être dans les années 2000, où il y avait vraiment des choses qui étaient hyper fortes en rédaction. Au jour le jour aujourd'hui, la rédaction a quand même un impact très important, puisqu'on a de moins en moins de temps pour faire de la création publicitaire, on a de moins en moins de moyens. Donc il y a de plus en plus de campagnes avec des accroches et avec des jeux de mots, des jeux d'esprit, des choses comme ça. Et ça, c'est des enjeux business aussi. Donc honnêtement, je pense que je suis inspiré aussi par plein de choses que je peux voir sortir dans mon industrie.

Et aussi – et là je pars d'un point de vue plus personnel – je trouve beaucoup d'inspiration dans les réseaux sociaux, juste à être exposé à des contenus où il y a vraiment une écriture humoristique, qui touche beaucoup aux jeux de mots souvent. J'ai toujours aimé ça, ça m'a toujours fait marrer. Dans mes amis, dans mes relations, j'ai toujours des gens avec qui je joue sur les mots, tout simplement. Et c'est aussi quelque chose qui m'a toujours beaucoup inspiré et aidé à faire mon métier. Je dis souvent en rigolant, « Ma vie, c'est un draft ». Et quand j'ai une relation avec quelqu'un, parfois même dans des relations de flirt, et avec des partenaires, si je suis avec quelqu'un qui aime les jeux de mots, qui aime le verbe, quand on s'écrit des messages, je peux avoir tendance à jouer sur des trucs, rebondir même dans des conversations whatsapp ou des choses comme ça, et un peu dire, « Excuse-moi, mais ma vie est un draft, donc... ». Évidemment c'est une blague, vraiment je grossis le trait. Mais ça montre quand même que c'est quelque chose qui n'est pas que technique, qui n'est pas que dans le travail. Je pense que c'est un trait de personnalité aussi de travailler sur le jeu de mots. Et ce n'est pas que lorsque je suis derrière mon ordi en train d'écrire une campagne de pub, c'est un peu des choses qui me viennent tout le temps, et ça peut venir juste dans une réponse dans une conversation messenger avec quinze potes. Il y a un truc qui me fait marrer, ben, je vais répondre juste ça, et juste pour avoir trois likes, et c'est tout, voilà. C'était mon jeu de mots du jour, quoi.

Qu'est-ce qui est important pour vous dans votre travail avec la langue et dans vos jeux de mots, quand vous concevez vos textes ?

Je dirais aussi l'impact. Et là ce n'est presque plus une question de forme. C'est vraiment l'impact sonore, l'impact grammatical, le rythme d'une phrase. C'est quelque chose qui est très important. Je travaille beaucoup sur le point et sur le point d'interrogation. Je ne fais quasiment jamais d'accroches avec un point d'exclamation, sauf si le concept d'une pub est de jouer sur les exclamations, les surprises. J'avais d'ailleurs fait un projet rédactionnel sur Instagram qui est pour le coup vraiment artistique. Il s'appelle « Point final », et il était aussi plutôt basé sur du jeu de mots, mais pour le coup beaucoup plus sentimental, beaucoup plus sur l'amour, sur le sexe un peu, sur les relations. Et ça s'appelait « Point final » parce que 95% de ce que j'ai posté sur ce compte finissait par un point. Et en fait, les phrases qui finissent par un point, mine de rien, il y a de la conviction dans une accroche qui termine par un point. « *Patata, tata – ta.* » Une question permet d'ouvrir aussi et d'aller jouer sur de la surprise, et d'aller jouer sur du paradoxe, sur des choses comme ça. Le point permet d'affirmer un truc et de créer de l'impact. Après, il y a l'impact et l'efficacité, et il y a la justesse. Ce qu'on appelle la justesse en publicité, c'est est-ce que c'est juste dans l'esprit, est-ce que ça résonne auprès des gens, est-ce que ça raconte quelque chose que les gens peuvent comprendre, auquel ils puissent s'identifier, est-ce que le message qu'on invente pour raconter quelque chose – parce que notre métier, c'est de raconter des histoires –, est-ce que l'histoire qu'on est en train de raconter est juste ? Il peut y avoir des choses très bonnes créativement, dans le rythme, dans l'impact, dans le son, mais qui en fait ne sont pas justes, qui juste vont aller chercher une référence ou faire appel à un horizon d'idées qui est fantasmé, ou alors qui est très très très très très très très très clivant et qui du coup ne vas pas convenir à ce qu'on doit faire. Efficacité, impact, justesse, je pense que déjà, si on a ces trois choses-là, théoriquement, on a une bonne accroche.

Avez-vous toujours eu un intérêt particulier pour le langage ? Votre rapport au langage et aux jeux de mots a-t-il évolué au fil du temps ?

Oui, j'ai toujours eu un rapport particulier à la langue. J'ai toujours été quelqu'un d'assez bavard, dans la langue orale, j'avais toujours aimé à m'exprimer. J'ai beaucoup lu quand j'étais enfant. J'ai beaucoup lu la presse jeunesse. Il n'y avait pas de journaux chez moi, mes parents ne lisaient pas la presse. Mais dès que j'avais l'occasion de tomber sur un journal, les unes de presse, les titres, c'est quand même toujours des choses qui m'attiraient. Je lisais tout quand j'étais gamin. Je suis peut-être la dernière génération – j'ai 33 ans – qui n'est pas née avec un téléphone dans les mains. Je lisais le paquet de céréales au petit déjeuner. Les trucs qu'il y avait derrière les paquets de céréales. Je me rappelle une anecdote qui est un peu marrante : il y avait deux catégories de paquets de céréales, il y avait les paquets de céréales de marque, Kellogg's, des trucs chers, et il y avait les paquets de sous-marques. Et en fait, les sous-marques n'avaient pas le budget de faire des choses créatives à l'arrière des paquets, là où les grandes marques l'avaient, c'était aussi compris dans le prix. Et donc, l'expérience qu'il y avait avec le produit, quand j'étais petit, s'il y avait des miel pops de Kellogg's, il y avait une histoire sur l'abeille, il y avait un jeu, et donc pendant dix minutes, je lisais ce truc-là. Sinon, de l'autre côté, je lisais des listes d'ingrédients dans dix-huit langues différentes, et c'était intéressant. Oui, les mots ont toujours une place super importante dans ma vie. J'ai été vachement pris dans le rap français quand j'étais au lycée, et je n'en suis jamais sorti, et j'adore ça pour la richesse linguistique. J'ai toujours été celui qui écrit un peu. Aux quarante ans de ma mère, j'étais ado, j'étais au collège, mon père m'avait dit, « Il faut que tu écrives un truc et que tu lises un petit mot pendant la fête, parce que tu écris bien. » J'étais petit, j'étais peut-être en quatrième, en troisième, en cinquième. Donc il y avait toujours un peu ce truc-là.

Et pour répondre sur la question de l'évolution, je pense que j'ai eu pendant longtemps dans ma carrière besoin de prouver que j'étais capable de faire des accroches et des punchlines et des slogans vraiment bons, et je pense que c'est ce qui m'a attiré dans le métier. Ce qui m'a attiré dans le métier, c'est l'accroche, plus que le concept. Je travaille du coup la conception et la rédaction. Et quand j'ai sorti le projet « Accrochage verbal », c'est parce que dans l'agence dans laquelle je travaillais à l'époque, j'avais assez peu de sujets sur lesquels je pouvais vraiment m'éclater créativement, sur les mots. On faisait beaucoup du corporate, de l'institutionnel, et des choses où je n'arrivais pas trop encore, parce que j'étais plus jeune – aujourd'hui, je suis capable de le faire –, j'avais du mal à stratégiquement et créativement emmener sur des territoires d'expression plus riches. Donc c'étaient souvent des choses assez classiques, ce qu'on faisait. Ce n'était pas mal, mais c'était classique. Et donc, sur mon temps libre, j'avais toujours plein d'idées de jeux de mots qui me venaient, et je me suis dit, je vais en faire un projet. Et aujourd'hui, j'ai beaucoup moins ce besoin-là, je n'ai plus jamais de jeux de mots qui me viennent. Enfin, j'en ai, mais j'ai beaucoup moins des jeux de mots qui me viennent en tête et que j'écris dans mon téléphone comme à l'époque, parce qu'en fait, au quotidien dans mon travail, vu que je l'ai vraiment intégré et que j'ai eu l'occasion de faire plein de campagnes qui jouent là-dessus et que j'en fais dans mon travail tous les jours, je dirais que je suis épanoui là-dedans, et j'ai beaucoup moins cette urgence de la jeunesse de faire des trucs autour de ça. Parce que, je le fais, en fait, voilà.

Quelle importance accorderiez-vous aux jeux de mots en ce qui concerne votre réussite professionnelle ?

Ça ne fait pas tout, ça n'a pas tout fait, mais comme je vous ai expliqué, ça fait vraiment une partie assez forte de ma personnalité créative et donc de mes compétences, en fait. Aujourd'hui je suis en freelance, en plus. Avant, j'ai travaillé beaucoup en agence de pub. Déjà, en agence, lorsqu'on sélectionnait les projets sur lesquels me faire travailler, quand il y avait des projets qui nécessitaient vraiment d'avoir de la tonalité et d'avoir un vrai craft rédactionnel, je pense qu'on pensait à moi assez naturellement. Je ne veux pas dire sur tous les sujets, il y avait d'autres gens qui étaient très compétents pour le faire aussi, mais je faisais partie de ceux auxquels on pensait pour des projets comme ça, je pense. Et aujourd'hui, je vois bien qu'en tant qu'indépendant, j'ai des gens qui viennent me voir parce qu'ils ont vu passer une campagne, parce qu'ils ont fait des recherches – exactement la même raison pour laquelle on se rencontre aujourd'hui. En vrai, le projet que j'ai fait il y a longtemps (« Accrochage verbal »), j'en tire encore le bénéfice, parce qu'il y a encore des gens qui me repèrent dans cet océan de créatifs, qui me repèrent parce que, « Ah, bah, tiens, c'est le gars qui a fait ça ! ». Donc après, ils vont voir d'autres projets sur mon site, « Ah oui, ok, il est capable de faire d'autres choses aussi, pas que des jeux de mots marrants sur des marques. » Même s'ils n'étaient pas tous marrants d'ailleurs, ce n'était pas toujours de l'humour. Je pense que ça a beaucoup participé, et en même temps, je ne veux pas non plus être catalogué là-dedans, parce qu'aujourd'hui, je fais vachement plus qu'écrire des jeux de mots, c'est-à-dire que je fais des concepts, je fais des stratégies créatives. Je suis peut-être parti de ça, c'est peut-être ce qui m'intéressait le plus à la base. Aujourd'hui je suis à un niveau beaucoup plus haut, je dirais, dans la chaîne de valeur créative et dans la capacité à créer un concept et à le déployer un peu partout et à faire des choses qui ne sont pas du tout du jeu de mots.

2 Deuxième partie : réflexions

Dans quelle mesure le jeu de mots est-il lié à une réflexion sur le langage ou sur la communication et les interactions verbales ? Dans quelle mesure les jeux de mots impliquent-ils une réflexion sur les caractéristiques fondamentales du langage ?

Je pense que le jeu de mots est beaucoup lié à des époques. On peut faire autant des jeux de mots sur des choses qui sont très traditionnelles, qu'on parle des expressions. On peut détourner des expressions de la langue française qui existent depuis je ne sais pas combien de temps. Mais on peut aussi faire un jeu de mots sur une expression qui est un mème – il y en a plein de choses comme ça, qui sortent sur les réseaux sociaux, qui deviennent populaires pendant une semaine, deux semaines, trois semaines, un mois... –, certaines rentrent dans la culture populaire, d'autres disparaissent. On utilise le jeu de mots à des fins de communication ou peut-être même d'ailleurs artistiquement, dans la musique ou quoi. La musique a peut-être tendance à devoir être plus pérenne. Si je dois faire une campagne à l'instant T, je peux peut-être rebondir sur quelque chose qui est tendance depuis une semaine, mais je sais qu'elle ne le sera pas dans un mois. Alors que si j'écris un morceau de musique, moins, parce que je me dis que j'ai envie que dans six mois, on ne se dise pas « Oh, la ref, elle est vraiment old. » Il y a un aspect d'être avec l'époque et donc d'être capable d'analyser, de capter un peu des signaux linguistiques, d'expressions, des types de narration aussi. J'extrapole un peu peut-être au-delà du jeu de mots, mais la langue évolue, mais ce n'est pas que le langage qui évolue, je pense que c'est aussi la narration, la manière de narrer des choses, la manière de construire un discours. Aujourd'hui, avec beaucoup de langage écrit, beaucoup de langage assez direct à travers des vocaux, avec les téléphones ou des choses comme ça, ça fait aussi énormément évoluer le langage. La structure du langage et la structure de la narration, de comment je raconte des trucs à quelqu'un. Et mon travail, sans faire une veille quotidienne active, c'est juste d'essayer de capter tous ces signaux-là, d'être un peu attentif, et puis comme ça, sur certains sujets en fonction des cibles qu'on doit adresser, d'être capable de sortir une référence, soit par un jeu de mots, soit par une structure narrative qui va permettre de créer du lien avec les gens à qui on doit parler.

Y a-t-il des domaines ou des thématiques qui se prêtent particulièrement bien aux jeux de mots ? Ou, dans votre cas, des marques ou des produits particuliers qui se prêtent mieux ou moins bien aux jeux de mots ? Dans quelle mesure le jeu de mots touche-t-il aussi (ou peut-il toucher aussi) des domaines et des thèmes sérieux ?

Je dirais qu'il y a deux choses dans la première question. Il y a à la fois le domaine d'activité d'une marque, si on se parle de la pub, qui culturellement a plus tendance à aller sur des jeux de mots. Je pense à tout ce qui est la grande consommation, par exemple. La grande consommation, dans la communication autour de ça, autour des produits qui sont vendus en grande surface, des produits de beauté ou des choses comme ça... Ça a concentré beaucoup d'investissements publicitaires depuis le début de la pub. De facto, ce sont des produits qui ne coûtent pas cher, qui ne sont pas très engageants financièrement pour les gens, donc des produits sur lesquels la publicité traditionnellement a été assez légère, donc elle a utilisé beaucoup de jeux de mots pour vendre des pâtes, pour vendre des shampooings... Donc ça, c'est l'aspect marché, d'une certaine manière. Et après, il y a le champ sémantique autour d'un univers. Le champ sémantique autour de l'alimentation, par exemple, il est plus riche et plus facile à utiliser, donc plus propice aux jeux de mots que le champ lexical et sémantique autour de l'industrie, qui va être beaucoup plus technique. Le truc autour de l'alimentation et des pâtes, c'est quelque chose d'assez simple, d'assez basique, d'assez quotidien, et le champ lexical et le sujet va être commun à beaucoup de gens. De l'autre côté, l'industrie : déjà, il y a beaucoup de termes un peu techniques, on referme le truc. Donc peut-être que le jeu de mots est moins évident là-dedans. Après ça permet aussi d'aller faire des jeux de mots. Ça dépend auquel sujet on va travailler, mais si on fait une campagne B2B, si on a les bons termes, ça peut aussi être très efficace de faire du jeu de mots, parce que justement on va aller chercher des références culturelles qui sont propres à un groupe de personnes, qui sont propres à une communauté, et qui du coup vont créer encore plus de lien et de connivence, puisque « Ah ben, ils savent me parler, parce qu'ils parlent le même langage que moi ».

Et est-ce qu'on peut faire des jeux de mots sur des sujets sérieux ? Oui, absolument. Je pense qu'on peut tout faire. Et je n'aime pas du tout qu'on dise « Ah non, mais attention, il faut rester très sérieux, il faut rester quand même corpo ». Pourquoi ? Juste parce que les gens ont peur de créer des choses nouvelles, et qu'ils sont fainéants. Quand je dis les gens, c'est les annonceurs, les agences, c'est nous, c'est les gens de la com que j'entends, c'est les professionnels de la com. On a peur de tester des nouvelles choses. Il y a plein de sujets des fois même gravissimes qui vont être adressés d'une manière décalée qui va créer de l'intérêt. Le jeu de mots est un levier. Enfin, le jeu de mots, ce n'est pas un concept, c'est une exécution dans la forme. Et en vrai, il faut le garder comme ça. Je vois des fois des briefs, comment dire, « La stratégie, c'est de créer de la connivence avec une tonalité machin ». Ce n'est pas une stratégie, c'est un moyen. C'est peut-être un objectif ou un enjeu, mais je trouve que c'est surtout un moyen. Ce n'est en aucun cas une stratégie dans le sens où le jeu de mots, de facto, ne raconte rien. Le jeu de mots, on est au service de quoi ? C'est là qu'il devient intéressant. Sinon, de facto, il n'y a rien du tout.

Dans vos textes et dans vos jeux de mots, y a-t-il une importance particulière d'autres langues ou de processus de traduction entre différentes langues ou variétés de langues ?

Je parle couramment anglais et j'aime beaucoup l'impact de la langue anglaise. Je fais des jeux de mots en anglais aussi d'ailleurs. Moins facilement qu'en français, mais je suis quand même capable de le faire. Et des fois il y a des ponts à faire. Ça peut être des sources d'inspiration. Si on se parle d'une campagne en France, si on fait un jeu de mots sur une expression anglaise ou sur un terme anglais qui est partagé, qui est compris par les gens en France, ça peut être très efficace, et ça peut raconter d'autres choses. Je me rappelle d'avoir travaillé pour une marque de burger sur quelque chose qui n'était pas sorti, mais c'est une proposition qu'on avait faite. Le concept stratégique, c'était « le plus français des burgers », il y avait un truc comme ça, la rencontre entre la France et la culture US, en fait. Et j'avais fait une accroche en reprenant le morceau de Kanye West « I got 99 problems, but a bitch ain't one », et j'avais changé *bitch* en *frites*. C'était débile. Toute la tonalité était un peu débile, était très décalée, avec des choses assez drôles, très utilisées dans la culture digitale aussi. Pour vous dire un peu le niveau, on avait par exemple les « vaches limousines », qui est une race de vaches, on avait une limousine en vache, donc une vache très longue, comme si elle était une voiture. C'était très humoristique. Et quand on fait « I got 99 problems, but the frites ain't one », c'est efficace. Il y a de l'impact, ça fait appel à une référence culturelle américaine avec du français dedans, donc on est dans le concept, on incarne ce qu'on veut incarner. Et en plus, il y a un message de fond, qui est de se dire « Venez chez nous, oubliez vos problèmes, mangez des frites, et pendant le temps de votre déjeuner, en tout cas, ça va être cool, vous avez toujours une expérience sympa. » C'est un exemple de quelque chose qui peut fonctionner, quoi.

Dans quelle mesure les jeux de mots sont-ils un signe de créativité ? Y a-t-il des limites de la créativité lorsque l'on joue avec les mots et la langue ?

Comme il y a beaucoup beaucoup beaucoup beaucoup beaucoup beaucoup beaucoup de jeux de mots qui ont déjà été faits, aller chercher quelque chose de différent, déjà, c'est cool. C'est-à-dire qu'on est contents quand on écrit quelque chose qui n'a pas encore été fait. Parce qu'il y a un peu le flair. Quand j'écris quelque chose, je suis pris dans quelque chose, j'écris, et je me dis, « Putain, elle est vraiment bien, cette accroche, le jeu de mots est vraiment cool ». Je la tape entre guillemets sur google, pour voir si elle ressort. Toutes les accroches publicitaires ne sont pas référencées sur google évidemment, mais il y en a quand même pas mal. Et déjà, quand je vois quelque chose qui ressort, je me dis, ah, ben, ça, c'est créatif. Je pense que le niveau ultime de la créativité c'est de faire quelque chose où tout le monde se dit « C'est super évident ». Parce que, en fait, c'est ça qui fonctionne. Même des fois, des accroches, quand on dit, si on ne se parle que de mots, que de rédaction, « Putain, c'est hyper malin, c'est hyper évident, c'est hyper simple à comprendre ». Et en même temps, c'est donner un peu à tout le monde l'impression qu'ils auraient pu cette idée-là, tellement elle est simple, tellement elle est efficace. « Tout est bon sans le cochon », par exemple, je reviens dessus parce que je trouve ça une super accroche, elle est d'une évidence terrible, je trouve. Elle est presque trop facile, mais c'est pour ça qu'elle est hyper difficile à aller chercher, en fait. Parce qu'elle est hyper maline, il faut aller dedans.

Et après, les limites à la créativité. Je pense que la limite, c'est de vouloir à tout prix en faire, sur certains sujets. Parce qu'on peut se retrouver sur des sujets où c'est une exécution, c'est un craft rédactionnel, une forme qui ne fonctionne pas, parce que des fois ça n'a pas de lien avec la stratégie, ce n'est pas le meilleur moyen d'incarner la stratégie. Et je pense aussi qu'il y a une autre limite – et je veux dire ça sans être condescendant : c'est que c'est une question de compétence et de talent aussi. Il y a beaucoup beaucoup beaucoup de campagnes qui sont extrêmement nulles, qui desservent la profession, parce qu'on impose aux gens dans la rue des campagnes qui ne génèrent aucune émotion si ce n'est peut-être de l'agacement, tellement c'est naze, tellement c'est pas drôle, alors que ça essaie de l'être, tellement ça fait un jeu de mots, mais un jeu de mots qui tombe complètement à plat, qui est hyper facile. Il y un truc par exemple qui a été tendance, mais ça fait vingt ans que ça existe au moins, c'est de mettre des apostrophes pour créer des espèces de jeux de mots dans le truc, mais avec l'apostrophe. Je n'ai jamais vu un bon concepteur-rédacteur mettre une apostrophe dans une accroche. C'est toujours un tips de « Regarde, je veux te montrer que j'ai fait un détournement de quelque chose ». Et je vois des fois des campagnes entières, il y en a une en ce moment sur le tourisme dans une région de France, je ne sais plus laquelle. Je ne sais plus c'est quoi le concept, je pense que c'est OH, le son [o] qui doit être dans le nom de la région. Ils t'ont fait des trucs, c'est tiré par les cheveux, terrible, ça ne génère rien du tout, parce qu'en fait, ça ne m'a même pas surpris, c'est compliqué à comprendre. En plus, la typographie qu'ils ont utilisé... Il y a aussi tout un sujet sur la typographie, en publicité print en tout cas, il y a vraiment un sujet de direction artistique qui est de typographie choisie, qui doit servir le propos, qui doit le mettre en avant, qui doit raconter quelque chose de ce propos aussi, le mettre dans un contexte, dans une situation. Typiquement, je pense que la grosse limite aux jeux de mots et à la créativité du jeu de mots, c'est l'absence de créativité autour du jeu de mots, et là ça devient juste lourd, en fait. Et c'est pour ça que trois quarts de la pub, c'est lourd, parce que ce n'est pas assez créatif, dans le sens que ce n'est pas assez frais, ça ne respecte pas assez les gens dans ce que ça leur raconte aussi, ça les prend une peu pour des cons. Je pense que la pub de base prend un peu les gens pour des cons, mais si en plus on le fait avec des formes qui sont des formes connes, on ne respecte vraiment rien.

Dans quelle mesure le fait de jouer avec les mots vous donne-t-il la possibilité d'élargir les possibilités d'expression de la langue ?

Une très bonne question. Je pense que par définition, ça la rend beaucoup plus malléable, la langue. C'est pour ça que, pour écrire des accroches publicitaires et des slogans publicitaires, on fait appel à des personnes comme moi qui sont des experts de ça. On le fait tous les jours, c'est notre métier. Parce que les personnes qui n'ont pas ces compétences-là, cette formation-là, ce métier-là, je pense, ne voient pas toutes les possibilités qu'on peut faire avec. Alors que quand on est capable de jouer avec cette langue, on va mettre en relation des références, on va mettre en tension beaucoup aussi des notions, c'est quelque chose qu'on recherche beaucoup aussi dans la création. En passant par une expression, par un jeu de mots, par un jeu d'esprit ou par simplement une référence, ou en tout cas en allant passer par quelque chose, ça devient presque un médium à part entière. On va passer par quelque chose pour raconter quelque chose d'autre. Et c'est là que ça devient intéressant, parce qu'il ne faut jamais oublier que la publicité doit être quand même quelque chose d'un peu divertissant. Et quand je dis divertissant, ça ne veut pas dire fun, ce n'est pas dans le sens *entertaining* un peu américain. Ce n'est pas de l'art, mais il faut essayer de le faire comme si on veut de l'art en fait. C'est-à-dire quelque chose où on va faire passer un moment aux gens qui lisent une accroche. Quand les gens lisent une bonne accroche ou voient une bonne publicité, peu importe ce qu'ils pensent du concept même, de faire de la pub et tout, c'est sûr que ça fait chier les gens, c'est interruptif, etc., mais ça doit leur faire vivre un moment qui est un peu en décalé de ce qu'ils sont en train de vivre par ailleurs, qui doit les divertir dans le sens de les sortir de ce qu'ils sont en train de faire pour les intéresser à ce qui se fait là. Et donc, pour ce faire, il faut maîtriser la langue de manière à faire des chemins, à emmener les gens explorer quelque chose d'une certaine manière, en passant par une notion pour arriver à la notion sur laquelle on veut arriver à la fin. Alors que si on avait écrit noir sur blanc « Mon produit est fabriqué en France », bon, ok, très bien. Si on veut une accroche subtile, marrante, qui te fait comprendre que le produite est fabriqué en

France, ok, bon, il vient de se passer quelque chose, ça m'a activé un peu le cerveau, et comme j'ai activé mon cerveau et que j'ai passé un moment de petite réflexion, ou en tout cas, de stimulation, entre grandes guillemets, mais de stimulation intellectuelle et émotionnelle en étant exposé à ce message, ça crée quelque chose. Là où sinon, c'est l'encéphalogramme plat, quelque part.

Y a-t-il des schémas et des techniques spécifiques que vous utilisez lorsque vous jouez avec les mots et le langage ? Les jeux de mots s'inscrivent-ils dans une culture ou une tradition particulière (ou plusieurs) ?

Je suis très mauvais théoricien. Je suis par ailleurs prof en école de pub, et j'ai toujours un peu de mal à théoriser l'écriture notamment. Je n'ai pas été formé en fait à la rédaction publicitaire, j'ai été formé à la pub, à la stratégie, à la créa, mais je n'ai pas été formé spécifiquement, ou très très peu, sur les techniques de rédaction publicitaire. Je pense que je le fais beaucoup au feeling, un peu à l'instinct. J'utilise pas mal le paradoxe, j'utilise pas mal le rythme, les phrases assez longues, avec de la ponctuation, avec deux propositions. « C'est quand même fou de se dire que na na na na na point ». La technique, aussi des fois, elle vient d'aller jouer sur des points de tension entre des termes qui peuvent être dans la même famille, mais qui ne racontent pas la même chose. Par exemple, j'ai travaillé sur la communication d'une agence, donc vraiment la comm de l'agence qui voulait refaire un peu son positionnement, son identité visuelle, sémantique, son site internet, etc. J'ai notamment écrit une accroche « L'agence qui fait comme elle l'entend, mais n'oublie jamais d'écouter. ». Donc je pense que c'est une forme de jeu de mots, et en fait ça raconte un truc. Quand j'ai discuté avec eux à la base, ils m'ont dit « Ben nous, on est très indépendants, d'ailleurs on est une agence indépendante, on essaie de ne pas se faire mener à la baguette par nos clients, d'avoir nos convictions, etc. Par contre, on est très respectueux, bienveillants, on est super à l'écoute de nos clients, on ne leur impose pas des trucs, on n'est pas dogmatiques, etc. ». Donc, j'entends ce truc-là, je dis, ok, il y a sûrement un truc à aller faire sur la capacité d'écoute, et en même temps, *écouter*, ok, il y a quoi autour de l'écoute, il y a quel champ sémantique autour de l'écoute, il y a d'autres verbes, il y a des des synonymes, il y a des antonymes, *écouter, parler, se taire, entendre*. Ah ben, tiens, c'est marrant, elles font comme elles l'entendent, en même temps, elles sont à l'écoute. Donc là, j'ai mes ingrédients, et après je trouve la bonne forme. Et en l'occurrence, là je cherchais un peu avec une formule ce qu'on appelle un *descriptor*, « le machin qui machin », et ça m'amène sur ça. Donc il y a forcément un peu de méthode. Je pense que chaque concepteur-rédacteur a sa méthode. Peut-être à part ceux qui ont été formés en France en sup de création dans les grandes années, ce n'est plus trop le cas aujourd'hui. J'ai beaucoup de collègues qui sont passés par là et qui, du coup, eux-mêmes m'ont formé, inspiré. Rien que de voir leur travail aussi. J'ai toujours beaucoup travaillé par mimétisme aussi. Juste regarder des trucs, et comprendre, déchiffrer un peu des manières de faire. Quand on passe des années et des années à être une peu fasciné par des choses et à réussir à repérer ce qui est bien, ce qui est moins bien, et essayer un peu d'imiter ce qui a été bien fait, on finit par se faire un peu sa propre méthode aussi quelque part.

En concernant la deuxième partie de votre question, l'état d'esprit français est un état qui est quand même assez joueur, on est quand même assez porté sur l'esprit, on a une forme un peu arrogante dans notre manière de communiquer, toujours d'avoir, je pense, beaucoup de personnalité. Du coup, je pense que le jeu de mots est quelque chose qui globalement a quand même toujours été présent. Quand on regarde un peu rien que dans la tradition journalistique, les unes des journaux français, pas tous, mais la plupart, les unes de *Libération* par exemple, des fois il y a des jeux de mots absolument incroyables. *L'Équipe*, moins maintenant, mais pendant une époque aussi. Ça, ce sont des choses qui s'impriment vachement dans la culture populaire nationale. Et les médias jouent un gros rôle, les émissions de télé aussi. Il y a quand même énormément d'émissions de télé en France qui reposent un peu sur les jeux de mots. Je n'en ai pas qui me viennent dans la tête, mais il y en a pas mal qui vont un peu sur ça. Après, la culture particulière, il y a un peu de notion de culture populaire aussi, je pense. Ça peut être à la fois très smart, un peu intello, du verbe, etc. Par exemple, quand j'avais fait « Accrochage verbal », je me rappelle, j'avais écrit une accroche pour l'Académie française « Immortels et fiers de lettres ». Et là on est sur un truc très haut, il faut avoir les codes, il faut avoir les références. Par contre, quand j'écris « Le meilleur plan A3 » pour une marque de copieurs, d'imprimantes, tout le monde sait ce que c'est un plan à trois. Donc je pense que globalement, en France, on a quand même cette culture populaire du verbe.

Quel rôle le contexte joue-t-il dans les jeux de mots ? Dans quels contextes jouez-vous avec les mots et le langage ? Et y a-t-il aussi des contextes dans lesquels ne jouez-vous pas avec les mots et le langage ? Y a-t-il des contextes dans lesquels les jeux de mots fonctionnent particulièrement bien ou, inversement, des contextes dans lesquels les jeux de mots sont difficiles ou ne fonctionnent pas, ou sont à éviter ?

Le premier contexte qui me vient en tête est peut-être le plus important, c'est le contexte médias. Quand on fait de la publicité, surtout en print, qu'on fasse un truc dans le métro, sur un bus, dans une gare, on va vachement jouer avec ça. Et c'est un truc qui a été énormément fait, tant sur des jeux de mots littéralement sur la géolocalisation. D'ailleurs, c'est un truc, il ne faut plus le faire, vraiment, parce que tout le monde le fait. Mais les jeux de mots sur des gares, sur des stations de métro, sur des choses comme ça... Je me rappelle, j'avais fait une campagne pour Renault Trucks, pour annoncer un peu leur gamme de véhicules électriques. On avait fait l'affichage dans plein d'endroits. Il y avait notamment la gare de Lille qui s'appelle Euralille, et j'avais écrit « L'avenir arrive toujours à l'Euralille ». Donc on est les premiers à arriver vraiment avec des camions électriques et tout machin. Là, le contexte, il joue énormément, il est hyper important.

Il y a le contexte sémantique aussi. J'en ai déjà parlé un peu, le champ lexical, mais c'est presque quelque chose d'un peu différent. Après on peut avoir du contexte lié à l'actualité. L'actualité est aussi un contexte qui permet vachement de rebondir sur des choses. Ce n'est pas ce qui va faire nécessairement du jeu de mots, mais rebondir sur une information... Il se met à pleuvoir depuis une semaine, il y a sûrement des communications qui font référence à ce truc-là. Toujours dans le même objectif de créer du lien avec les gens et de s'inscrire un petit peu en proximité, en connivence avec eux.

Et après, s'il y a des contextes qui ne marchent pas ? Qui ne marchent pas du tout pour le jeu de mots ? Il y a des contextes juridiques, il y a vraiment les contextes de la contrainte. Et je pense peut-être à tout ce qui est de la communication autour de l'alcool notamment, qui est très très très réglementée. C'est difficile d'être rédacteur sur une campagne pour de l'alcool, par exemple. Parce que dès qu'on commence à vouloir faire des trucs qui sont un peu marrants, qui sont un peu décalés... Exemple sur le truc sur lequel je bossais en ce moment, sur la marque d'alimentation : ils ne vendent que du vin, ces gens-là, et j'avais écrit une accroche qui disait « Vous cherchez un remède contre la grisaille ? [Parce qu'en fait en ce moment il fait gris, et je pense que ça m'a inspiré.] On a un super bon Médoc ». Le Médoc, c'est une région, c'est un cépage de vin en France, et c'est aussi l'argot pour *le médicament*. C'est une bonne accroche, dans le sens où elle fait sourire, elle a de l'impact, et elle raconte une promesse, de dire « On a des bons produits qui vont te faire du bien. Mais on n'a pas le droit de dire ça. Heureusement, d'ailleurs, en fait. On n'a pas le droit de dire aux gens « Tu te sens pas bien, bois du vin, quoi ». Là, le contexte rend la chose peut-être un peu plus compliquée, non pas que ce soit impossible de faire du jeu de mots dessus, c'est juste qu'on n'est pas libre, en fait, puisqu'on est contraint. Et en même temps, la contrainte, c'est la base de la créativité aussi, c'est la capacité de jouer avec, qui fait qu'on doit trouver des solutions. Forcément, ça nous ferme des portes, d'une certaine manière, je dirais.

Y a-t-il de mauvais jeux de mots ? Pensez-vous qu'il soit légitime de dire qu'un jeu de mots particulier est « bon » ou « mauvais » ? Quel est l'intérêt d'analyser les jeux de mots ? Ou bien perdent-ils alors leur charme et devraient-ils être tout simplement appréciés ?

Il y a des mauvais jeux de mots, très clairement. D'ailleurs, en français on dit « sans mauvais jeu de mots, bla bla bla… ». Ce n'est pas tout à fait la même chose, mais on a quand-même ce truc-là. Je pense que des jeux de mots qui ne génèrent aucune émotion, parce qu'ils ont déjà été vus cinquante fois, ou parce qu'en fait, ils ne sont pas drôles, ou qu'ils sont tirés par les cheveux, qui ne sont pas justes, si on refait un peu toutes les notions dont on vient de se parler. Il y a plein de mauvais jeux de mots, et je pense que tout un chacun est légitime pour dire si c'est un bon jeu de mots, un mauvais jeu de mots. Sauf c'est du jeu de mots très très communautaires, sur des communautés sur internet ou dans des groupes d'amis ou je ne sais pas quoi. Là, à la limite, il faut avoir les codes de cette communauté-là pour juger. Avec ma bande de potes, il y a un terme qu'on utilise beaucoup depuis un an ou deux un peu pour se charrier les uns les autres. C'est devenu une sorte de mot-valise qu'on utilise pour tout, on fait des jeux de mots avec ça naturellement. Et mes potes ne sont pas dans la pub, ce sont des gens pas comme moi, entre guillemets, ce sont des gens normaux. D'autres personnes trouveraient que c'est des mauvais jeux de mots, ça n'a aucun sens. Alors que pour nous, ça en a.

En revanche, si on se parle de jeux de mots publicitaires ou de jeux de mots dans les médias notamment, évidemment tout le monde est légitime pour le juger, puisque tout le monde est potentiellement impacté et ciblé par ces choses-là, donc quand il y a des choses où on se dit, « Putain, elles sont vraiment lourdes, ces pub-là ». D'ailleurs, on voit sur les réseaux sociaux des réactions qui sont dithyrambiques autour d'un truc, parce que les gens vont prendre en photo, vont publier, vont répondre sous un truc d'une marque, « Putain, vous êtes des génies, c'est trop drôle ». Il y a des choses qui sont comme ça. D'autres fois, soit ça ne va pas générer d'interaction, de réaction, soit ça va en générer beaucoup, mais des mauvaises, enfin, des réactions négatives, ce qui montre bien qu'il y en a qui ne sont pas bons, parce qu'ils ne jouent pas bien avec la langue, parce qu'ils ne sont pas subtils, ou parce qu'au contraire, ils ne sont pas assez gros. Des fois aussi, il faut aussi être très très gros, c'est ça qui fait marrer aussi, mais de toute façon, il n'y a pas de recette secrète. C'est du feeling, c'est de l'expérience, et c'est de l'attention au détail aussi, c'est de regarder un peu, « ça, ça marche bien, ça, je trouve ça intéressant ». Il faut regarder un peu, qu'est-ce que les gens aiment, qu'est-ce que les gens qui les font aiment aussi ? Ce qui permet de se faire aussi pas sa grille de notation, mais sa grille de lecture.

Les locutions verbales et les tournures figuratives jouent-elles un rôle particulier dans les jeux de mots ?

C'est l'une des segments du jeu de mots. Oui, c'est une base assez forte. Ce qui fait aussi qu'il n'y en a pas non plus des milliards dans la langue, donc on a vite fait des fois de retrouver les mêmes. Ce que j'aime bien, c'est d'utiliser une expression qui a déjà été beaucoup beaucoup détournée, mais toujours par exemple le même mot a été détourné. Je vais prendre un autre mot pour le changer. Il a y donc un côté assez familier, en même temps, il y a un truc que je n'ai pas vu venir, je n'ai pas forcément senti ce truc-là. C'est sûr que ça joue énormément. Les détournements, c'est quelque chose qui est vachement fait. Et ça peut être très très efficace. Quand on utilise un proverbe, ce qui est intéressant là-dedans, c'est qu'en fait, c'est une certitude quelque part. Il y a quelque chose de consacré, qui est dans la tête de tout le monde. Et donc, utiliser une expression en la détournant, ça veut dire que dès que tu commences à dire l'accroche, tu sais que tu vas dire un truc qui est implacable. La locution déjà porte en elle les caractéristiques de la conviction quelque part.

Quelle est l'importance de la connivence entre les producteurs et les récepteurs des jeux de mots ? Y a-t-il aussi des cas où certains récepteurs n'arrivent pas à comprendre un jeu de mots et sont exclus du jeu ?

La connivence est capitale. C'est l'ingrédient numéro un. Parce que, si on veut parler à quelqu'un, il faut que quelqu'un puisse nous comprendre, tout simplement. Et puisse capter ce qu'on veut lui faire comprendre sans avoir besoin de lire trois fois l'accroche, parce que, de toute façon, personne ne lit trois fois l'accroche. Soit je passe devant, elle m'intéresse, elle m'interroge, elle m'interpelle, soit je passe devant et c'est tout.

Est-ce qu'il y a des gens qui sont exclus ? Oui, oui, forcément. Et c'est d'ailleurs un truc qu'on a quasiment sur tous les sujets. Comment est-ce qu'on peut être générique tout en parlant aux gens ? C'est une question, c'est le serpent qui se mord la queue, en fait. Pour parler aux gens, si on doit faire une campagne grand public, évidemment, on ne cible jamais absolument tout le monde. C'est complètement illusoire de croire qu'une seule accroche, un seul message publicitaire peut parler à tous les gens qui sont exposés à cette publicité-là. Après, en fonction des enjeux d'un sujet, d'un brief, on doit faire des choses qui sont vraiment ciblées, un peu niche, qui vont parler seulement à un type de personnes, soit l'inverse, faire des trucs qui soient très excluants. Et en fait, arriver à faire des choses qui sont extrêmement excluantes, des fois, c'est hyper efficace, tout le concept repose là-dessus. Il y a une super campagne de Kiloutou en France. Ce n'est pas du jeu de mots, pour le coup, c'est vraiment du jeu sur le champ lexical. Et le concept, c'est « Si ça vous parle, on parle le même langage », ou un truc dans le genre. Et je ne saurais même pas vous sortir une accroche, tellement c'est technique. Genre ça dit « Si vous cherchez des fraises à chantourner et des mouettes ratatinées, passez chez nous, on a aussi des binettes à catapulter ». Je dis absolument n'importe quoi, mais en fait, c'est des vrais termes de la maçonnerie, la peinture, la charpente, des choses comme ça. Et c'est les pros parlent aux pros, il y a un concept comme ça. Hyper efficace. J'y comprends rien. Par contre, ce que je comprends à la fin, c'est que, si j'ai un besoin de location d'un truc professionnel, ben, je vais aller chez Kiloutou, parce qu'ils ont l'air d'être super spécialisés dans tous ces trucs-là, quoi. Donc, parfois exclure permet de parler au plus grand nombre aussi. Boursorama, ils jouent beaucoup sur l'exagération du fait qu'ils sont la banque la moins chère, la banque en ligne la moins chère depuis 13 ans machin. Et avec l'agence Buzzman qui a très coutume des coups de com un peu osés, ils avaient fait un truc il y a quelques années je crois, ils avaient publié une annonce presse ou une affiche, c'était écrit en chinois, je crois, ou en coréen ou en japonais. C'était écrit « On ne sait plus comment vous le dire, on est encore la banque la mieux machin ». Elle est extrêmement excluante, de facto, mais parce qu'elle est excluante, elle parle à tout le monde justement. Dans les rues de Paris ou de Lyon, tu vois une pub en chinois, du coup, tu regardes. Ça, c'est encore un autre truc. C'est le rôle d'une accroche, c'est d'accrocher, pour après aller peut-être lire autre chose. Du coup, c'est hyper efficace.

Comment décririez-vous l'importance et le statut des jeux de mots dans le monde francophone ?

C'est un peu ce que je disais en filigrane sur pas mal de questions. Je pense que ça fait partie de notre culture populaire. Peut-être plus, voire même beaucoup plus que dans la culture anglo-saxonne. Je parle espagnol un peu. Je pense que l'espagnol a moins aussi cette culture du jeu de mots que nous, on peut l'avoir, à mon avis. Mais encore une fois, je n'ai pas vécu en Espagne, je parle un peu espagnol, mais je ne suis pas du tout spécialiste de ce monde-là. Je pense que la culture francophone, c'est quand même une culture narrative, c'est une culture du verbe. On a une littérature énormissime, on a une scène musicale aussi qui est très très forte. Et là-dedans, le jeu de mots fait partie de cette culture populaire.

Les variétés de langue (les accents, les dialectes, etc.) ou les langues étrangères sont-elles une ressource importante pour les jeux de mots ?

Oui, puisque comme je disais, pour faire un jeu de mots, il faut aller chercher des choses qui existent déjà, et aller un peu les twister, ou aller rebondir sur un sens, ou aller mettre une opposition entre plusieurs termes. Oui oui, carrément, une expression, un mot, un truc d'un patois local ou des choses comme ça, je vous citais l'exemple *frites / bitch* tout à l'heure, je pense qu'il y a plein de trucs.

Il y a Radio Nova, avec l'agence La Chose. Alors, c'est une radio française qui est très cool et qui fait des super campagnes de pub. Là, Radio Nova à Toulouse, ils viennent de lancer un truc, je crois qu'ils ont écrit carrément une accroche comme si c'était l'accent – je trouve perso que ça fait très campagne de Parisien, parce que les Toulousains, ils ont peut-être un peu marre qu'on se moque de leur accent tout le temps. On sait qu'ils ont un gros accent. Mais je ne sais plus, il y avait un truc où il y avait vraiment écrit « Avé l'accent » [« Avec l'accent »]. Le *avec* est devenu *avé*,... Oui oui, c'est une composante au même titre que plein d'autres marqueurs culturels. Mais ça permet effectivement de jouer avec les mots. Ça fait partie de la langue, donc, ça fait partie des choses avec lesquelles on peut jouer.

Y a-t-il quelque chose d'autre qui vous semble important et que vous aimeriez encore faire remarquer ?

Je veux partager peut-être un enseignement que j'ai eu, un truc dont je me suis rendu compte à époque que j'avais fait ce projet « Accrochage verbal », que vous avez découvert. C'est à quel point les gens ont trouvé ça cool. Les gens ont aimé ça. Je n'ai pas touché à des milliards de personnes, mais il y a eu un peu d'audience là-dessus. Et je me rappelle des commentaires, parce que ça a été beaucoup republié sur d'autres médias, les années d'après, il y avait toujours le même type de commentaires qui était grosso modo « C'est créatif, ça fait du bien de voir un truc un peu intelligent ». Et des fois il y a des gens qui avaient vraiment des trucs un peu longs qui disaient « C'est super, parce que c'est à la fois très simple, et en même temps, il y en a qui font sourire et il y en a qui sont énervants, moi, ça génère des émotions. » Et en fait, je me dis que ça montrait que quand c'est bien fait, quand c'est fait avec conviction, et avec intérêt, et que ce n'est pas de la merde, les gens, ils aiment ça, ça leur parle quelque part. Et l'un des problèmes qu'on a aujourd'hui, dans le rejet de la publicité et de la communication de marque en général, c'est que c'est évidemment trop intrusif, il y en a trop, c'est devenu chiant, ça coupe des programmes, ça envahit l'espace. Moi, je suis très favorable à une réduction de la pub dans l'espace public, parce que c'est trop. Mais déjà il y a trop de volume, et il y a trop de volume de merde, excusez-moi du terme, mais il y a trop de qualité qui n'est pas au rendez-vous. Et ce n'est pas dogmatique, ce n'est pas une phrase de professionnel qui pense qu'il est meilleur que les autres, pas du tout. C'est juste que moi, j'ai pu voir de manière très directe que quand on propose quelque chose de créatif qui génère un peu des émotions et qui ne prend pas trop les gens pour des cons, qui essaie de les faire sourire ou qui essaie de respecter la langue et de jouer avec ce que la langue a d'intéressant aussi, on se rend compte qu'il peut y avoir de l'adhésion, il peut y avoir de l'intérêt pour ces choses-là. Donc le problème est qu'on sacrifie beaucoup trop la créativité et l'audace – parce que c'est une question d'audace – sur l'autel de « Ah ben non, on ne peut pas dire ça. Ah non, mais ça ne se fait pas. Mais non, il faut qu'on teste, on n'est pas sûrs. Et puis non, nous, c'est ceci, c'est cela. » Je me dis toujours (c'est un peu une phrase de créatif, il y a plein de gens qui ne vont pas être d'accord avec moi), si on sortait les campagnes telles qu'on les conçoit initialement, pour celles qui répondent bien au brief, mais qui ne sortent pas pour toutes ces raisons d'un manque d'audace et de conviction, étayée par je ne sais quelle théorie fumeuse qui se passe de génération en génération dans les entreprises, je peux vous garantir qu'on aurait un paysage publicitaire qui serait beaucoup plus intéressant. Et peut-être beaucoup plus efficace pour les annonceurs. On essaie de la faire tous les jours, mais ce n'est pas gagné.

Stefanie Goldschmitt

« *Quel est le comble du blagueur ? – C'est d'habiter à Vannes !* » : les vannes dans la distance et dans l'immédiat communicatifs dans la culture francophone

Résumé : Cet article propose une analyse linguistique du terme *vanne*, en mettant en évidence sa polysémie ainsi que sa dimension sociale et discursive. À l'origine terme technique, le mot *vanne* a évolué pour désigner des remarques désobligeantes ou des plaisanteries, souvent utilisées dans un contexte humoristique et sarcastique. Nous opposons ces vannes, au sens de calembour, aux échanges de vannes, typiques de la culture française et montrons qu'elles diffèrent fondamentalement dans leur conception. Les premières – dans notre cas, des exemples tirés d'un site Instagram – utilisent des techniques de jeux de mots caractéristiques du calembour, comme l'homonymie ou la polysémie. S'appuyant sur les travaux du sociologue Lepoutre (2001), l'article approfondit ensuite la dimension rituelle et ludique du deuxième type de vannes, échangées dans d'autres contextes communicatifs, parfois teintées d'insultes et utilisant nettement moins souvent les jeux de mots. Partant du modèle de l'immédiat communicatif et de la distance communicative de Koch et Oesterreicher (2001, [1990] 2011), notre analyse vise à définir clairement les deux types de vannes à l'aide de différents paramètres proposés par les auteurs précités, afin de justifier deux nouveaux termes : *vannes dans la distance et dans l'immédiat communicatifs*.

Mots-clés : calembour, distance communicative, homonymie, immédiat communicatif, jeu de mot, joute verbale, polysémie, tradition discursive, vanne

1 Introduction

La petite blague citée dans le titre de cet article montre que le mot *vanne* est ambigu et ne fait pas seulement référence à la ville de Vannes en Bretagne, mais aussi aux vannes dans un sens humoristique de sorte qu'un jeu sur l'homonymie est à

Stefanie Goldschmitt, Julius-Maximilians-Universität Würzburg, Neuphilologisches Institut / Romanistik, Am Hubland, 97074 Würzburg, stefanie.goldschmitt@uni-wuerzburg.de

l'origine. Dans les dictionnaires, le terme *vanne* est parfois défini de manière quelque peu vague et indifférenciée. Il est précisé que *vanne* est au début un terme technique (cf. 'panneau vertical mobile disposé dans une canalisation pour en régler le débit', cf. DelLR, s.v. *vanne*) et qu'à partir du XVIIe siècle, il est utilisé avec la signification 'remarque ou allusion désobligeante à l'adresse de qqn.' (DelLR, s.v. *vanne*) ou par extension comme 'plaisanterie, blague' (DelLR, s.v. *vanne*).

Premier à aborder le phénomène de manière scientifique, le sociologue Lepoutre ([2]2001 : 173) définit le terme de *vanne* d'usage populaire plus ou moins argotique désignant « toutes sortes de remarques virulentes, de plaisanteries désobligeantes et de moqueries échangées sur le ton de l'humour entre personnes qui se connaissent ou du moins font preuve d'une certaine complicité ». Ce qui distingue sa définition de celles du dictionnaire, c'est que selon Lepoutre, le mot *vanne* peut également désigner des joutes verbales. Il fait alors référence à une tradition discursive étroitement lié à la culture francophone : les échanges de vannes (Assef 2004, 2008 ; Caubet et Perreira 2008 ; Lepoutre 2001).

Les différentes informations fournies dans les dictionnaires et dans la littérature soulignent d'une part la polysémie et le flou de la définition de la désignation, mais aussi le fait qu'il s'agit plutôt d'une catégorie profane que scientifique. En outre, le terme *vanne* est apparemment intraduisible et peut faire référence à différents phénomènes dont une différenciation et catégorisation devraient encore être élaborées. Notre étude a pour objectif de contribuer à cette entreprise en adoptant une perspective linguistique et en appliquant les différents emplois du terme *vanne* au modèle de l'immédiat communicatif et de la distance communicative de Koch et Oesterreicher (2001, [1990] 2011). Nous souhaitons mettre en évidence les différentes conditions de communication des deux utilisations des vannes et les distinguer à l'aide d'une terminologie plus claire.

Dans la première partie, nous analyserons à cette fin les jeux de mots d'un premier genre de vannes à partir d'exemples sélectionnés sur un compte Instagram (cf. 2). Nous décrirons ensuite un deuxième type de vannes échangées dans d'autres contextes et situations tiré d'un corpus recueilli par Lepoutre ([2]2001) (cf. 3). À ce but, il convient d'une part d'examiner le cadre de communication de ces dernières d'un point de vue linguistique (cf. 3.1) afin de mettre en évidence d'éventuels sous-types de ce phénomène et d'autre part d'étudier de près leur dimension ludique (cf. 3.2). Notre analyse linguistique permet de définir plus clairement la catégorie des vannes et de distinguer nettement ses différentes facettes à l'aide d'une terminologie enrichie (cf. 4). Dans notre conclusion (cf. 5) nous présenterons les résultats et répondrons également à la question de savoir dans quelle mesure les deux types de vannes contiennent ou peuvent contenir des jeux de mots.

2 Les vannes dans la distance communicative

À partir de la distinction entre langage de distance communicative et langage d'immédiat communicatif, nous attribuons au premier type de vannes qui sera analysé ci-dessous le nom de *vannes dans la distance communicative*. Le modèle de la distance et de l'immédiat de Koch et Oesterreicher (2001, [1990] 2011) distingue deux pôles dans la communication : le langage de distance, formel, planifié, souvent écrit, et le langage d'immédiat, informel, spontané, souvent oral. L'opposition ayant un caractère scalaire est a priori indépendante de la distinction entre le code graphique et le code phonique, même si des corrélations privilégiées existent entre la graphie et la distance communicative ainsi qu'entre la phonie et l'immédiat communicatif. Le modèle repose sur une série de critères communicatifs permettant de situer un discours sur un continuum entre le langage de distance et d'immédiat. Ces douze critères caractérisent le comportement communicatif des interlocuteurs, les relations qu'ils entretiennent, mais aussi la situation et le contexte dans lesquels le discours est produit. Il permet ainsi, sur la base de plusieurs paramètres, d'analyser la variation linguistique au-delà des oppositions traditionnelles entre l'oral et l'écrit.

Nos exemples de vannes dans la distance communicative proviennent d'un compte Instagram *Fédération française calembours* qui existe depuis octobre 2020 et contient actuellement 622 contributions et compte plus de 17 000 abonnés.[1] Le sous-titre sur la page d'accueil « 1 jour = 1 vanne » est suivi d'une série de calembours[2] et de même[3] présentant de nombreuses caractéristiques des jeux de mots[4]

---

[1] https://www.instagram.com/ffcalembours/ (consulté le 8 juillet 2025).
[2] Le calembour est défini comme une utilisation ludique et consciente de l'ambiguïté des mots (Kerbrat-Orecchioni 1977 : 140), dont l'ambiguïté est volontairement exploitée par le locuteur (Henry 2003 : 25). Il est possible d'en distinguer quatre types : sémique, phonétique, ceux qui sont allusifs et ceux qui sont complexes (Guiraud 1976 : 10–17 ; Henry 2003 : 24–30 ; Rădulescu 2018 : 371–381).
[3] Le terme *mème*, un portemanteau de mimesis et de gène, a été introduit par Dawkins dès 1976 (Dawkins 2016 : 249) et désigne d'abord une unité de transmission culturelle qui se propage par imitation et modification. Les mèmes dans l'Internet, en tant que sous-catégorie, sont des objets numériques qui sont copiés, modifiés et diffusés par les utilisateurs (Zenner et Geeraerts 2018 : 167–169). Il s'agit en général d'une image ou d'une vidéo humoristique, souvent en combinaison avec du texte, qui est largement partagée sur le réseau et fait l'objet de variations.
[4] Nous prenons comme base la définition suivante : « Wordplay is a historically determined phenomenon in which a speaker produces an utterance – and is aware of doing so – that juxtaposes or manipulates linguistic items from one or more languages in order to surprise the hearer(s) and produce a humorous effect on them. » (Winter-Froemel 2016 : 37).

en contrastant des mots de sonorité identique ou similaire (Winter-Froemel 2009 : 1429). Dans tous les exemples présentés ci-dessous, le médium est la langue écrite, et ils se situent – en accord avec les conditions de communication de Koch et Oesterreicher ([1990] 2011 : 7) – plutôt dans la distance communicative. Cela se reconnaît au fait que les contributions sont accessibles à un large public, les personnes qui publient des contributions et les lecteurs ne se connaissent pas en général, ils sont physiquement éloignés les uns des autres, de sorte qu'il n'y a pas d'implication dans la situation ou l'action. De plus, le thème du *calembour* est prédéfini par le nom du compte Instagram ; les contributions sont rédigées de manière réfléchie et il n'y a généralement aucune interaction entre l'auteur et le lecteur. Cependant, les publications peuvent également être commentées, ce qui peut créer une certaine dialogicité et susciter une faible émotionalité et affectivité. Il nous semble toutefois plus approprié de les classer près du pôle de la distance communicative, même si cette classification peut varier dans certains cas particuliers.

Ci-dessous, une sélection de vannes est présentée sous forme de captures d'écran afin d'expliquer les jeux de mots qu'elles contiennent.

(1) Les conditions de travail des plombiers sont très dures, mais à force ils s'y font.
(Christopher Vigney, https://www.instagram.com/stories/highlights/18177889354088869/)

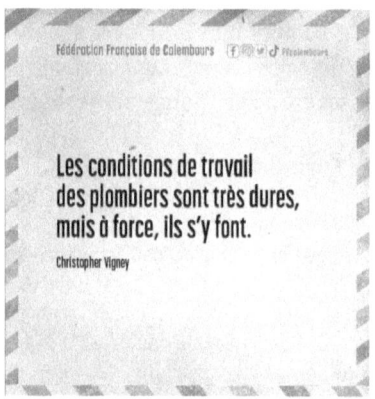

Dans cet exemple, nous avons deux significations différentes de l'expression *à force*, à savoir 'avec le temps' et 'avec vigueur'. On peut également remarquer une homophonie /sifɔ̃/ entre *ils s'y font* 'ils s'y habituent' et *siphon* 'tube en forme de S à la sortie des installations sanitaires', un élément que les plombiers utilisent souvent dans leur travail (DelLR, s.v. *siphon*). Selon Hausmann (1974 : 76), un jeu de mots dans lequel une expression évoque deux interprétations différentes correspond à un jeu de mots vertical.

(2) Emmanuel Macron va écrire un livre sur son histoire. Son titre : Macronologie. (Jean-Yves Rehby, https://www.instagram.com/stories/highlights/18177889354088869/)

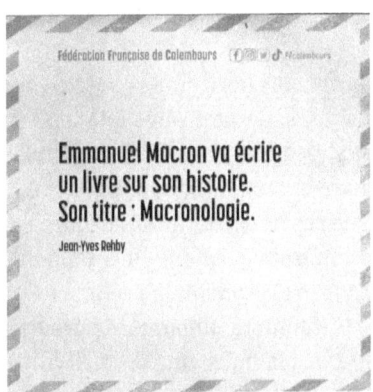

Dans (2), le jeu de mots se base sur une homophonie accompagnée d'une hétérographie, cf. *Macronologie* vs. *Ma chronologie*. Ici, on joue avec un signifiant identique de l'expression au niveau phonique, car en français on ne s'attendrait pas à une pause entre le déterminant *ma* et le substantif *chronologie* à l'oral.

(3) Tu sais compter jusqu'à l'infini ? Un... Fini ! (Sybille, 7 ans, https://www.instagram.com/stories/highlights/18177889354088869/)

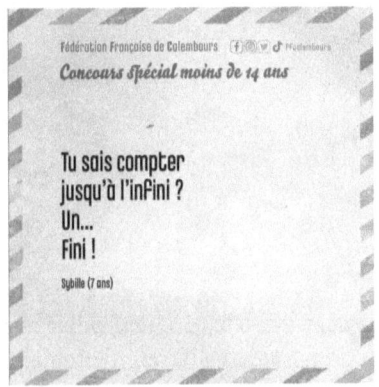

Dans (3), il y a également deux expressions de sonorité identique ou proche qui apparaissent dans l'énoncé. Au XXe siècle, une déphonologisation des voyelles nasales /ɛ̃/ et /œ̃/ a eu lieu dans la norme française ainsi que dans certaines variétés (Pustka 2016 : 77). Par conséquent, l'opposition entre /ɛ̃/ dans la première syllabe du substantif *infini* et /œ̃/ dans l'article indéfini *un* est neutralisée et il en résulte une homophonie. Comme ce jeu de mots comprend plusieurs signes linguistiques qui apparaissent dans l'énoncé (*infini, un... fini*), il s'agit d'un jeu de mots horizontal (Hausmann 1974 : 76). Ce type de jeu de mots semble à première vue moins subtil que les jeux de mots verticaux, car il est souvent plus facile à reconnaître (Winter-Froemel 2016 : 18).

Sur le compte Instagram étudié, les jeux de mots horizontaux sont clairement minoritaires ; parmi les 100 premiers calembours, on ne trouve que onze occurrences. Deux exemples ont été exclus de l'analyse quantitative, car ils semblent se situer entre les jeux de mots verticaux et horizontaux. Cela vaut pour ceux dans lesquels les signes linguistiques sont en partie représentés par des photos, comme c'est le cas dans le mème suivant. À gauche, on trouve le nom du saxophoniste et chanteur camerounais Manu Dibango. À droite, on reconnaît le président français Emmanuel Macron, dont le surnom évoque le diminutif *Manu*, car le prénom *Emmanuel* est souvent abrégé ainsi en France.[5] Dans la bulle, on voit qu'il dit le mot *Bango !*, ce qui pourrait être une allusion à un style musical populaire sur la côte est-africaine. En rassemblant ces informations, on obtient une homophonie entre le nom africain et la phrase <Manu dit bango> qui correspondent à /manydibɑ̃go/.

(4) Manu Dibango Pareil (Laurant Vissian,
     https://www.instagram.com/stories/highlights/18177889354088869/)

Les quatre exemples (1)–(4) cités ci-dessus sont des jeux de mots au sens strict reposant sur l'homonymie, la polysémie ou la paronymie (Winter-Froemel 2016 :

---

5 Cependant, le président français ne souhaite pas être appelé par ce diminutif de son prénom, comme il l'a clairement fait savoir à un jeune en 2018 en marge de commémorations du 78ème anniversaire de l'appel du 18 juin 1940 (cf. https://www.lefigaro.fr/politique/le-scan/2018/06/18/25001-20180618ARTFIG00201-tu-m-appelles-monsieur-le-president-macron-recadre-un-jeune-qui-l-appelle-manu.php).

42). D'autres exemples du site se basent sur la permutation d'un son ou d'une lettre comme stratégie sous-jacente, ce qui peut également être classé comme paronymie et jeu de mots au sens strict. On peut citer, l'exemple (5), dans lequel l'expression *le tunnel sous la hanche* fait allusion au tunnel sous *la Manche*. Ici, l'ajout du phonème /m/ comme initiale de la syllabe crée un sens complètement nouveau. Cet exemple contient un autre jeu de mots sous la forme d'une homophonie /suteʁɛ̃/ entre l'expression *sous tes reins* et l'adjectif ou le substantif *souterrain*. Le concept de *souterrain* est repris dans le dialogue en petits caractères ci-dessous entre les ouvriers par l'expression *en-dessous*, qui, au sens figuré, est une évaluation négative pour une mauvaise blague. On peut également reconnaître un autre jeu de mots potentiel dans le dialogue : l'utilisation du mot *foreuse* 'perceuse' combinée aux désignations des parties du corps *hanche* et *rein* fait clairement allusion à la sexualité masculine, sous la forme du pénis, en relation avec les ouvertures situées sous la hanche ou le rein. La signification technique du terme de *vanne* en tant que 'panneau vertical' utilisée comme *foreuse* dans le contexte des travaux de construction, renforce encore davantage cette image.

(5) Le tunnel sous la hanche c'est un passage sous tes reins. (La FFC)
 – C'est moi, ou cette vanne est complètement foreuse ?
 – Franchement, on est en-dessous de tout-là.
 (https://www.instagram.com/stories/highlights/18177889354088869/)

Comme le montrent les deux dernières publications sur Instagram, les calembours sont souvent accompagnés d'une image. Dans l'exemple (6), l'emballage du médicament anti-inflammatoire *Voltaren* souligne le jeu de mots qui se base sur les expressions *Voltaren* et *vole ta reine*. Comme dans l'exemple (2), on constate une homophonie [vɔltaʁɛn] et une hétérographie de la phrase <vole ta reine>, un événement caractéristique du jeu d'échecs, et du nom du médicament.

(6) Si tu joues aux échecs avec un pharmacien, faudra pas te plaindre s'il te Voltaren. (Stéphane Botail, https://www.instagram.com/stories/highlights/18177889354088869/)

D'autres types de jeux de mots comme les déformations, les réinterprétations, les innovations ludiques ou les traductions ludiques (pour des exemples, voir Winter-Froemel 2016 : 42) apparaissent moins souvent sur le site. La base des calembours sur Instagram est donc généralement une similitude formelle, soit phonique soit graphique, ou une ambiguïté lexicale. Dans les deux cas mentionnés, il y a alors une sémantique différente de l'expression en question, à laquelle le lecteur ne s'attend pas et qui attire donc son attention.

L'analyse de tous les exemples précédents a montré que l'emploi du mot *vanne* sur le site se rapproche de celui de calembour. Il ne s'agit toutefois que d'une synonymie partielle, car le terme *vanne*, en tant que catégorie profane, peut également avoir une connotation diastratique et diaphasique. Dans les dictionnaires, *vanne* est marqué étant *familier* (DelLR), *populaire* (DAF) ou les deux (TLFi). Le terme *calembour*, en revanche, est certes répandu dans le langage courant aussi, mais il est également utilisé dans le sens d'une catégorie scientifique (voir notamment Guiraud 1976 ; Kerbrat-Orecchioni 1977 ; Henry 2003 ; Rădulescu 2018). Il s'avère donc que tous les exemples présentés sur la page Instagram se situent plutôt au pôle de la distance, ce qui les distingue des vannes dans l'immédiat communicatif auxquelles nous nous intéresserons par la suite.

3 Les vannes dans l'immédiat communicatif

Pour le deuxième type de vannes, nous proposons le terme *vannes dans l'immédiat communicatif* car il désigne des joutes verbales qui se réalisent majoritairement dans la phonie, lors d'une interaction orale spontanée dans une situation face-à-face. Lepoutre (^{2}2001 : 174) les nomme des « vannes en série », ayant une dimension interactionnelle ; il y participent activement au moins deux personnes ainsi qu'un ou plusieurs auditeurs plutôt passifs. L'objectif des vanneurs est d'attirer l'attention du public. Ces joutes verbales, cultivées dans le milieu des jeunes Français et d'autres cultures[6] sont appelées familièrement *vannes* ou *charres*. Comme les calembours et vannes décrits ci-dessus, ils présentent également des aspects ludiques (Labov 1978 ; Lepoutre ^{2}2001 ; Assef 2004 : 41, 2008 : 144 ; Bertucci et Boyer 2013 : 712).

Notre choix du terme *vannes dans l'immédiat communicatif* pour ces vannes en série s'explique par le fait que les conditions de communication laissent supposer un langage de l'immédiat communicatif. En général, elles ne sont pas publiques, les personnes qui y participent se connaissent et se trouvent au même endroit ce qui permet une implication dans la situation ou dans l'action. En outre, ces duels verbaux ont lieu de manière spontanée et imprévue ; le changement de rôle entre les participants est particulièrement déterminant, car l'objectif est de sortir vainqueur de l'échange verbal.

Il est évident que ces vannes constituent une forme de communication avec une certaine fonction sociale, puisqu'elles sont utilisées au sein d'un groupe clairement défini. Lepoutre (^{2}2001 : 174) les définit en outre comme des insultes rituelles, dont le but premier n'est pas d'insulter quelqu'un, ce qui les distingue des « insultes réelles », mais de provoquer le rire du public, de se moquer de quelqu'un de manière ludique et dans un cadre amical de créer un lien social aussi (cf. Caubet 2008 : 2 ; Bertucci Boyer 2013 : 711 ; Bäumler 2022 : 416). Ainsi, elles peuvent être également classées sous la catégorie des « insultes de solidarité » (Lagorgette et Larrivée 2004 : 84), parce qu'à la différence des insultes ordinaires, elles marquent davantage l'intimité et moins l'agressivité. En principe, une joute verbale peut également être un acte menaçant de faire perdre la face, si l'un des participants fait de meilleures vannes et est déclaré vainqueur par le public, tandis que son adversaire est déclaré perdant.

L'intimité entre les participants implique le respect de certaines règles de communication et la connaissance du code social pertinent pour le milieu du groupe. Ce code de conduite est connu des participants, et les échanges verbaux entre les jeunes le suivent ; cela correspond au « savoir partagé » dont parle Labov (1978 : 228) à propos de la pratique d'échange de *dozen* ou *dirty dozen* aux Etats-Unis. Les différentes pratiques de joutes verbales entre jeunes représentent plutôt une pratique masculine, qui s'inscrit dans un contexte de compétition et de confronta-

---

[6] Pour la culture des jeunes aux États-Unis, voir p.ex. Labov (1978 : 223–288).

tion.⁷ L'échange des vannes peut ainsi être analysé comme une tradition discursive dans le sens de Koch (1997 : 59), c'est-à-dire comme un ensemble de règles à caractère historique.⁸ Ces traditions se pratiquent le plus souvent dans un cadre d'échange particulier, que nous examinerons plus en détail dans la section suivante.

3.1 Le cadre des vannes dans l'immédiat communicatif

L'échange des vannes ressemble à un jeu rituel avec des participants, des spectateurs, des gagnants et des perdants, toutes les personnes impliquées respectant les règles établies. Les cours de récréation en France sont certes l'une des meilleures occasions de pratiquer ce type de vannes, mais leur utilisation n'est pas limitée aux jeunes. On les retrouve en principe aussi, sous une forme variable, dans divers autres groupes sociaux (Lepoutre 2001 : 174). Elles sont pratiquées aussi bien en France que dans les pays du Maghreb, mais les codes sociaux y sont différents. Au Maghreb, leur utilisation est moins directe : la personne concernée n'est abordée que sous une forme indirecte et on utilise souvent des proverbes pour exprimer une critique sous-entendue (Caubet 2008 : 9).

Lepoutre (2001 : 174) interprète l'apparition des vannes surtout depuis la première vague d'immigration dans les années 60, puis encore davantage à partir des années 80, comme une influence du Maghreb ou de l'immigration africaine. Cette position est clairement rejetée de Caubet (2008 : 3) qui lui différencie leur enjeu en France de celui des pays maghrébins en se référant au fait que les blagues sur la famille sont inhabituelles au Maghreb, où elles seraient interprétées comme un manque de respect. Cela souligne à nouveau la zone grise, entre les différents types d'insultes : ainsi les vannes, en tant qu'« insultes rituelles » sans conséquences perceptibles en France, seraient interprétées comme de vraies insultes dans les pays africains et auraient probablement des conséquences sensibles pour le vanneur. Caubet (2008 : 5) cite l'exemple d'une vanne

---

7 Pour les échanges de *dozen*, voir p.ex. Lefever (1981) ; Smitherman (1986) ; pour le verlan p.ex. Moïse (2003) ; Clair et Tafferant (2006).
8 Pour une discussion détaillée du terme *Diskurstradition* voir Winter-Froemel (2023).

directe[9] (7), c'est-à-dire visant directement l'interlocuteur, dans laquelle un garçon s'adresse à un autre qui a du duvet sur la lèvre supérieure.[10]

(7) lui, il est puceau du rasoir !

Celui répond après le rire du groupe qui les entoure : « une vanne comme ça, si je le connais pas, c'est dangereux pour lui … ». Les deux pronoms personnels *le* et *lui* de l'exemple se réfèrent ici bien sûr au vanneur qui a fait la remarque (7) ce qui confirme le fait que certaines vannes sont permises entre copains, mais pas vis-à-vis d'un étranger au groupe. Dans le deuxième cas, elles seraient alors perceptibles comme de vraies insultes qui pourraient avoir des effets négatifs. Si l'étranger ne comprend pas le ton humoristique, il pourrait se sentir personnellement attaqué ou rabaissé, ce qui créerait un climat de méfiance et d'insécurité.

Les vannes dans l'immédiat communicatif ne sont courantes que dans le cadre d'un échange qui a toujours une dimension de combat et de compétition (Lepoutre 2001 : 188 ; Giacomi et al. 2003 : 160). En général, il s'agit de deux ou trois vanneurs[11] et d'un ou de plusieurs spectateurs dont les rires évaluent la réussite de l'échange et désignent les gagnants et les perdants. L'essentiel est de faire plaisir au public, ce qui est également une fonction centrale des jeux de mots prototypiques (Winter-Froemel 2016 : 13) et ce qui amène les vanneurs à utiliser des tournures particulièrement expressives ou des éléments ludiques. Toutefois, le public est généralement un groupe restreint, car ceux qui ne font pas partie du groupe ne connaissent pas forcément les règles établies et pour eux, le sens des allusions ne serait pas toujours compréhensible. Les vannes peuvent donc aussi avoir une fonction d'exclusion (Giacomi et al. 2003 : 161 ; Bertucchi et Boyer 2013 : 713 ; pour le contexte scolaire Moïse 2012). Cependant, lors des entretiens que Bertucci et Boyer (2013 : 713) ont menés avec des jeunes, ceux-ci n'ont pas mentionné de fonction d'exclusion des vannes, mais ont souligné leur rôle dans le renforcement de la cohésion du groupe.

Assef (2008), dans son étude d'un corpus de vannes collectées dans un quartier dit sensible de Marseille, souligne que le public peut renforcer les échanges de

---

9 Pour son étude, Caubet s'appuie sur le magazine d'une émission d'*Opération Télécité*, de France 3 Paris, Ile de France, Centre du 23 février 2002, qui est consacré aux vannes, et dans lequel la caméra est confiée à des jeunes. En raison de l'absence d'accès à l'émission, seul l'exemple peut être donné ici, sans autre indication du contexte.
10 Pour une explication détaillée du jeu de mots dans l'exemple, voir section 3.2.
11 Il existe aussi des exceptions où plusieurs protagonistes vannent une victime (Lepoutre 2001 : 192).

vannes en jouant un rôle de provocateur. En apportant son soutien par le rire ou des commentaires métacommunicatifs (p.ex. *tu as entendu ce qu'il t'a dit*) aussi bien vis-à vis du vanneur qu'à la personne touchée, il cherche à provoquer une différence entre les adversaires pour les pousser à se défendre (Assef 2008 : 143–146). Mais il arrive aussi qu'il joue un rôle de médiateur et intervienne dans une joute verbale pour l'apaiser. Dans ce cas, il agit comme une sorte d'arbitre et tente d'atténuer le conflit en utilisant des expressions telles que *ça se fait pas* (Assef 2008 : 146–150). L'enjeu des vannes dans l'immédiat communicatif représente donc une forme de communication de la culture des jeunes, qui a surtout une fonction de formation de groupe et d'identité.

Dans le contexte scolaire, les vannes dans l'immédiat communicatif peuvent également prendre une forme écrite ou se présenter sous forme de caricatures, par exemple au tableau. Ces dessins humoristiques font généralement allusion aux traits physiques des personnes vannées. En pareil cas, le public se limite exclusivement aux élèves et professeurs de la classe concernée (voir les dessins chez Lepoutre 2001 : 182–183).

En effet, la durée des échanges de vannes est en principe très variable ; il peut s'agir d'un moment où une insulte rituelle est prononcée, ou de plusieurs jours ou semaines pendant lesquels elle est répétée à plusieurs reprises ou sous une forme modifiée. On y reconnaît donc certains aspects du mobbing[12]. Cependant, les vanneurs sont en principe égaux et le but est d'amuser le public, pas de démolir quelqu'un.

À l'école en particulier, une vanne peut donner lieu à des sobriquets qui restent longtemps attachés aux jeunes concernés (Lepoutre 2001 : 181). Par conséquent, parfois ce n'est qu'un groupe spécifique ou une même génération qui comprend certaines vannes. En même temps, la circulation des vannes peut également produire l'effet contraire et devenir un phénomène de dimension nationale (Lepoutre 2001 : 202).[13]

Les vannes dans l'immédiat communicatif peuvent se rapporter directement à la personne, à son nom, à sa famille ou au groupe social auquel elle appartient. Lepoutre (2001 : 178) distingue deux catégories : les vannes directes qui portent

---

12 Selon Leymann ([14]2009), le mobbing peut se définir comme une forme de harcèlement psychologique répété sur une assez longue période, exercé de manière intentionnelle ou systématique, souvent dans un cadre professionnel ou scolaire, visant à déstabiliser, isoler ou nuire à une personne.

13 Voir aussi les publications du présentateur de télévision, producteur et humoriste français Arthur, p.ex. *Ta mère* (1995).

directement sur l'interlocuteur et les vannes indirectes ou référencées qui portent sur son groupe familial, social ou même ethnique ou national. Les deux types de vannes visent généralement les aspects physiques, psychiques ou sociaux des personnes, mais Lepoutre souligne une différence cruciale : alors que les vannes directes sont souvent observées chez les jeunes dans le contexte scolaire, les vannes référencées sont plutôt pratiquées dans les groupes de pairs dans la rue.

3.2 La dimension ludique des vannes dans l'immédiat communicatif

Lepoutre (2001) étudie les vannes à partir d'un corpus de vannes recueilli en partie par lui-même en classe, dans les cours de récréation ou dans les lieux publics des banlieues parisiennes. Des informations notées par des jeunes lui servent de source supplémentaire. Cependant, dans les situations mentionnées, il n'y a pas nécessairement une dimension de jeu de mots, mais les études sur les vannes soulignent généralement leur aspect ludique (Labov 1978 ; Lepoutre ²2001, Assef 2008 : 144, Bertucci et Boyer 2013 : 712). Dans les interviews menés par Bertucci et Boyer (2013 : 713), les jeunes étaient unanimes à estimer que la fonction ludique des vannes renforçait la cohésion du groupe de pairs. Pour cette raison, nous prendrons comme point de départ le corpus de Lepoutre et ses classifications pour une analyse linguistique des vannes. L'objectif est de mettre en évidence les traits ludiques des vannes, tout en délimitant leurs caractéristiques spécifiques.

Les vannes directes dans l'immédiat communicatif visent le plus souvent des traits corporels marquants comme le front, les yeux ou les dents par exemple (Lepoutre 2001 : 179). Elles se basent fréquemment sur des transferts métaphoriques d'expressions relevant de domaines différents. Pour faire référence à la forme particulière du front d'un élève, on trouve p.ex. les expressions *front national* 'parti politique d'extrême droite de 1972–2018' ; *front-pare-brise* 'pare-brise à l'avant de la voiture' ; pour se référer aux yeux et à des lunettes portées : *télescope* 'instrument d'optique à miroir' ou *cyclope* 'géant de la mythologie grecque n'ayant qu'un œil'. Notamment des instruments sont souvent utilisés de manière métaphorique pour établir une comparaison avec des parties du corps, se rapportant au grand nez p. ex. *pince-monseigneur* 'levier pour ouvrir de force une porte' ; *marteau-piqueur* 'perforatrice' ; mais aussi des noms propres sont employés par métonymie comme p.ex. *Pinocchio* 'personnage d'un livre d'enfants italien'. Dans ce dernier cas, on perçoit une dérivation déonymique d'un nom propre, ici le protagoniste du livre pour enfants qui a le nez allongé quand il ment. Cela est susceptible d'être également classé comme une innovation lexicale qui pourrait s'établir, du moins en théorie.

On trouve aussi des modifications morphologiques, p.ex. *frontorus* dans lequel *front* est combiné avec le suffixe inhabituel *-orus*. Ce suffixe représente une paronymie ou une homophonie avec une partie du suffixe grec *-saurus*, que l'on peut retrouver dans les noms de dinosaures (cf. *Brontosaurus* ou *Tyrannosaurus*), des animaux souvent appréciés des jeunes d'un certain âge. Le mécanisme sous-jacent ressemble plutôt à une pseudo-composition ou à une dérivation avec un suffixe fictif permettant de créer un faux nom de dinosaure pour évoquer quelque chose de gigantesque et d'effrayant, à l'image du nom *dinosaure* qui signifie littéralement 'lézard terrible', et quelque chose d'éteint. La terminaison *-orus* plutôt que *-saure* semble être soit une déformation volontaire visant à rendre la création plus enfantine, soit un jeu de mots avec des éléments pseudo-savants grecs ou latins, un procédé établi pour créer du comique linguistique.[14] Ce procédé extragrammatical produit un néologisme ludique (Sablayrolles 2015 : 189) sur la base d'une déformation ludique ce qui correspond à un jeu de mot au sens large (Winter-Froemel 2016 : 42). L'exemple illustre donc la créativité linguistique des élèves de deux façons : il contient à la fois une exagération et la formation d'un nouveau mot.

En revanche, l'expression *bouton-pression* désigne un 'système de fermeture d'un vêtement' (DdfLAR, s.v. *bouton-pression*) et joue avec la métonymie du mot *bouton*, à l'origine en ancien français un terme botanique 'bourgeon peu avancé', puis utilisé pour l'habillement 'petite pièce (…) servant à la fermeture d'un vêtement ou à son ornementation', et dès le XVIe siècle aussi se référant à une 'petite saillie arrondie habituellement de couleur rougeâtre apparaissant à la surface de la peau' (TLFi, s.v. *bouton*). Le composé permet une interprétation double : la signification d'un dispositif de fermeture n'a pas beaucoup de sens par rapport au front, et le locuteur joue ici sur l'ambiguïté du mot *bouton* qui désigne 'une petite tumeur à la surface de la peau' qu'il ne faut pas percer ou presser pour éviter toute inflammation, à quoi le substantif *pression* se réfère. Cependant, les gens le font souvent quand même, ce qui entraîne des conséquences désagréables et

---

[14] Dans la série de bandes dessinées *Astérix* de René Goscinny et Albert Uderzo la plupart des noms sont créés par des jeux de mots utilisant des éléments latin ou des terminaison latines, p.ex. *Gracchus Garovirus* (gare au virus) ou *Gracchus Pleindastus* 'plein d'astuce', *Claudius Cornedurus* (corne d'urus) ou *Fercorus* (faire chorus) (cf. https://asterix.com/les-romains / ; pour plus de détails sur les jeux de mots et la tradition discursive à partir de la bande dessinée Astérix, voir Kabatek 2015).

visibles sur la peau, ce dont il est question ici. Le composé est donc réinterprété de manière ludique, car, comme c'est le cas pour d'autres composés (p. ex. *bière pression* ou *haute pression*), sa signification correspond à la structure morphologique et syntaxique du français. Il s'agit d'un jeu de mots au sens strict, basé sur la polysémie de *bouton*, dont le sens est réinterprété d'une manière ludique et transférée au composé. Pour le composé complexe, une lecture alternative, rendue possible par les structures et les règles du système linguistique, est présentée, ce qui correspond à une transmotivation (Winter-Froemel 2019 : 293).

En ce qui concerne les yeux, la formation en langue enfantine *nœnœil*, comprend l'ajout du -*n* final de l'article défini (*un*) ou du déterminant possessif (*mon, ton, son*) en tant que son initial au substantif *œil*. Il s'agit donc d'une fausse interprétation basée sur la liaison habituelle entre le déterminant et le nom correspondant. La forme réanalysée *nœil* constitue le point de départ d'une réduplication de l'attaque et du noyau syllabique, ce qui conduit à l'hypocoristique *nœnœil*, une expression typique du français familier. C'est à partir de cette forme que les formations des mots *gronœil* et *nœilloscope* sont réalisées : Le premier exemple représente un syntagme lexical composé de l'adjectif *gros* et du substantif réanalysé *nœil*, le jeu de mots ayant lieu dans la phonie et la graphie étant secondaire. L'exemple *nœilloscope* se réfère au *télescope* mentionné plus haut et constitue un nouveau composé à partir de la forme élargie du substantif *œil* et de l'élément grec *scope*. Il s'agit là encore d'une déformation ludique reposant sur la formation d'une composition avec la voyelle -*o*, comme interfixe, souvent utilisée pour des mots composés néologiques ou semi-savants (cf. p.ex. *enfanto-parental* ou *locuteuro-centré*) insérée entre *nœil* et *scope* pour faciliter la prononciation. Le jeu de mot est créé par le mélange inattendu du langage enfantin et d'un élément du langage technique, donc par l'incongruité, un concept bien établi dans la recherche sur l'humour (cf. Winter-Froemel 2021). Même si les exemples cités ressemblent à l'utilisation de surnoms, à l'origine, ils n'ont pas une fonction nominative ou dénominative ; cependant, dans certains cas, ces vannes d'immédiat peuvent devenir des surnoms au fil du temps (Lepoutre 2001 : 180).

Outre ces expressions isolées, on trouve des vannes sous formes d'énoncés narratifs, d'anecdotes ou de devinettes qui, à leur tour, visent souvent les caractéristiques physiques, cf. *Elle dit bonjour avec son front !* ou *Il faut seulement regarder avec tes yeux, il faut pas toucher avec tes yeux !*. Les deux sont des blagues qui font à nouveau allusion à la taille du front et des yeux, puisque les salutations et le toucher se font normalement avec les mains. Il en va de même pour les exemples qui se réfèrent aux cheveux, dont le volume épais et dense est mis en évidence, cf. *Normal, t'as ton casque !* ou *Avec ses cheveux, il peut capter la télévision égyptienne. Il met la levure dans ses cheveux* (Lepoutre 2001 : 180–181).[15]

Dans l'exemple (7) de Caubet (2008 : 5), déjà cité plus haut, on trouve une combinaison de deux mots appartenant à deux domaines différents : *puceau*, terme se référant à la sexualité, et *rasoir*, terme désignant un objet du quotidien servant à l'hygiène corporelle. Le composé joue de nouveau sur une ambiguïté : *puceau*, au sens littéral, se réfère à 'une personne qui n'a jamais eu de rapport sexuel', mais est ici utilisé par extension pour désigner 'quelqu'un qui n'a jamais utilisé quelque chose', ce qui donne le sens de 'personne qui ne s'est jamais rasée'. Dans le sens figuré de l'expression cependant, *puceau* garde sa connotation sexuelle, mais en s'appliquant à un rasoir, ce qui provoque un effet humoristique.

Dans ce cas, il ne s'agit pas d'un jeu de mots au sens strict, mais bien d'une créativité linguistique, voire d'une innovation ludique (cf. Winter-Froemel 2018).

La plupart des exemples de vannes directes dans l'immédiat communicatif se basent sur des métaphores et des exagérations ; les jeux de mots au sens strict, avec des homonymes, des polysémies ou des paronymies, apparaissent nettement moins fréquemment, tout comme les *soundplays* ou les déformations ludiques. L'ambiguïté et la juxtaposition de mots de sonorité identique ou similaire qui caractérisent les jeux de mots des vannes dans la distance communicative mentionnés précédemment sur le site Instagram jouent un rôle mineur.

Dans le deuxième type, les vannes dans l'immédiat communicatif, indirectes ou référencées, il n'y a en revanche qu'un lien indirect avec la personne visée, car c'est habituellement la famille, de priorité la mère ou la sœur, qui est offensée, cf. *ta mère, la grosse* ; *ta mère, c'est King Kong* ; *ta mère, elle a les lèvres décapotables* ; *elle a le cul en bois* ; *elle a trois seins* ; *elle a la chatte rouillée* (Lepoutre 2001 : 178–180). Ce qui est particulièrement frappant ici, c'est l'obscénité des métaphores et des métonymies ainsi que les traits insultants des vannes. Les domaines tabous tels que la sexualité ou les évaluations négatives sont au centre de cette approche (cf. Koch et Oesterreicher [1990] 2011 : 121 ; sur la notion de *tabou*, voir Reutner 2009 : 7–11). Certains de ces énoncés peuvent être interprétés comme des « insultes de solidarité » (Lagorgette et Larrivée 2004 : 84). Ainsi, des expressions comme *sale arabe* ne sont pas perçues comme une insulte par les jeunes nés en France de parents immigrés maghrébins quand ils parlent entre eux (Caubet 2008 : 3). De la même manière, le terme anglais *mother-fucker* s'est déjà conventionnalisé en tant qu'expression de solidarité dans la langue des Noirs américains

---

15 Les exemples sont donnés ici sans les noms des élèves mentionnés chez Lepoutre (2001 : 180).

(Hugues 1991 : 32, 89). En dehors du groupe de jeunes concerné, il s'agirait d'une insulte réelle et non d'une vanne dans l'immédiat communicatif.

On remarque à nouveau des formulations métaphoriques ou métonymiques et exagérées, mais qui ne correspondent pas à des similitudes formelles ou fonctionnelles entre les unités linguistiques, ni à des déformations ludiques, et donc pas aux caractéristiques des jeux de mots. À l'instar des vannes directes, les vannes référencées utilisent souvent des images et des comparaisons, mais celles-ci sont encore plus insolites et caricaturales visant surtout impudeur sexuelle de la mère (Lepoutre 2001 : 185). Elles créent fréquemment des petits récits pleins d'exagérations qui sont parfois repris dans la musique rap, cf. « *oh oui oh oui !* » *c'est le nom de ta mère ! ; ... elle kène [nique] par-devant et par-derrière ! ; ... tu sais pourquoi les chevaux courent vite au tiercé ? parce qu'il y a ta mère à l'arrivée !* (Lepoutre 2001 : 186–187). Dans les vannes recueillies par Lepoutre, on trouve rarement des mots verlanisés[16], *kène* étant le seul exemple du corpus. Les jeux de mots avec les sons ou les syllabes sont extrêmement rares et on utilise surtout le vocabulaire verlan déjà conventionnalisé.

Le but des vannes dans l'immédiat communicatif – soit directes au contexte scolaire soit référencées dans la rue – est de rendre l'autre personne laide, antipathique ou bizarre (Lepoutre 2001 : 184), ce qui explique aussi le choix du langage des registres souvent plutôt bas ou même vulgaire. Les comparaisons avec des animaux, de grands instruments, des machines ou des outils servent cet objectif, tout comme les modifications linguistiques par des innovations ou des compositions créatives dans les vannes directes.

4 Les facettes du terme *vanne*

Notre analyse a montré qu'à côté de la catégorie *calembour*, utilisée aussi bien dans des contextes scientifiques que dans le langage courant, il existe une catégorie plutôt profane de *vanne* ayant plusieurs facettes. L'utilisation quasi synonymique des deux termes sur la page Instagram indique déjà qu'il n'est pas rare qu'ils soient mélangés et qu'il existe un continuum entre les deux catégories.

---

[16] Le verlan est basé sur l'inversion des syllabes et il est très populaire chez les jeunes en France depuis des décennies (Bachmann 1984 ; Azra et Cheneau 1994 ; Méla 1997 : 16 ; pour des recherches d'un corpus plus actuel voir Guerin et Wachs 2017).

De cet emploi du terme en tant que vanne dans la distance communicative, on peut clairement distinguer celui de vanne dans l'immédiat communicatif. Les premières se déroulent dans le cadre de la distance communicative prototypique. Elles proposent de petites énigmes sous forme de jeux de mots aux visiteurs de la page Instagram. Ceux-ci peuvent aussi réagir aux différents exemples ; cela se fait souvent sous forme d'émoticones exprimant des larmes de rire ou des applaudissements, mais de brefs commentaires sont également possibles. Lorsque le destinataire de la page parvient à déchiffrer l'énigme, il se crée ainsi une sorte de fraternité entre lui et le créateur de la vanne. Les insultes, en revanche, ne jouent généralement aucun rôle dans ces cas-là.

Par contre, les deuxièmes se situent près du pôle du langage de l'immédiat communicatif et ne comprennent pas nécessairement de jeux de mots. Elles se caractérisent par le fait qu'elles s'adressent à une personne ou à un groupe restreint. En outre, elles contiennent souvent des éléments blessants ou insultants. Cependant, comme nous avons vu, cette forme de vannes crée également une sorte de fraternité, car elle n'a généralement lieu que dans des groupes sociaux clairement définis.

En partant de l'étymologie du mot *vanne*, qui trouve ses racines déjà au latin médiéval (DAF, s.v. *vanne* ; TLFi, s.v. *vanne, vanner*) ou bas latin *venna* (s.v. *vanne*) et probablement d'origine celtique (cf. Boutiot 1870 : 52), l'évolution linguistique complexe du terme peut être retracée brièvement. Comme indiqué dans l'introduction, il s'agissait à l'origine d'un terme technique désignant un panneau vertical. Dans sa deuxième acception, en tant que de remarque ou allusion désobligeante, il était masculin au début. Selon le TLFi il est question d'une homonymie et homographie au mot technique ; toutefois, à notre avis, une polysémie ne peut être exclue en principe. Le point de départ est une dérivation verbale du verbe *vanner* (TLFi, s.v. *vanne, vanner*), ce dernier peut avoir trois significations différentes : 'débarrasser les céréales des impuretés', 'munir d'une ou de plusieurs vannes une rivière' et 'dire des vannes' et il n'est pas clair si le substantif dérive de la première ou de la dernière des trois significations mentionnées (TLFi, s.v. *vanne, vanner*). Il est évident que le verbe et le nom sont polysémiques, et il semble peu probable de pouvoir différencier les différentes étapes de leur évolution. Nous préférons donc analyser leur relation comme un carré motivationnel (Koch et Winter-Froemel 2020 : 1879 ; « motivational square », Koch et Marzo 2007 : 260–265).

Aujourd'hui, le mot *vanne* est plutôt utilisé au féminin, l'emploi masculin tendant à vieillir, a un sens élargi par extension comme 'plaisanterie, blague' (DelLR, s.v. *vanne*) ce qui correspond aux vannes dans la distance communicative citées sur le compte Instagram. Le TLFi (s.v. *vanne*) désigne cette signification comme 'propos désobligeant, voire insultant (…)' avec plusieurs sens affaiblis comme 'propos fantaisiste, mensonge', 'repartie spirituelle et souvent moqueuse' ou 'mauvais tour, farce'. Une autre signification antiphrastique est également mentionnée, à savoir 'occasion favorable, événement heureux, chance'. Ces définitions données dans les dictionnaires soulignent à nouveau que le terme *vanne* est polysémique ; deux de ses significations ont été différenciées dans notre étude.

5 Conclusions

Le sens de *vanne*, à savoir 'plaisanterie, blague' (DelLR, s.v. *vanne*) a retenu notre attention. À partir de là, nous avons pu clairement distinguer deux sous-catégories de vannes, en nous basant sur la distinction entre l'immédiat communicatif et la distance communicative. Sur cette base, nous avons créé deux termes pour les distinguer clairement : *vannes dans la distance communicative* et *vannes dans l'immédiat communicatif*.

Il est peu surprenant que les deux types de vannes puissent en principe contenir des jeux de mots, mais les stratégies utilisées sont différentes. La base d'une vanne dans la distance communicative est le jeu de mot sous forme d'homonymie, de polysémie ou de paronymie ; cela ne vaut pas de la même manière pour les vannes dans l'immédiat communicatif.

Ces dernières, au centre de notre étude, peuvent être classées selon Lepoutre en vannes directes et vannes référencées, car elles utilisent des stratégies différentes visant des domaines différents. Les deux ne comprennent pas nécessairement de jeux de mots, mais ils visent également à surprendre les auditeurs et de produire un effet humoristique sur eux. Le locuteur utilise parfois volontairement des énoncés qui juxtaposent ou manipulent des éléments linguistiques pour produire cet effet humoristique. Ces vannes dans l'immédiat communicatif, préparées rapidement, sont moins subtiles et ont recours à d'autres stratégies linguistiques que les calembours : elles contiennent plus rarement des jeux de mots au sens étroit et apparaissent souvent sous forme d'insulte. Cependant, pour faire plaisir au public, la production de ces vannes requiert de la créativité, des compétences linguistiques et une connaissance des codes sociaux (Lepoutre [2]2001 : 202 ; Giacomi et al. 2003 : 160). Dans ce sens, les vannes dans l'immédiat communicatif constituent un jeu rituel essentiel à la culture des adolescents en France, ainsi qu'une tradition discursive ayant ses propres règles. Le succès d'une vanne dans l'immédiat communicatif se mesure à la réaction du public, ce qui explique le pouvoir social des mots échangés.

Ce pouvoir des mots se reflète également dans le poisson d'avril de la ville de Vannes, dans le département du Morbihan, en 2024, qui envisageait de changer de nom pour ne plus être la cible de vannes.

(8) La ville de Vannes (Morbihan) décide de proposer à ses habitants de changer de nom par référendum. Elle en a marre d'être moquée sur les réseaux sociaux.
(https://actu.fr/bretagne/vannes_56260/apres-des-mauvaises-blagues-cette-ville-du-morbihan-change-de-nom-via-un-referendum_59362370.html)

Références bibliographiques

Dictionnaires

DAF = *Dictionnaire de l'Académie française*. https://www.dictionnaire-academie.fr.
DdfLAR = *Dictionnaire de français Larousse en ligne*. https://www.larousse.fr.
DelLR = *Dico en ligne LR*. https://www.lerobert.com.
TLFi = *Trésor de la Langue Française informatisé* (2002–). Paris & Nancy : CNRS, Université de Nancy 2, ATILF. http://atilf.atilf.fr/tlf.htm.

Ouvrages de référence

Assef, Christelle. 2004. De l'opposition insultes rituelles / personnelles dans les échanges de vannes. *Le Langage et l'homme* 39(1). 41–54.
Assef, Christelle. 2008. Quelques éléments d'analyse de la participation active du public dans les échanges de vannes. In Aline Tauzin (éd.), *Insultes, injures et vannes, En France et au Maghreb*, 135–153. Paris : Karthala.
Arthur. 1995. *Ta Mère*. Paris : Michel Lafon.
Azra, Jean-Luc & Veronique Cheneau. 1994. Jeux de langage et théorie phonologique. Verlan et structure syllabique du français. *Journal of French Language Studies* 4(2). 147–170. doi:10.1017/S0959269500002209.
Bachmann, Christian & Luc Basier. 1984. Le verlan : argot d'école ou langue des Keums ? *Mots* 8(1). 169–187. doi:10.3406/mots.1984.1145.
Bäumler, Linda. 2022. Merde, putain, ta gueule : Doit-on enseigner les gros mots en cours de FLE ? Le potentiel de la bande dessinée. In Elissa Pustka (éd.), *La bande dessinée : perspectives linguistiques et didactiques*, 413–442. Tübingen : Narr Francke Attempto.
Bedijs, Kristina. 2015. 13. Langue et générations : le langage des jeunes. In Claudia Polzin-Haumann & Wolfgang Schweickard (éds.), *Manuel de linguistique française*, 293–313. Berlin & Boston : De Gruyter. doi:10.1515/9783110302219-015.
Bertucci, Marie-Madeleine. 2013. Formes de la ségrégation langagière et sociale en banlieue : *Cahiers internationaux de sociolinguistique* 4(2). 41–55. doi:10.3917/cisl.1302.0041.

Bertucci, Marie-Madeleine & Isabelle Boyer. 2013. « Ta mère, elle est tellement… » – joutes verbales et insultes rituelles chez des adolescents issus de l'immigration francophone. *Adolescence* T. 31, n°3(3). 711–721. doi:10.3917/ado.085.0711.

Boutiot, Théophile. 1870. *Histoire de la ville de Troyes et de la Champagne méridionale*. Vol. I. Troyes & Paris : Dufey-Robert & Aubry.

Caubet, Dominique & Christophe Pereira. 2008. Des insultes aux vannes, ici et là-bas, en passant par les proverbes. In Aline Tauzin (éd.), *Insultes, injures et vannes, En France et au Maghreb*, 111–134. Paris : Karthala.

Clair, Isabelle & Nasser Tafferant. 2006. Les femmes dans la médiation de sécurisation : une remise en question de l'ordre des sexes ? *Genèses* 64(3). 26–45. doi:10.3917/gen.064.0026.

Dawkins, Richard. 2016. *The selfish gene* (Oxford Landmark Science). 40th anniversary edition. Oxford : Oxford University Press.

Giacomi, Karine, Nathalie Binisti, Christelle Assef & Mederic Gasquet-Cyrus. 2003. The Voices of Marseille. *Cahiers de l'Institut de linguistique* 29(1–2). 151–164.

Guerin, Emmanuelle & Sandrine Wachs. 2017. Dynamique des mots. In Françoise Gadet (éd.), *Les parlers jeunes dans l'Ile-de-France multiculturelle*, 101–125. Paris : Ophrys.

Guiraud, Pierre. 1976. *Les jeux de mots*. Paris : Presses Universitaires de France.

Hausmann, Franz Josef. 1974. *Studien zu einer Linguistik des Wortspiels : Das Wortspiel im « Canard enchaîné »* (Beihefte zur Zeitschrift für romanische Philologie 143). Tübingen : Niemeyer.

Henry, Jacqueline. 2003. *La traduction des jeux de mots*. Paris : Presses de la Sorbonne Nouvelle.

Hughes, Geoffrey. 1991. *Swearing : a social history of foul language, oaths, and profanity in English* (The Language Library). Oxford & Cambridge, Mass. : Blackwell.

Kabatek, Johannes. 2015. Wordplay and Discourse Traditions. In Angelika Zirker & Esme Winter-Froemel (éds.), *Wordplay and Metalinguistic / Metadiscursive Reflection. Authors, Contexts, Techniques, and Meta-Reflection* (The Dynamics of Wordplay 1), 213–228. Berlin & Boston : De Gruyter. https://doi.org/10.1515/9783110406719-010.

Kerbrat-Orecchioni, Catherine. 1977. *La connotation*. Lyon : Presses Universitaires de Lyon.

Kerbrat-Orecchioni, Catherine. 2018. Heurs et malheurs du jeu de mots. In Esme Winter-Froemel & Alex Demeulenaere (éds.), *Jeux de mots, textes et contextes* (The Dynamics of Wordplay 7), 25–48. De Gruyter. doi:10.1515/9783110586459-002.

Koch, Peter. 1997. Diskurstraditionen : zu ihrem sprachtheoretischen Status und ihrer Dynamik. In Barbara Frank, Thomas Haye & Doris Tophinke (éds.), *Gattungen mittelalterlicher Schriftlichkeit*, 43–79. Tübingen : Narr.

Koch, Peter & Daniela Marzo. 2007. A two-dimensional approach to the study of motivation in lexical typology and its first application to French high-frequency vocabulary. *Studies in Language* 31(2). 259–291.

Koch, Peter & Wulf Oesterreicher 2001. Gesprochene Sprache und geschriebene Sprache / Langage parlé et langage écrit. In Günter Holtus, Michael Metzeltin & Christian Schmitt (éds.), *Lexikon der Romanistischen Linguistik (LRL)*, Vol. I.2, 584–627. Berlin & New York : De Gruyter.

Koch, Peter & Wulf Oesterreicher. [1990] 2011. *Gesprochene Sprache in der Romania : Französisch, Italienisch, Spanisch* (Romanistische Arbeitshefte 31). 2., aktualisierte und erw. Aufl. Berlin & New York : De Gruyter.

Koch, Peter & Esme Winter-Froemel. 2020. Chapitre 47 : Constitution historique du lexique. In Christiane Marchello-Nizia, Bernard Combettes, Sophie Prévost & Tobias Scheer (éds.), *Grande Grammaire Historique du Français (GGHF)*, Vol. 2, 1851–1893. Berlin & Boston : De Gruyter.

Labov, William & Alain Kihm. 1978. *Le parler ordinaire : la langue dans les ghettos noirs des États-Unis* (Le sens commun 54). Paris : Éditions de Minuit.

Lagorgette, Dominique & Pierre Larrivée. 2004. Interprétation des insultes et relations de solidarité. *Langue française* 144(1). 83–103. doi:10.3406/lfr.2004.6809.
Lefever, Harry G. 1981. "Playing the Dozens". A Mechanism for Social Control. *Phylon* 42(1). 73–85. doi:10.2307/274886.
Lepoutre, David. 2001. *Cœur de banlieue : codes, rites et langages*. Paris : O. Jacob.
Leymann, Heinz. 2009. *Mobbing : Psychoterror am Arbeitsplatz und wie man sich dagegen wehren kann*. 14th edn. Reinbek bei Hamburg : Rowohlt.
Méla, Vivienne. 1997. Verlan 2000. *Langue française* 114. 16–34.
Moïse, Claudine. 2003. Pratiques langagières des banlieues : où sont les femmes ? *La lettre de l'enfance et de l'adolescence* 51(1). 47. doi:10.3917/lett.051.54.
Moïse, Claudine. 2012. Argumentation, confrontation et violence verbale fulgurante. *Argumentation et analyse du discours* 8. doi:10.4000/aad.1260.
Pustka, Elissa (éd.). 2022. *La bande dessinée : perspectives linguistiques et didactiques* (Romanistische Fremdsprachenforschung und Unterrichtsentwicklung 24). Tübingen : Narr Francke Attempto.
Rădulescu, Anda. 2018. Du calembour simple au calembour complexe dans le roman *À prendre ou à lécher* de Frédéric Dard. In Esme Winter-Froemel & Alex Demeulenaere (éds.), *Jeux de mots, textes et contextes* (The Dynamics of Wordplay 7), 363–386. Berlin & Boston : De Gruyter. doi:10.1515/9783110586459-018.
Reutner, Ursula. 2009. *Sprache und Tabu : Interpretationen zu französischen und italienischen Euphemismen*. Tübingen : Niemeyer. doi:10.1515/9783484971219.
Sablayrolles, Jean-François. 2015. Néologismes ludiques : études morphologique et énonciativo-pragmatique. In Esme Winter-Froemel & Angelika Zirker (éds.), *Enjeux du jeu de mots. Perspectives linguistiques et littéraires* (The Dynamics of Wordplay 2), 189–216. Berlin & Boston : De Gruyter. https://doi.org/10.1515/9783110408348-009.
Smitherman, Geneva. 1986. *Talkin and testifyin : the language of Black America*. Detroit : Wayne State University Press.
Tauzin, Aline (éd.). 2008. *Insultes, injures et vannes : en France et au Maghreb* (Dictionnaires et langues). Paris : Karthala.
Winter-Froemel, Esme. 2009. Wortspiel. In Gert Ueding (éd.), *Historisches Wörterbuch der Rhetorik*, vol. 9, 1429–1443. Tübingen : Niemeyer.
Winter-Froemel, Esme. 2016. Approaching Wordplay. In Sebastian Knospe, Alexander Onysko & Maik Goth (éds.), *Crossing Languages to Play with Words. Multidisciplinary Perspectives* (The Dynamics of Wordplay 3), 11–46. Berlin & Boston : De Gruyter. https://doi.org/10.1515/9783110465600-002.
Winter-Froemel, Esme. 2018. Ludicity in lexical innovation (I) – French. In Sabine Arndt-Lappe, Angelika Braun, Claudine Moulin & Esme Winter-Froemel (éds.), *Expanding the Lexicon. Linguistic Innovation, Morphological Productivity, and Ludicity* (The Dynamics of Wordplay 5), 229–260. Berlin & Boston : De Gruyter. doi:10.1515/9783110501933-231.
Winter-Froemel, Esme. 2019. Deutungsspielräume – Ambiguität und Motivation sprachlicher Zeichen als Quellen des Wortspiels. In Esme Winter-Froemel (éd.), *Sprach-Spiel-Kunst. Ein Dialog zwischen Wissenschaft und Praxis* (The Dynamics of Wordplay 8), 285–323. Berlin & Boston : De Gruyter.
Winter-Froemel, Esme. 2021. Sources of verbal humor in the lexicon : A usage-based perspective on incongruity. In Augusto Soares da Silva (éd.), *Figurative Language – Intersubjectivity and Usage*, 357–386. Amsterdam : John Benjamins. https://benjamins.com/catalog/ftl.11.12win.
Winter-Froemel, Esme. 2023. Discourse traditions research : foundations, theoretical issues and implications. In Esme Winter-Froemel & Álvaro S. Octavio de Toledo y Huerta (éds.), *Manual of Discourse Traditions in Romance*, 25–58. Berlin & Boston : De Gruyter. https://doi.org/10.1515/9783110668636-002.

Winter-Froemel, Esme & Angelika Zirker (éds.). 2015. *Enjeux du jeu de mots. Perspectives linguistiques et littéraires* (The Dynamics of Wordplay 2). Berlin & Boston : De Gruyter.

Zenner, Eline & Dirk Geeraerts. 2018. One does not simply process memes : Image macros as multimodal constructions. In Esme Winter-Froemel & Verena Thaler (éds.), *Cultures and Traditions of Wordplay and Wordplay Research* (The Dynamics of Wordplay 6), 167–194. Berlin & Boston : De Gruyter. https://doi:10.1515/9783110586374-008.

Sources en ligne

https://asterix.com/les-romains/ (consulté le 27 mai 2025).

https://www.instagram.com/ffcalembours/ (consulté le 10 mai 2025).

https://actu.fr/bretagne/vannes_56260/apres-des-mauvaises-blagues-cette-ville-du-morbihan-change-de-nom-via-un-referendum_59362370.html (consulté le 13 mai 2025).

https://www.lefigaro.fr/politique/le-scan/2018/06/18/25001-20180618ARTFIG00201-tu-m-appelles-monsieur-le-president-macron-recadre-un-jeune-qui-l-appelle-manu.php (consulté le 28 juillet 2025).

Hugues Galli
Les jeux de mots san-antoniens

Résumé : La série policière *San-Antonio* mêle enquête policière et innovation lexicale dans un savant mélange entre création, transgression linguistique et recherche d'effets comiques. Si l'humour repose sur des situations burlesques et des personnages hors-norme, il se base aussi sur les nombreux jeux de mots qui émaillent l'œuvre et qui font le sel d'une série restée unique dans le paysage littéraire policier de la deuxième moitié du vingtième siècle.

Mots clés : Frédéric Dard, humour, jeux de mots, *San-Antonio*

1 Introduction

La série *San-Antonio* transgresse les codes autant sur le plan du genre littéraire auquel il appartient, le roman policier, que sur le plan linguistique. Si son auteur s'inscrit dans la veine d'auteurs américains (Dashiell Hammett, Raymond Chandler, etc.) ou anglais (James Hadley Chase, Peter Cheyney), il a contribué, comme Léo Malet, à développer un « roman noir français » dans les années 1940 (voir Vanoncini [1993] 1997). Le recours massif à la néologie et l'utilisation des jeux de mots le distinguent néanmoins d'autres auteurs français de la seconde moitié du XXe siècle en le plaçant dans les pas de Rabelais et de Céline, écrivains dont il se réclame.

Le présent article a pour but de mettre en lumière les relations qu'entretient la série avec les jeux de mots. Il s'agira de montrer comment s'est peu à peu dessiné le projet humoristique de la série puis de détailler quelques procédés significatifs grâce à des exemples choisis pour l'occasion ou tirés de travaux déjà réalisés sur le sujet (cf. bibliographie).

Hugues Galli, Université Bourgogne Europe, U.F.R. Lettres et Philosophie, Centre Pluridisciplinaire Textes et Cultures 2, Boulevard Gabriel, F-21000 Dijon, +33.3.80.39.55.41, hugues.galli@u-bourgogne.fr

2 *San-Antonio* : une série comico-policière

Auteur l'un des plus lus de sa génération, Frédéric Dard est principalement connu pour la série policière qui relate les aventures du commissaire San-Antonio et de la joyeuse équipe qui l'entoure. L'ensemble regroupe 174 romans et 9 hors-série, mais ces chiffres déjà importants ne reflètent qu'une partie seulement d'une gigantesque production littéraire qui compte aussi des romans noirs, des pièces de théâtre, des nouvelles et des articles de presse.

La série des *San-Antonio* surprend par sa longévité (1949–2000) et ses tirages exceptionnels. Pourtant, les choses n'avaient pas aussi bien commencé. Le premier opus, *Réglez-lui son compte !*, publié chez Jacquier à Lyon, est un roman d'espionnage assez banal, sorte de pastiche de Peter Cheney, qui s'est d'ailleurs plutôt mal vendu.[1] Comme l'explique lui-même l'écrivain dans *Je le jure* : « Au début, San-Antonio a été un dépannage » (San-Antonio 1975 : 130). Armand de Caro, tout jeune fondateur des éditions du Fleuve Noir, flaire néanmoins le bon filon. Selon Jeannerod, la stratégie de l'éditeur reposait sur « deux idées maîtresses [...], l'une, de faire écrire des romans de genre à la mode (américaine) par des auteurs français, l'autre, de développer les réseaux de distribution jusque dans les zones rurales » (Jeannerod 2010 : 77). Le succès est très vite au rendez-vous. Frédéric Dard *alias* San-Antonio devient rapidement l'un des auteurs phares de la collection « Spécial Police ». La série obtient des ventes records dépassant même les trois millions d'exemplaires pour *L'Histoire de France vue par San-Antonio* en 1965 (Jeannerod 2010 : 148).

Toute médaille a son revers. Le succès et la liberté d'expression que lui confère un certain monopole impliquent un rendement très important ; trois à quatre *San-Antonio* par an, c'est le prix à payer pour un écrivain lié par un contrat très avantageux à son éditeur. À cette cadence, s'ajoute l'écriture d'une œuvre nettement plus sombre. La veine très pessimiste des romans noirs signés Frédéric Dard[2] montre en effet l'image d'un écrivain angoissé, préoccupé par le mal, la rédemption, la souffrance et la mort, image très éloignée de celle de San-Antonio écrivain. Telle est l'autre face d'un auteur pour qui écrire un *San-Antonio* est un exutoire tant littéraire que psychologique : « Je suis mal dans ma peau.... Tandis qu'un San-Antonio me met de bonne humeur. Il me fait du bien. C'est une joie de l'écrire. Une joie tourmentante, tendre, préoccupante, mais une joie » (San-Antonio 1975 : 141). Si la cadence exige d'écrire vite et que l'histoire compte assez peu,

---

[1] 500 exemplaires sur les 3000 exemplaires imprimés (cf. Bouhier 2017 : 509).
[2] Certains ont été compilés et réédités sous le titre générique « romans de la nuit » (Dard 2014).

Frédéric Dard attache néanmoins une grande importance i) au style : « Moi, mon pied, c'est le style. C'est là qu'est mon régal. L'action je m'en fous. Mais pour observer la règle du jeu, il faut une histoire. Sinon, c'est comme si j'avais une marchandise à vendre et pas de camion pour la livrer » (San-Antonio 1975 : 142) et ii) à l'humour : « Ma règle est la suivante : à partir du moment où j'écris un San-Antonio, je ne dois rien négliger, même le pire, pour faire rire. Je bombarde, je pilonne coûte que coûte. Ça tombe dans les pires calembours, les pires à-peu-près, les pires contrepèteries, ça fait du rase-mottes. Si cela ne fait rire, ne serait-ce que deux personnes, pour moi ça vaut le coup » (San-Antonio 1975 : 138). Aussi Pierre Morin résume-t-il avec beaucoup de pertinence ce qui caractérise la série ; le soin apporté à l'écriture et son caractère humoristique : « L'aspect fondamental du cycle des aventures de San-Antonio reste toutefois la singularité d'un style de langage où abondent jeux de mots, néologismes, plaisanteries gauloises et citations littéraires détournées » (Morin [2003] 2007 : 709–710).

3 Faire ses gammes

Avant de pasticher d'abord (les premiers *San-Antonio*) puis de parodier complètement par la suite le genre policier sous le regard de l'ironie et avec son style particulier, Frédéric Dard commence à faire ses gammes dans la presse. On oublie en effet bien souvent que le père de San-Antonio a commencé sa carrière dans le journalisme et qu'il a collaboré à de nombreuses revues humoristiques ; ce qu'il a continué de faire de longues années, parallèlement à son travail d'écrivain. Gautier (2018 : 20–21) rappelle d'ailleurs qu'« en 1945, il gagne le concours de la meilleure manchette du journal *La Semaine*, sous-titré « hebdomadaire satirique… et légèrement vache », avec cette saillie, mise en valeur de part et d'autre du titre de l'hebdo : « Les Russes foncent sur l'Allemagne / En avant la Moujick [sic] ! », jeu de mots[3] que l'on retrouvera plus de vingt ans après dans le titre éponyme d'un San-Antonio (*En avant la moujik !*, 1969). Il n'est pas inutile de mentionner aussi ici l'élaboration d'un *Dictionnaire non académique* resté inachevé[4] qui, tout en s'inscrivant dans une tradition littéraire de détournement du dictionnaire[5] en proposant des définitions

---

3 La locution « En avant la musique ! » illustre le déclenchement d'une action, ici en l'occurrence l'offensive militaire russe contre l'Allemagne. La paronymie *musique / moujik* fonctionne à merveille du fait du rapprochement métonymique *moujik* 'paysan russe' / *Russie*.
4 Livré par lettre ou groupe de lettres jusqu'à la lettre T dans différentes revues (21e numéro de *Oh !* en 1950 – 6e numéro de *Cent Blagues* en 1952).
5 À la manière de Flaubert dans son *Dictionnaire des idées reçues* (1913, posth.).

drôles ou absurdes, présente aussi des définitions qui jouent clairement avec les mots :

> EMPALER : emmener quelqu'un au pieu.[6]
> FACTEUR : homme de lettres qui, lorsqu'il se présente quelque part, a pour habitude de sonner deux fois.[7]
> OCCULTE : coups de pieds qui se perdent.[8]

La série des *San-Antonio* emprunte le chemin de la transgression et de la farce, mais la mue se fait dans la durée. L'arrivée, en 1953, du personnage d'Alexandre-Benoît Bérurier n'est pas étrangère à cette écriture « nouvelle manière » car elle apporte une coloration comique à la série. Bérurier la libère en somme du genre policier. Sans être le personnage central de la série, il en est assurément le héros. Au-delà des scènes burlesques auxquelles il participe et qu'il provoque bien souvent, son verbe particulier, rempli de barbarismes lexicaux, d'altérations syntaxiques et morphologiques, provoque l'hilarité. Fruits de sa bêtise crasse, on découvre des monstruosités dans sa conjugaison (1), en particulier dans son utilisation des subjonctifs (2a, 2b) :

(1) Tu ne me croirasseras pas (*Faut être logique*, 1967 : 31)

(2) (a) faut que je te le décrivasse (*Faites chauffer la colle*, 1993 : 199)
     (b) il fallait que j'intervenasse (*Vas-y Béru*, 1965 : 167)

---

6 Jeu de mots complexe basé d'une part sur la confusion entre les homonymes *pieu* 1 'morceau de bois rigide, long et droit' et *pieu* 2 'lit' et d'autre part sur le rapprochement entre *pieu* 1 et *pal* 'pieu aiguisé à son extrémité'. Ainsi « Empaler : mener au pieu » peut se comprendre différemment, soit dans l'acception première du verbe *empaler* 'faire subir (à quelqu'un) le supplice du pal, c'est-à-dire enfoncer dans l'anus un pieu qui traverse le corps', soit dans son acception argotique où *empaler* signifie 'coïter, sodomiser'.

7 L'effet comique repose sur l'ambiguïté entre *lettres* (au pluriel) 'ensemble du courrier' et *lettres* (au pluriel, abréviation de *Belles-lettres*) 'littérature' que l'on trouve dans *femme/homme de lettres*. La polysémie permet au préposé aux postes de se doter d'un bagage culturel et à fortiori de prendre du galon par la simple nature de sa charge. Le fait de « sonner deux fois » est une allusion au célèbre roman policier *The Postman Always Rings Twice* de John M. Cain publié en 1934 et porté de nombreuses fois à l'écran.

8 Jeu de mots fondé sur la paronymie *occulte* / *au cul*. En effet, dire que « des coups de pieds se perdent » sous-entend qu'il s'agit de « coups de pieds au cul ».

Mais le lexique n'est pas en reste.⁹ À côté des constructions fantaisistes (3), les confusions (4) sont fréquentes, tout comme les fausses coupes (5) :

(3)   frémissure (frémissement), morfondir (morfondre), royaltée (royauté)

(4)   ciné turc (sinécure), en fringuant du lit (en flagrant délit), à Volvo (à vau-l'eau)

(5)   la pindicite (l'appendicite), la raie au porc (l'aéroport)

On rencontre d'autres altérations, résultats d'une mauvaise prononciation, transcrites à l'écrit par prothèse[10] (6), métathèse[11] (7) ou pataquès[12] (8) :

(6)   Moi c'est l'docteur Béru espécialiste des maladies féminines de la femme (*Maman, la dame fait rien qu'à me faire des choses*, 1994 : 40)

(7)   Mais avant d'entreprendre le récit de cette pilpatante aventure (*Pleins feux sur le tutu*, 1984 : 21)

(8)   il surveillait l'hôtel, lui z'aussi (*Bosphore et fais reluire*, 1991 : 123)

Quant à la maîtrise de l'orthographe, elle est à l'avenant. Voici le début de la lettre qu'adresse Bérurier au souverain pontife afin d'homologuer le baptême dont il est l'auteur :

> Mesieur et bien chair Pape,
> Je m'escuse de fer perdre d'vot'tan à Sa Cinq tété mè gel l'hauneur de luit porté à la conaisance l'effet suivant. O cour d'un voilliage en I-rac j'é rencontrais un n'encien cousin amoi dont au sujé duquel sa çalope de mer l'avé randue musulmant. N'aillant pa d'curton saoul la min j'émé permit de lui administré le bataime (entre autre chose). (*N'en jetez plus*, [1971] 1978 : 217)

---

9 Les exemples qui suivent sont tirés de Le Doran, Pelloud et Rosé (1993). Les références (titre du roman, page) manquent souvent (pour une critique du *Dictionnaire San-Antonio* voir Galli 2012) or les mots choisis ici se rencontrent de façon récurrente dans l'œuvre.
10 « [...] développement, à l'initiale d'un mot, d'un élément non étymologique comme, en français, l'introduction d'un [e] à l'initiale de tous les mots commençant par les groupes consonantiques [sp-], [st-], [sk-], etc. » (Dubois et al. [1994] 2002).
11 « [...] permutation de certains phonèmes dans la chaîne parlée » (Dubois et al. 2002).
12 « [...] faute de liaison, dans la prononciation, consistant à substituer un *s* à un *t* final, ou réciproquement, et plus généralement, à faire entendre une consonne qui n'existe pas à la finale du mot précédent (TLFi).

L'entorse volontaire à l'orthographe fait rire ou du moins fait grincer des dents.[13] Elle participe à l'inversion des valeurs propre au genre carnavalesque tout comme lorsque Bérurier endosse la blouse de médecin (*Bravo, docteur Béru*, 1969) ou d'instituteur (*San-Antonio chez les gones*, 1962) pour les besoins de l'enquête, ou devient ministre de l'Intérieur (*Bacchanale chez la mère Tatzi*, 1985) malgré son analphabétisme.

4 C'est stylé, non ?

Entretenir la farce passe par l'utilisation de nombreuses figures de style et lire un San-Antonio à haute voix permet d'attraper à la volée de nombreux jeux sur les sonorités, depuis les allitérations[14] (9) jusqu'aux paronomases[15] (10) :

(9) Voilà qui est parlé, dit ce **b**oa de **B**éru **b**éat (*De « A jusqu'à Z »*, 1961 : 103)

(10) Par harki de confiance, je la confronte à sa photo (*Des gonzesses comme s'il en pleuvait*, 1984 : 50)

Mais ce sont sans doute les cas d'homonymie[16] (11) qui sont les plus nombreux :

(11) Long nabot être grec, les caractères de cet alphabet sont difficiles à lire (*Salut mon pope*, 1966 : 54)[17]

Si le lecteur est habitué à rencontrer certaines formes très récurrentes (ex. *œuf Corse* « of course », *dans ma Ford intérieure* « dans mon for intérieur ») à l'intérieur

---

13 Ici on notera de nombreux rapprochements avec des mots dont le niveau de langue est dérangeant (**curton* (< *cureton*), **çalope* (< *salope*)) ou dont les référents sont particulièrement inappropriés dans une lettre à un homme d'Église (*chair* ; *tété* (< *téter*)). Outre les erreurs orthographiques (**encien* ; **sujé* ; **bataime*, etc.) altérant parfois la valeur phonique (**conaisance* ; **escuse(r)* ; **voilliage* ; **aillant*), on rencontre de nombreuses erreurs à dominante logogrammique (confusion entre homophones : *fer* / *faire* ; *gel* / *j'ai (l')* ; *l'effet* / *les faits* ; *saoul* / *sous*) ou morphologique (**porté* < *porter* ; **rencontrais* < *rencontré* ; **avé* < *avais*, etc.).
14 « [...] répétition d'un son ou d'un groupe de sons à l'initiale de plusieurs syllabes ou de plusieurs mots d'un même énoncé » (Dubois et al. 2002), ici en l'occurrence le son [b]. Nous soulignons.
15 « [...] figure de rhétorique qui consiste à rapprocher des mots qui présentent soit une similarité phonique, soit une parenté étymologique ou formelle » (Dubois et al. 2002). Dans l'exemple qui suit : *acquis* (mot attendu) → *harki*.
16 « L'*homonymie* est l'identité phonique (homophonie) ou l'identité graphique (homographie) de deux morphèmes qui n'ont pas, par ailleurs, le même sens » (Dubois et al. 2002).
17 Ici « long nabot » et « l'on a beau » se prononcent à l'identique : [lɔ̃nabo].

du texte de la série, il découvre des calembours même au sein des titres de chapitres (ex. « Le rouge hait le noir », « Viol de nuit », « L'esprit d'Éloi »[18], etc. dans *Le cri du morpion*, 1989) alors même qu'on les attendait plutôt dans les titres des ouvrages (ex. *La Pute enchantée*, 1982 ; *Alice au pays des merguez*, 1986 ; *Le Casse de l'oncle Tom*, 1987 ; etc.[19]).

Frédéric Dard a sans cesse besoin de se renouveler et il recourt aux nombreuses figures à sa disposition, y compris à des figures n'ayant *a priori* pas vocation à faire rire. Leur utilisation participe néanmoins à créer des effets comiques : les figures de répétition comme l'anaphore (12) ou d'insistance comme la redondance[20] (13) ; les figures d'atténuation comme la litote (14), d'omission comme le zeugme[21] (15), d'amplification comme l'hyperbole (16) ; les figures d'opposition comme le chiasme (17), l'antonymie (18) et l'antiphrase, figure de l'ironie par excellence (19), ou encore d'analogie comme la comparaison (20) :

(12)   Pinaud douta, Pinaud sortit et Pinaud crut. (*Le Loup habillé en grand-mère*, 1962 : 37)

(13)   C'est le toubib soi-même en personne nommément en chair et en os qui me répond (*Le Loup habillé en grand-mère*, 1962 : 37)

(14)   Je crois que je dérange [un mari trouvant San-Antonio au lit avec son épouse] (*Le Silence des homards*, 1992 : 132)

(15)   Avec ce qui choit sur les épaules comme pellicules, vous pourriez tourner un remake de Ben Hur (*N'en jetez plus*, 1971 : 174)

(16)   Il a la figure pareille à du chewing-gum de mauvaise qualité mâché pendant six mois par un crocodile (*Ménage tes méninges*, 1962 : 11)

---

18 *Le Rouge et le Noir* (Stendhal 1830) ; *Vol de nuit* (St-Exupéry 1931) ; *L'Esprit des lois* (Montesquieu 1748).
19 *La Flûte enchantée* (titre original : *Die Zauberflöte*, Mozart, 1791) ; *Alice au pays des merveilles* (titre original : *Alice's Adventures in Wonderland*, Lewis Carroll, 1865) ; *La Case de l'oncle Tom* (titre original : *Uncle Tom's Cabin*, Harriet Beecher Stowe, 1852).
20 Dans cet exemple, on rencontre une succession aberrante de pléonasmes : « soi-même », « en personne », « en chair et en os ».
21 « En rhétorique, le zeugma est une figure qui consiste à rattacher des compléments de natures différentes à un même terme (verbe, nom) ; le plus souvent il est employé dans une intention satirique (ex. Napoléon était maigre et officier d'artillerie) » (Dubois et al. 2002). Ici la construction est de nature similaire au zeugme (ou zeugma) à la différence près que s'y ajoute un jeu sur la polysémie du mot *pellicule* qui renvoient aussi bien à la feuille roulée en bobine qui sert à projeter des films qu'à la lamelle d'épiderme qui se détache du cuir chevelu par exfoliation.

(17) L'argent défait les couples que soude la misère (*Papa, achète-moi une pute*, 1989 : 200)

(18) Elle avait trouvé trois bouteilles de whisky dans le tiroir inférieur de la mère supérieure (*Zéro pour la question*, 1968 : 157)

(19) Le bar est joyeux comme le journal télévisé (*Vas donc m'attendre chez plumeau*, 1983 : 35)

(20) L'ensemble est aussi folichon qu'un concours de pets dans un goulag (*Meurs pas, on a du monde*, 1980 : 48)

5 Saut à l'onomastique

On connaît le goût de Frédéric Dard pour la néologie. Là encore, la liste des créations serait trop longue à présenter. Les nombreuses matrices utilisées permettent de générer quantité de mots au fort ressort comique[22] et, chose rare dans un genre considéré comme peu littéraire, il arrive bien souvent à l'auteur de gloser ses propres créations.[23] L'une des singularités de la néologie san-antonienne réside sans doute dans la capacité de créer des formes à partir de calembours, comme *carajamber* (carapater), *crépusfesse* (crépuscule), *firpapa* (firmament)[24], etc., l'autre, dans celle d'inventer d'improbables toponymes et patronymes. Reymond (2014) range les créations selon leur niveau de complexité. Son classement commence avec les « calamiteux *Jean Névudautre* ou autre *Jean Nédeux* »[25] et s'achève avec l'emploi de graphèmes hors-système utilisés afin d'imiter, à des fins caricaturales, la graphie de la langue dont ils sont supposés appartenir. Dans l'exemple qu'il donne, la ressemblance très approximative avec le finnois repose notamment sur l'utilisation arbitraire du tréma et de la lettre *k* :

> vous atterrissez en Finlande (le pilote de l'hydravion se nomme *Saälkonaar*) sur l'île de *Nfojurédriïen*, dans la famille *Kipeët Pluokksonku*. Le lendemain, direction le lac de *Charivaï*, vous avez réservé le meilleur hôtel, *Kamë Opavoö*. Il est tenu par les *Tanktuvoudra*, vous faites

---

22 Les néologismes ont été pour l'essentiel bien décrits (Baldinger 1988 ; Galli 2016, 2012 ; etc.).
23 Voir Galli (2016 : 170–172); Amoré et Lagorgette (2008).
24 Le remplacement par des synonymes (*jambe* → *patte* ; *cul* → *fesse* ; *maman* → *papa*) s'effectue sur la base d'équivalences d'ordre homonymique ou paronymique entre des segments pourtant non autonomes et n'entrant pas dans la composition des mots (ex. *firmament* [mamã] → *maman* [mamã]).
25 *Jean Névudautre* (= « j'en ai vu d'autres ») ; *Jean Nédeux* (= « j'en ai deux », sous-entendu « deux testicules »).

connaissance avec la fille, *Ianora*. En attendant la suite, feuilletez le journal local, *Dypää Cekkoneri*...

Rullier-Theuret (2008 : 48–53) a observé, elle aussi, nombre de « noms exotiques ou bilingues ». Ainsi, par exemple, proche du port du « sultanat d'Analfabeth », se trouve la ville de « Toutal-Aigou » dans laquelle réside « l'émir Obolan »[26] (*Bérurier au sérail*, 1964). L'effet comique atteint son paroxysme lorsque Frédéric Dard imite une langue étrangère et que son narrateur feint de deviner le sens du propos (21) ou (22) de ne rien comprendre à la langue alors que ce n'est pas du tout le cas du lecteur :

(21) – Cé pas tou ça fô kon chang la rou ! crie-t-il au camarade médecin.
Je ne comprends pas le chinois, mais j'ai l'impression [...] qu'il manifeste l'intention de remplacer un pneu crevé (*Tango chinetoque*, [1966] 1974 : 89–90)

(22) – Kang tsé ktu vieng bouf é ? demande le chauffeur.
Naturellement, le sens de sa question m'échappe (*Tango chinetoque*, [1966] 1974 : 93–94)

6 Conclusion

On l'a vu, *San-Antonio* est une série policière quelque peu atypique dont font partie intégrante les jeux de mots. Sensible aux potentialités qu'offre la langue, Frédéric Dard a su mettre à profit son art créatif pour amuser son lecteur. Il se sera servi de nombreux calembours mais il aura aussi inventé de nouvelles formes linguistiques. Les exemples présentés ont permis de mettre en exergue quelques figures de style notoirement utilisées ainsi que quelques procédés à l'œuvre sur le plan onomastique.

Notons pour finir que l'utilisation des jeux de mots aura eu deux effets contraires au niveau de la réception de l'œuvre. S'ils ont contribué au succès de la série auprès d'un lectorat pluriel (toutes générations mais aussi toutes catégories socio-professionnelles confondues) en quête d'humour et de gauloiserie, ils ont aussi entravé la reconnaissance de Frédéric Dard par la critique littéraire et universitaire. Par ailleurs, la difficile transposition en langue étrangère des jeux de mots

---

26 Le lecteur aura reconnu *analphabète* 'qui ne sait ni lire ni écrire' dans « sultanat d'Analfabeth », *tout-à-l'égout* 'canalisation servant à l'évacuation des eaux usées' dans « Toutal-Aigou » et *mirobolant* 'merveilleux, exceptionnel' dans « l'émir Obolan ». Les sens cachés derrière ces deux toponymes et de ce patronyme possèdent des caractéristiques humoristiques évidentes lorsqu'ils sont associés aux termes qu'ils caractérisent (*sultanat*, *ville* et *émir*).

n'a pas joué en faveur de la diffusion de la série en dehors de l'espace francophone. Les études qui ont été menées sur les traductions de la série des *San-Antonio*[27], pointent toutes des difficultés inhérentes aux jeux de mots.

Références bibliographiques

Amoré, Serge & Dominique Lagorgette. 2018. Notes de bas de page, norme et pied de nez dans l'œuvre de Frédéric Dard (San-Antonio, hors série et romans noirs). In Dominique Lagorgette (éd.), *Une fabrique de la transgression : la langue et l'écriture de Frédéric Dard alias San-Antonio*, 39–68. Chambéry : Presses de l'Université Savoie Mont Blanc.

Bălă, Laurențiu. 2018. San-Antonio, un calembourgeois de l'humour. *Cahiers Frédéric Dard*, « L'humour », 69–83. Dijon : EUD.

Bălă, Laurențiu. 2014. Pourquoi (re)traduire San-Antonio aujourd'hui (en roumain) ? In Hugues Galli (éd.), *Pourquoi (re)lire San-Antonio aujourd'hui ?*, 155–170. Dijon : EUD.

Baldinger, Kurt .1986. Etimología popular y onomástica. *Lexis* 10(1). 1–24.

Baldinger, Kurt. 1988. La langage argotique moderne (San Antonio [sic]) et les dictionnaires de langue (Rob 1985 ; Lar 1971/78). In Barbara Von Gemmingen & Manfred Höfler (éds.), *Actes du colloque international* La lexicographie française du XVIIIe au XXe siècle, 23–26 septembre 1986, Düsseldorf, *Travaux de linguistique et de philologie* XXVI. 251–304.

Bouhier, Éric.2017. *Dictionnaire amoureux de San-Antonio*. Paris : Plon.

Dard, Frédéric. 2014. *Romans de la nuit*. Paris : Omnibus.

Dubois, Jean, Mathée Giacomo, Louis Guespin, Christiane Marcellesi, Jean-Baptiste Marcellesi & Jean-Pierre Mével (éds.). [1994] 2002. *Dictionnaire de linguistique et des sciences du langage*. Paris : Larousse-Bordas / VUEF.

Faraud, Simon. 2018. Traduire l'humour « non référentiel » de San-Antonio en anglais. *Cahiers Frédéric Dard*, « L'humour », 135–149. Dijon : EUD.

Galli, Hugues. 2018. Titres de chapitres et autres *chats pitres* : l'humour dans le paratexte san-antonien. *Cahiers Frédéric Dard*, « L'humour », 85–96. Dijon : EUD.

Galli, Hugues. 2016. San-Antonio sur le ring : les mots mis K.O. In Christine Jacquet-Pfau & Jean-François Sablayrolles (éds.), *La fabrique des mots français*, 159–176. Limoges : Lambert-Lucas.

Galli, Hugues. 2013. « Quelque chose me turluzobe » ou le calembour comme préliminaire à la néologie chez San-Antonio. *Argotica* 2. 363–382.

Galli, Hugues. 2012. Entre *bérureries* et *san-antoniaiseries*. Prolégomènes à l'étude des néologismes chez San-Antonio. *Neologica* 5. 123–143.

Gautier, Thierry. 2018. Petites revues pour rires : San-Antonio à l'entraînement ?, *Cahiers Frédéric Dard*, « L'humour », 19–49. Dijon : EUD.

Jeannerod, Dominique. 2010. *San-Antonio et son double*. Paris : PUF.

---

27 Voir Faraud (2018) pour l'anglais, Largeteau (2010) pour l'espagnol (2010), Bălă (2014, 2018) et Rădulescu (2016, 2018a, 2018b) pour le roumain.

Largeteau, Pauline. 2010. Le comique chez San-Antonio est-il traduisible ? Du français à l'espagnol. In Françoise Rullier-Theuret, Thierry Gautier, Dominique Jeannerod & Dominique Lagorgette (éds.), *San-Antonio et la culture française*, 107–119. Chambéry : Université de Savoie.
Le Doran, Serge, Frédéric Pelloud & Philippe Rosé. 1993. *Dictionnaire San-Antonio*. Paris : Fleuve Noir.
Milési, Raymond. 2010. *Les figures de San-Antonio*. Gardanne : Les Amis de San-Antonio.
Morin, Pierre. [2003] 2007. Entrée SAN-ANTONIO. In Claude Mesplède (éd.), *Dictionnaire des littératures policières*, tome 2 : J–Z. Nantes : Joseph K.
Rădulescu, Anda. 2016. Procédés linguistiques des jeux de mots dans le roman *À prendre ou à lécher* de Frédéric Dard. *Annales de l'Université de Craiova* XX/1. 56–68.
Rădulescu, Anda. 2018a. Traduire l'humour de Frédéric Dard en roumain : d'un texte à l'autre, d'une voix à l'autre. *Cahiers Frédéric Dard*, « L'humour », 153–167. Dijon : EUD.
Rădulescu, Anda. 2018b. Du calembour simple au calembour complexe dans le roman *À prendre ou à lécher de Frédéric Dard*. In Esme Winter-Froemel & Alex Demeulenaere (éds.), *Jeux de mots, textes et contextes* (The Dynamics of Wordplay 7), 363–385. Berlin & Boston : De Gruyter.
Reymond, Gérard. 2014. Entrée ONOMASTIQUE. In « Abécédaire San-Antonio », *Le Monde de San-Antonio*, n° 70, hiver 2014.
Rullier-Theuret, Françoise. 2018. « Offenser Grand-mère ». In Dominique Lagorgette (éd.) *Une fabrique de la transgression : la langue et l'écriture de Frédéric Dard alias San-Antonio*, 19–38. Chambéry : Presses de l'Université Savoie Mont Blanc.
Rullier-Theuret, Françoise. 2008. *Faut pas pisser sur les vieilles recettes. San-Antonio ou la fascination pour le genre romanesque*. Louvain-la-Neuve : Bruylant.
Rullier-Theuret, Françoise. 1996. « Comme dirait Béru » : Le calembour et les plans de l'énonciation. *L'information grammaticale* 69. 3–8.
San-Antonio. 1975. *Je le jure* (entretiens avec Sylvie Lannes). Paris : Stock.
TLFi = *Trésor de la Langue Française informatisé*. http://atilf.atilf.fr.
Vanoncini, André. [1993] 1997. *Le roman policier*. Paris : PUF.

Stéphane Hardy

Déter, askip, ça graille, tiep, fondance – Entre jeu, innovation et transgression : procédés morphologiques dans l'argot contemporain

Résumé : Cet article propose d'analyser les mécanismes morphologiques propres à l'argot français contemporain, envisagé comme un sociolecte crypto-ludique où se conjuguent jeu, innovation et transgression des normes. L'étude s'appuie sur cinq sources lexicographiques récentes décrivant les usages urbains et péri-urbains du français familier et populaire. En adoptant une approche typologique centrée exclusivement sur les procédés morphologiques – à l'exclusion des dimensions strictement lexicales, sémantiques ou syntaxiques –, l'analyse met en évidence la diversité et la productivité de formations telles que la troncation, la siglaison ou la dérivation. Ces créations reposent sur une logique ludique manifeste qui exploite les potentialités formelles de la langue, combine fréquemment plusieurs mécanismes et produit des lexèmes à forte valeur expressive. L'analyse s'appuie sur un corpus riche d'exemples illustrant l'articulation entre créativité formelle, glissements sémantiques et fonctions pragmatiques dans des contextes interactionnels variés. Au-delà de leur dimension ludique, ces formations s'inscrivent dans une dynamique d'innovation marquée par l'intégration rapide de nouvelles bases et la recombinaison créative de schèmes existants. Elles témoignent également d'une dynamique interactionnelle, les réseaux sociaux jouant un rôle décisif dans la diffusion, l'appropriation et la stabilisation des formes émergentes au sein des communautés de pairs. Enfin, leur caractère transgressif contribue à renforcer l'identité collective tout en remettant en question les conventions de la langue standard.

Mots-clés : argot contemporain, innovation lexicale, dérivation, troncation, siglaison

Stéphane Hardy, Université de Siegen, Romanistik, Adolf-Reichwein-Str. 2, 57076 Siegen, +49 (0) 271-740 2092, hardy@romanistik.uni-siegen.de

Open Access. © 2025 the author(s), published by De Gruyter. This work is licensed under the Creative Commons Attribution 4.0 International License.
https://doi.org/10.1515/9783111555072-014

1 Introduction

Dans l'imaginaire linguistique[1], l'argot est fréquemment perçu comme une forme de parole cryptée, marginale, voire subversive – un « langage de complicité tendant à exclure de la communication la multitude des non initiés [sic !] » (Picoche 1986 : 94). Il est ainsi assimilé à un lexique spécial, voire secret, et relégué au statut de « code marginal et marginalisé » (Prignitz 1994 : 49). Ce statut périphérique, renforcé par son association à des groupes sociaux eux-mêmes considérés comme marginaux, a contribué à le maintenir longtemps à l'écart des préoccupations centrales de la recherche linguistique.

Dès 1986, la fondation du *Centre d'Argotologie* (UFR de linguistique, Paris V, aujourd'hui intégrée à l'Université Paris Cité) par Denise François-Geiger et ses collègues représente un tournant dans la conceptualisation linguistique de l'argot. Il s'agit de la première équipe de recherche universitaire à s'être consacrée de manière approfondie à l'étude scientifique de ce phénomène. L'argot y est défini dans une acception large, englobant non seulement l'argot dit *traditionnel* des anciens marginaux (voleurs, mendiants, malfaiteurs, etc.), mais aussi toute forme de production langagière dotée d'une fonction ludique, cryptique, crypto-ludique, identitaire ou cohésive. C'est dans ce cadre que François-Geiger affirme « qu'il est préférable de parler d'argots au pluriel » (1991 : 5). Elle propose également la notion d'*argot commun*, comparable au *slang* anglo-saxon, pour désigner des unités lexicales issues de l'argot mais intégrées à la langue générale, souvent recensées dans les dictionnaires d'usage comme le *Petit Robert* ou le *Larousse*. Des mots tels que *boulot* 'travail, emploi', *bosser* 'travailler dur', *bouffe* 'nourriture', *chocotte* 'dent', *gosse* 'enfant, fils, fille, adolescent' ou *turbiner* 'travailler' (Colin, Mével et Leclère 2010 : 100 ; 92 ; 96 ; 183 ; 401 ; 816) en étaient représentatifs dans les années 1990 : bien qu'ils ne relevaient plus de l'usage argotique *stricto sensu*[2], ils conser-

---

[1] Nous employons ici le terme *imaginaire linguistique* au sens proposé par Anne-Marie Houdebine qui le définit comme « le rapport du sujet à la langue » (Houdebine 2015 : 5), en y incluant plus spécifiquement les représentations, évaluations, opinions, attitudes et sentiments émis ou véhiculés par les sujets parlants par rapport aux pratiques langagières.

[2] Ce changement est parfois interprété comme une perte de la nature argotique au sens strict (en tant que code secret réservé aux malfaiteurs). Toutefois, d'un point de vue linguistique, il s'agit moins d'une disparition que d'une transformation : l'argot perd une partie de son hermétisme et de son ancrage socio-professionnel exclusif pour évoluer vers un registre crypto-ludique plus ouvert (cf. Sokolija 2002 : 100). Cette évolution se prolonge avec l'émergence d'un argot généralisé – voire un *argot commun* (cf. François-Geiger 1991 : 8). Parallèlement, d'autres formes actuelles – notamment celles issues des banlieues urbaines – mettent davantage l'accent sur la fonction identitaire (cf. Goudaillier [2001] 2019).

vaient – et conservent encore aujourd'hui – une coloration populaire (mention *argotique* ou *familier* dans les dictionnaires) (cf. François-Geiger 1991 : 8).

Cette intégration progressive de certaines unités argotiques dans la langue générale, sans effacement complet de leur coloration populaire, témoigne d'une évolution structurelle du phénomène argotique (cf. Sokolija 2002 : 100). Loin de se réduire à un répertoire fermé de mots marqués socialement, l'argot contemporain se présente comme un ensemble mouvant et perméable dans lequel de nouvelles formes apparaissent, circulent et s'installent. Une telle reconfiguration invite à considérer certaines de ses manifestations comme des formes structurées de créativité langagière et, plus largement, comme un espace privilégié du jeu sur les matériaux de la langue. En effet, au-delà de son usage comme outil d'exclusion ou d'identification groupale, l'argot se caractérise par une inventivité structurelle reposant, avant tout, sur des procédés de transformation formelle et sémantique, généralement conscients et intentionnels (cf. Picoche 1986 : 94), et relevant, à bien des égards, d'une logique ludique systématique.

Dans cette perspective, le présent article vise à explorer – sous l'angle du jeu *avec* les mots – les formes langagières qui relèvent du français argotique, familier et populaire tel qu'il se pratique aujourd'hui, en les considérant comme des réalisations particulières d'un sociolecte crypto-ludique. Il s'agit d'examiner dans quelle mesure les procédés non-standards relèvent d'une logique ludique et comment ceux-ci s'inscrivent dans une dynamique d'innovation, d'interaction et de transgression des normes. Nous avons choisi de nous concentrer sur les mécanismes morphologiques en laissant volontairement de côté les procédés purement lexicaux (emprunts), sémantiques ou syntaxiques. Ce choix permet d'observer de manière détaillée la productivité formelle de l'argot contemporain et la variété des transformations appliquées aux bases lexicales, qu'il s'agisse de mots issus de l'argot traditionnel, d'emprunts, de troncations ou de lexèmes verlanisés. À travers une approche typologique, illustrée par des exemples actuels, l'analyse des données met en évidence une large gamme de procédés morphologiques – troncation, siglaison, dérivation – qui témoignent de la créativité du français argotique dans sa dimension actuelle.

2 Méthode et corpus

Les données analysées dans le présent article proviennent principalement de cinq sources lexicographiques contemporaines qui documentent le français argotique, familier et populaire tel qu'il est pratiqué dans les quartiers urbains et périurbains. Dans une volonté de cohérence avec la thématique du volume dans lequel s'inscrit cet article – à savoir les jeux de mots dans l'actualité ou la période récente du monde francophone –, les dictionnaires argotiques plus anciens ont volontairement été écartés. Ainsi, les ouvrages de référence retenus pour cette étude sont :

(1) Barret, Julien (2022) : « *Apprends les bails* ». *Lexique des nouveaux mots de l'Essonne*,
(2) Goudaillier, Jean-Pierre (2019) : *Comment tu tchatches ! Dictionnaire du français contemporain des cités*,
(3) Porcher-Ancelle, Pierre (2022) : *Recueil de patois adolescent. Hauts-de-Seine Nord*, Lycée Léonard-de-Vinci Levallois-Perret,
(4) Tengour, Abdelkarim (alias Cobra Le Cynique) (2000–2025) : *Dictionnaire de la Zone*,
(5) Vincenti, Aurore (2017) : *Les mots du bitume*.

Ces ouvrages, fondés sur des enquêtes de terrain ou des collectes langagières issues de contextes authentiques (parole des jeunes, textes de rap, réseaux sociaux, interactions orales quotidiennes), offrent un accès privilégié aux formes argotiques, familières et populaires en usage dans le français (oral) d'aujourd'hui. Le choix de ces sources repose sur leur orientation empirique, leur ancrage dans des pratiques langagières vivantes et leur complémentarité : certaines visent une cartographie locale (Essonne, Hauts-de-Seine, banlieues parisiennes), d'autres adoptent une perspective plus générale sur le français dit « des jeunes » ou « des cités ».

Toutefois, il convient de nuancer cette localisation socio-géographique. Si de nombreuses formes recensées dans les sources consultées trouvent effectivement leur origine dans des quartiers urbains ou périurbains et sont souvent associées aux pratiques langagières dites « jeunes », leur usage ne saurait se limiter à ces contextes. Ces variétés fonctionnent comme un continuum dynamique dans lequel certaines unités – souvent issues de groupes restreints aux pratiques langagières codées et / ou ludiques – connaissent une diffusion rapide, à la fois par voie orale et via les réseaux sociaux (notamment TikTok et Instagram). Ces formes, d'abord crypto-ludiques, sont ainsi progressivement intégrées par des locuteurs extérieurs aux groupes d'origine, franchissant les frontières générationnelles, géographiques, sociales et ethnoculturelles.

Par conséquent, parler de « langue des jeunes » ou de « parlers des cités » peut induire une étiquette réductrice, comme le souligne Gadet (2017 : 32–33) qui insiste sur la pluralité des dénominations et des réalités recouvertes par le terme générique de « parlers jeunes ».[3] Il semble dès lors plus pertinent d'envisager ces formes comme appartenant à des variétés à caractère innovant qui se distinguent par leur vitalité et leur capacité à transformer et à étendre les ressources lexicales du français. Ces innovations ne résultent pas uniquement des dynamiques de contact linguistique avec les langues parlées dans les espaces urbains de la société française, mais impliquent également un travail créatif sur les ressources internes du français, notamment par des procédés morphologiques et sémantiques. Dans cette perspective, le terme d'*argot contemporain* sera utilisé dans ce travail comme désignation opératoire pour qualifier l'ensemble des formes étudiées.

L'approche adoptée dans notre analyse est de nature typologique et illustrative : il ne s'agit pas de dresser un inventaire exhaustif des formes argotiques actuelles, mais d'en sélectionner certaines qui mettent en lumière les mécanismes morphologiques du jeu *avec* les mots. Les exemples choisis ont ainsi une valeur représentative et explicative et sont mobilisés pour dégager des tendances récentes dans les formes de manipulation du langage et pour mieux comprendre comment le jeu *avec* les mots s'actualise aujourd'hui dans des pratiques langagières.

Afin de maintenir un cadre d'analyse cohérent, le présent article s'appuie principalement sur les formes répertoriées dans les ouvrages lexicographiques contemporains mentionnés plus haut, en tant que témoins privilégiés de pratiques langagières vivantes et actuelles. Par ailleurs, quelques lexèmes et exemples d'usage ont été sélectionnés à partir de contenus publiés sur les réseaux sociaux, notamment TikTok et Instagram, qui constituent aujourd'hui un espace particulièrement fécond pour observer l'émergence et la diffusion de formes argotiques contemporaines. Ces exemples, employés à titre illustratif lorsque les sources

---

3 Dans cette perspective, Gadet (2017 : 45–47) suggère l'usage du terme *Vernaculaire Urbain Contemporain* (*VUC*) pour désigner ces formes langagières. Ce choix terminologique présente plusieurs avantages : il permet, d'une part, de reconnaître que ces usages relèvent pleinement de la langue de base, en l'occurrence du français, tout en évitant, d'autre part, de catégoriser les locuteurs selon des critères d'âge, d'origine sociale ou d'ethnicité – comme le feraient des étiquettes telles que *sociolecte*, *parlers jeunes* ou *ethnolecte*. Le qualificatif *urbain* renvoie au principal espace d'émergence de ces usages, à savoir les milieux métropolitains plurilingues, tandis que *contemporain* ouvre la réflexion vers les dynamiques actuelles d'innovation, par comparaison notamment aux formes du français argotique et populaire parisien. Par sa neutralité descriptive, le terme *VUC* permet ainsi de désigner une réalité langagière mouvante et transversale, sans participer aux processus de stigmatisation souvent associés à d'autres dénominations. Dans cette optique, ce sont moins des « parlers jeunes » au sens strict que des « façons de parler socio-identitaires » (Gadet 2017 : 46) qui tendent à s'installer durablement dans les usages oraux (et numériques).

lexicographiques ne fournissaient pas de contexte suffisant, sont signalés dans le texte par la mention « TikTok » ou « Instagram ».

3 Troncation

3.1 Apocope

La troncation, définie comme la suppression d'un segment final (apocope) ou initial (aphérèse) d'un mot (cf. Lehmann et Martin-Berthet 2018 : 224), « sans pour autant que [son] interprétation en soit nécessairement affectée » (Huot 2005 : 27), constitue l'un des procédés morphologiques les plus répandus dans les pratiques argotiques contemporaines. Son usage ne répond pas seulement à un principe de raccourcissement morpho-phonologique, mais s'inscrit aussi dans une dynamique de stylisation, de codification interne et de jeu avec les formes lexicales existantes. Les apocopes analysées dans notre corpus témoignent d'un double mouvement : d'une part, elles permettent un raccourcissement formel des unités lexicales, souvent en lien avec un rythme oral rapide ou une recherche de concision expressive ; d'autre part, elles introduisent une rupture perceptible avec la norme lexicale, signalant ainsi une appartenance à des usages marqués socialement.

Certaines apocopes concernent des adjectifs évaluatifs, comme *bénéf* 'économiquement intéressant' < *bénéfique* (« Ya des réductions c'est bénef » ; Porcher-Ancelle 2022 : 9), *incr* < *incroyable* (« C'est incr ! » ; Porcher-Ancelle 2022 : 24) ou encore *top sensass* 'drôlement chouette' < *top sensation* (Vincenti 2017 : 193). Ces formes relèvent d'un usage expressif, souvent emphatique qui s'accommode d'un lexique condensé. Il en est de même pour le déverbal *déter* 'déterminé, motivé' et 'être déterminé à faire quelque chose' < *déterminé* (Vincenti 2017 : 81) (« Je suis déter ! J'aurai mon bac » ; Barret 2022 : 26). La forme adjectivale *zomb* 'perdu, perché' et 'bête' (< *zombie* avec un détournement de sens) illustre également cette dynamique (« Le petit il est zomb, il sait plus ce qu'il fait » ; Barret 2022 : 40). *Paro*, adjectif polysémique désignant soit un individu 'bizarre ou fou' soit 'quelqu'un pris en flagrant délit, sur le fait', illustre, quant à lui, une réduction progressive du mot *paranoïaque*, via une première apocope (> *parano*), suivie d'une syncope (> *paro*) (Goudaillier 2019 : XXXIV).

Le lexème *cassos* / *kassos* 'personne en difficulté socio-économique' ou 'personne débile' < *cas social* (Goudaillier 2019 : XXVI ; Porcher-Ancelle 2022 : 12) ou encore l'expression *balec* / *balek* 's'en ficher, ne pas s'intéresser à quelque chose' < *(je m'en) bats les couilles* (Goudaillier 2019 : XIX) illustrent une troncation appliquée à des syntagmes ou locutions verbales. Le passage d'un syntagme à une forme lexicalisée plus compacte transforme ainsi un jugement social ou une attitude en unité lexicale autonome, facilement mobilisable dans l'interaction. Les locutions verbales *je te ban* 'je te raye de ma liste' (< *bannir*) tout comme *askip / askyp* 'à ce qu'il paraît', 'j'ai entendu dire', 'il paraît que', 'apparemment', 'il semblerait (hypothèse)' (< *à ce qu'il paraît* ; « Askip le prof il est pas là » ; Porcher-Ancelle 2022 : 6 ; Vincenti 2017 : 31) fonctionnent de manière similaire, réduisant une tournure verbale à une structure minimaliste à forte charge illocutoire. Encore d'autres formes relèvent de troncations lexicales intégrées à des emplois adverbiaux : *en soum / en soum-soum* 'discrètement' (< *en sous-marin* ; avec éventuelle réduplication ; « Je fais mes bails en soum-soum » ; Barret 2022 : 28 ; Porcher-Ancelle 2022 : 38), ou, enfin, *de fou* 'beaucoup, incroyable' (< *truc de fou* ; Barret 2022 : 26 ; « Comme un goût de fast bizarre life mais en vrai ça me plaît de fou » ; Instagram). Ces unités condensées participent à la création d'un style discursif spécifique, souvent associé à la parole adolescente ou au langage des réseaux sociaux.

Plusieurs exemples témoignent d'une combinaison entre verlanisation et apocope illustrant le potentiel combinatoire des procédés morphologiques. Ce potentiel se manifeste notamment dans des formes telles que l'adjectif *scred* 'discret' (verlan de *discret* > *scredi* > *scred* ; « rester scred » ; usage adverbial « on sait que tu kiffes en scred » ; Vincenti 2017 : 164–165) ou encore *tiep*, terme permettant d'exprimer son dédain, son mépris à l'égard d'une personne (verlan de *pitié* > *tiépi* > *tiep* ; « Mec, je n'arrive pas à te blairer, comme les carottes dans mon tiep » ; Vincenti 2017 : 190–191). Il en va de même pour *pêch* 'aller chercher / acheter de la drogue' (« Je vais pech à 14h ») ou 'embrasser quelqu'un' (« Je l'ai pêch ») (verlan de *choper* > *pécho* > *pêch* ; Porcher-Ancelle 2022 : 31), ou pour *(se faire) ken* 'se faire avoir' (verlan de *niquer* > *kéni* > *ken* ; « Comment je me suis fait ken par la pluie ce matin ! » ; Porcher-Ancelle 2022 : 25). *Tieq* 'quartier' (verlan de *quartier* > *tiéquar* > *tieq* ; Porcher-Ancelle 2022 : 39) et *tess / tèce* 'cité, rue' (verlan de *cité* > *téci* > *tèce* ; « On est dans la tess » ; Tengour 2000–2025 ; Porcher-Ancelle 2022 : 39) suivent une trajectoire analogue. Les formes *miff* 'famille' (verlan de *famille* > *mifa* > *miff* ; « Sa dit quoi la miff ? » ; Porcher-Ancelle 2022 : 29), *yeuk* 'testicule' (verlan de *couille* > *yeukeu* > *yeuk* ; Goudaillier 2019 : XXXVII) ainsi que *skeud* 'disque' (verlan de *disque* > *skeudi* > *skeud* ; Vincenti 2017 : 169) entrent également dans cette catégorie.

Cette recherche de concision phonétique se retrouve également dans d'autres noms monosyllabiques issus d'apocopes simples (sans verlanisation préalable), comme *biff* 'argent, fric' < *biffeton* 'billet' (argot des détenus, seconde moitié du XIXe siècle ; Goudaillier 2019 : XXI ; Vincenti 2017 : 50), *loume* 'fille de mauvaise réputation' (< *loumi* 'prostituée', 'femme' ; Goudaillier 2019 : XXXII ; Colin, Mével et

Leclère 2010 : 474), *boug* 'mec, gars, pote' (< *bougre* 'mauvais drôle ou (en bonne part) brave homme' ; TLFi ; entrée *bougre* ; « Tu connais ce boug ? Sa tête me dit quelque chose » ; Barret 2022 : 24). Ces lexèmes montrent que la troncation argotique ne repose pas exclusivement sur des formes issues du français standard, mais s'appuie également sur un fonds lexical antérieurement marqué comme *argotique* (*biffeton*, *loumi*) ou *familier* (*bougre*). Le « recyclage » de ces unités anciennes dans des formes tronquées contemporaines témoigne d'une continuité stylistique et sociolectale tout en renouvelant leur portée expressive et leur intégration dans de nouveaux contextes d'usage.

Certaines apocopes s'insèrent dans une logique de dérivation morphologique à partir d'un radical tronqué, donnant lieu à des formes verbales et nominales. C'est le cas du verbe *maxer* 'exagérer', formé par suffixation sur *max*, lui-même apocope de *maximum* (« Mme Bah, elle maxe à mort avec ses exercices » ; Barret 2022 : 34). Ce lexème témoigne d'un processus de troncation suivi d'une dérivation verbale qui confère à l'énoncé une forte valeur hyperbolique. À partir du même radical, nous observons également la formation des substantifs *maxeur* et *maxeuse*, utilisés pour désigner une 'personne qui exagère', 'qui en fait trop' ou 'qui dramatise'. Ces dérivés construisent ainsi un microparadigme lexical propre à la dynamique argotique, fondé sur la concision, la flexibilité morphologique et l'expressivité évaluative (cf. *infra*, chap. 4).

Enfin, certains lexèmes issus de langues sources non françaises, comme *archeum* 'la honte' (apocope de *hchouma*, en arabe marocain ; « T'as pas hcheum de tricher et de voler ? » ; Barret 2022 : 21) ou *teh* / *ter* 'joint, cigarette de haschich ou de marijuana' (apocope du tamazight[4] *tarma* / *tarma* / *taghma* 'cuisse' ; Vincenti 2017 : 185), témoignent d'un croisement entre emprunt, adaptation phonétique et troncation. L'intégration de ces formes souligne le rôle de l'argot comme espace d'hybridation linguistique et de créativité interculturelle. Les anglicismes apocopés *pic* 'photo' (< *picture* ; « Viens, on prend des pics » ; Porcher-Ancelle 2022 : 32) tout comme *sus* 'personne qui se comporte de façon un peu louche', 'personne qui cache quelque chose à quelqu'un' (< *suspect*) entrent dans cette même logique de contact. Il convient toutefois de souligner que ces formes existent déjà sous une forme tronquée en anglais, ce qui rend parfois difficile leur classification entre apocope française et emprunt direct d'une variante réduite.

---

[4] Le terme *tamazight* désigne la langue maternelle des populations autochtones d'Afrique du Nord, rattachée à la famille afro-asiatique (ou chamito-sémitique). Il sert aujourd'hui d'appellation générique pour les variétés berbères parlées surtout au Maroc et en Algérie (Alalou 2023 : 156).

En guise de remarque finale, nous pouvons souligner que les formes issues de la troncation s'organisent majoritairement autour de deux schèmes prosodiques récurrents : l'occurrence monosyllabique (*ken*, *pêch*, *miff*, *biff*, *zomb*, *yeuk*, etc.) et l'occurrence dissyllabique (*déter*, *balec*, *askip*, *cassos*, *maxer*, etc.). L'occurrence dissyllabique, fréquente à la langue orale familière (cf. Huot 2005 : 27), permet de préserver une certaine intelligibilité tout en condensant la forme ; la monosyllabisation, quant à elle, tend à privilégier la saillance prosodique au détriment de la transparence morpho-sémantique. Ces deux tendances traduisent, chacune à leur manière, une volonté commune de remodeler les formes lexicales par des procédés de stylisation et par l'insertion d'une dimension ludique.

3.2 Aphérèse

Moins fréquente que l'apocope, l'aphérèse constitue un procédé morphologique néanmoins productif dans l'argot contemporain. Elle permet, comme l'apocope, une condensation formelle qui peut à la fois répondre à une logique d'économie articulatoire et à une volonté de cryptage ou de stylisation lexicale. Si nous comparons les formes issues de l'aphérèse à celles produites par apocope, nous constatons une structuration similaire autour de deux schèmes prosodiques caractéristiques, à savoir l'occurrence monosyllabique et l'occurrence dissyllabique, comme le montrent les exemples présentés ci-après.

Certains lexèmes résultent d'une aphérèse appliquée à des mots empruntés. C'est le cas de *igo* 'ami, copain, mec, pote' (< espagnol *amigo* ; « Lui, c'est mon igo ! » ; « Oh igo, me laisse pas tout seul »; Vincenti 2017 : 124 ; Barret 2022 : 32). De manière similaire, *sky*, forme tronquée de *whisky* (prononcée [skaj]) (Tengour 2000–2025), joue sur une modification phonétique destinée à dissimuler le référent, comme le souligne explicitement Vincenti (2017 : 170) : « l'aphérèse, ou le fait de couper le début du mot, laisse la possibilité de modifier la prononciation et donc de crypter le mot ». Le nom masculin *bendo* (< argot américain *bando* < *abandoned house* 'maison abandonnée où est vendue la drogue') désigne la 'zone sur laquelle opère un groupe de dealeurs' ou, plus simplement, 'le quartier, la cité' (« Les condés tournent à mort dans le bendo »), notamment dans le lexique du rap (Barret 2022 : 23). Cette aphérèse est caractérisée par un glissement sémantique et par une adaptation graphique (*bando* > *bendo*).

D'autres aphérèses affectent des mots déjà issus de l'argot, voire du verlan, produisant ainsi des formes à double transformation. Le cas de *guez(e)* 'quelqu'un qui manque de chair' ou 'quelqu'un de nul' (Barret 2022 : 17) (< *merguez* ou apocope du verlan *guezmer* ; Vincenti 2017 : 121) illustre un changement sémantique et un transfert du domaine alimentaire à une évaluation péjorative de personnes ou de situations (« c'est guez » équivaut à « c'est la misère » signifiant 'ça ne va pas du tout'). De même, *tass* ou *tasse* (Vincenti 2017 : 179), utilisés pour désigner une 'femme' ou une 'jeune fille' – avec une connotation péjorative ainsi qu'une désémantisation par rapport au sens argotique du terme *pétasse* 'prostituée' (cf. Goudaillier 2019 : 267), procède probablement de l'aphérèse de *pétasse*, mais pourrait également résulter de l'apocope du verlan *taspé*. Ce type de forme révèle les trajectoires complexes de reconfiguration morphologique en argot dans lesquelles verlanisation et troncation s'entrelacent.

D'autres aphérèses s'appliquent à des interjections ou des formes figées. Un exemple emblématique est *azy* ou *azi* (< *vas-y*) (Porcher-Ancelle 2022 : 7), forme très fréquente dans la parole juvénile (« Azy bouge ! » ; Porcher-Ancelle 2022 : 7 ; « Azy il m'a saoulée » ; propos d'une locutrice décrivant un rendez-vous décevant, Instagram), notamment en contexte d'injonction ou d'expression d'étonnement, de refus ou d'agacement. L'aphérèse ici se conjugue avec une réanalyse de la forme verbale qui devient interjective et autonomisée.

Un dernier exemple est *tiags* (< *santiags*) (Tengour 2000–2025), terme familier pour désigner des 'bottes mexicaines à bout pointu et talon en biais'. L'aphérèse transforme ici un nom propre (nom de marque).

3.3 Siglaison

La siglaison, entendue comme la formation de mots ou d'expressions à partir des lettres initiales d'un syntagme, constitue, elle aussi, un procédé de condensation morphographique et discursive très productif dans le français argotique contemporain.[5] Particulièrement fréquente dans les échanges numériques, elle participe à une économie langagière fondée sur la brièveté, la rapidité et la réduction implicite des formes tout en ouvrant un espace de créativité sémantique et de réinterprétation ludique. Les exemples analysés dans notre corpus permettent de dégager deux grands sous-types.

Le premier groupe réunit des sigles lexicalisés, utilisés comme des noms ou adjectifs autonomes. C'est le cas de *(la) C* 'cocaïne' (« Il prend de la c » ; Porcher-Ancelle 2022 : 11) et de *BG* pour *beau gosse*, devenu un surnom affectif pour appeler une personne que l'on connaît (« À plus BG ») ou une étiquette valorisante pour dire que quelqu'un est beau ou attirant physiquement (« Woah, mais il est grave BG ») (Porcher-Ancelle 2022 : 9). Il en va de même pour la locution verbale *(être) B*, abréviation de *être bien*, qui peut désigner soit un état de satisfaction

---

[5] Voir également la contribution de Joachim Mileschi (dans ce volume).

(« J'suis B ! J'ai eu une bonne note au contrôle de GA⁶ ») soit, par antiphrase, une situation de tristesse ou de déception « Arh ! j'suis B, j'ai eu une mauvaise note en GA » ; Barret 2022 : 21). Notons également le sigle péjoratif *BDG* pour *bandeur de gadji* – expression à connotation vulgaire décrivant un homme attiré par les filles ou en quête d'attention féminine (« Pourquoi tu fais le BDG devant elle ? » ; Porcher-Ancelle 2022 : 8). De manière analogue, la locution adverbiale *(en) PLS*, sigle de *Position Latérale de Sécurité*[7], s'emploie dans un sens figuré pour exprimer une situation de stress, d'anxiété ou de fatigue (« J'ai raté mon examen, je suis en PLS » ; « Je ne me sens pas bien, je suis en PLS » ; Barret 2022 : 36), tandis que *GAV* (prononcé [ʒeave]), acronyme institutionnel pour *garde à vue*, est repris pour désigner la détention préliminaire ou toute situation liée à des difficultés avec la police (« La moitié des gars du quartier sont en GAV » ; 'ils se sentent contrôlés ou surveillés par la justice' ; Goudaillier 2019 : XXIX). Ces sigles, bien que souvent issus de registres spécialisés (secourisme, droit), font l'objet d'une réappropriation pragmatique : détournés de leur usage institutionnel, ils sont re-sémantisés en fonction des réalités quotidiennes des locuteurs, leur attribuant ainsi une valeur à la fois expressive et contextuelle. Il convient, dans ce contexte, également de mentionner *HP* (*hôpital psychiatrique*) dans la locution *sortir d'HP* signifiant 'agir de manière insensée, être bête, idiot' (« Faut sortir d'HP pour faire ça » ; Goudaillier 2019 : XXXV).

Un second groupe concerne les abréviations technolangagières, apparues dans les usages écrits informels (pratiques numériques) – notamment dans le langage SMS ou celui des réseaux sociaux – et fréquemment transposées ensuite à l'oral. Les exemples suivants relèvent de ce registre : *BV* 'merci', pour *bien vu*, utilisé comme marque de reconnaissance (« BV pour les devoirs » ; Porcher-Ancelle 2022 : 9), *BTW* 'au passage', 'au fait', 'd'ailleurs', pour *by the way*, emprunt à l'anglais servant à introduire une remarque accessoire (« J'ai reçu ton colis btw » ; Porcher-Ancelle 2022 : 11), *OKLM* 'être bien', 'être posé', 'être détendu', transcription graphique de la locution adverbiale *au calme*, acronymisé par allographe et lu phonétiquement comme une suite de lettres majuscules (« Où t'es ? Je suis chez moi, OKLM » ; Barret 2022 : 34), *CLC* 'agacer, énerver, saouler' (Porcher-Ancelle 2022 : 15), pour l'expression vulgaire *casser les couilles* (« Tu me clc »), ou, enfin, l'acronyme *POV* 'point de vue' (méthode créative qui permet aux

---

[6] Gestion-Administration.
[7] Le terme *être en PLS* ('se sentir mal') est entré dans le Petit Robert 2024. Vocabulaire des premiers secours pour désigner la position dans laquelle est placée une personne inconsciente en attendant l'arrivée des secours (PR : entrée *être en PLS*).

créateurs de contenus de partager des expériences personnelles de manière immersive), de l'anglais *Point Of View* et issu du vocabulaire de TikTok.

4 Dérivation

Si la troncation et la siglaison relèvent d'un principe de réduction formelle, d'autres mécanismes argotiques obéissent, au contraire, à une dynamique d'enrichissement morphologique par dérivation lexicale. La dérivation permet de former de nouvelles unités lexicales à partir d'un radical existant, souvent issu d'un mot tronqué, d'un emprunt, d'une forme verlanisée. Nous proposons ici d'examiner les principaux procédés dérivationnels à l'œuvre dans notre corpus, en insistant sur leur fonction de reconfiguration morphosémantique.

4.1 Dérivation nominale

De nombreux lexèmes relèvent de la création de noms à partir d'adjectifs, de verbes ou de formes nominales tronqués. Le suffixe *-erie* permet, par exemple, de substantiver l'adjectif *dingue* ('qui a un comportement bizarre'; DAF : entrée *dingue*) en *dinguerie*, qui peut désigner soit une 'bêtise' (« Tu as fait une dinguerie en perdant ton rapport de stage » ; Barret 2022 : 27 ; « Encore une dinguerie de ma femme... » ; TikTok), ou, par extension ironique et sur le modèle de *truc de dingue*, un 'exploit', voire une 'action exceptionnelle' (« ChatGPT peut maintenant calculer ton QI. En vrai, c'est clairement une dinguerie » ; Instagram).

Par ailleurs, la diversité des formations en argot contemporain montre que la productivité dérivationnelle ne s'arrête pas aux créations nominales de type *dinguerie*, mais s'étend également à la formation de noms d'agents. Des suffixes agentifs comme *-eur* / *-euse* produisent des formes telles que *flopeur* / *flopeuse* ('personne qui rate quelque chose', 'personne qui fait un flop', 'loseur' ; de l'anglais *flop* 'échec', onomatopée imitant un bruit de chute ; « T'as perdu la course contre Aya, t'es un flopeur ! » ; Barret 2022 : 29), *maxeur* / *maxeuse* ('personne qui exagère', formé à partir de *max*, troncation de *maximum* ; cf. *supra*, chap. 3.1) ou encore *ambianceur* ('chauffeur de salle', 'séducteur', 'manipulateur'), issu du verbe *ambiancer* ('mettre l'ambiance, mettre de l'animation', 'chauffer', 'vouloir persuader quelqu'un à faire quelque chose' ; Goudaillier 2019 : XIC ; ou encore 'séduire' ; Vincenti 2017 : 26). De manière analogue, *fresheur* ('jeune homme trop soigné, trop à la mode' ; Vincenti 2017 : 202) est formé à partir de *fresh* 'stylé' et le suffixe *-eur*.

La forme *kiffance*, issue d'un dérivé dénominatif en *-ance* du verbe *kiffer* ('prendre du plaisir', 'apprécier', 'aimer bien' ; PR : entrée *kiffer*), illustre un cas de nominalisation à valeur affective et relationnelle. Dans l'usage contemporain, le nom *kiffance* peut désigner un 'moment agréable', un 'moment de plaisir' (« C'était la kiffance ce weekend » ; Porcher-Ancelle 2022 : 26), mais aussi, de manière plus spécifique, une 'relation amoureuse ou passionnelle' (Goudaillier 2019 : XXX). Cette valeur relationnelle se retrouve également dans des tournures verbales construites autour de la forme nominale, comme *être en kiffance* (« Je suis en kiffance grave là ! ») ou *être sur de la kiffance* (« On est sur de la kiffance MAX là » ; Goudaillier 2019 : XXXI), qui fonctionnent comme des périphrases verbales exprimant un état amoureux ou une forte implication affective. Ces emplois confirment le potentiel de dérivation morphosémantique de la base *kiff-* (*kif* 'délire, plaisir' ; « Quel plaisir, quel kif ! » ; Instagram).

Cette productivité suffixale se manifeste également dans la formation de *gênance*, nom féminin dérivé de l'adjectif *gênant* ou du verbe *gêner* ('mettre mal à l'aise, troubler' ; DAF ; entrée *gêner*) par suffixation en *-ance*. Ce lexème désigne une 'situation perçue comme embarrassante' (« Quand quelqu'un ou une situation nous rend mal. Mais quelle gênance ... » (Porcher-Ancelle 2022 : 22 ; « La gênance lorsque ma sister me prend en photo » ; Instagram). À la différence de *gêne*, dont il est morphologiquement et sémantiquement proche, *gênance* accentue la coloration subjective et évaluative de l'expérience vécue, son emploi dans le registre familier s'inscrivant dans une dynamique d'intensification expressive. La forme illustre ainsi l'extension créative du paradigme dénominatif en *-ance* qui tend à lexicaliser des ressentis ou des jugements situés dans la sphère émotionnelle ou interactionnelle.

Ce paradigme se voit renforcé par d'autres formations récentes, largement diffusées sur les réseaux sociaux, bien qu'absentes des dictionnaires de référence dans notre corpus. La *mourance*, par exemple, est employée dans le domaine sportif pour désigner un effort physique extrême, perçu comme une expérience limite (un coach s'adressant à ses abonnés en début de semaine pour annoncer les activités proposées : « une nouvelle semaine de mourance » ; propos d'une locutrice remerciant les autres participants et mettant en avant l'esprit de groupe : « partager un moment de mourance à travers le sport tous ensemble » ; Instagram). Le terme repose sur une dérivation ludique et hyperbolique du verbe *mourir*, mobilisé ici comme métaphore de la douleur physique extrême. Dans le même registre, la forme *dégoulinance* (formée à partir du verbe familier *dégouliner* 'couler goutte à goutte, s'écouler en laissant une ou plusieurs traînées' ; DAF : entrée *dégouliner*) renvoie à la sueur abondante produite lors d'un exercice physique intensif, souvent mentionnée dans des contenus visant à valoriser la performance ou la perte de poids (« Exercice à tester les amis, dégoulinance assurée » ; « dernière séance de running en mode dégoulinance » ; Instagram). Ce néologisme s'inscrit dans une logique de lexicalisation subjective du ressenti corporel, en contraste avec *dégoulinade* et *dégoulinement*, dérivations déjà attestées en français familier, qui désignent avant tout l'écoulement d'un liquide ou sa trace visible (« une dégoulinade de sauce » ; « le dégoulinement de l'eau » ; DAF : entrées *dégoulinade* et *dégoulinement*). Alors que *dégoulinade* et *dégoulinement* décrivent un phénomène externe et visuel, *dégoulinance* recentre la perception sur l'expérience vécue et la mise en scène de soi dans l'effort.

Dans la même dynamique néologique, la *fondance* (formée sur le verbe intransitif *fondre* 'se laisser gagner par un sentiment' ; DAF : entrée *fondre*) exprime un attendrissement profond ou une émotion positive intense face à un être humain (notamment un enfant), un animal, un objet ou toute situation perçue comme irrésistiblement touchante. Très répandue dans les contenus numériques à visée émotionnelle, la forme est utilisée pour partager des instants de tendresse ou de connexion affective (une locutrice présentant des papiers peints : « fondance pour ces papiers peints » ; une autre locutrice parlant de sa chienne : « Fondance totale pour cette petite boule de poil quand elle fait ça avec sa patte » ; encore une autre locutrice parlant de sa fille et de son père : « Double dose de fondance ce soir » ; Instagram). Cette formation néologique – au même titre que *mourance*, *dégoulinance* ou *kiffance* –, bien qu'encore en marge des corpus lexicographiques, atteste de la productivité ludique du suffixe *-ance*, particulièrement apte à lexicaliser des ressentis et des états affectifs.

Nous ne saurions toutefois rapprocher ces lexèmes en *-ance* des « outbursts » décrits par Dal et Namer (2018 : 214–216) qui reposent sur des séries éphémères de créations occasionnelles et sur une logique de répétition ludique. Dans notre corpus, les formes telles que *mourance*, *dégoulinance*, *kiffance* ou *fondance* circulent bien au-delà d'un contexte ponctuel et connaissent une diffusion stable, avant tout dans les usages numériques. Si elles ne relèvent pas d'une séquence rythmée de formations *ad hoc* (citons, à titre d'illustration, l'exemple 14d chez Dal et Namer (2018 : 215) : « Niveau *élégance*, *prestance*, **classance** et **distinctance**, je reste sur mes positions. »[8]), il n'est pas exclu qu'une certaine contamination lexicale s'opère – en particulier entre *mourance* et *dégoulinance*, toutes deux employées dans le domaine sportif – suggérant moins un *outburst* au sens strict qu'un effet de fécondation réciproque à l'intérieur d'un paradigme dérivationnel productif.

---

8 Caractères gras et caractères en italiques dans l'original.

4.2 Dérivation verbale

Outre la création de noms, les mécanismes dérivationnels à l'œuvre dans l'argot contemporain s'appliquent également à la formation de verbes. Ceux-ci sont souvent construits à partir de noms ou d'emprunts, par adjonction de suffixes verbaux productifs tels que *-er* ou *-iser*, voire des constructions pronominales. Une large part des créations verbales recensées dans notre corpus relève de la dérivation dénominative, les bases nominales étant souvent issues d'emprunts à l'anglais, de troncations ou de lexèmes appartenant à l'argot traditionnel. Ces formations verbales, majoritairement construites par suffixation régulière en *-er*, s'intègrent morphologiquement au premier groupe verbal ce qui facilite leur régularisation morphologique et leur emploi dans la syntaxe standard tout en maintenant une forte charge pragmatique et expressive.

Parmi les exemples les plus représentatifs figure le verbe *grailler*, dérivé du nom *graille* ('mets cuisinés'), lui-même issu de *graillon* ('nourriture), et attesté dès l'argot du XXe siècle (première mention en 1944 ; cf. Esnault 1965 : 345). Ce verbe transitif et intransitif, qui signifie originellement 'manger', a connu une revitalisation sémantique dans l'argot contemporain et témoigne de la productivité constante du lexique alimentaire dans les processus de formation argotique. Sur le plan morphosyntaxique, nous observons une oscillation entre statut verbal et nominal, révélatrice d'une certaine souplesse dans l'intégration morphologique du lexème. Ainsi, dans les syntagmes verbaux comme « J'ai trop faim. Viens, on va graille » (Barret 2022 : 31) ou « Je vais graille un tacos » (Porcher-Ancelle 2022 : 23), le verbe se présente sous une forme morphologiquement nominale (*graille* au lieu de *grailler*), ce qui traduit une absence de marquage explicite de l'infinitif verbal dans des structures syntaxiques attendues au futur proche. Le même phénomène se retrouve dans des séquences hybrides comme « Watch me graille ça tout l'été non stop » (Instagram) où le verbe *graille* est inséré dans un patron syntaxique calqué sur l'anglais (impératif + infinitif) sans adaptation morphologique au français standard.

Par ailleurs, *grailler* connaît également un emploi dans une structure impersonnelle figée du type *ça graille*, où le pronom impersonnel *ça* fonctionne comme sujet générique (singulier ou pluriel). Dans cet usage, la valeur verbale dépasse le sens premier attesté historiquement de *manger* – qui est toutefois conservé (cf. Goudaillier 2019 : 165) – pour tendre vers une appréciation positive de l'acte alimentaire, proche de 'manger et se régaler'. Cette nuance évaluative se manifeste dans des énoncés suivants : « 24H solo à Lyon : ça visite, ça boit du café et surtout, ça graille fort ! » (un locuteur commentant sa journée), « Ici ça graille la street food camerounaise maxi réconfortante » (une locutrice présentant un restaurant) ou encore « Ça graille quoi pour Mardi gras ? » (un locuteur interpellant ses abonnés via une story sur Instagram). Il s'agit ici d'un emploi déagenté qui mime une forme de commentaire narratif sur sa propre action. Mais l'évolution la plus significative réside dans la transposition sémantique de *ça graille* en une expression évaluative globale où le lexème perd son lien direct avec la nourriture pour désigner toute réalité perçue comme qualitative et plaisante. Nous le retrouvons dans des énoncés tels que « Putain ça graille » (Barret 2022 : 31) utilisé pour commenter une bonne ambiance, ou encore « ça graille atroce » (Instagram) à propos d'une nouvelle coupe de cheveux. Cette extension métonymique du sens repose sur une implication subjective du locuteur : au-delà de son sens premier ('manger'), *grailler* est utilisé pour exprimer une appréciation enthousiaste, devenant un marqueur affectif appliqué à des objets, situations ou expériences jugés agréables ou réussis.

Un autre sous-groupe de verbes dénominaux se forme à partir d'emprunts à l'anglais. Ces emprunts lexicaux sont systématiquement adaptés au système du français par l'ajout du suffixe verbal *-er*, donnant naissance à des formes telles que *(se faire) ghoster* ou *ghoster (quelqu'un)* ('ignorer volontairement quelqu'un sur les réseaux', 'avoir ses messages ignorés alors que la personne est en ligne et / ou répond à d'autres' ; « Ça fait 2h qu'il me ghoste, il répond au groupe de la classe mais pas à moi (à mes DM[9]) » ; Porcher-Ancelle 2022 : 22), *screener* ('faire une capture d'écran' ; « screener sur snap[10] en cachette » ; « J'ai screen la discussion »[11] ; Porcher-Ancelle 2022 : 37), *spammer* ('envoyer un grand nombre de messages non sollicités' ; « J'ai spammé mon meilleur pote sur discord » ; Porcher-Ancelle 2022 : 38) ou *snaper* ('envoyer un snap', via l'application Snapchat ; une locutrice en apercevant un écureuil dans son jardin : « j'ai snapé ce moment de mignognitude » ; Instagram). La même logique morphologique s'observe dans des verbes comme *checker* ('regarder', 'vérifier' ; « Quand je vole un costume et que j'ai pas checké les poches avant » ; « j'ai checké nos tâches de la semaine » ; TikTok) ou *clasher* ('affronter quelqu'un verbalement', 'l'insulter' ; « Vous ne saurez pas comment j'ai clashé Sophie »), qui montrent une intégration fluide au

---

9 *Direct Message* 'message privé'.
10 Apocope du nom de l'application *Snapchat*.
11 Comme dans le cas de *grailler* évoqué *supra*, nous observons ici l'absence de marque de la flexion verbale. La marque attendue pour un participe passé d'un verbe du premier groupe n'est pas réalisée (*j'ai screen* au lieu de *j'ai screené*), ce qui témoigne d'une tendance à la simplification morphologique des participes passés en argot contemporain. Dans l'usage numérique, nous observons une coexistence des formes verbales avec ou sans marque flexionnelle régulière, notamment au participe passé (*screen / screené, spam / spammé, snap / snapé, flash / flashé* etc.). Cette variation morphologique mériterait une analyse approfondie quant aux facteurs syntaxiques, pragmatiques ou discursifs qui en conditionnent l'emploi.

système verbal du français familier et argotique. À cet ensemble s'ajoute le verbe pronominal *se blackiser* ('devenir plus noir', en référence à l'augmentation de la population noire dans un quartier), formé à partir de l'adjectif anglais *black* et du suffixe causatif *-iser*, indiquant un processus de transformation (« C'est un truc de ouf[12]... le quartier se blackise de plus en plus » ; Goudaillier 2019 : XXII). Il s'agit de la seule formation en *-iser* relevée dans notre corpus, ce qui en fait un hapax morphologique au sein des dérivations verbales observées.

Dans le même champ morphologique, nous observons également la création de verbes à partir de bases nominales issues du lexique argotique ou de termes verlanisés. Ainsi, *bolosser quelqu'un* ('agresser physiquement une personne', formé à partir du nom argotique < *boloss* 'quelqu'un de ringard, de nul') s'emploie principalement dans des contextes d'affrontement ou d'humiliation : « Un Noir qui se prend pour un Blanc se fait bolosser » (Goudaillier 2019 : XXIV) ou « Askip ça va parler harcèlement de rue et donner les meilleurs tips pour éviter de se faire bolosser » (un locuteur à propos d'une émission, Instagram). L'usage pronominal *se faire bolosser* ne se limite toutefois pas à l'agression physique : il peut également désigner une atteinte verbale ou symbolique, par exemple dans un contexte professionnel ou scolaire (« Questions piège en entretien. Ou comment se faire bolosser ? », Instagram), ou encore être étendu à des référents non humains, notamment pour évoquer des situations impliquant un traitement brutal ou désagréable subi par un objet ou un corps (« Se faire bolosser par une attraction », une locutrice à propos des secousses ressenties dans un manège ; Instagram). Le cas particulier de *se faire bolosser* illustre un mécanisme itératif où un terme injurieux (*boloss*) devient base verbale. Quant à *chicher* ('fumer du haschich'), il résulte d'un déverbatif de *chicha*, forme en verlan de *haschisch*, et s'emploie notamment dans des interrogations adressées aux pairs : « Il faut aller où pour chicher ? » (Goudaillier 2019 : XXVII). Ce verbe illustre donc une dérivation secondaire sur une base ayant déjà été transformée.

Enfin, un cas distinct dans notre corpus est représenté par la locution verbale *(être) matrixé(e)* ('avoir une addiction, être obnubilé par quelque chose au point de ne plus rien considérer d'autre'), formée par adjectivation à partir du nom *Matrix*, emprunté au titre du film éponyme des sœurs Wachowski. Contrairement à *bolosser* ou *chicher*, dont la base est issue de l'argot, cette création puise son origine dans une référence culturelle cinématographique devenue emblématique. Fréquent dans l'argot contemporain, l'emploi de se verbe exprime un état d'absorption intense ou d'addiction : « Je suis matrixé(e) par TikTok » (Barret 2022 : 33 ;

---

12 Verlan monosyllabique de *fou*.

Porcher-Ancelle 2022 : 28), « Matrixée par la longueur de ses cheveux la meuf » ou « Elle est trop matrixée par le soleil » (Instagram).

4.3 Dérivation adjectivale et adverbiale

Si elle est moins représentée quantitativement dans notre corpus, la dérivation adjectivale et adverbiale n'en demeure pas moins un espace d'innovation formelle. Deux créations emblématiques illustrent ce potentiel : le premier cas, *goatesque*, procède d'une hybridation entre l'anglais *goat* ('le meilleur', acronyme de *Greatest Of All Time*) et le suffixe adjectival français *-esque*, fréquemment employé pour conférer une valeur évaluative ou stylistique à la base lexicale. L'adjectif ainsi formé signifie 'incroyable', 'exceptionnel', comme dans « Ce burger est goatesque » (Porcher-Ancelle 2022 : 22).

Le second exemple, *tarpin* ou sa variante *tarping* ('quelque chose ou quelqu'un ayant une caractéristique particulièrement développée'), illustre un processus de dérivation adverbiale à partir d'une base nominale verlanisée. Le terme trouve son origine dans *tarpé* (verlan de *pétard* 'derrière, postérieur'), lui-même employé soit pour qualifier le postérieur (« Allez danse et remue ton tarpé ! » ; Instagram) soit pour valoriser un fessier volumineux et / ou esthétiquement beau (« Cette fille a un sacré tarpé », Porcher-Ancelle 2022 : 39). Par extension, l'usage adverbial de *tarpin* a évolué vers une valeur intensive équivalente à 'très', 'énormément', comme dans « Je suis tarpin bête » ('Je suis trop bête') ou « C'est tarpin cher » ('C'est très cher'), tandis que la forme *tarping* conserve un lien sémantique plus proche de la base initiale et s'emploie comme adverbe d'intensité pour qualifier un fessier jugé majestueux (« cette fille est tarping fraîche » 'cette fille a un fessier majestueux' ; Porcher-Ancelle 2022 : 39).

5 Conclusion

L'examen des procédés morphologiques à l'œuvre dans l'argot contemporain met en lumière la pluralité des logiques qui structurent la création lexicale dans ce domaine ainsi que la richesse expressive qu'elles véhiculent. Parmi elles, la logique ludique occupe une place centrale. Elle se manifeste par la manipulation consciente des formes, dans le sens où la transformation morphologique des lexèmes – qu'il s'agisse d'apocopes (*tiek*, *scred*, etc.), de verlanisations combinées (*tiep*, etc.), de siglaisons créatives ou de dérivations (*grailler*, *ghoster*, *bolosser*, *chicher*, etc.) – résulte d'un jeu conscient avec les formes. Ce jeu peut reposer sur le plaisir de manipuler la langue, sur le goût de l'invention formelle, mais aussi sur la nécessité de créer des signes de reconnaissance intragroupes. Par ailleurs, cette logique dépasse la simple variation formelle : elle intègre également des détournements sémantiques (*grailler* 'manger' → 'manger et se régaler' et 'apprécier une situation'), des hybridations interlinguistiques (*goatesque, tarping*, etc.) et des références culturelles partagées (*être matrixé/e*). Dans ce sens, l'argot contemporain s'inscrit dans une tradition ludique déjà ancienne et apparaît ainsi comme un espace d'expérimentation linguistique en constante évolution, animé par la capacité – avant tout des jeunes générations – à détourner et réinvestir les formes existantes.

Parallèlement, ces procédés relèvent d'une dynamique d'innovation qui se traduit par l'intégration rapide de bases lexicales nouvelles et par la combinaison originale de mécanismes préexistants. Des formes comme *tarpin* (dérivation adverbiale à partir du verlan de *pétard*), *maxer* (verbe issu d'une apocope de *maximum*) ou *blackiser* (emprunt partiel à l'anglais intégré au système morphologique verbal du français) illustrent cette capacité à mobiliser des réservoirs lexicaux variés pour produire des créations cohérentes et immédiatement exploitables dans la communication. Cette créativité repose, en effet, sur un « recyclage » permanent du lexique et sur une adaptabilité morphologique qui facilite l'adoption de formes nouvelles tout en conservant des structures préexistantes et donc reconnaissables par les locuteurs. L'exploration des suffixes productifs dans l'argot contemporain permet également de constater l'usage innovant de *-ance*, appliqué à des bases récentes ou transformées pour créer des noms abstraits à forte valeur expressive. Ce phénomène, pas encore documenté dans la littérature, illustre la manière dont des schèmes morphologiques hérités du lexique standard peuvent être détournés et réinvestis.

La dynamique d'interaction, quant à elle, se manifeste dans les conditions mêmes de production et de circulation de ces formes. L'argot contemporain vit et se transforme dans des environnements discursifs hautement interactifs – notamment, mais pas uniquement dans les réseaux sociaux – où chaque innovation est immédiatement testée, parfois commentée, reprise et / ou modifiée. Les variations morphologiques observées (*screen* vs. *screené, snap* vs. *snapé*) ne semblent pas être de simples choix idiolectaux : elles dépendent plutôt de normes implicites partagées, voire de conventions propres à un réseau de locuteurs. Les exemples tirés d'Instagram ou TikTok montrent que l'argot contemporain circule désormais dans un espace conversationnel élargi où l'interaction constante favorise l'émergence, la diffusion et la stabilisation des innovations.

Enfin, ces procédés traduisent une transgression des normes, à la fois sur le plan formel et sur le plan socio-pragmatique. L'usage d'une base nominale non fléchie à la place de l'infinitif attendu (*on va graille* pour *on va grailler*), l'absence de marque régulière de participe passé (*screen* au lieu de *screené*) ou encore la dérivation sur des termes considérés comme vulgaires ou injurieux (*bolosser*) témoignent d'une volonté de s'éloigner des conventions grammaticales et lexicales de la langue standard.

L'analyse morphologique présentée ici ouvre plusieurs pistes pour de futures recherches. Une première direction consisterait à élargir l'observation à des corpus oraux et numériques de plus grande envergure afin de quantifier la fréquence relative des différents procédés et d'évaluer leur diffusion intergénérationnelle. Il serait également pertinent d'examiner les interactions entre procédés morphologiques et transformations sémantiques : dans quelle mesure certains mécanismes – comme la dérivation dénominative ou la siglaison – favorisent-ils l'extension métonymique ou l'adoption de valeurs évaluatives ? Enfin, une étude fine des variations morphologiques concurrentes (*screen* vs. *screené*, *snap* vs. *snapé*) permettrait de mieux comprendre les déterminations syntaxiques, pragmatiques et sociostylistiques qui conditionnent le choix d'une forme plutôt qu'une autre.

Références bibliographiques

Alalou, Ali. 2023. The Sociolinguistic Situation in North Africa : Recognizing and Institutionalizing Tamazight and New Challenges. *Annual Review of Linguistics* 9. 156–170.

Barret, Julien. 2022. « *Apprends les bails.* ». Lexique des nouveaux mots de l'Essonne. Projet de « Chef-d'œuvre » de la classe de Première-Terminale GA2 du lycée Pierre-Mendès-France de Ris-Orangis, Baccalauréat professionnel.

Colin, Jean-Paul, Jean-Pierre Mével & Christian Leclère (éds.). 2010. *Le dictionnaire de l'argot et du français populaire*. Paris : Larousse.

DAF = *Dictionnaire de l'Académie française*, Dictionnaire en ligne, https://www.dictionnaire-academie.fr/ (consulté le 7 août 2025).

Dal, Georgette & Fiammetta Namer. 2018. Playful nonce-formations in French : Creativity and productivity. In Sabine Arndt-Lappe, Angelika Braun, Claudine Moulin & Esme Winter-Froemel (éds.), *Expanding the Lexicon. Linguistic Innovation, Morphological Productivity, and Ludicity* (The Dynamics of Wordplay 5), 203–228. Berlin & Boston : De Gruyter. https://doi.org/10.1515/9783110501933-205.

Esnault, Gaston. 1965. *Dictionnaire historique des argots français*. Paris : Larousse.

François-Geiger, Denise. 1991. Panorama des argots contemporains. *Langue Française* 90. 5–9.

Gadet, Françoise. 2017. Pour étudier les « parlers jeunes ». In Françoise Gadet (éd.), *Les parlers jeunes dans l'Île-de-France multiculturelle*, 27–53. Paris : Éditions Ophrys.

Goudaillier, Jean-Pierre. [2001] 2019. *Comment tu tchatches ! Dictionnaire du français contemporain des cités*, nouvelle édition augmentée. Paris : Hémisphères Éditions.

Houdebine, Anne-Marie. 2015. De l'imaginaire linguistique à l'imaginaire culturel. *La linguistique* 51(1). 3–40.

Huot, Hélène. 2005. *La morphologie. Forme et sens des mots du français*. Paris : Armand Colin.
Lehmann, Alise & Martin-Berthet, Françoise. 2018. *Lexicologie. Sémantique, morphologie, lexicographie*. Paris : Armand Colin.
Picoche, Jacqueline. 1986. *Structures sémantiques du lexique français*, Paris : Nathan.
Porcher-Ancelle, Pierre. 2022. *Recueil de patois adolescent. Hauts-de-Seine Nord*, Lycée Léonard-de-Vinci Levallois-Perret, Enseignement moral et civique, année scolaire 2021–2022.
Prignitz, Gisèle. 1994. Rôle de l'argot dans la variation et l'appropriation : le cas du français au Burkina Faso. *Langue française* 104. 49–63.
PR = *Petit Robert*, Dictionnaire en ligne, https://dictionnaire.lerobert.com/ (consulté le 6 août 2025).
Sokolija, Alma. 2002. Étude contrastive des argots de Sarajevo et de Paris. Aspects méthodologiques. *La linguistique* 38(1). 99–112.
Tengour, Abdelkarim (alias Cobra Le Cynique). 2000–2025. *Dictionnaire de la Zone*. Dictionnaire en ligne. https://www.dictionnairedelazone.fr (consulté le 11 août 2025).
Vincenti, Aurore. 2017. *Les mots du bitume. De Rabelais aux rappeurs, petit dictionnaire de la langue de la rue*. Paris : Le Robert.

Esme Winter-Froemel

« takati takite » et « sisaférir, tan mye » : jeux et enjeux d'embrouillages phoniques et graphiques chez Boby Lapointe et Raymond Queneau

Résumé : Le chanteur Boby Lapointe est réputé pour les jeux de mots qui imprègnent ses chansons. Raymond Queneau, de son côté, s'est dédié à des réflexions approfondies sur le français contemporain et sur les rapports entre le code graphique et le code phonique, qui se reflètent dans ses ouvrages par de nombreuses expressions utilisées avec une orthographe déviante. Cette contribution vise à rapprocher les jeux d'embrouillages qui peuvent s'observer dans leurs textes et qui peuvent inciter les récepteurs à une prise de conscience de certains défis qui se posent dans le décodage des messages linguistiques. Dans cette optique, on donnera d'abord un aperçu des jeux langagiers qui s'observent dans les chansons de Boby Lapointe. Ensuite, on passera à une brève présentation du projet de l'*ortograf fonétik* tel qu'il est esquissé dans Queneau ([1950] 1965) et illustré à travers les œuvres littéraires de l'auteur. Pour réunir les différentes perspectives et pour proposer un jeu au deuxième degré, on offrira enfin une transcription de la chanson « Ta Katie t'a quitté » selon les principes de l'*ortograf fonétik*.

Mots-clés : code graphique, jeux avec les graphies, jeux avec les sonorités, Boby Lapointe, *ortograf fonétik*, Raymond Queneau

1 Introduction

Dans la première partie du titre de cette contribution, on aura peut-être reconnu le titre de la chanson « Ta Katie t'a quitté » de Boby Lapointe, et la deuxième citation incluse dans le titre pourrait évoquer le célèbre « Doukipudonktan », premier mot du roman *Zazie dans le métro* de Raymond Queneau (1959 : 9). Les deux textes dans lesquels ces citations apparaissent sont bien différents à divers égards : la chanson de Boby Lapointe représente un énoncé performé devant un public dans le médium phonique, le divertissement du public étant une fonction centrale de la communication, et le support phonique étant également central pour les ultérieurs actes d'écoute à partir de versions enregistrées de la chanson. Pour le texte de Raymond Queneau, par contre, c'est le support graphique qui est central. Dans ses romans, destinés à un cadre de réception dans le médium graphique, Queneau intègre (entre autres)[1] des réflexions sur le langage, et plus particulièrement, sur le français parlé en relation aux normes du français écrit. Dans ce contexte, le choix d'une orthographe déviante pour certains mots ou expressions est un choix stratégique motivé non seulement par une finalité d'amuser les lectrices et lecteurs, mais aussi de les inciter à une réflexion plus profonde sur l'orthographe et sur le français contemporain.

En partant de l'idée que divertissement et incitation à une réflexion métalinguistique sont parfaitement compatibles, cette contribution vise à rapprocher les deux artistes / auteurs, pour analyser quelques éléments de leur virtuosité de jouer avec les mots et le langage, ainsi que l'intérêt de leurs textes pour prendre conscience de certains aspects du français contemporain. Même si les points d'attaque sont différents – s'agissant de jeux sur les graphies chez Queneau et de jeux sur les sonorités dans la chanson de Boby Lapointe – on peut constater dans les deux cas des jeux d'embrouillages qui permettent une lecture / réception à différents niveaux, dans laquelle est mis en avant le fonctionnement du code phonique et du code graphique.[2] Dans un premier temps, on commentera certains aspects de l'œuvre de Boby Lapointe pour donner une vue d'ensemble des jeux avec les sonorités et de l'humour verbal qui représentent une dimension importante de ses chansons (section 2). Ensuite, on présentera brièvement le projet d'une *ortograf fonétik* proposé par Queneau ([1950] 1965) (section 3), pour ensuite analyser quelques reflets de ces réflexions dans l'œuvre littéraire de l'auteur. Les analyses se baseront sur *Le Chiendent* (1933), *Zazie dans le métro* (1959), et *Les œuvres complètes*

---

[1] Une dimension importante de son œuvre qui ne sera pas approfondie ici concerne les réflexions développées par Queneau dans le contexte du groupe de l'Oulipo (l'Ouvroir de littérature potentielle) autour des notions d'innovation et de créativité et autour de la question de savoir ce qui distingue les textes « littéraires » d'autres textes (voir à cet égard Poier-Bernhard 2012, 2018 ; Langenbacher 1981). Sur les aspects ludiques des œuvres de Queneau, voir par exemple Kemmner (1972), Rauch (1982) et Loubet-Poëtte (2018).

[2] On peut noter, par ailleurs, que pour Queneau aussi bien que pour Lapointe, les mathématiques jouent un rôle important pour la production littéraire / artistique. Alors que cette dimension est évidente pour les auteurs de l'Oulipo, elle est moins connue pour l'œuvre de Boby Lapointe (mais voir par exemple Pascal 2022).

de Sally Mara / *Journal intime* (1962) et *Les fleurs bleues* (1965) (section 4). Pour réunir les différentes perspectives, on offrira enfin une version de la chanson de Boby Lapointe « Ta Katie t'a quitté » transcrite selon les principes de l'*ortograf fonétik* de Queneau, cette transcription pouvant s'interpréter comme un jeu au deuxième degré dans lequel les défis du décodage s'accumulent (section 5).

2 Les jeux de mots et les jeux de sonorités chez Boby Lapointe

Les jeux langagiers jouent un rôle très important dans les chansons de Boby Lapointe, à la fois en ce qui concerne la dimension quantitative et la dimension qualitative. De fait, l'approche ludique se traduit par différents types de jeux. Pour donner un aperçu des différentes modalités de jouer sur les mots et le langage, on commentera par la suite quelques chansons de l'album *Comprend qui peut*. Cet album illustre bien la diversité des mécanismes mis en œuvre et annonce déjà par son titre que les chansons peuvent s'interpréter comme des devinettes. Le fait de réussir à les comprendre / décoder peut ainsi donner un sentiment de récompense intellectuelle et créer une connivence entre les membres de la communauté des entendeurs.

On peut d'abord citer les jeux avec les sonorités qui se basent sur le pur plaisir de l'articulation. Ceux-ci s'observent par exemple au début de l'extrait en (1), où on passe ensuite à des jeux avec des mots paronymiques (*t'as, pas, tout, Doudou, doutes, t'y, dis, qui*, etc.), qui présentent dans la plupart des cas des structures syllabiques CV / consonne + voyelle, et plus précisément, des séquences d'une consonne occlusive ([p], [t], [d], [k]) + une voyelle ([ta], [pa], [tu], [du], [ti], [di], [ki]).[3]

(1) Di da di dou dan ding dang dang
Di da di dou dan ding dang dang
T'as pas, t'as pas, t'as pas tout dit
T'as pas tout dit à ta Doudou
T'as des doutes et t'y dis pas tout
Et qui c'est qui l'a dans l'dos
    Toi [...]
(Boby Lapointe, « T'as pas, t'as pas tout dit », *Comprend qui peut*)

---

[3] Sauf indication contraire, les transcriptions des textes qui seront données par la suite se baseront sur le livret du CD.

Dans l'exemple (2), il y a un jeu supplémentaire sur le nom de *Hawaï* et une série de mots en *-ile*. De plus, il y a un jeu sur *à l'eau / aloha*, la deuxième expression évoquant immédiatement cette île par son origine hawaïenne et la première renvoyant à la fois au champ sémantique de la peinture et au scénario conceptuel (angl. *frame*) de l'île de Hawaï, entourée d'eau.

(2) La peinture à l'hawaïle
C'est bien diffic' hawaïle
Mais c'est bien plus beau
Dalida la di a dadi
Que la peinture à l'eau
Ah ! a lo a
Ra pe ti pe ta pe ti pe ti pe to
Ra pe ti pe ta pe ti pe ti pe to
Ca ra bi de ca ra bo [...]
(Boby Lapointe, « La peinture à l'huile », *Comprend qui peut*)

Les jeux sur des mots à sonorité similaire apparaissent aussi dans des rimes inattendues, rapprochant par exemple des contenus « nobles » et des contenus « bas ». Par exemple, dans l'extrait en (3), l'évocation du nom de la personne adorée et le fait de voler grâce à des ailes contrastent sémantiquement avec les actes de faire la vaisselle et de descendre la poubelle, etc.

(3) Marcelle
Si j'avais des ailes,
Je volerais grâce à elles,
Marcelle,
[...]
Pourquoi cet œil noir, Marcelle ?
J'ai pourtant fait la vaisselle...
[...]
Marcelle,
J'ai fait la vaisselle,
J'ai descendu la poubelle [...]
(Boby Lapointe, « Marcelle », *Comprend qui peut*)

En outre, il y a les parodies d'accents « étrangers » / de locuteurs non natifs, comme dans l'exemple (4), où on joue (entre autres) sur la prononciation des phonèmes /y/ et /ʒ/ qui n'existent pas en espagnol ibérique et qui peuvent ainsi être difficiles à apprendre pour des locuteurs de langue maternelle espagnole.

(4) Ma qué c'est la loumière Tan-go
Y les mousiciens zouent Tango
Yo souis dou pays del tan-go

Y yo lo boudrais danser [...]
(Boby Lapointe, « Lumière Tange (Loumière Tango) », *Comprend qui peut*)

On observe aussi de nombreux jeux sur les homonymies et paronymies, comme dans les extraits de la chanson en (5), qui met en scène une série de malentendus :[4]

(5) [...] Qu'il fasse avant la St Jean bon [jambon]
Qu'il fasse beau dès le dix juin [disjoint]
Ça s'rait bien s'il faisant beau dès mai [beau d'aimer]
[...]
Qu'il fasse chaud dès mai chaud, oui [méchoui]
Qu'il fasse beau dès Pâques beau [paquebot]
Que le soleil tape en mars tôt [marteau]
Ça s'rait bien qu'il fass' dès l'hiver beau [délits verbaux] [...]
(Boby Lapointe, « L'Été où est-il ? », *Comprend qui peut*)

La chanson « La fleur bleue contondante » (voir (6)) est basée sur un jeu sur l'expression *fleur bleue* qui est déjà annoncé dans le titre de la chanson. Par cette expression sont rapprochés les champs sémantiques de l'inspiration spirituelle et de la production poétique, d'une part (voir aussi les expressions *dictionnaire, vers, solitaire, rimer*), et des arts martiaux, des actes violents et de leurs conséquences médicales comme les *bleus contondants* (voir *catcheur, catcher, rentrer dedans, casser les dents*), d'autre part (voir aussi la polysémie de l'adjectif *percutant* 'qui éclate [par exemple, un projectile]', '(au sens figuré) qui frappe par sa netteté [par exemple, un argument]' ; cf. TLFi) :

(6) C'était un catcheur des dimanches
Tous les samedis il catchait
Et les autres jours il s'cachait
Dans les bois, sous les branches
Et là avec un dictionnaire
Il faisait des vers, solitaire
Mais son esprit rugueux
Ne trouvait rien de mieux
Que d'faire rimer printemps
Avec j'y rentre dedans
Ou bien j'y casse les dents
C'était trop percutant [...]
(Boby Lapointe, « La fleur bleue contondante », *Comprend qui peut*)

---

4 Dans la transcription indiquée ici, certaines corrections ont été intégrées par rapport à la transcription offerte dans le livret du CD.

Pour les jeux sur différents sens de mots polysémiques, on peut citer la chanson
« La maman des poissons » avec, entre autres, un jeu sur le verbe *aimer*. Alors que
les deux sens pertinents du verbe ('éprouver un lien affectif', 'avoir un goût pour
qqch., par exemple apprécier le goût d'un aliment') peuvent sembler être assez
proches, dans le contexte de la chanson, ils impliquent des scénarios très différents,
voire incompatibles – d'une part, celui d'un poisson(-mère) (vivant) qui nage dans
l'eau et s'occupe de ses petits, et d'autre part, celui d'un poisson (qui n'est plus
vivant) servi dans une assiette avec du citron :

(7) [...] La maman des poissons elle a l'œil tout rond
     On ne la voit jamais froncer les sourcils
     Ses petits l'aiment bien, elle est bien gentille
     Et moi je l'aime bien avec du citron
     (Boby Lapointe, « La maman des poissons », *Comprend qui peut*)

Encore d'autres jeux avec les réinterprétations sont illustrés par les exemples (8),
jouant sur *ami Zantrop / misanthrope*, et (9), où il y a une série de réinterprétations
qui aboutissent toutes à des expressions du champ sémantique des toilettes, comme
l'annonce déjà le titre de la chanson, qui se base, en outre, sur un jeu de mots sur
l'ambiguïté lexicale du mot *tube (de toilette)* 'conduit, tuyau' / 'œuvre musicale
remportant un succès commercial'.

(8) Moi j'connais un ami il s'appelle Alceste [...]
     Nous, on l'appell' Zantrop c'est not' ami Zantrop [...]
     (Boby Lapointe, « L'ami Zantrop », *Comprend qui peut*)

(9) [...] J'apprécie quand de toi l'aide   GANT DE TOILETTE
     Me soutien cela va beau-   CE LAVABO
     coup plus vite c'est bien la vé-   C'EST BIEN LAVÉ
     rité, ça nous le savons   À NOUS LE SAVON
           DE TOILET'
     Sur ce piano les touches t'y aident   LES DOUCHES TIÈDES
     Ton air est bon, mais mon chant point   METS MON SHAMPOOING
     Il s'ra peut-êt' pas sal' demain   SALLE DE BAINS
     Il m'aura en tous cas miné   OU CAMINET (sic [cabinet])
           DE TOILET'
     [...]
     Cette salade, on verra dans   UN VERRE À DENTS
     Un instant si c'est le bide, et   C'EST LE BIDET
     Est-ce à répéter ou à taire   T'ES AU WATER
     J'aimerais mieux que d'aut' la vendent   EAU DE LAVANDE, EAU
           DE TOILET'
     [...]
     Ma face de carême, harassée,   CRÈME À RASER

Pour sûr aura ce soir les tics   RASOIR ÉLECTRIQUE
Ils font rire les gosses mes tics   LES COSMÉTIQU'
Sur ma gueule d'empeigne à moustache   PEIGNE À MOUSTACHE
[...]
(Boby Lapointe, « Le tube de toilette », *Comprend qui peut*)

Dans cet exemple, on trouve des expressions homonymes (*cela va beau* / *ce lavabo*, *c'est bien la vé[rité]* / *c'est bien lavé*, *[ç]a nous le savons* / *à nous le savon*, *mais mon chant point* / *mets mon shampooing*, *c'est le bide, et* / *c'est le bidet*, *[em]peigne à moustache*), mais aussi des expressions seulement paronymiques, ce qui peut créer une touche d'humour additionnelle (les éléments dont la prononciation diverge sont surlignés en gras, et les unités phoniques concernées sont indiquées à droite pour chaque exemple) :

*q*u*and de toi l'*a*ide* / *g*ant *de toilette	[k] / [g], [d] / [t]
*les *t*ouches t'y aident* / *les *d*ouches *t*ièdes	[t] / [d]
*sal *d*emain* / *salle de *b*ains	[m] / [b]
*[t]ous cas *mi*né* / *ou ca*bi*net	[m] / [b] (et [e] / [ɛ])
*on *v*erra dans* / *u*n *v*erre à *d*ents	[ɔ̃] / [ɛ̃]
[répé]ter ou à taire / *t'es *au* water	- / [o]
*[d']*au*t' la vendent* / *eau *d*e lavande	[t] / [d]
*ca*r*ême, *ha*rassée* / *c*r*ème à r*as*er	[a] / -, [s] / [z]
*[au]*r*a *ce* *s*oi*r *les* tics* / *r*asoir *é*lectrique	[s(ə)s] / [z], [le] / [elɛk], - / [ʁ]
*les *g*osses mes tics* / *les *c*osmétiqu'	[g] / [k]

On note que les divergences entre les prononciations ne sont que minimales ; dans la plupart des cas, elles ne concernent qu'un seul trait des unités en question (par exemple, la sonorité pour [k] – [g], [t] – [d], [s] – [z], etc.). De plus, on constate que les séquences homonymes ou paronymiques ne respectent pas les divisions entre les mots, ce qui crée de multiples effets de surprise, d'autant plus si les expressions-cibles sont des expressions complexes comme *gant de toilette*, *rasoir électrique*, etc., ou des expressions empruntées à l'anglais comme *shampooing*, etc.

L'exemple (10), enfin, illustre un jeu onomastique[5] dans lequel la chanson entière sert à exposer des relations familiales complexes et à motiver ainsi le nom sur lequel la chanson termine. Pour ce nom, on peut également envisager une interprétation différente, et cet exemple peut ainsi évoquer la tradition des blagues Monsieur et Madame (voir (11) et (12)), qui se base également sur le fait de jouer sur des combinaisons de prénoms et de noms de famille (hypothétiques). Pour les blagues, le jeu se limite souvent à un prénom et un nom de famille ; dans la chanson

---

5 Pour d'autres jeux de mots onomastiques, voir également Winter-Froemel (ce volume).

de Lapointe, par contre, le jeu est poussé à l'extrême, dans la mesure où la chanson aboutit sur un nom exceptionnellement long. De plus, l'exemple (10) peut également évoquer la tradition des vers holorimes (voir (13), où la prononciation des deux vers est identique : [laʃãsɔ̃silɑ̃s]), dans la mesure où la fin de la chanson joue également sur deux interprétations différentes qui peuvent être envisagées pour la réalisation phonique du dernier vers.

(10) Yvan-Sévère-Aimé Bossac de Noyau Dépêche
[Il vend ses verres et mes beaux sacs de noyaux de(s) pêche(s)]
(Boby Lapointe, « Le papa du papa », *Comprend qui peut*)

(11) Monsieur et Madame DALORS ont un fils. Comment s'appelle-t-il ? Homer [Oh, merde alors !].

(12) Monsieur et Madame PACHAIRE ont trois fils. Comment s'appellent-ils ? Ivan, Sam, Otto, car Ivan, Sam, Otto PACHAIRE [il vend sa moto pas chère].

(13) Lâchant son silence
La chanson s'y lance.
(Louise de Vilmorin, cité d'après Bailly 2006 : 27)

Outre ces différents types de jeux, une chanson particulièrement intéressante dans une perspective linguistique est la chanson « Ta Katie t'a quitté ». Cette chanson est imprégnée dans son intégralité par les jeux avec les sonorités, puisqu'on observe de nombreuses séquences où des syllabes phonétiquement proches s'enchaînent (voir (14), où sont analysées quelques séquences de la chanson qui sont particulièrement denses à cet égard). On note, de plus, que la compréhension du texte est facilitée si le texte est présenté dans le médium graphique (où de nombreuses homonymies sont représentées par des graphies différentes). Par contre, à l'oral, des problèmes de compréhension peuvent se manifester même pour des auditrices et auditeurs francophones lors d'une première (ou deuxième ou troisième...) écoute de la chanson. On peut rappeler à cet égard que le titre de l'album sur lequel figure la chanson – *Comprend qui peut* – annonce déjà les difficultés potentielles de compréhension.

(14) Ce soir au bar   [swaʁ] – [baʁ]
De la gare   [gaʁ]
Igor hagard   [gɔʁ] – [gaʁ]
[...]
Sa Katie l'a quitté   [sa] – [ka] – [ti] – [la] – [ki] – [te]
[...]
Ce grand duc avec ses trucs,   [dyk] – [tʁyk]
    ses astuces, ses ruses de Russe blanc   [tys] – [ʁyz] – [ʁys]

[...]
Quel bizarre hazard se marr'nt   [zaʁ] – [zaʁ] – [maʁ]
Les fêtards paillards du bar.   [taʁ] – [jaʁ] – [baʁ]
Car encore Igor y dort   [kaʁ] – [kɔʁ] – [gɔʁ] – [dɔʁ]
[...]
T'es cocu, qu'attends tu?   [te] – [ko] – [ku] – [ka] – [tɑ̃] – [ty]
[...]
Otes ta toque et troques [sic]   [o] – [tə] – [ta] – [tɔk] – [tʁɔk]
Ton tricot tout crotté   [tɔ̃] – [tʁi] – [ko] – [tu] – [kʁo] – [te]
Et ta croute au couteau   [ta] – [kʁu] – [to] – [ku] – [to]
Qu'on t'a tant attaqué   [kɔ̃] – [ta] – [tɑ̃] – [ta] – [ta] – [ke]
Contre un tacot cotté   [kɔ̃] – [tʁɛ̃] – [ta] – [ko] – [ko] – [te]
Quatre écus tout compté   [kat] – [ʁe] – [ky] – [tu] – [kɔ̃] – [te]
[...]
(Boby Lapointe, « Ta Katie t'a quitté », *Comprend qui peut*)

De plus, les réalisations de phénomènes de liaison et d'enchaînement consonantique, même entre la fin d'un vers et le début du vers suivant, rendent la compréhension difficile à l'oral. Pour illustrer cet élément du jeu, l'exemple (15) montre quelques enchaînements qui s'entendent dans la chanson ; de plus, les consonnes de liaison ont été ajoutées dans la transcription (de plus, le passage « il n'arrêt' guer' [sic] » a été corrigé en « et n'arrêt' guèr' » selon la version chantée du texte) :

(15) Ce soir‿au bar
      De la gare‿
      Igor‿hagar(d)‿est noir‿
      Et n'arrêt' guèr' de boir'
      [...]
      Qu'on t'a tant‿[t]attaqué
      [...]
      Taquinaient‿[t]un coker [sic] [...]
      [...] tout‿[t]en tricotant, caquettaient‿[t]et
      Discutaient‿[t]et critiquaient‿
      [t]Un compte toqué, qui comptait‿[t]en tiquant, tout‿[t]un tas de tickets [...]
      (Boby Lapointe, « Ta Katie t'a quitté », *Comprend qui peut*)

Avant de clore cette analyse de la chanson, il convient encore de noter que les défis qu'elle peut poser ne concernent pas uniquement l'acte de réception. De fait, par l'enchaînement de syllabes très similaires phonétiquement se crée aussi une difficulté potentielle concernant l'acte de la production (ou reproduction) du texte à l'oral : le texte de la chanson peut également s'analyser comme un virelangue très long et complexe (voir l'extrait présenté en (16) ainsi que le titre de la chanson, répété plusieurs fois de suite dans la chanson) – d'autant plus que le débit de la performance originale est assez rapide.

(16) Otes ta toque et troques [sic]
Ton tricot tout crotté
Et ta croute au couteau
Qu'on t'a tant attaqué
Contre un tacot cotté
Quatre écus tout compté
[...]
(Boby Lapointe, « Ta Katie t'a quitté », *Comprend qui peut*)

3 Le projet de l'*ortograf fonétik*, ou les jeux avec les graphies

> Mézalor, mézalor, késkon nobtyien ! [...] On lrekonê pudutou, lfransê, améza pudutou [...] Avrédir, sêmêm maran. Jérlu toudsuit lé kat lign sidsu, jépapu manpéché de mmaré. Mézifobyindir, sé un pur kestion dabitud. On népa zabitué, sétou. Unfoua kon sra zabitué, saira tousel. Épui sisaférir, tan mye [...].
> (Queneau [1950] 1965 : 22)

La citation de Queneau présentée en exergue à cette section illustre le projet d'une nouvelle orthographe proposée par l'auteur, qu'il désigne aussi par le terme d'*ortograf fonétik*. Ce projet se situe dans un contexte plus global de débats autour de l'orthographe française (voir aussi Kemmner 1972 : 24–64 ; Langenbacher 1981 ; Blank 1991 ; Müller-Lancé 2007 : 18 ; Cazal et Parussa 2020 : 497–498 ; Cazal, Parussa et Llamas-Pombo 2020 : 533–538). De fait, les XVIe et XXe siècles représentent les siècles où on rencontre des débats très fondamentaux concernant l'orthographe française. Dans ces débats ne sont pas seulement critiquées les graphies établies pour certaines expressions particulières, mais les principes fondamentaux de l'orthographe française sont mis en question et des systèmes radicalement différents sont proposés.

Dans les débats s'opposent différents principes de l'orthographe, qui correspondent à des fonctions fondamentales de l'orthographe dont l'importance et la légitimité sont mises en question selon les différentes positions adoptées. De manière générale, on peut distinguer deux principes majeurs qui régissent ou contribuent à régir l'orthographe, le principe phonographique et le principe sémiographique (nommé aussi principe idéographique ou logographique ; voir Riegel, Pellat et Rioul 1994 : 114–116). Dans les systèmes d'écriture sémiographiques, l'écriture représente les unités significatives, c'est-à-dire que les représentations graphiques sont a priori indépendantes de la prononciation des mots, mais reflètent des aspects de leur signification. Sur ce principe se base par exemple l'écriture du chinois. Pour le français, le principe idéographique peut s'appliquer à certains domaines particuliers comme la représentation graphique des nombres (<1> pour *un*, <2> pour *deux*, etc.) ou des représentations comme <%> pour *pour cent*, <§> pour *paragraphe*, etc.[6]

Selon le deuxième principe fondamental, le principe phonographique, par contre, la fonction centrale de l'orthographe est celle de représenter la prononciation des mots. L'idéal d'une orthographe phonographique serait d'avoir des correspondances biunivoques entre les unités phoniques et graphiques : à chaque phonème devrait correspondre un seul graphème indépendamment des mots concrets dans lequel il se présente, et réciproquement, pour chaque graphème il devrait y avoir une seule prononciation qui lui correspond (ou, plus exactement, une seule représentation phonologique qui distingue le mot des autres mots de la langue). Il faut toutefois noter que cet idéal n'est généralement pas atteint dans les langues existantes, c'est-à-dire que les systèmes d'écriture présentent toujours certaines exceptions à ce principe. Pourtant, l'envergure des divergences relatives à cet idéal peut varier considérablement selon les langues particulières.

Le principe qui est fondamental pour l'orthographe française est le principe phonographique. Mais contrairement à d'autres langues romanes comme l'italien ou l'espagnol, où l'orthographe reste assez proche de l'idéal phonographique, l'orthographe française se caractérise par un taux élevé de graphies qui ne peuvent pas s'expliquer par ce principe, et d'autres fonctions de l'écriture jouent également un rôle très important.[7]

Un troisième principe qui peut s'ajouter aux principes phonographique et sémiographique et qui joue un rôle majeur pour de nombreux aspects de l'orthographe française est le principe étymologique (et historique).[8] L'orthographe peut

---

[6] On adoptera ici les conventions typographiques d'indiquer les phonèmes (en tant qu'unités distinctives du système phonologiques du français) entre / /, les réalisations phoniques (qui apparaissent dans des énoncés concrets) entre [ ], et les graphèmes (en tant qu'unités abstraites du système de l'écriture) aussi bien que les réalisations graphiques concrètes entre < >. De plus, on utilisera les italiques pour représenter des mots et expressions du lexique français.

[7] Un autre exemple d'un système d'écriture a priori phonographique, mais présentant un nombre (très) élevé de divergences de ce principe est celui de l'anglais (voir Okrent 2021).

[8] On a proposé le terme de graphies historiques (Riegel, Pellat et Rioul 1994 : 116) pour catégoriser des graphies qui ne peuvent pas se classifier comme étymologiques, mais s'expliquent néanmoins seulement à partir de l'évolution historique des mots en question. Ce cas de figure peut s'illustrer par le fr. <huit> ou le fr. <huile>, où le <h> initial ne remonte pas à une source étymologique (les étymons latins étant *octo* et *oleum*, respectivement), et où l'introduction du <h> était motivée par une volonté de désambiguïsation, à une époque où la distinction entre <u> pour signaler la voyelle et <v> pour signaler la consonne n'était pas encore établie, de sorte que des graphies comme <uit>

indiquer la filiation historique des langues et les sources étymologiques auxquelles les mots remontent. Cette fonction étymologique peut s'illustrer par des graphies comme <doigt>, où le <g> renvoie à l'étymon latin du mot (lat. *digitus*), et plus généralement, par les lettres dites étymologiques ou grecques, qui renvoient à l'origine grecque des mots en question, <ph>, <th>, <rh>, <y> (voir aussi le nom de la lettre <y>, « i grecque »). Ainsi, des graphies comme <philosophie>, <théologie>, <rhétorique>, <myopie>, etc. présentent des graphies étymologiques, alors que l'italien ou l'espagnol optent en général pour des graphies qui respectent le principe phonographique de manière plus conséquente, voir par exemple, it. <filosofia>, <teologia>, <rettorica>, <miopia>, esp. <filosofía>, <teología>, <retórica>, <miopía>).

Outre la fonction d'indiquer l'origine des mots, les graphies étymologiques (et de même les graphies historiques) peuvent encore servir à d'autres fonctions. Elles peuvent permettre de distinguer différents mots homophones : par exemple la graphie <temps> avec le <p> étymologique (cf. l'étymon latin *tempus*) distingue le mot de ses homophones <tant> (qui conserve un <t> étymologique, cf. l'étymon latin *tantum*), <tends> (de *tendre*), etc.[9] De plus, ces graphies peuvent signaler l'appartenance des mots à une même famille de mots, par exemple en faisant ressortir le lien étymologique entre <temps> et <temporaire>, <temporel>, etc.

Une autre fonction de l'écriture peut être celle de signaler des informations morphologiques, par exemple l'opposition entre masculin et féminin (<l'ami> vs. <l'amie>, <amical> vs. <amicale>, etc.) ou celle entre le singulier et le pluriel (<il chante> vs. <ils chantent>, <tableau magnifique> vs. <tableaux magnifiques>, etc.). Dans la flexion verbale, on note ainsi des divergences majeures entre le code phonique (*je* / *tu* / *il* / *elle* / *on* / *ils* / *elles* [dɑ̃s]) et le code graphique (*je* / *il* / *elle* / *on* <danse>, *tu* <danses>, *ils* / *elles* <dansent>). L'orthographe française peut ainsi se caractériser comme une orthographe grammaticale (Cazal, Parussa et Llamas-Pombo 2020 : 541–542) et comme un plurisystème régi par différents principes et fonctions.

La nature complexe de l'orthographe française, caractérisée par une interaction complexe de différents principes, est commentée par Riegel, Pellat et Rioul (1994 : 115) de la manière suivante : « En français, le décalage entre l'oral et la codi-

---

et <vit> (et de même pour <uil> et <vil>) pouvaient toutes les deux correspondre aux deux réalisations phonétiques possibles (cf. le fr. moderne *huit* vs. *vit*, *huile* vs. *vil*) (Meisenburg 1996 : 131).

9 Quant à l'importance de la fonction de distinguer les homonymes, on peut toutefois soulever la question de savoir dans combien de discours authentiques des confusions entre les différents mots concernés pourraient réellement avoir lieu – dans la plupart des cas, il semble que le contexte suffira à désambigüiser l'énoncé (voir aussi les discussions concernant le phénomène des « homonymies gênantes » selon Gilliéron et Roques 1912, cf. Koch 2005 : 234 et 239–240 ; Winter-Froemel 2024 : 402–403).

fication graphique est si grande que l'on parle d'opacité phonétique de l'orthographe. » Cette opacité se fait noter également dans l'apprentissage de l'écriture, où les graphies étymologiques, historiques et morphosémantiques peuvent représenter des difficultés. De plus, dans une perspective plus générale et théorique, on a soulevé la question de savoir si la forte divergence entre le code phonique et le code graphique en français contemporain peut déjà s'analyser comme une situation de diglossie, ou du moins, comme une situation avec des tendances diglossiques (cf. Koch 1997, 2010 : 197–198). Le terme de diglossie s'est établi en linguistique entre autres avec l'article de Ferguson (1959), qui discute la situation linguistique en Grèce comme un cas-modèle d'une diglossie (cf. Koch 1997 : 219). Selon l'hypothèse que la situation du français contemporain peut également s'analyser comme une situation diglossique, le code phonique représenterait une variété « basse » (*low variety / L variety*), utilisée dans la communication quotidienne, alors que le code graphique correspondrait à une variété « haute » (*high variety / H variety*). L'usage de cette variété haute serait restreint à des situations de communication officielle, de distance, etc., et représenterait un système en soi, fondamentalement différent de la variété basse, de sorte que la variante haute doit être acquise (ou apprise) en tant que système à part.[10]

Les débats autour de cette problématique représentent une sorte d'arrière-fond des réflexions proposées par Queneau ([1950] 1965). Cela se note déjà dans le premier paragraphe de son texte, quand il introduit la thématique qui sera abordée :

> [...] la manie que j'ai eue dès l'enfance d'apprendre des langues étrangères (sans y parvenir) m'a sans doute fait considérer très tôt le français parlé comme un langage différent (très différent) du français écrit (ce qui, d'ailleurs, forme l'objet de ce factum). (Queneau [1950] 1965 : 11–12)

Pour étayer cette analyse, il se réfère entre autres à l'ouvrage de Vendryes (1921) et fait valoir les différences considérables entre la langue parlée et la langue écrite. Ces différences concernent par exemple la flexion, marquée à l'oral au début des mots (« *arbre, z-arbres* »), ou la structure des énoncés (avec, à l'écrit, des structures comme « Cette mère déteste cet enfant », et à l'oral, des structures comme « Son enfant ! Mais elle le déteste, cette mère ! »), l'absence du passé simple et de l'imparfait du subjonctif dans le français parlé, les divergences considérables dans le vocabulaire (par exemple, *chaussures* vs. *pompes*), etc. Ensuite, Queneau rapporte com-

---

[10] Cette présentation du concept de diglossie et de l'hypothèse de la possibilité à l'appliquer au français contemporain est toutefois très sommaire ; pour une discussion approfondie, on pourra consulter Koch (1997).

ment un voyage en Grèce a confirmé ses réflexions et l'a incité à écrire l'ouvrage *Le Chiendent* (Queneau 1933) en adoptant des graphies nouvelles pour certains mots :

> [...] on y trouve beaucoup de photographies de langage populaire [...]. *monsieur* s'y orthographie toujours *meussieur* [...] et *i* remplace *il*, sans apostrophe, ce que je juge de la plus extrême importance, car l'apostrophe est encore une attache avec le passé, un souvenir que l'on doit abandonner aux linguistes et aux philologues. (Queneau [1950] 1965 : 17).

Après avoir cité des exemples du « français parlé moderne » tel qu'il apparaît dans *Voyage au bout de la nuit* de Louis-Ferdinand Céline ([1932] 1961), il réclame la nécessité d'une triple réforme (ou révolution) :

> Pour passer du français écrit ancien, né à la Renaissance, fixé au XVIIe siècle et légèrement rénové par les Romantiques, pour passer de ce langage, qui ne fait que se survivre, à un français moderne *écrit*, [...] correspondant à la langue réellement parlée, il faut opérer une triple réforme, ou révolution : l'une concerne le vocabulaire, la seconde la syntaxe, la troisième l'orthographe. (Queneau [1950] 1965 : 19)

Et un peu plus loin, il souligne le rôle central qui revient dans ce contexte à l'orthographe :

> Quant au troisième point, la réforme de l'orthographe, alors ça, ça c'est la bouteille à l'encre, c'est le piège, c'est l'écueil. Mais bon gré mal gré il faudra en (il faudra-t-en) passer par là : il n'y aura que lorsque cette réforme, cette révolution sera accomplie (sera-z-accomplie) que la nouvelle langue pourra s'affirmer hautement et vivre d'une vie autonome ; alors seulement pourra naître une nouvelle poésie. Sans une notation correcte du français parlé, il sera impossible (il sera himpossible) au poète de prendre conscience de rythmes authentiques, de sonorités exactes, de la véritable musique du langage. (Queneau [1950] 1965 : 20)

Les dernières pages de son texte sont ainsi dédiées à la question de savoir quelle orthographe peut rendre la « nouvelle langue », appelée aussi le *néo-français* (voir Langenbacher 1981 ; Blank 1991 : 192–224). Dans une démarche qui pourrait se qualifier de didactique, il procède en deux étapes : il présente d'abord une version moins radicale, qui conserve des digraphes et se base sur des graphèmes du français, et ensuite une version plus radicale, qui introduit de nouveaux graphèmes (en se servant de lettres diacritiques ou de graphèmes empruntés à d'autres langues) :

> Il s'agit, à mon sens, non de corriger l'orthographe de l'*ancien* français (celui que j'écris en ce moment), mais de choisir *quelle* orthographe donner au nouveau français. La plus phonétique semblerait s'imposer ; on pourrait employer l'alphabet : *a, â, b, d, e, é, è, ê, f, g* (toujours dur), *i, j, k, l, m, n, o, ô, p, r, s* (toujours *ç, ss*), *t, u, v, y, z, ch, gn, ou, an, in, on* en observant cette règle que toute lettre se prononce, et sans jamais changer de valeur, quelle que soit sa position. Mézalor, mézalor, késkon nobtyin ! Sa dvyin incrouayab, pazordinèr, ranvèrsan, sa vouzaalor indsé drôldaspé dontonrvyin pa. On lrekonê pudutou, lfransé, améša pudutou [...] Avrédir,

sêmêm maran. Jérlu toudsuit lé kat lign sidsu, jépapu manpéché de mmaré. Mézifobyindir, sé un pur kestion dabitud. On népa zabitué, sétou. Unfoua kon sra zabitué, saira tousel. Épui sisaférir, tan mye : jécripa pour anmiélé lmond. Épui sa né ancor ryin. Sa, sané ke demi mzur. Ifôdra ranplasé *ch* par *č* par égzam, *gn* par *ñ*, *ou* par *w*, *an*, *in*, *on* par *ã*, *ĩ*, *õ*, *e* par *œ* (wvér dã *valeur*, *valœ̃r*, fêrmé dã *peu*, *pœ*). Kêskŏ nobtyĩ alor ? Ebyĩ par égzãp : la lãg frãsêz, lé zwazo čãt, sé lprĩtã, anw lavnir é la poézi, lœ bœ̃r é lé zœ. (Queneau [1950] 1965 : 22–23)

Afin de faire ressortir plus clairement quelques aspects majeurs du système de Queneau, les Tableaux 1 et 2 proposent une analyse linguistique du système proposé, en tenant compte des deux versions que l'auteur élabore. Contrairement à Queneau, qui présente son système à partir de l'alphabet (c'est-à-dire, en partant des graphies), les tableaux se basent sur l'inventaire des phonèmes du français contemporain (selon le système maximal de Selig 2008, voir aussi Pustka [2011] 2016) et adoptent ainsi la perspective inverse (qui part des unités phoniques). Dans les deux tableaux, les phonèmes du français sont classifiés selon des critères articulatoires. Pour chaque phonème est indiquée la transcription selon l'alphabet phonétique international (API), suivie des différentes graphies qui peuvent correspondre à ce phonème selon l'orthographe traditionnelle (cf. Meisenburg 1996 : 188–196). Ensuite sont indiquées les graphies proposées par Queneau selon les deux versions du système. Dans la colonne droite, on trouvera finalement une proposition « synthétique » pour une *ortograf fonétik* qui tranche, le cas échéant, entre les différentes solutions proposées par l'auteur (en suivant, en règle générale, la deuxième version qu'il propose et qui paraît plus cohérente), et qui propose, de plus, quelques modifications mineures dans le domaine des voyelles. Ce dernier système (version *The Dynamics of Wordplay* / vDWP) servira pour la transcription offerte dans la partie finale de cette contribution.

Pour les consonnes analysées dans le Tableau 1, on peut d'abord noter que le système proposé se base largement sur des graphèmes établis, mais qu'il abolit les nombreux cas de relations non biunivoques de l'orthographe traditionnelle, où plusieurs graphies correspondent au même phonème (voir en particulier /k/ et /s/). Pour le phonème /ŋ/, introduit par des emprunts à l'anglais (par exemple, *camping*, *dancing*, etc.), Queneau ne propose pas de graphie. Cela peut s'expliquer par le statut phonologique particulier de ce segment : l'emprunt de phonèmes est un phénomène relativement rare, et l'introduction de ce phonème dans le système du français est relativement récente, de sorte que son statut peut se considérer controversé, d'autant plus à l'époque où Queneau développait son système. Pour compléter le système, on adoptera ici une graphie qui imite le caractère spécial de l'API pour la transcription phonétique / phonologique. De plus, pour les deux cas où les systèmes v1 et v2 divergent, la version vDWP suivra la deuxième solution, qui évite les graphèmes composés de plusieurs lettres et qui paraît ainsi plus cohérente.

Tableau 1 : Consonnes (API = phonèmes, trad = orthographe traditionnelle, v1, v2 = *ortograf fonétik* v1 et v2 selon Queneau [1950] 1965, vDWP = graphies adoptées pour la transcription de « Ta Katie t'a quitté »)

Consonnes	API	trad	v1	v2	vDWP
Plosives	/p/	<p>, <pp>	<p>		<p>
	/b/	<b>	<b>		<b>
	/t/	<t>, <tt>, <th>	<t>		<t>
	/d/	<d>	<d>		<d>
	/k/	<c>, <qu>, <cc>, <cqu>, <-q>, ch>, <k>	<k>		<k>
	/g/	<g>, <gu>, <gg>	<g>		<g>
Fricatives	/f/	<f>, <ff>, <ph>	<f>		<f>
	/v/	<v>, <w>	<v>		<v>
	/s/	<s>, <ss>, <c>, <ç>, <sc>, <t>, <x>	<s>		<s>
	/z/	<z>, <s>, <x>	<z>		<z>
	/ʃ/	<ch>	<ch>	<č>	<č>
	/ʒ/	<j>, <g>, <ge>	<j>		<j>
Nasales	/m/	<m>, <mm>	<m>		<m>
	/n/	<n>, <nn>	<n>		<n>
	/ɲ/	<gn>	<gn>	<ñ>	<ñ>
	/ŋ/	<ng>	-		<ŋ>
Latérale	/l/	<l>, <ll>	<l>		<l>
Vibrante	/r/	<r>, <rr>, <rh>	<r>		<r>

On peut observer que certaines lettres et certains graphèmes de l'orthographe traditionnelle deviennent « inutiles » dans l'*ortograf fonétik* : le <h> disparaît, à la fois comme segment isolé et comme lettre apparaissant dans les digraphes <th>, <ph>, <rh>, <ch> (mais le <ch> est seulement aboli dans la deuxième version du système de Queneau) ; de même le <x>, pour lequel différentes graphies seront utilisées selon la prononciation du mot concerné (<gz> pour une prononciation sonore, par exemple <égzamĩ>, <ks> pour une prononciation sourde, par exemple <taksi>). La lettre <c> (qui fait également partie de plusieurs graphèmes de l'orthographe traditionnelle, voir <ch>, <cc>, <cqu>) est conservée dans la première version de l'*ortograf fonétik*, mais elle disparaît ensuite également.

Concernant les exemples que donne Queneau pour illustrer son projet, on observe quelques graphies qui ne suivent pas les principes exposés ci-dessus. Par exemple, dans les graphies <incrouayab> et <jécripa> dans la citation ci-dessus apparaît le <c> au lieu du <k>. Mais globalement, le système proposé pour les consonnes ne semble pas soulever de problèmes majeurs.

Quant aux voyelles et semi-voyelles, la situation semble différente (voir le Tableau 2). Pour le phonème /ɛ/, le système prévoit deux graphies (<ê>, <è>) au lieu d'une seule (cf. Blank 1991 : 211), et inversement, la graphie <e> correspond à différentes prononciations (/ø/, /œ/, /ə/). Pour les segments /a/ et /ɑ/, pour lesquels on assume souvent une perte de leur opposition phonologique (cf. *patte / pâte*), Queneau propose différentes graphies ; par contre, la distinction entre les voyelles nasales /ɛ̃/ et /œ̃/ (cf. *brin / brun*) ne se retrouve plus dans son système, de sorte que son système fournit un clair indice de la perte de l'opposition phonologique entre ces voyelles nasales déjà à l'époque de la rédaction de son écrit.

Tableau 2 : Voyelles et semi-voyelles (API = phonèmes, trad = orthographe traditionnelle, v1, v2 = *ortograf fonétik* v1 et v2 selon Queneau [1950] 1965, vDWP = graphies adoptées pour la transcription de « Ta Katie t'a quitté »)

Voyelles	API	trad	v1	v2	vDWP
Orales	/i/	<i>, <î>, <y>	<i>		<i>
	/y/	<u>, <û>	<u>		<u>
	/u/	<ou>, <où>	<ou>	<w>	<w>
	/e/	<e>, é	<é>		<é>
	/ɛ/	<e>, <è>, <ai>, <aî>, <ei>, <ê>, <ë>	<è>, <ê>		<è>
	/ø/	<eu>, <œu>, <eû>	<e>	<œ>	<œ̀>
	/œ/	<eu>, <œu>, <eû>	<e>	<œ>, <œ̀>	<œ>
	/o/	<o>, <au>, <eau>, <ô>	<ô>		<ô>
	/ɔ/	<o>	<o>		<o>
	/a/	<a>, <à>	<a>		<a>
	/ɑ/	<a>, <â>	<â>		<â>
	/ə/	<e>	<e>		<œ>
Nasales	/ɛ̃/	<in>, <im>, <ain>, <aim>, <ein>, <en>	<in>	<î>	<î>
	/ɑ̃/	<an>, <am>	<an>	<ã>	<ã>
	/œ̃/	<un>, <um>	-		-
	/ɔ̃/	<on>, <om>	<on>	<õ>	<õ>
Semi-voyelles	/w/	<ou>	<ou>	<w>	<w>
	/j/	<i>, <y>, <ï>, <-ll->, <-ill->, <-il>	<y>		<y>
	/ɥ/	<u> (<qu> pour /kw/, /kɥ/, <gu> pour /gw/, /gɥ/)	<u>		<u>

Comme pour les consonnes, la première version du système conserve quelques graphèmes composés de plusieurs lettres (<ou> pour rendre /u/ et <an>, <in>, <on> pour les trois voyelles nasales restantes) ; dans la deuxième version, Queneau adopte ensuite des solutions plus radicales et plus cohérentes. Pour les semi-voyelles, le graphème <y> est proposé pour /j/, alors que pour les deux autres semi-voyelles, les graphies sont identiques à celles des voyelles orales pleines (<ou> et ensuite <w> pour /u/ et /w/, <u> pour /y/ et /ɥ/). De plus, le système de Queneau abolit de nombreux digraphes et trigraphes traditionnels ; outre ceux qui sont indiqués dans le tableau, on peut encore mentionner <oi> qui sera rendu par <wa> (par exemple, <roi> deviendra <rwa>).

En ce qui concerne les oppositions phonologiques qui se basent sur différents degrés d'ouverture des voyelles, toutefois, les deux versions du système de Queneau ne paraissent pas tout à fait cohérentes : le signe diacritique du circonflexe sert une fois à marquer le phonème à prononciation plus fermée (<ô> /o/ par opposition à <o> /ɔ/) et une fois à marquer l'inverse, à savoir la prononciation plus ouverte (<œ̂> /œ/ par opposition à <œ> /ø/). Pour la version vDWP, on se permettra ainsi d'adopter une démarche plus homogène et de signaler dans les deux cas la prononciation plus fermée par l'accent circonflexe.

Avant de passer à quelques observations concernant l'emploi de l'*ortograf fonétik* dans les textes littéraires de Queneau, il convient encore d'ajouter quelques remarques sur un phénomène suprasegmental, qui dépasse le niveau des segments phoniques et graphiques isolés et qui se manifeste dans la chaîne parlée. On note que dans certains cas, les graphies regroupent des unités plus grandes que les mots (cf. les équivalents en orthographe traditionnelle indiqués entre parenthèses) : on trouve ainsi des graphies comme <mézalor> (*mais alors*), <késkon> (*qu'est-ce qu'on*), <drôldaspé> (*drôles d'aspects*), <dontonrvyin> (*dont on (ne) revient*), <pudutou> (*p(l)us du tout*), <Avrédir> (*à vrai dire*), <sêmêm> (*c'est même*), <Jérlu> (*j'ai relu*), <jépapu> (*je (n')ai pas pu*), <Mézifobyindir> (*mais i(l) faut bien dire*), <sisaférir> (*si ça fait rire*), etc. (et voir aussi l'exclamation célèbre « Doukipudonktan »). Il s'agit ici d'une démarche cohérente du point de vue linguistique, puisque ces graphies reflètent une caractéristique fondamentale du français, à savoir le fait qu'à l'oral, les frontières entre les mots ou morphèmes ne sont pas perceptibles, puisque les unités fondamentales des réalisations phoniques dans la chaîne parlée sont les « mots phonétiques » qui correspondent à des unités plus larges.

Dans les passages servant à illustrer le système, on trouve toutefois aussi une série de cas où Queneau s'éloigne de ce principe et se rapproche plutôt des frontières de mots selon l'orthographe traditionnelle (voir par exemple <lé kat lign> *les quatre lignes*, <lœ bœr é lé zœ> *le beurre et les œufs*). Il semble possible d'expliquer cette façon de procéder par une volonté d'assurer la compréhensibilité du texte, qui s'inscrit dans le contexte de la démarche didactique adoptée par l'auteur dans l'introduction de son système. De plus, il convient de souligner que l'approche de Queneau est toujours fortement marquée par sa dimension ludique, peut-être aussi pour éviter une optique trop rigide et sérieuse qui risquerait de diminuer le plaisir du jeu avec les structures langagières. Dans la section finale de cette contribution, on visera toutefois à transcrire les unités phoniques telles qu'elles s'entendent dans la chanson, pour poursuivre les jeux sur les graphies proposés par Queneau et pour pousser le jeu encore un peu plus loin.

4 L'*ortograf fonétik* dans l'œuvre de Queneau : quelques observations

Dans l'œuvre littéraire de Queneau, on observe de nombreuses références aux réflexions théoriques exposées ci-dessus. De fait, l'auteur adopte souvent des graphies nouvelles pour certains mots et expressions, et ces graphies s'écartent des normes orthographiques et déforment les graphies traditionnelles parfois de manière considérable. Sans prétendre à une analyse exhaustive, on commentera ici quelques graphies intéressantes qui apparaissent dans *Le Chiendent* (1933, ci-après abrégé en Ch), *Zazie dans le métro* (1959, Z), *Les œuvres complètes de Sally Mara / Journal intime* (1962, SM) et *Les fleurs bleues* (1965, Fb).

Dans les œuvres étudiées, on observe différents types de jeux sur les graphies. Ceux-ci concernent des mots du lexique dont l'orthographe traditionnelle présente certaines difficultés, par exemple à cause de la présence de lettres étymologiques (<doigt> devient ainsi <douas>, Fb, p. 67, <sculpteur> devient <sculteur>, Fb, p. 134) ou à cause de graphies irrégulières ou relativement marquées en ce qui concerne le système actuel du français (par exemple, <genous> au lieu de <genoux>, Fb, p. 92, <chevaus> au lieu de <chevaux>, Fb, p. 103, <chous> au lieu de <choux>, Fb, p. 179, <caillous> au lieu de <cailloux>, Fb, p. 212). Certaines graphies indiquent aussi des prononciations « fautives », par exemple <choupe> pour <soupe> (Ch, p. 19), ou reflètent des changements dans la prononciation des mots, par exemple <Je m'escuse> pour <Je m'excuse> (Ch, p. 35), <quéque chose> pour <quelque chose> (Ch, p. 139), <Ek cétéra, ek cétéra> ou <Exétéra> pour <Et cetera, et cetera> (Ch, p. 168 et Z, p. 35, respectivement), <espliquer> pour <expliquer> (Z, p. 25), <esprimer> pour <exprimer> (Z, p. 28), <escursion> pour <excursion> (Z, p. 33), <massimum> pour <maximum> (Z, p. 60), <sessualité> pour <sexualité> (Z, p. 93), <çui-là> pour <celui-là> (Z, p. 29), ou encore des prononciations expressives, par exemple :

« Que ça te plaise ou que ça neu teu plaiseu pas, tu entends ? » (Z, p. 28), « c'était la catastrophe, lâ câtâstrôpheu [...] un accident terrible, tairribleu » (Ch, p. 38).

De plus, on note un taux élevé de jeux sur la graphie de mots empruntés, surtout pour des mots d'origine anglaise : <djinn-fils> pour <gin-fizz> (Ch, p. 182), <dreumeurs> pour <drummers> (Ch, p. 198), <vatères> pour <waters> (Ch, p. 319, SM, p. 54, Fb, p. 30), <smoquinges> pour <smokings> (Ch, p. 363), <linnecher> pour <lyncher> (Z, p. 42), <bloudjinnzes> ou <djinns bleus> pour <blue-jeans> (Z, p. 48, 49, 50, 51, etc. et p. 84, respectivement), <policemane> pour <policeman> (Z, p. 108), <coboille> pour <cow-boy> (Z, p. 116, 117), <cornède bif> pour <corned-beef> (Z, p. 140), <ouisqui> pour <whisky> (Z, p. 156, SM, p. 19, 25, 43, 52, 53, 59, 60, 61, etc.), <tôste> pour <toast> (Z, p. 158), <apibeursdè touillou> pour <happy birthday to you> (Z, p. 158), <bâille-naïte> pour <by night> (Z, p. 174), <ouateurproufe> pour <waterproof> (SM, p. 18), <touide> pour <tweed> (SM, p. 148), <stèques> pour <steaks> (Fb, p. 13), <campigne> pour <camping> (Fb, p. 20, etc.), <interviouvent> pour <interviewent> (Fb, p. 90), <standigne> pour <standing> (Fb, p. 149, etc.), <sandouiche> pour <sandwich> (Fb, p. 157), <ouesterne> pour <western> (Fb, p. 183), <gueurle> pour <girl> (Fb, p. 184), <poul> pour <pull(-over)> (Fb, p. 186), <rome> pour <rhum> (Fb, p. 188) (voir aussi le mot anglais <because> transformé en <bicose> dans Z, p. 23). Occasionnellement, on observe aussi des jeux sur des mots d'origine latine (<un kidan> pour <un quidam>, Z, p. 170), sur l'italien (<médza votché> pour <mezza voce>, Z, p. 69) et sur l'allemand : <briffe-trégueur> pour l'all. <Briefträger> 'facteur', <briffe> pour l'all. <Brief> 'lettre' (avec attribution du genre féminin, *la briffe*), <guechprechtoffe> pour l'all. <Gesprächsstoff> 'sujet de conversation' (tous les exemples sont extraits de Ch, p. 331). Dans un autre passage, il y a une juxtaposition de différentes langues, d'accents étrangers et du français parlé : « Yo soy [espagnol] [...] Zé souis [fr. *je suis* prononcé avec un accent non-natif] [...] Ch'suis [français parlé] [...] Ich bine [allemand, avec « francisation » du verbe : <bine> au lieu de <bin>] [...] Haillame... [anglais *I am*] » (Ch, p. 428).

Les nombreux jeux sur la graphie des mots empruntés sont facilités du fait qu'il s'agit souvent de mots encore en cours de diffusion, pour lesquels il peut y avoir des variantes dans l'usage ; de plus, on note le plaisir de jouer sur les différences entre plusieurs langues historiques. En même temps, les graphies proposées illustrent la large gamme de possibilités pour intégrer les mots empruntés (cf. Winter-Froemel 2008, 2020). Les graphies qui opèrent une forte intégration et qui peuvent sembler inhabituelles pour le français contemporain se relativisent toutefois dans une perspective historique (cf. le fr. *redingote*, emprunté à l'anglais *riding-coat*) ou contrastive (cf. la graphie *güisqui* adoptée par l'espagnol pour l'emprunt à l'anglais *whisky*).

S'y ajoutent encore des jeux sur les sigles (<HLM> devient <achéléme>, Fb, p. 78, <WCs> devient <vécés>, Fb, p. 216, <TV> devient <tévé>, Z, p. 25, 37, 149, etc., Fb, p. 219, S.T.O. [Service du travail obligatoire] devient <esstéo>, Z, p. 73) et les noms propres (<un grand effort berlitzscoulien>, Z, p. 100, renvoyant à la célèbre école de langues Berlitz School, <newtonienne> devient <nioutonienne>, Fb, p. 205), ainsi que sur les liaisons (<I-z-ont> pour <Ils ont>, Ch, p. 146, <i-z-étaient> pour <ils étaient>, Ch, p. 146, <Elle ne se limite pazozap-parences> pour <... pas aux apparences>, Ch, p. 327, <Avant que la Mouaque utu [eût eu] le temps de répondre>, Z, p. 132, <vzavez jamais zétés foutus>, Z, p. 138, <bin nonnêtes>, Z, p. 138). Parfois il s'agit aussi de liaisons fautives (« interdites »), par exemple devant une *h aspiré* (<zaricos> pour <haricots>, Z, p. 138, Fb, p. 267 ; voir aussi <l'haricot vert>, Ch, p. 53, qui indique également que le *h aspiré* n'est pas respecté) ou avec insertion fautive d'une consonne (<Elle commanda-t-une camomille>, Ch, p. 41, <Quat'zarts>, Ch, p. 57, <renonça-z-à>, Ch, p. 106, <j'té zau miyeu> pour <j'étais au milieu>, Ch, p. 166, <l'on frappa-z-à la porte>, Ch, p. 166, <va-t-à-z-eux>, Z, p. 47, <Pour moi zossi>, Z, p. 125, 127).

En outre, Queneau joue avec des mots et expressions d'usage fréquent, en détournant leur graphie établie : ainsi, la graphie <meussieu> pour <monsieur> apparaît à de multiples reprises dans Ch (p. 14, 16, 17, etc., voir aussi Z, p. 9, etc. ; de plus, on trouve les variantes <Messieu>, Ch, p. 18, 20, etc., <m'sieu>, Ch, p. 32, 166, etc. et <msieu>, Z, p. 64). De même, on trouve <Gzactement> pour <Exactement> (Z, p. 20), <Gzakt> pour <Exact> (Z, p. 38), <Dacor> ou <dakor> pour <D'accord> (Z, p. 39 et p. 82, 83, etc.), <par egzemple> pour <par exemple> (Z, p. 84), <Passque> pour <Parce que> (Z, p. 148), <staprès-midi> pour <cet après-midi> (Z, p. 157), la graphie <voitures> devient <houatures> (Fb, p. 45, etc.), <oui> devient <voui> (SM, p. 48, Fb, p. 268), etc. Dans la plupart des cas, les graphies déviantes sont utilisées sans que la « solution » soit donnée, et ce n'est que rarement que la graphie traditionnelle apparaît également dans le contexte immédiat (voir par exemple « l'obstination d'un six-day-man (siksdémane) », Ch, p. 254).

De plus, il y a les jeux qui portent sur des séquences phoniques plus larges (comme les mots phoniques qui fonctionnent comme des unités figées de la parole, voir ci-dessous, 3.) : <skeu cé> ou <cexé> pour <ce que c'est> (Ch, p. 331 et Fb, p. 63), <quai skeu cé> pour <qu'est-ce que c'est> (Ch, p. 331), <Surécertain> pour <Sûr et certain> (Ch, p. 332), <skya> pour <ce qu'il y a> (Ch, p. 339), <kèkchose> pour <quelque chose> (Z, p. 108), <à c't' heure> ou <asteure> pour <à cette heure> (Ch, p. 48 et Z, p. 76, 108, 155, 182, SM, p. 34, Fb, p. 178, respectivement), <kouak ce soit> pour <quoi que ce soit> (Z, p. 151), <Doukipudonktan> pour <D'où (est-ce)qu'i(l) pue donc tant ?> (Z, p. 9), <Skeutadittaleur> pour <Ce que tu as dit tout à l'heure> (Z, p. 10), <Singermindépré> pour <Saint-Germain-des-Prés> (Z, p. 30), <boujpludutou>

pour <bouge plus du tout> (Z, p. 48). Ce jeu est poussé à l'extrême quand un dialogue entier dans lequel ne sont échangées que des banalités est écrit sans marquage des frontières de mots :

> Bonjourmeussieucommentçavacematinpasmaletvousmêmelefonddelairestfraismaistoutà lheureilferachaud.
> (Queneau, *Le Chiendent*, p. 38)

Pour certaines graphies, outre le plaisir du jeu de la déformation, on observe des effets de sens additionnels : par exemple, la graphie <l'ouazo sang vola> (Ch, p. 177), attribuée à la plume d'un personnage du roman, représente aussi une sorte d'énigme posée au lecteur du roman, qui pourra décoder *l'oiseau s'envola*, mais aussi s'interroger sur l'importance des significations des mots *sang* et *voler* 's'emparer frauduleusement de ce qui appartient à autrui' (voir aussi le jeu sur <guide-nappeurs> 'kidnappeurs d'un guide' qui se trouve dans Z, p. 108, etc., et la graphie déviante pour Saint-Germain-des-Prés citée ci-dessus, qui évoque le mot *singe* ; de même, la graphie <policemane> peut évoquer l'élément formant -*mane* désignant des personnes atteintes d'une habitude morbide, cf. *pyromane, cleptomane, mégalomane*, et l'expression <flicmane>, Z, p. 110, etc.).

Les graphies déviantes peuvent aussi permettre des réinterprétations ludiques (<Du sous-sol émanait un grand brou. Ah ah.> [*brouhaha*], Z, p. 133) ou mettre en scène des malentendus, comme dans le cas suivant : « – Pourquoi que vous vous appelez l'âne à Corette ? – Anachorète, répond l'autre, c'est un mot grec pour dire : qu'on mange et qu'on ne boit presque pas, comme qui dirait un fakir. » (Ch, p. 270). Quelques pages plus loin, on observe encore un malentendu basé sur l'homophonie :

> – Vous êtes un as, Pic [Pic est le nom du personnage].
> – Moi, un aspic ! (Il suffoque.) Mais Meussieu, je ne vous permets pas de m'insulter ainsi ! [...] Moi, un aspic, ho ! [...]
> Il se lève et s'agite de façon inconsidérée. Les dames le calment. Thémistocle, effrayé du résultat obtenu, tente de se justifier.
> – Mais c'était un calembour ! [...]
> [...] Je voulais dire que vous êtes un as, Meussieu Pic ! Un as !
> (Queneau, *Le Chiendent*, p. 275)

Dans *Les fleurs bleues*, la graphie <en avoir mare> (Fb, p. 105) rapproche le phraséologisme du mot *mare*, qui représente un élément qui pourrait s'attendre dans le contexte donné (où le personnage du duc est en train de cheminer à travers une forêt). De même, la graphie <houatures> (pour <voitures>) est rapprochée et motivée à partir du mot *ouate*, de sorte qu'on peut constater un jeu de pseudo-motivation (de plus, on note que pour assurer la compréhension du passage, Queneau emploie aussi le quasi-synonyme *bagnole*, qui appartient au français populaire, cf. TLFi) :

> Quelquefois, même, en plein été, il y a comme de la neige sur l'eau, mais ce n'est pas de la neige, ça ressemble à de la mousse de savon ou à de la ouate, ça vient de l'usine de houatures qui se trouve en amont, je suppose qu'ils lavent les bagnoles avant de les refiler aux clients. (Queneau, *Les fleurs bleues*, p. 185)

Pour tous les exemples cités, la dimension ludique est primordiale, ce qui se note aussi dans le fait que Queneau propose parfois différentes variantes pour déformer un mot ou une expression (voir par exemple les variantes pour <à cette heure> commentées ci-dessus). Il s'agit ainsi d'un jeu sur et avec l'orthographe et la langue ou les langues ; en même temps, il y a aussi une dimension sérieuse, qui représente une sorte de toile de fond et qui invite les lectrices et lecteurs à prendre conscience des enjeux que l'orthographe véhicule et de son caractère relativement arbitraire. Les liens étroits entre l'approche ludique et les réflexions linguistiques de fond sont très clairement illustrés dans l'extrait suivant, qui peut s'interpréter comme résumant l'approche de Queneau. Le personnage Sally Mara, de langue maternelle anglaise, écrit son *Journal intime* en français, c'est-à-dire dans la langue qu'elle a apprise avec son professeur Monsieur Presle, et elle y intègre régulièrement des commentaires métalinguistiques :

> – J'en ai.
> – Des quoi ?
> – Des complexes.
> – Kéxé ?
> Ainsi Monsieur Presle écrivait-il parfois de français afin de mieux m'en faire sentir les subtilités de l'orthographe. Naturellement, en anglais, je prononçais simplement la syllabe :
> – Ouatt ?
> (Queneau, *Les œuvres complètes de Sally Mara*, p. 23)

5 « Ta Katie t'a quitté » en *ortograf fonétik*

Pour réunir les différentes perspectives esquissées dans les sections précédentes, on proposera ici une transcription de la chanson « Ta Katie t'a quitté » de Boby Lapointe en *ortograf fonétik* (vDWP selon les Tableaux 1 et 2, voir la section 3). La transcription vise à faire ressortir les phénomènes de liaison et les enchaînements consonantiques en indiquant les consonnes concernées au début du mot suivant, de sorte que les consonnes sont répétées au cas échéant, par exemple *Sœswar rôbar*. Contrairement aux romans de Queneau, où l'*ortograf fonétik* est appliquée surtout à des mots isolés ou à des séquences relativement courtes, le texte de la chanson sera transcrit dans son intégralité. De plus, on transcrira les unités phoniques en s'orientant aux réalisations des unités telles qu'elles s'entendent dans la chanson, sans respecter a priori les frontières entre les mots. Il convient toutefois de noter que les unités indiquées ci-dessous ne correspondent pas nécessairement aux mots phonétiques qu'un phonéticien transcrirait, ce qui est également dû au fait qu'il s'agit d'un texte chanté et que le débit et le rythme de la parole interagissent avec la musique.

Sœswar rôbar
dœlagar rigor ragar rénwar rénarèt gèr dœbwar
kar sakatya, sajôlikatya, vyĩdœ lœkité
sakati lakité
ilafè čwblã sœgrãduk kavèksétruk
sézastus séruz dœrusœblã
mataktik kététok ditigor kisãdor rivrœmor rôkõtwar dubar
ĩruzblã kiénwar kèlbizarazar sœmar
léfètarpayar dubar karãkor rigor ridor
méprèdsõnorèy mèrvéy ĩrévéy vèrmèy
luiprodigœ dékõsèy pãdã sõsomèy
tiktak tiktak takati takité
tiktak tiktak takati takité
tiktak tiktak
tékoku katãtu kuitœtwa tékoku taka takatkuité ékité tõkartyé
takati takité tataktik kététok
tataktik kététok takati takité
ôtœtatok kétrok tõtrikô twkroté
étakrw tôkwtô kõta tãtataké
kõtrĩtakô koté katréku twkõté ékitœ tõkartyé
takati takité takati takité
takati takité takati takité
twtakôté dékatĩ dékati takinè tĩkokèr kokĩ
édétikœ kokètœ twtãtrikotã kakœtè tédiskutè tékritikè
tĩkõtœ toké kikõtè tãtikã twtĩta dœtikè dœkè kãtwtakw
tik tak tik brrrrrrrrrrrrr
« Ômatĩ kèlrévèy mâtĩ kèlrévèy matĩ »
sékri lœrusœ blãdœpœr
« pwrunœ sonœri sétunœbèlœ sonœri ! »

Références bibliographiques

Bailly, Sébastien. 2006. *Le meilleur des jeux de mots*. Paris : Fayard / Mille et une nuits.
Blank, Andreas. 1991. *Literarisierung von Mündlichkeit. Louis-Ferdinand Céline und Raymond Queneau*. Tübingen : Narr.
Cazal, Yvonne & Gabriella Parussa. 2020. Chapitre 25. Introduction [à la Partie 4 : Codes de l'écrit : Graphies et ponctuation]. In Christiane Marchello-Nizia, Bernard Combettes, Sophie Prévost & Tobias Scheer (éds.), *Grande Grammaire Historique du Français*, vol. 1, 493–500. Berlin & Boston : De Gruyter Mouton.
Cazal, Yvonne, Gabriella Parussa & Elena Llamas-Pombo. 2020. Chapitre 26. Graphies : des usages à la norme. In Christiane Marchello-Nizia, Bernard Combettes, Sophie Prévost & Tobias Scheer (éds.), *Grande Grammaire Historique du Français*, vol. 1, 501–549. Berlin & Boston : De Gruyter Mouton.
Céline, Louis-Ferdinand. [1932] 1961. *Voyage au bout de la nuit*. Paris : Gallimard.
Ferguson, Charles A. 1959. *Diglossia*. Word 15. 325–340.
Gilliéron, Jules & Mario Roques. 1912. *Études de géographie linguistique d'après l'*Atlas Linguistique de la France. Paris : Champion.
Kemmner, Ernst. 1972. *Sprachspiel und Spieltechnik in Raymond Queneaus Romanen*. Tübingen : Narr.
Koch, Peter. 1997. Diglossie in Frankreich ? In Winfried Engler (éd.), *Frankreich an der Freien Universität. Geschichte und Aktualität. Beiträge zur Ringvorlesung « Frankreich an der Freien Universität. Geschichte und Aktualität », Wintersemester 1995/96*, 219–249. Stuttgart : Steiner.
Koch, Peter. 2005. Sprachwandel und Sprachvariation. In Angela Schrott & Harald Völker (éds.), *Historische Pragmatik und historische Varietätenlinguistik in den romanischen Sprachen*, 229–254. Göttingen : Universitätsverlag Göttingen.
Koch, Peter. 2010. Sprachgeschichte zwischen Nähe und Distanz : Latein – Französisch – Deutsch. In Vilmos Ágel & Mathilde Hennig (éds.), *Nähe und Distanz im Kontext variationslinguistischer Forschung*, 155–206. Berlin & New York : de Gruyter.
Langenbacher, Jutta. 1981. *Das « neo-français » : Sprachkonzeption und kritische Auseinandersetzung Raymond Queneaus mit dem Französischen der Gegenwart*. Frankfurt am Main : Lang.
Lapointe, Boby. [1960–1969]. *Comprend qui peut*. Paris : Phongram S.A.
Loubet-Poëtte, Vanessa. 2018. Règles de l'orthographe et contraintes de l'Oulipo : jeux de dupes ? In Bettina Full & Michelle Lecolle (éds.), *Jeux de mots et créativité : Langue(s), discours et littérature* (The Dynamics of Wordplay 4), 109–134. Berlin & Boston : De Gruyter. https://doi.org/10.1515/9783110519 884-115.
Meisenburg, Trudel. 1996. *Romanische Schriftsysteme im Vergleich. Eine diachrone Studie*. Tübingen : Narr.
Müller-Lancé, Johannes. 2007. Spanische und französische Orthographie : Ein Kontrast und seine Genese. *PhiN / Philologie im Netz* 40. 1–31. https://web.fu-berlin.de/phin/phin40/p40t1.htm.
Okrent, Arika. 2021. *Highly irregular. Why* tough, through, *and* dough *don't rhyme – and other oddities of the English Language*. Illustrated by Sean O'Neill. Oxford : Oxford University Press.
Pascal, Victor. 2022. Boby Lapointe, du jeu de mots à l'équation mathématique. https://www.radio france.fr/francemusique/boby-lapointe-du-jeu-de-mots-a-l-equation-mathematique-9184903 (consulté le 16 octobre 2025).
Poier-Bernhard, Astrid. 2012. *Texte nach Bauplan. Studien zur zeitgenössischen ludisch-methodischen Literatur in Frankreich und Italien*. Heidelberg : Winter.
Poier-Bernhard, Astrid. 2018. Créativité et potentialités du jeu de mots. Pratiques et concepts oulipiens. In Bettina Full & Michelle Lecolle (éds.), *Jeux de mots et créativité : Langue(s), discours et*

littérature (The Dynamics of Wordplay 4), 135–162. Berlin & Boston : De Gruyter. https://doi.org/10.1515/9783110519884-141.

Pustka, Elissa. [2011] 2016. *Einführung in die Phonetik und Phonologie des Französischen*. Berlin : Erich Schmidt Verlag.

Queneau, Raymond. 1933. *Le Chiendent*. Paris : Gallimard.

Queneau, Raymond. [1950] 1965. Écrit en 1937. In Raymond Queneau, *Bâtons, chiffres et lettres*. Édition revue et augmentée, 11–26. Paris : Gallimard.

Queneau, Raymond. 1959. *Zazie dans le métro*. Paris : Gallimard.

Queneau, Raymond. 1962. *Les œuvres complètes de Sally Mara*. Paris : Gallimard.

Queneau, Raymond. 1965. *Les fleurs bleues*. Paris : Gallimard.

Rauch, Bruno. 1982. *Sprachliche Spiele – spielerische Sprache. Sammlung, Erklärung und Vergleich der Wortspiele in vier ausgewählten Romanen von R. Queneau und in den entsprechenden Übersetzungen von E. Helmlé*. Dissertation, Universität Zürich.

Riegel, Martin, Jean-Christophe Pellat & René Rioul. 1994. *Grammaire méthodique du français*. Paris : Presses Universitaires de France.

Selig, Maria. 2008. Die Aussprache des Französischen : das segmentale System. In Ingo Kolboom, Thomas Kotschi & Edward Reichel (éds.), *Handbuch Französisch. Sprache, Literatur, Kultur, Gesellschaft*, 163–170. Berlin : Erich Schmidt Verlag.

TLFi = *Trésor de la langue française informatisé*. http://atilf.atilf.fr/ (consulté le 18 octobre 2025).

Vendryes, Joseph. 1921. *Le langage : introduction linguistique à l'histoire*. Paris : La Renaissance du Livre.

Winter-Froemel, Esme. 2008. Studying loanwords and loanword integration. Two criteria of conformity. *Newcastle Working Papers in Linguistics* 14. 156–176.

Winter-Froemel, Esme. 2020. Chapitre 50. Emprunts : Langues en contact. In Christiane Marchello-Nizia, Bernard Combettes, Sophie Prévost & Tobias Scheer (éds.), *Grande Grammaire Historique du Français*, vol. 2, 1947–1996. Berlin & Boston : De Gruyter Mouton.

Winter-Froemel, Esme. 2024. The dynamics of polysemy and homonymy : demotivation and ad hoc motivation from the perspective of cultural traditions and discourse traditions. In Éric Dieu & Daniel Kölligan (éds.), *Homonymie, Polysemie und Etymologie in den indogermanischen Sprachen / Homonymie, polysémie et étymologie dans les langues indo-européennes / Homonymy, Polysemy and Etymology in Indo-European Languages* (Münchner Studien zur Sprachwissenschaft 36, Neue Folge), 399–442. Dettelbach : Röll.

Winter-Froemel, Esme. Ce volume. Continuités et nouveaux enjeux sociaux dans les jeux avec les noms propres : la tradition des blagues Monsieur et Madame et les noms kahoot. https://doi.org/ 10.1515/9783111555072-018.

Laélia Véron
Analyser des jeux de mots dans une émission humoristique

Résumé : Peut-on analyser linguistiquement et divulguer les mécanismes des jeux de mots, en tant qu'universitaire, dans une émission où vos interlocutrices et interlocuteurs sont des professionnels du jeu de mots ? Dans cet article, Laélia Véron revient sur les enjeux de la vulgarisation scientifique en tant que chroniqueuse dans une émission d'actualité humoristique (menée par Charline Vanhoenacker sur France Inter), émission dont les jeux de mots politiques ont souvent fait polémique.

Mots-clés : censure, humour, ironie, jeux de mots, politique, radio, satire, vulgarisation

1 Faire une chronique scientifique dans une émission humoristique : enjeux d'une autonomie relative

Peut-on analyser linguistiquement et divulguer les mécanismes des jeux de mots, en tant qu'universitaire, dans une émission où vos interlocutrices et interlocuteurs font des jeux de mots ? Je me suis retrouvée face à cette question pendant mes trois années de participation à l'émission d'humour chapeautée par Charline Vanhoenacker sur la radio[1] France Inter de 2021 jusqu'à son arrêt définitif fin juin 2024 (avec la suspension, puis le renvoi de l'humoriste Guillaume Meurice, et la démission de plusieurs membres de l'équipe).

J'ai été invitée à participer à cette émission, très populaire[2], pour tenir une chronique de vulgarisation scientifique portant sur la langue française. Analyser des notions linguistiques ou stylistiques dans une chronique n'est pas la même chose que le faire pendant un cours ou lors d'un article. Le temps de la chronique

---
1 Sur les rapports entre radio et vulgarisation scientifique, voir Michaut (2023 : 52).
2 L'émission réunissait plus d'un million d'auditrices et d'auditeurs par soir en 2022 selon Médiamétrie.

Laélia Véron, Laboratoire POLEN, Université d'Orléans, 10 rue de Tours – BP 46527, 45065 Orléans, Laelia.Veron@univ-orleans.fr

∂ Open Access. © 2025 the author(s), published by De Gruyter. This work is licensed under the Creative Commons Attribution 4.0 International License.
https://doi.org/10.1515/9783111555072-016

est contraint (trois minutes et trente secondes, la plupart du temps) : ne pas le respecter voudrait dire prendre du temps sur la parole des autres chroniqueuses et chroniqueurs et mettre en difficulté l'animatrice, il doit donc être respecté. De plus, le texte de la chronique est écrit (contrairement à un cours) mais il est fait pour être lu et pour pouvoir être oralisé (contrairement à un article), par exemple en accueillant et en rebondissant sur les remarques des personnes présentes autour de la table. Mais surtout, ce texte est fait pour être accessible idéalement pour n'importe quelle auditrice ou n'importe quel auditeur. Il doit donc être explicite et compréhensible, de manière autonome, sans s'appuyer sur des notions présupposées connues ou des échanges qui auraient lieu avant ou après la chronique, ou par rapport aux autres chroniques – d'autant plus que la chronique est ensuite découpée et mise en ligne sur les réseaux sociaux de l'émission, ainsi que sur YouTube. Ce dispositif, tout comme le dispositif singulier de la chronique (il s'agit bien de parler en tant que vulgarisatrice scientifique, et non pas en tant que journaliste ou humoriste) peut pousser à choisir un sujet indépendant des autres sujets débattus pendant l'émission, ce que j'ai pu faire par moments (en proposant par exemple des chroniques sur la distorsion temporelle, les subordonnées, les émojis, le pronom « on », la différence entre faute et figure de style, etc.).

Cependant, j'ai choisi de faire plusieurs chroniques sur les formes du jeu de mots car cela répondait à mes propres sujets de recherche, aux sujets d'intérêt de l'animatrice et productrice de l'émission, Charline Vanhoenacker (qui, lors de ses études en philologie romane à l'Université Libre de Bruxelles avait fait un mémoire sur les formes du jeux de mots dans les albums du *Chat* de Philippe Geluck) et parce qu'il était difficile d'ignorer cet enjeu du langage, dans une émission qui joue sans cesse avec le jeu de mots, que ce soit dans les chroniques des humoristes, dans les interactions spontanées de l'émission, ou dans les retours sur mes propres chroniques – Charline Vanhoenacker a ainsi conclu d'un joyeux « Allez, on embrasse toutes les momies » ma chronique sur les perles de l'académie française (le 10 mai 2023).

Expliquer les jeux de mots dans l'émission, aux personnes qui les pratiquent, avait selon moi plusieurs intérêts : d'une part intégrer la chronique dans le dispositif général dans l'émission et conserver une unité de ton minimale (pour éviter que la chronique devienne un passage – culturel, scientifique – obligé mais un peu ennuyeux), d'autre part par intérêt didactique. En effet, un des buts des chroniques linguistiques était pour moi de faire écho aux pratiques des auditrices et des auditeurs, pour leur montrer qu'il ne s'agissait pas de questions abstraites qui ne les concernaient pas. Prendre pour corpus les pratiques des membres de l'émission, interroger et analyser leurs propres pratiques devant elles et eux, leur demander de participer à cette analyse en leur posant des questions pouvait permettre ainsi de créer une mise en abyme pédagogique.³ Ce dispositif de mise en abyme ne se limitait d'ailleurs pas aux jeux de mots : j'ai ainsi analysé les manières de prononcer « oui » de Charline Vanhoenacker et de Guillaume Meurice (« Que révèle votre manière de dire oui ? », le 31 mars 2024) ; la pratique de la fausse auto-modestie d'Aymeric Lompret, et la manière dont Charline Vanhoenacker, en tant qu'animatrice, devait se positionner par rapport à cette fausse auto-modestie (« Comment utiliser (ou contrer) l'auto-modestie », le 10 mars 2023), j'ai proposé à l'équipe (et au public) de « jouer avec moi » pour leur faire prononcer le mot « dompter » et analyser ainsi leur prononciation (ou non) du *p* (« Prononciation de snob, prononciation de plouc ? », le 10 mars 2024). Mais le jeu de mots se prêtait particulièrement bien à cette réflexivité puisque c'était une pratique partagée par toute l'équipe et par les auditrices et auditeurs (que ce soit en tant qu'auteurs et autrices de ces jeux de mots ou en tant que public).

Dans ce souci d'intégration de la chronique dans le dispositif général de l'émission, j'ai pu faire choisir des sujets qui exposaient un phénomène linguistique autour des jeux de mots, en faisant le lien avec des pratiques quotidiennes, partagées par les auditrices et les auditeurs, puis avec des pratiques plus spécialisées des professionnels de l'humour de l'émission. Par exemple, pour une chronique sur les désanthroponymes, des mots dérivés, formés à partir de patronymes de personnalités politiques (« Zemmouristan, mélenchophobe, cahuzacer : les désanthroponymes », le 10 décembre 2023), j'ai d'abord exposé les travaux de la chercheuse Mathilde Hugin (2022), puis poussé l'équipe à décrypter morphologiquement ces désanthroponymes, par exemple à interpréter le « stan » de « Zemmouristan » (pour montrer que chacun le fait spontanément), puis essayé de montrer que ces désanthroponymes pouvaient aussi bien être mobilisés dans une forme spontanée de satire populaire que dans des pratiques plus professionnelles, comme celles du chansonnier de l'émission, Frédéric Fromet. Cependant, d'autres chroniques étaient plus focalisées sur les pratiques spécifiques de l'émission. Je détaillerai deux cas :⁴ celui de l'analyse des calembours (« Comment faire un bon calembour », le 4 janvier 2023), puis celui de l'ironie (« Comment jouer avec l'ironie ? », le 19 octobre 2022).

Une dernière question pratique peut se poser : faut-il faire de l'humour quand on parle d'humour dans une émission humoristique ?⁵ Certains universitaires-chroniqueurs choisissent de s'essayer franchement à une parole humoristique,

---

3 Sur les techniques d'implication dans la vulgarisation scientifique, voir Michaut (2023 : 106).
4 Dans cette perspective, je citerai et commenterai des extraits de ces chroniques (qui peuvent être consultées sur YouTube ou sur le site de France Inter).
5 Sur les rapports entre humour et vulgarisation, voir Michaut (2023 : 108–110).

comme le linguiste Médéric Gasquet-Cyrus (qui tient notamment une chronique très régulière, « Dites-le en marseillais » sur France Bleu), certaines de ses chroniques assumant de faire l'humour sur des sujets linguistiques plutôt que des chroniques linguistiques avec des touches d'humour. Pour ma part, je considérais qu'il fallait bien un minimum d'humour pour ne pas rompre l'unité de ton de l'émission, mais sans que l'humour soit le but de la chronique, qui se devait surtout d'être claire, accessible et sourcée. Ce dernier point m'important particulièrement, par principe professionnel, pour donner envie aux auditrices et auditeurs d'aller plus loin, pour leur donner les moyens d'aller plus loin, pour montrer qu'il ne s'agissait pas de lubies individuelles mais d'idées débattues, portées par plusieurs chercheuses et chercheurs, pour essayer de vulgariser non seulement des résultats mais une certaine méthodologie de la recherche. Concernant les calembours et l'ironie, ces chroniques croisaient mes propres recherches présentes et actuelles : sur les calembours (Véron 2018) et « le mot qui tue »[6] dans Balzac, sur l'ironie dans mais aussi hors de Balzac (j'avais ainsi fait un article général sur l'ironie, qui interrogeait le dispositif ironique du micro-trottoir[7] de Guillaume Meurice, avant de participer à l'émission[8]). C'était alors l'occasion de vulgariser certaines perspectives, mais aussi de les réinterroger et de les actualiser en les appliquant à un autre corpus. Bien connaitre ces sujets était à la fois un avantage et un désavantage : un avantage car je connaissais la richesse des recherches sur le sujet, un désavantage car vouloir trop dire en trois minutes trente risquait de rendre la chronique incompréhensible.

2 L'ironie

L'enjeu principal de ma chronique sur l'ironie (« Comment jouer avec l'ironie », le 19 octobre 2022) était de rappeler mais aussi de dépasser le plus tôt possible la définition de l'ironie comme antiphrase pour aborder une définition plus complexe de l'ironie, largement développée dans la recherche universitaire (et sur laquelle j'avais travaillé aussi bien dans ma thèse que dans des articles) comme

---

6 J'ai ainsi fait une chronique (« Le mot qui tue dans *Illusions Perdues* », le 01 décembre 2021) en écho avec mon travail de thèse (Véron 2025).
7 Guillaume Meurice reprend, de manière ironique, la forme traditionnelle journalistique du micro-trottoir qui prétend recueillir des opinions spontanées, le plus souvent collectées dans la rue, de citoyennes et citoyens sur des sujets divers. Pour Guillaume Meurice il ne s'agit pas seulement de les collecter, mais de les commenter et de les critiquer avec ironie.
8 Véron (2021). Voir également Véron (2025).

parole polyphonique jouant sur l'allusion et notamment sur la mention. Contester une idée reçue en trois minutes trente peut être compliqué, d'autant plus que la définition de l'ironie comme antiphrase est bien implantée dans le discours commun.[9] J'espérais que prendre pour exemple ce que les membres de l'émission et les auditeurs connaissaient pouvait faciliter ce travail explicatif. J'aurais pu analyser la pratique de l'ironie dans les micro-trottoirs de Guillaume Meurice mais je ne voulais pas centrer une chronique sur un seul membre de l'émission. J'ai donc choisi les titres les plus ironiques de l'émission : les exemples et leur fonctionnement étaient déjà connus, il suffisait d'expliciter ce fonctionnement. L'émission produite par Charline Vanhoenacker et Alex Vizorek (puis Charline Vanhoenacker seule) a en effet changé plusieurs fois de titre : « Si tu écoutes j'annule tout », « Par Jupiter », « C'est encore nous ! ». J'ai abordé ces trois titres lors d'une chronique sur l'ironie, le 19 octobre 2022), puis, lors du passage en hebdomadaire, « Le Grand Dimanche Soir » (j'ai analysé ce titre pendant une chronique entière, « L'expression "Le grand soir" », le 5 novembre 2023).

2.1 Dépasser l'antiphrase

J'ai rappelé la définition de l'ironie antiphrastique (« le fait de dire l'inverse exact de ce qu'on pense. Je dis quelque chose, tout en faisant bien comprendre, que je pense le contraire de ce que je dis ») et mentionné un exemple classique : dire *« Quel beau temps ! »* alors qu'il pleut. J'ai essayé d'appuyer cet exemple en prenant des exemples plus spécifiques à l'esprit de l'émission, en jouant sur la connivence politique du groupe (« ça marche aussi si je dis que le salaire de Carlos Tavares est tout à fait normal, 19 millions par an, c'est juste qu'il a bien bossé, que Manuel Valls est de gauche ») ou sur le fonctionnement interactif d'une émission « de bande »[10] humoristique, qui implique de se « vanner » gentiment (par exemple lorsque je déclare ironiquement « que j'ai hâte d'entendre la chronique de Thomas Croisière », l'animateur Thomas Croisière aimant compter les « balles perdues » à son encontre dans l'émission). Je n'ai pas donné d'autre définition que le concept, assez connu, de « l'antiphrase » mais j'ai essayé de faire entendre, par

---

9 Sur la tradition rhétorique qui associe ironie et antiphrase, voir Schoentjes (2021 : 75–99). Pour un exemple de l'influence de cette tradition dans le discours commun, on peut citer la définition suivante de l'ironie sur le site du dictionnaire *Le Robert* : « Manière de se moquer (de qqn ou de qqch) en disant le contraire de ce qu'on veut exprimer. Linguistique : procédé par lequel on fait entendre le contraire de ce qui est explicité → antiphrase » (https://dictionnaire.lerobert.com/definition/ironie ; consulté le 4 juin 2025).

10 Sur le comique « de bande » voir Wagneur (2021 : 868).

mon intonation, le décalage entre ce qui était dit et ce qui était pensé, les rires des personnes autour de la table attestant du décodage de l'ironie : les propos tenus n'étaient pas compris au premier degré.

2.2 L'ironie par mention : « Si tu écoutes j'annule tout » « Par Jupiter ! »

J'ai ensuite essayé d'apporter une autre définition de l'ironie, l'ironie par mention[11], que j'ai présentée ainsi : « jouer sur des effets de distance, mais sans aller forcément jusqu'à l'antiphrase pure et simple, par exemple lorsqu'on reprend le discours d'autrui, qu'on le mentionne, tout en s'en distanciant ».

J'ai donné comme exemple de cette ironie par mention le titre de l'émission « Si tu écoutes, j'annule tout ». La phrase joue sur l'écho avec « Si tu reviens j'annule tout » phrase attribuée à l'ex-président Nicolas Sarkozy, dans un texto qu'il aurait envoyé à son ex-femme, au moment de la préparation de son mariage avec la chanteuse Carla Bruni. J'ai essayé d'expliquer le jeu d'allusion avec démarcation (« il y a à la fois reprise du discours par la citation, mais aussi variation, de "si tu reviens" à "si tu écoutes", et donc effet de distance ») en donnant une référence universitaire (« c'est une ironie par représentation du discours autre pour reprendre les termes de la linguiste Jacqueline Authier-Revuz »[12]). Mon deuxième exemple était l'autre titre de l'émission « Par Jupiter » : j'ai expliqué qu'il « jouait également sur une ironie par mention, puisqu'il s'agit de reprendre des discours attribués à ou à propos d'Emmanuel Macron :[13] il se prendrait pour Jupiter, le roi des dieux dans la mythologie ». Dans ce cas, la variation ironisante par rapport au discours premier n'était pas une variation lexicale, mais une « exagération », « une variation de mesure » : « l'emploi du « Par » et l'exagération du ton augment[ant] l'arrogance du discours premier supposé et par là le dénonce ironiquement ». Pour cet exemple, l'énonciation radiophonique a eu l'intérêt de pouvoir faire réentendre le jingle de l'émission, le titre et sa variation ironique.

---

11 L'ironie par mention a été définie en 1978 par un célèbre article de Sperber et Wilson (1978), Cet article définit l'ironie non pas comme antiphrase mais comme l'écho du discours de celui ou celle qu'on prend pour cible.
12 La référence complète est Authier-Revuz (2019).
13 Dans un entretien avec le magazine *Challenges*, publié le 16 octobre 2016, Emmanuel Macron avait ainsi fustigé l'image du « président normal » incarné par François Hollande et déclaré que la France avait besoin d'un chef d'État « jupitérien ».

2.3 Les effets de l'ironie

Cette chronique était également l'occasion de s'interroger sur un problème récurrent quand on parle d'ironie, et surtout d'ironie par mention / allusion : le fait d'avoir la référence. J'ai ainsi indiqué que « le problème de l'ironie par mention, c'est qu'elle vieillit potentiellement mal, parce qu'on peut perdre la référence. Par exemple, *Libération* avait titré lors de l'hiver, en février 2009 « Casse-toi flocon », rigolo en 2009 quand la phrase de Sarkozy était reprise partout, pas forcément aujourd'hui » et que de manière plus générale : « pour tout phénomène d'allusion, qu'il soit ironique ou pas d'ailleurs, pour comprendre, il faut avoir la référence. Si vous ne savez pas qui est Jupiter ou si vous ne savez pas que c'est le surnom de Macron, vous ne rigolerez pas – ou si vous êtes avec des gens qui ont la référence, vous allez faire semblant de rigoler pour ne pas être exclu du groupe. (...) C'est ça l'effet de l'ironie, elle joue très souvent sur la connivence mais par principe la connivence des uns implique une potentielle exclusion des autres. »

J'espérais ainsi faire écho aux expériences des auditrices et auditeurs : avaient-ils / avaient-elles la référence ? Avaient-ils / avaient-elles compris l'ironie ? Avaient-ils / avaient-elles déjà ressenti ce sentiment d'exclusion en entendant l'équipe (ou d'autres personnes écoutant l'émission en leur compagnie) s'esclaffer à propos d'une allusion ironique qu'ils / elles n'avaient pas comprise ? Cette situation avait d'ailleurs déjà été soulevée par un chroniqueur, Thomas VDB[14], dans une chronique à propos de l'homme politique Laurent Wauquiez « parfois vous faites des blagues sur la politique (...) je me force un peu à rigoler quand même, ahahah ouais c'est rigolo, mais je ne comprends pas de quoi vous parlez » (« Qui es-tu Laurent Wauquiez ? », le 9 février 2018). En rebondissant sur la chronique, Charline Vanhoenacker et Alex Vizorek n'ont pas interrogé ce sentiment d'exclusion, mais ont plutôt présenté une certaine image d'innocence naïve : « On a fait tout ça, nous ? On ne savait pas »... ce qui n'était pas tout à fait juste, puisque j'avais discuté avec Charline Vanhoenacker du choix de ces titres – ce que Charline a confirmé dans nos échanges (« C'est un travail d'équipe ! ») De fait, alors que je ne discutais que rarement du sujet des chroniques avant de les faire, j'avais cette fois-ci besoin d'avoir la confirmation de Charline : il est difficile d'analyser l'ironie sans avoir la garantie d'avoir compris l'ironiste... quitte à être soi-même cible de l'ironie – et s'exposer à s'entendre dire, en direct, « mais pas du tout, vous n'avez rien compris à ce choix de titre ! »

On remarquera d'ailleurs que dans les commentaires YouTube de cette chronique, certains internautes ont contesté l'interprétation du titre « Par Jupiter », en

---

14 De son vrai nom Thomas Vandenberghe.

voyant derrière le titre une autre ironie par mention : celle de l'exclamation de Jules César dans la bande-dessinée *Astérix* de René Goscinny et Albert Uderzo. Or, si j'en crois ce que m'avait dit Charline Vanhoenacker, ce n'était pas la référence qu'elle avait en tête en choisissant le titre « Par Jupiter ». On peut alors se demander s'il est toujours important d'avoir en tête la même référence que l'ironiste : ne suffit-il pas de croire qu'on l'a ? De fait, l'interprétation qui voit une allusion à *Astérix et Obélix* fonctionne, puisqu'il s'agit de désacraliser une figure du pouvoir par la moquerie (Jules César à la place de Macron). Puisque les auditrices et auditeurs croient avoir la référence, le sentiment de complicité avec les locutrices et locuteurs (contre la cible) est bien là. L'implicite de l'ironie permet alors de conserver un sentiment de complicité, qui a d'autant moins de risque d'être mis en cause que l'énonciation entre les locutrices et locuteurs et leurs auditrices et auditeurs est une énonciation radiophonique différée. Finalement, c'est peut-être moins le fait de ne pas connaitre la référence que de l'expliciter qui constitue un risque... L'analyse détaillée peut briser l'illusion d'une création (côté locutrices et locuteurs, d'où la fausse naïveté d'Alex Vizorek) et d'une compréhension (côté auditrices et auditeurs) spontanées et immédiates.

2.4 L'ironie polyphonique : « Le Grand Dimanche Soir »

Quand l'émission est passée en hebdomadaire et en public (le dimanche soir), elle a à nouveau changé de titre, pour s'appeler « Le Grand Dimanche Soir ». J'ai donc proposé, pour ma première chronique dans ce nouveau format, une histoire de l'expression « Le Grand Soir »[15] et je suis revenue sur ce titre « Le Grand Dimanche soir » en déclarant qu'il « mélang[eait] deux types de discours aux registres différents : un registre conventionnel qui renvoie aux émissions politiques traditionnelles du dimanche [Le Dimanche Soir] (...) et un registre moins conventionnel [« Le Grand Soir »]. C'était une manière pour moi d'aborder non seulement l'ironie par mention, mais aussi l'ironie polyphonique, en rappeler que l'ironie « ne se réduit pas à l'antiphrase (au fait de dire le contraire de ce qu'on pense) mais (...) joue sur le fait de dire sans dire vraiment ou en disant autre chose en même temps. Ça crée un discours qui peut toujours nous échapper. Tu entends « Le Grand dimanche soir », tu pensais à Anne Sinclair ou même Michel Drucker, tu te retrouves avec Charline et l'anarchiste Ravachol ! » Je pensais que la référence était connue du public. Or lorsque j'ai profité du fait que l'émission avait lieu en public pour tester cette hypothèse en demandant : « Alors, vous aviez vu qu'il y

---

15 En me fondant notamment sur les travaux de l'historienne Carrier (2017).

avait une référence révolutionnaire blottie dans le titre de l'émission ? » les réactions de confirmation ont été rares. Plusieurs personnes de l'émission n'avaient elles-mêmes pas la référence au Grand Soir et voyaient dans le titre une simple manière de mettre en valeur le nouveau créneau de l'émission. Je voyais dans cette ironie polyphonique une manière de dire et de hiérarchiser deux discours, deux sens, puisqu'au sens apparent « se trouve lié une valeur exhibée en surface, que le locuteur feint d'accréditer en même temps que le continu littéral du message [Le Dimanche Soir], et qui est contestée par une valeur seconde, critique et supérieure [Le Grand Dimanche Soir », pour reprendre les mots de Sophie Duval (2006 : 101). C'était pour moi décrypter, voire déjouer une norme médiatique. Or j'ai pu voir à quel point la référence pouvait passer inaperçue, même chez celles et ceux habitués à entendre l'ironie de ce groupe et à contester les mêmes normes.

J'ai essayé dans cette même chronique de revenir sur les effets de l'ironie en déclarant : « ce qu'on peut se demander, à propos de cette l'ironie de l'émission sur l'expression « le grand soir », c'est si elle contribue à la folklorisation inoffensive de l'imaginaire révolutionnaire ou si elle plante une graine de satire qui peut mettre le feu aux poudres. » C'était une manière d'interroger aussi bien les membres de l'équipe que le public à propos du jeu souvent auto-ironique avec les références de contestation de gauche (le titre de l'émission, mais aussi l'emploi par exemple du porte-voix, l'auto-dénomination de Guillaume Meurice comme « gauchiasse ») : cette ironie était-elle politique ? Visait-elle à contester le pouvoir ou à contester la dimension radicale prêtée à l'émission, en en faisant finalement une simple et joyeuse rigolade ? La question se posait d'autant plus que la rétrogradation de l'émission de quotidienne en hebdomadaire avait été polémique, la directrice de France Inter, Adèle Van Reeth, ayant peiné à donner une explication claire, et s'étant fendue d'un « Ce n'est pas politique » qui avaient été analysé par d'aucuns comme une négation polémique. La question s'est d'autant plus posée par la suite, quand Guillaume Meurice, un des chroniqueurs les plus explicitement engagés politiquement de l'émission, a été suspendu puis renvoyé.

3 Les calembours

L'enjeu de ma chronique sur les calembours (« Comment faire un bon calembour ») était de proposer une définition formelle du calembour, mais aussi d'interroger les hiérarchies et les jugements portés sur les calembours (un « bon » calembour, un « mauvais » calembour, un calembour « gratuit » contre un calembour « non gratuit »). C'est une démarche que j'avais suivie dans ma thèse et dans un article concernant les jeux de mots dans l'univers romanesque balzacien. Je contestais ainsi non seulement une certaine tradition rhétorique jugeant le calembour indigne d'être un « bon » jeu de mots mais aussi certaines analyses d'universitaires, comme Philippe Hamon, qui considérait que le calembour pouvait menacer l'esthétique du roman, qu'il s'agisse de « langue » qui parlerait seule et non de langue ou de style romanesque. Philippe Hamon considérait ainsi que le calembour était importé dans le roman (mais gardait un fonctionnement autonome) je considérais qu'il était toujours intégré à l'intrigue et à l'esthétique romanesques (voir Hamon 2003). Dans l'émission, il ne s'agissait pas de discuter de cette valeur du calembour d'un point de vue esthétique (par rapport à un genre littéraire) mais plutôt d'un point de vue politique.

3.1 Homonymes / Paronymes

J'ai commencé par définir les calembours comme un jeu conscient de rapprochement phonétique entre deux mots » en proposant une seule distinction formelle : « quand ils se prononcent de la même manière ce sont des homonymes et quand ils se prononcent presque de la même manière, ce sont des paronymes ». Pour que l'emploi de ces mots techniques ne soit pas démobilisant, pour impliquer les membres de l'émission (et par là le public) j'ai décidé de leur faire manier immédiatement ces concepts sous la forme d'un « contrôle surprise », sur un corpus de jeux de mots d'un membre de l'émission particulièrement connu pour ces calembours, Alex Vizorek (à la grande joie de ce dernier).

Le premier calembour était tiré d'une brève d'Alex Vizorek, à propos d'amérindiens dédommagés par des laboratoires pharmaceutiques : « et 665 millions de dollars ça fait quand même beaucoup de Sioux ». Au lieu de donner la réponse, j'ai sollicité l'équipe : « Paronymes ou homonymes » ? Juliette Arnaud a répondu « homonymes » ce qui a causé la protestation de certains membres de l'équipe, qui répondaient « paronymes » : « paronymes ! ce n'est pas le même mot ! » (Thomas Croisière), « oui, sous / sioux » (Alex Vizorek), « j'écoute pas ce que dit Alex de toute façon ! » (Juliette Arnaud), « Il y a une petite différence de son, donc effectivement c'est un paronyme ». On voit ici que le fait que les membres de l'équipe jouent le jeu de l'interaction quasi scolaire – d'autant plus adaptée que cette chronique avait lieu le mercredi, le « jour de l'école » selon Charline Vanhoenacker, le jour où l'émission « Par Jupiter » devenait « Par Jupiclasse », jour réservé à la chronique de vulgarisation linguistique – peut aider à faire comprendre une distinction technique. Le deuxième exemple choisi reprenait une autre brève d'Alex Vizorek, à propos de Morandini condamné pour détournement de mineurs, qui reste sur CNews « Sur CNews, les gens qui se font des jeunes / jeûnes on leur en veut quand ils sont musulmans bien sûr ». Le mot a été interprété comme un homonyme par les membres de l'équipe, mais j'ai indiqué que cela dépendait de la manière dont c'était prononcé (« jeune » / « jeûne »), pour introduire également l'idée de variation phonétique.

3.2 Hiérarchie des jeux de mots

Le but de cette chronique était de remettre en cause la hiérarchie habituelle des jeux de mots qui sépare les jeux de mots dits raffinés, les traits d'esprit, et les calembours jugés vulgaires et faciles. Réhabiliter le calembour pouvait intéresser les membres de cette émission qui avaient tendance quelquefois à mettre en scène le caractère grossier de leurs calembours, que ce soit Alex Vizorek dans ses brèves, ou Guillaume Meurice, enclin à admirer ironiquement (« y a un jeu de mots non ? ») des calembours jugés basiques. Charline Vanhoenacker avait d'ailleurs lancé ma chronique (sans concertation entre nous) en disant que le calembour était souvent « mal vu, mal considéré » ce qui avait entraîné cette réaction d'Alex Vizorek, friand du calembour « ah, c'est mal parti Charline, on commence très mal cette année Jupiclasse ! ». J'ai donc rebondi sur ce lancement au milieu de ma chronique (« C'est ce que vous disiez Charline, le calembour, c'est un jeu de mots qui existe depuis toujours et qui est critiqué depuis toujours par une tradition rhétorique et littéraire qui aime faire une hiérarchie des jeux de langage ») pour tenter de remettre en question cette hiérarchie aussi bien du point de vue du plaisir calembourgeois (« un calembour bien facile, bien mauvais, bien régressif, et ça fait quelque fois bien plaisir ») que du point de vue pratique, en analysant un calembour de Charline qui n'avait rien de gratuit sur « les restos du cœur ou les restos du Crous » (jeu sur le paronyme « Crous » / « cœur » pour dénoncer la précarité étudiante). Il s'agissait à chaque fois de conjuguer analyse, référence théorique (par la mention des travaux de Rullier-Theuret, 2015) et prise à parti des membres de l'équipe (Alex Vizorek pour le plaisir des mauvais calembours, Charline Vanhoenacker pour les calembours politiques).

Cette analyse reprenait celle que j'avais déjà pu faire à propos des calembours balzaciens (2018) mais en la déplaçant dans un autre usage, l'usage médiatique radiophonique. Il s'agissait de montrer que, contrairement à ce que disait Hamon (2003) le calembour devait toujours être analysé en contexte. Un même calembour n'a pas le même sens dans une conversation quotidienne et dans une émission satirique et il n'a pas non plus le même sens, même à l'intérieur d'une même émission radiophonique, dans une séquence de brèves (plus ludiques) et dans une chronique satirique (plus politique).

4 Quand l'analyse des jeux de mots « pas drôles » font rire à l'antenne

Quand on est une chroniqueuse régulière de l'émission, les autres participants vous connaissent et assurent une bonne réception de la chronique par leur lancement, leurs signes d'approbation (rires, remerciements), leurs réponses, leurs relances, leurs questions. Cependant, le texte étant la plupart du temps découvert à l'antenne, des malentendus et les échecs sont possibles. Ainsi, j'ai tenté une fois une chronique, fondée sur les travaux d'Alice Krieg-Planque (2012), qui expliquait la manière dont l'étiquette « novlangue » pouvait être mobilisée par tous les camps politiques pour critiquer le discours « autre ». Cette chronique essayait donc d'interroger, de manière critique, des utilisations qui me paraissaient connues de toutes et tous… mais elle présupposait de connaitre ces utilisations, et de connaitre la définition première de « novlangue », Orwell et son ouvrage *1984* (publié pour la première fois en 1949). J'ai pu comprendre, en direct à l'antenne, que ce n'était pas le cas de la plupart des membres de l'émission et mes tentatives d'interaction ont été laborieuses.

Concernant les jeux de mots, j'ai eu une expérience surprenante en faisant une chronique sur « les jeux de mots terribles de Prévert »[16] (1er octobre 2023). J'avais préparé cette chronique en entente avec la chroniqueuse littéraire, Juliette Arnaud : nous allions toutes deux parler de « La grasse matinée » de Prévert, elle de manière plus littéraire, moi de manière stylistique en analysant de manière détaillée certains jeux de mots : fondés sur l'ironie antiphrastique (la « grasse » matinée n'a rien de grasse puisque l'homme se lève tôt et ne mange pas), le calembour paronymique (l'homme rêve d'un « café-crème » qui devient un « café-crime »), la plurivocité sémantique (« la tête de l'homme qui a faim » ; « il imagine une autre tête / une tête de veau par exemple » ; / car le monde se paye sa tête / et il ne peut rien contre ce monde »). Il y avait de nombreux exemples précis, à propos d'un poème que les gens ne connaissaient pas forcément, mais puisque Juliette Arnaud en avait parlé juste avant, une première compréhension était assurée. Pour moi ces jeux de mots « politiques », « terribles » de Prévert n'allaient pas faire rire, au contraire, ils allaient plutôt faire frémir. J'avais annoncé la perspective dès le début de la chronique, en disant que mon métier n'était pas de faire rire (avec, certes, un certain humour puisque je citais notre régisseur François Audoin qui m'avait classée dans les catégories des filles « pas drôles mais

---

[16] En m'appuyant notamment sur les travaux des chercheuses Carole Aurouet et Marianne Simon-Oikawa (2019).

intelligentes », c'est-à-dire des chroniqueuses culture plutôt que des humoristes) et que certains mots jeux de mots « n'avaient rien de drôle ». Je ponctuais mon analyse des jeux de mots par la répétition de cette même phrase : « mais ça n'a rien de drôle ».

Cependant, à ma grande surprise alors que je venais d'expliquer le premier jeu de mots antiphrastique sur « la grasse matinée », les personnes autour de la table se sont mises à rire (et j'ai moi-même ri en disant « vous n'êtes pas censés rire, ce n'est pas drôle ! »). Quand j'ai expliqué le deuxième jeu de mots sur le « café-crème » qui devient « café-crime » et déclaré « ça n'a rien de drôle », c'est Charline Vanhoenacker seule (située à ce moment non pas autour de la table mais un peu en arrière dans le dispositif de l'émission) qui a ri. Alors que j'essayais d'enchaîner, Guillaume Meurice a alors commenté « Charline est morte de rire, je préfère quand même préciser pour les auditeurs », et Charline Vanhoenacker a rebondi en disant « Moi j'adore ! ». J'ai ri (gênée) puis continué sérieusement sur la violence de l'ironie et la violence sociale du monde, aidée par Juliette Arnaud qui lisait (d'un ton très sérieux) les extraits que je commentais : « poissons morts protégés par les boîtes / boîtes protégées par les vitres / vitres protégées par les flics ». Mais lorsque j'ai parlé ensuite d'une « antanaclases » sur le mot « tête », Guillaume m'a interrompue pour me dire « Evidemment ! » et de poursuivre « Là, vous nous faites un peu injure Laélia parce qu'on l'avait tous » et d'esquiver quand je lui ai demandé d'expliciter la figure de style : « ça dépend des régions ! » J'ai dû donc m'adapter à des rires imprévus (auxquels j'ai participé, il est difficile de ne pas rire quand tout le monde rit... même quand on n'a pas envie de rire : j'ai bien senti moi-même la possibilité d'exclusion du rire non-partagé que j'avais mentionné dans d'autres chroniques !), à des interactions ludiques, dans une chronique qui se voulait sérieuses. J'ai malgré tout pu conclure en parlant de l'issue tragique du poème (la mort, le crime, la guillotine) et en disant « Ils sont terribles les jeux de mots politiques de Jacques Prévert ».

Pourquoi ce décalage entre mon intention (mon analyse des jeux de mots de Prévert) et la réception ? Peut-être est-ce la subjectivité liée à l'interprétation de l'humour – on peut trouver drôle l'humour noir de Prévert. Peut-être est-ce parce que j'avais malgré tout commencé la chronique par une pique qui pouvait sonner comme une fausse auto-modestie et une incitation à trouver ma chronique drôle – dans une émission où les intervenantes et intervenants jouent beaucoup sur l'ironie, difficile de savoir si une introduction annonçant le fait que la chronique ne sera pas drôle doit être prise au sérieux ou non. De fait, j'avais bien annoncé comme « une histoire linguistique triste » une autre chronique, qui se voulait drôle et qui avait déclenché de nombreux rires, sur une erreur / intox répandue par Alain Finkielkraut à propos du mot « compersion » qu'il prenait à tort, devant les journalistes du *Figaro*, comme un vieux mot disparu de notre vocabulaire indiquant philosophiquement la joie du bonheur d'autrui, alors qu'il s'agit d'un néologisme venu récemment de l'anglais, d'abord véhiculé par des communautés para-hippies, qui désigne originellement la joie qu'on éprouve lorsque son partenaire prend du plaisir ailleurs (« Comment surmonter un chagrin d'amour linguistique », le 7 juin 2023). Dans ce dernier cas, mon annonce sérieuse était bien antiphrastique. Peut-être est-ce le cadre général de l'émission qui pousse à ne pas prendre trop au sérieux les discours des uns et des autres et qui essaient de « faire passer » par l'humour les chroniques sérieuses et leurs grands mots comme « antanaclase ». Ce décalage entre l'intention et la réception souligne l'équilibre difficile à tenir dans une chronique (d'autant plus que le temps est limité) entre l'accueil des réactions, même surprenantes (une adaptation nécessaire quand on est en direct) et le fait de devoir « tenir » sa chronique jusqu'au bout, entre l'interaction (puisqu'il s'agit d'une émission « de bande » et pas une simple succession de prises de parole) et la cohérence d'une prise de parole qui doit conserver sa propre logique.

5 Conclusion

Peut-on faire réfléchir aux mécanismes du jeu de mots (et plus généralement de l'humour et de l'ironie) dans une émission humoristique qui pratique le jeu de mots ? *A priori*, le dispositif ne s'y prête pas. Le temps long de l'analyse n'est pas celui du jeu de mots qui suppose une rapidité d'élocution qui coïncidence avec celle de la compréhension (réelle ou supposée). S'arrêter pour décrypter le jeu de mots suppose de suspendre un principe d'adhésion et de confiance spontanées et d'exhiber un travail qui est souvent caché dans des processus artistiques qui reposent sur l'illusion de la facilité – processus renforcé, dans le cas de ce type d'émission radiophonique, par la mise en scène d'une simple bande de copines et de copains qui se retrouvent autour d'un micro pour échanger au milieu de grands éclats de rire. Cependant, ce type d'analyse était bienvenu dans l'émission chapeautée par Charline Vanhoenacker, pour deux raisons. D'une part, il ne s'agissait pas uniquement d'une émission d'humour, mais d'une émission qui voulait mêler analyse sérieuse de l'actualité (en invitant régulièrement des universitaires par exemple), reculs culturels (avec, entre autres, la chronique de Juliette Arnaud sur les classiques littéraires) et humour. D'autre part, il s'agissait d'une émission d'humour politique, plus ou moins assumé comme tel (cet humour étant tantôt assumé comme tel, tantôt plutôt présenté comme une simple « rigolade » de clowns), ce qui impliquait une réflexivité des participants par rapport à leurs propres pratiques. Ainsi, Charline Vanhoenacker et Guillaume Meurice ont tous deux publié des livres analysant leurs pratiques, de manière assez sérieuse : *Les vraies gens. Sociologie de trottoir* pour Guillaume Meurice (2022) et *Aux vannes, citoyens ! Petit essai d'humour politique* pour Charline Vanhoenacker (2022, livre dans lequel elle s'appuie notamment sur une bibliographie universitaire pour analyser l'humour). Mais l'auto-qualification des humoristes en humoristes politiques peut elle aussi avoir ses ambivalences : elle peut pousser à l'analyse réflexive mais aussi à rendre enclin à refuser, par principe (au nom de la liberté d'expression, de la liberté de la satire) une explication qui pourrait tendre vers la justification.

Au-delà de l'analyse universitaire, l'évolution du débat public a confronté les membres de l'émission aux tensions inhérentes à cette posture, avec une polémique nationale, émaillée d'accusations d'antisémitisme qui ont suivi une blague de Guillaume Meurice qui a qualifié le dirigeant israélien Benyamin Netanhayouh de « sorte de nazi, mais sans prépuce » (29 octobre 2023, après les attentats terroristes du 7 octobre 2023 menés par le Hamas, lors du début de la guerre à Gaza). Ironie du sort : après plusieurs plaintes, c'est la police judiciaire qui a demandé à Charline Vanhoenacker et Guillaume Meurice de décortiquer et de justifier cette blague. À la suite de cette polémique, alors que Charline Vanhoenacker a décidé, en tant que productrice, de présenter un texte estimant que la tension avait été « mal jaugée » (1er novembre 2023), Guillaume Meurice a refusé de s'excuser, puis a sorti, après quelques mois, un livre (*Dans l'oreille du cyclone*, 2024) documentant la polémique et dénonçant notamment l'attitude de la directrice de Radio France, Sibyle Veil, qui lui avait donné un avertissement (après une mise en garde du CSA auprès de Radio France). Après que les plaintes à l'encontre de Guillaume Meurice pour « provocation à la violence et à la haine antisémite » et « injures publiques à caractère antisémite » ont été classées sans suite par la justice, l'humoriste a répété sa blague à l'antenne de Radio France, ce qui lui a valu une suspension (puis, après plusieurs semaines, un renvoi).

Cette suspension a plongé l'équipe dans l'embarras : que fallait-il faire, lors de l'émission qui arrivait ? Parler de la blague, ne pas en parler ? La redire ou la taire ? La justifier ou ne surtout pas le faire ? L'humoriste Aymeric Lompret ainsi que son co-auteur Pierre-Emmanuel Barré ont tenté de trouver un équilibre parmi ces injonctions, en centrant leur chronique sur la défense de cette blague (le titre de la chronique est « Explications d'une blague à la direction ») tout en ironisant ce geste d'explication. La chronique débute ainsi en alternant les propos digressifs et métadiscursifs sur la couenne de jambon et l'annonce de l'explication : « La direction, elle a pas compris la blague, ça arrive, c'est humain ! (...) du coup je vais expliquer la blague à la direction »... une explication mise à distance avec ironie : « Puis en plus, c'est bien connu, quand une blague est expliquée c'est encore plus drôle », ironie qui entraine les applaudissements du public. Le reste de la chronique est bien une explication des mécanismes de l'humour avec notamment le rejet de toute interprétation littérale du terme « nazi » (« Ceux qui disent ça, je vous déconseille de vous lancer dans l'humour. Et soyez pas déçus s'il y a personne à votre anniversaire »), en expliquant « le mécanisme de l'opposition frontale » (entre « nazi » et « prépuce »), tout en défendant le contexte politique de la blague (en rappelant les actions de l'armée israélienne à Gaza). L'explication permet de défendre la blague sur le fond et sur la forme... tout en tournant en dérision les interprétations divergentes, en mettant la réaction de la direction de Radio France sur le compte d'un malentendu : une lecture de « sans prépuce » en « cent prépuces » – l'occasion de faire un nouveau calembour. L'équilibre ironique est périlleux, qu'il s'agisse de la tonalité de la chronique (entre explication sérieuse et dérision de ce geste explicatif) ou de l'énonciation même du discours. Aymeric Lompret cherche défendre la blague de son collègue : il doit donc la citer, la redire, mais sans jamais l'assumer en tant que locuteur. La chronique s'achève ainsi sur une répétition de la blague, mais dans un jeu de mention ironique : non plus celle une mention de Guillaume Meurice... mais de la direction elle-même en lui prêtant une reprise convaincue de la blague polémique.[17]

On peut penser à nouveau aux mots d'Alain Berrendonner, qui disait que « [i]roniser, c'est ainsi échapper à tout risque, quel qu'il soit. C'est déjouer toute sanction possible, et en plus, se donner les moyens de sanctionner quiconque n'admet pas l'ironie » (Berrendonner 1982 : 237). Dans l'espace du discours, c'est exact : ici l'humoriste retourne la sanction disciplinaire (de la direction) en sanction ironique (de l'humoriste) au point de faire assumer (discursivement) cette blague par la direction qui a pourtant sanctionné cette même blague. Cependant, dès qu'on sort de l'espace discursif, l'ironiste ne gagne pas toujours : Guillaume Meurice a bien été renvoyé de Radio France et Aymeric Lompret (ainsi que Pierre-Emmanuel Barré) l'ont suivi sur Radio Nova. Cet épisode nous rappelle qu'il peut être illusoire de considérer l'ironiste seulement comme un locuteur (et l'ironie comme un pur discours), c'est aussi un justiciable et un salarié dont le discours reste contraint, que ce soit en termes de sanction ou de diffusion.

---

[17] « Donc voilà maintenant que c'est plus clair pour la direction, peut-être que la direction elle va rigoler et dire : mais oui j'ai surréagi ! Pardon Guillaume ! allons se serrer la main. On ne va quand même pas se fâcher à cause d'un nazi sans prépuce ».

Références bibliographiques

Aurouet, Carole & Marianne Simon-Oikawa (éds). 2019. *Jacques Prévert. Détonations poétiques*. Paris : Classiques Garnier.
Authier-Revuz, Jacqueline. 2019. *La représentation du discours autre. Principes pour une description*. Berlin & Boston : De Gruyter.
Berrendonner, Alain. 1982. *Éléments de pragmatique linguistique*. Paris : Édition de Minuit.
Carrier, Aurélie. 2017. *Le grand soir*. Paris : Libertalia.
Duval, Sophie. 2006. Ironique distinction et égalitarisme humoristique : la logique fantasque du temps retrouvé. *Bulletin d'informations proustiennes* 36. 101–118.
Geluck, Philippe. 1986–2023. *Le chat*. Tournai : Castermann.
Goscinny, René & Albert Uderzo. 1961–1979. *Astérix*. Paris : Dargaux.
Hamon, Philippe. 2003. Balzac, écrivain calembourgeois. In Eric Bordas (éd.), *Ironies balzaciennes*, 169–194. Saint-Cyr-sur-Loire : Christian Pirot.
Hugin, Mathilde. 2022. Analyse morphologique des mots construits sur base de noms de personnalités politiques (Présentation de thèse). *L'information grammaticale* 174. 56–58.
Krieg-Planque, Alice. 2012. La « novlangue » : une langue imaginaire au service de la critique du « discours autre ». In Sonia Branca-Rosoff, Claire Doquet, Julie Lefebvre, Évelyne Oppermann-Marsaux, Sabine Pétillon & Frédérique Sitri (éds.), *L'hétérogène à l'œuvre dans la langue et les discours*, 69–83. Limoges : Lambert-Lucas.
Meurice Guillaume. 2024. *Dans l'oreille du cyclone*. Paris : Seuil.
Meurice, Guillaume.2022. *Les vraies gens. Sociologie de trottoir*. Paris : JC Lattès.
Michaut, Cécile. 2023. *Vulgarisation scientifique. Mode d'emploi*. 2ᵉ éd. Les Ulis : EDP Sciences.
Orwell, George. [1949] 2020. *1984. Traduction Josée Kamoun*. Paris : Folio.
Rullier-Theuret, Françoise, 2015. Calembours bons et jeux de mots laids chez San Antonio, In Brigitte Buffard-Moret (éd.), *Bons mots, jeux de mots, jeux sur les mots : de la création à la réception*, 27–40. Arras : Artois presses université.
Schoentjes, Pierre. 2001. *Poétique de l'ironie*. Paris : Éditions du Seuil.
Sperber, Dan & Deirdre Wilson. 1978. Les ironies comme mentions. *Poétique* 36. 349–412.
Vanhoenacker, Charline. 2022. *Aux vannes, citoyens ! Petit essai d'humour politique*. Paris : Denoël.
Véron, Laélia. 2018. Du signifiant au signifié. Le calembour, incongruité humoristique du genre romanesque ? In Florence Leca-Mercier & Anne-Marie Paillet (éds.), *Le Sens de l'humour : style, genre, contextes*, 163–176. Louvain-la-Neuve : Academia-L'Harmattan.
Véron, Laélia. 2021. L'ironie. In Matthieu Letourneux & Alain Vaillant (éds.), *L'Empire du rire : XIXᵉ-XXIᵉ siècle*, 321–338. Paris : CNRS.
Véron, Laélia. 2025. *Le Mot fatal. Langage, pouvoir et trait d'esprit dans « La Comédie humaine » de Balzac*. Paris : Garnier.
Wagneur, Jean-Didier. 2021. Le rire radiophonique. In Matthieu Letourneux & Alain Vaillant (éds.), *L'Empire du rire : XIXᵉ–XXIᵉ siècle*, 857–874. Paris : CNRS.

Carlotta Posth
Sur l'île des Zertes avec Daphné Nuphar et un robinet qui fuit : aperçu de l'univers de Claude Ponti

Résumé : Cette contribution présente l'univers imaginaire et ludique de l'auteur-illustrateur français Claude Ponti. Elle met en lumière les jeux de mots qui traversent ses albums, tant au niveau du texte que de l'image. En s'appuyant sur des œuvres comme *Sur l'île des Zertes*, *Le Nakakoué* et *Blaise et le robinet*, elle montre comment Ponti invente des néologismes, manipule des paronymes et joue avec les doubles sens. Des personnages comme la « Crapouille » ou le « robinet qui fuit » illustrent ces jeux langagiers et visuels. Les livres de Ponti parlent à la fois aux enfants, grâce à leur fantaisie, et aux adultes, grâce à la richesse linguistique. La contribution encourage les lecteur(e)s, en particulier ceux et celles hors de France, à découvrir cet univers fascinant.

Mots-clés : littérature jeunesse, multimodalité

Une Allemande ne tombe pas forcément sur Claude Ponti. Cet auteur-illustrateur français (* 1948) a créé un véritable univers de littérature jeunesse qui a vu le jour dans les années 1980 et s'étend jusqu'aujourd'hui.[1] Malgré sa grande popularité en France, ce trésor littéraire est passé quasiment inaperçu du public germanophone. J'ai eu la chance de le découvrir avec mon fils, qui grandit dans un environnement bilingue franco-allemand. Son grand-père français nous a progressivement apporté toute une bibliothèque Claude Ponti, nous initiant ainsi, mon fils et moi, à cet univers littéraire. Très vite, ce n'était plus seulement papa qui assurait la lecture du soir avec Ponti, mais moi aussi. Grâce à leurs personnages et lieux fantastiques aussi bien que leur langage ludique, les livres de Ponti amusent,

---

[1] La page Wikipédia sur Claude Ponti fournit une liste complète de ses œuvres qui comprennent de nombreux albums jeunesse parus entre 1986 et 2024, des romans, des pièces de théâtre, des podcasts et des jeux : https://fr.wikipedia.org/wiki/Claude_Ponti (consulté le 27 juin 2025).

Carlotta Posth, Julius-Maximilians-Universität Würzburg, Juniorprofessur für Mediävistische Komparatistik, Neuphilologisches Institut, Am Hubland, 97074 Würzburg, carlotta.posth@uni-wuerzburg.de

∂ Open Access. © 2025 the author(s), published by De Gruyter. [CC BY] This work is licensed under the Creative Commons Attribution 4.0 International License.
https://doi.org/10.1515/9783111555072-017

étonnent et intriguent non seulement les enfants, mais aussi (ou surtout ?) les parents. À travers ce petit témoignage personnel, je souhaite raconter ma rencontre avec les livres de Ponti et peut-être donner envie à d'autres francophiles hors de France de découvrir cette œuvre si particulière. Le fait que ce témoignage prend place dans le présent volume sur les jeux de mots se justifie facilement. L'omniprésence des jeux de mots est l'une des caractéristiques marquantes de l'œuvre de Ponti, et ce sont eux qui se trouveront au cœur de ma contribution.

Je commence par le premier livre que j'ai eu entre les mains : *Sur l'île des Zertes* (Ponti 1999). En tant que lectrice compétente du français, j'ai immédiatement pensé à *l'île déserte*, homophone du néologisme *l'île des Zertes*, ce qui m'a fait sourire. Un coup d'œil à mon fils, qui avait alors deux ans, m'a montré qu'il ne partageait manifestement pas mon amusement. Ignorant l'adjectif *désert* accordé au féminin, il attendait patiemment d'apprendre ce qu'il en était des Zertes. Et il ne fut pas déçu. En tournant la première page, nous nous trouvions face à un petit bonhomme avec un grand nez rouge de clown et un torse en forme de cube. En dessous de l'image, qui prenait à peu près quatre-vingts pour cent de la page, était écrit : « Jules est un Zerte. » (Ponti 1999 : 7). Les pages suivantes nous apprirent que les Zertes vivent sur l'île des Zertes, qui se trouve « au milieu de l'Océan », et que leur activité principale est de zertillonner, c'est-à-dire « [qu'ils] courent, grimpent, s'empilent, s'effondrent, sautent et recommencent. Le reste du temps, ils font autre chose » (Ponti 1999 : 8–9). En dérivant un verbe de son néologisme nominal *Zerte*, Ponti joue avec les possibilités du langage. D'habitude, le mot dérivé reçoit son sens lexical du terme préexistant. *Zertillonner* désignerait alors l'occupation habituelle des Zertes. Comme *Zerte* est lui-même un néologisme dont le sens n'est pas fixé, celui de *zertillonner* reste aussi incertain. C'est l'énumération des activités des Zertes – l'énumération étant un autre trait caractéristique de l'œuvre de Ponti – qui nous met sur la bonne piste. Puisque les Zertes ont un corps cubique, ils passent leur temps à construire, détruire et reconstruire des tours, des murs, etc. Cette particularité a beaucoup plu à mon fils qui était lui-même un grand amateur de construction (et de destruction). Quant à moi, j'ai particulièrement apprécié les nombreux jeux de mots découlant de la forme curieuse des Zertes. Je voudrais en mentionner un ici. Au fil de l'histoire, nous apprenons ce que Jules déteste et ce qu'il aime. Parmi les choses qu'il aime, il y a l'activité : « faire des numéros d'équilibre difficiles avec Pitt et Gore » (Ponti 1999 : 40). Ponti se sert de « Pitt et Gore » comme paronyme de Pythagore, connu pour son théorème géométrique. Ce jeu de mots ne dévoile tout son potentiel que dans l'interaction entre le texte et l'image (Fig. 1).

Il aime aussi faire des numéros d'équilibre difficiles avec Pitt et Gore.

Fig. 1 : Jules aime faire des numéros d'équilibre difficiles avec Pitt et Gore
(extrait de *Sur l'île des Zertes*, reproduit avec l'aimable autorisation de *L'école des Loisirs*)
Les conditions de la licence Creative Commons, sous laquelle ce volume est publié, ne s'appliquent explicitement pas à cette illustration. Pour toute réutilisation de l'image sous quelque forme que ce soit, une nouvelle autorisation doit être demandée au détenteur des droits.

De fait, les pages des albums de Ponti sont généralement structurées de la même manière : une ou plusieurs illustrations dominent la page et sont accompagnées d'un court texte, le plus souvent sous l'image. Sur la page 40, nous voyons trois cubes de Zertes dont le « numéro d'équilibre » consiste à se positionner les uns par rapport aux autres de manière à former un triangle rectangle au centre. L'illustration ressemble incontestablement aux représentations géométriques habituelles du théorème de Pythagore. Elle reprend ainsi la paronymie textuelle et l'exprime sur le plan visuel. De tels jeux de mots multimodaux sont légion chez Ponti et jouent très souvent sur l'ambiguïté entre le sens littéral et le sens figuré dans des expressions idiomatiques. Je passe à un autre album pour en donner un exemple.

Le Nakakoué (Ponti 1997) raconte l'histoire de Zouc, un être fantastique qui ressemble un peu à un hamster. Le protagoniste découvre que des monstres ont envahi sa prairie préférée et il se voit forcé de prendre la fuite. Celle-ci l'amène dans un pays inconnu dont « les habitants [...] le regardaient d'un drôle d'œil »

(Ponti 1997 : 10). La phrase fait penser à deux expressions idiomatiques. D'un côté, *un / une drôle de* + substantif caractérise le substantif combiné comme étrange, exagéré, inconvenant ou extravagant. De l'autre côté, il y a l'expression *regarder quelqu'un ou quelque chose d'un mauvais œil* avec la signification 'porter un jugement négatif sur quelqu'un ou quelque chose'. La phrase dans *Le Nakakoué* évoque les deux expressions et nous fait penser, dans un premier temps, que les habitants du pays inconnu traitent Zouc avec méfiance. En regardant l'image au-dessus du texte, nous devons constater que les habitants en question ressemblent à des fourmis ailées aux jambes immenses et dont la tête est faite d'un œil énorme. D'en haut, cet œil surdimensionné projette de la lumière directement sur Zouc qui court entre les jambes d'une de ces créatures. L'image reprend donc le sens littéral de la phrase. Les habitants ont effectivement un œil étrange dont le regard effraie Zouc. Le jeu est ici déclenché par l'illustration (Fig. 2) sans laquelle le sens littéral ne se réaliserait pas.

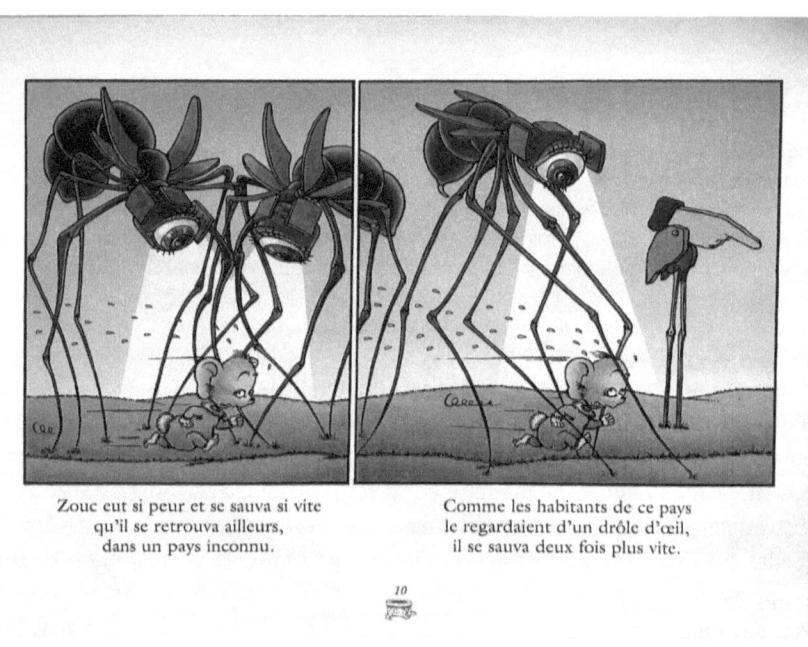

Fig. 2 : Les habitants du pays inconnu regardent Zouc d'un drôle d'œil
(extrait de *Le Nakakoué*, reproduit avec l'aimable autorisation de *L'école des Loisirs*)
Les conditions de la licence Creative Commons, sous laquelle ce volume est publié, ne s'appliquent explicitement pas à cette illustration. Pour toute réutilisation de l'image sous quelque forme que ce soit, une nouvelle autorisation doit être demandée au détenteur des droits.

Heureusement, Zouc ne rencontre pas seulement des créatures effrayantes, mais il se fait aussi des ami(e)s. Entre autres, Daphné Nuphar dont le nom évoque un être aquatique. Dans la mythologie grecque, la nymphe Daphné est la fille du dieu fleuve Pénée. La combinaison de *Daphné* avec *Nuphar* en guise de nom de famille est partiellement homonyme avec *nénuphar*, la plante aquatique célèbre pour ses représentations par Claude Monet. Il s'avère que Daphné Nuphar est un amphibien, plus précisément une « Crapouille » (Ponti 1997 : 23), néologisme créé en associant *crapaud* et *grenouille*.[2] (Je me demande encore aujourd'hui si mon fils, qui sait désormais que les Zertes n'existent pas, prend la crapouille pour une véritable espèce.) Une autre amie est « la Mâzon », paronyme de *la maison*.[3] Dans l'illustration, nous voyons effectivement une maison à quatre pattes dont les yeux sont deux fenêtres et la bouche est une porte. Comme les noms propres sont un des champs ludiques préférés de Claude Ponti, on y cherche toujours un jeu de mots. Parfois, sans succès. Je suis toujours intriguée par le nom générique que le protagoniste Zouc reçoit vers la fin de l'histoire. Il apprend qu'il est un Nakakoué et que ceux-ci sont les seuls à pouvoir tuer les monstres. Cependant, les Nakakoués doivent connaître leur identité et être conscients de leur pouvoir particulier, que les monstres gardent secret. La révélation de ce secret change tout : Zouc réussit à chasser tous les monstres de sa prairie préférée et s'y installe avec ses ami(e)s. Mais que veut dire *Nakakoué* ? Est-ce quelqu'un qui *n'a qu'à ...* ? Jusqu'à présent, je n'ai pas trouvé d'homonyme ou de paronyme convenable pour *koué*. Peut-être s'agit-il d'une fausse piste délibérée. Mais peut-être vais-je finir par trouver.

Je ne peux pas conclure ce petit aperçu sans mentionner les poussins qui peuplent en grand nombre l'univers de Claude Ponti et apparaissent même dans des histoires où ils n'ont pourtant rien à faire.[4] Le plus célèbre est Blaise, le poussin masqué. Il porte un masque rouge au large sourire méchant et a plein d'idées plus ou moins bonnes. Dans *Blaise et le robinet*, il « fabrique un robinet pour jouer à la salle de bain » (Ponti 1994a : sans pagination). Blaise n'est pas

---

2 En outre, *crapouille* est un paronyme de *crapule*, désignant une personne aux mœurs dissolues. Cette association peut semer le doute sur Daphné Nuphar, mais elle se révèle être une véritable amie.
3 Un autre paronyme possible, *l'amazone*, n'est pas repris dans l'illustration. Cette association révèle peut-être le contexte germanophone de la lectrice étant donné que le mot allemand [amatso:nə] est phonétiquement plus proche de *la Mâzon* [lamazõ] que le mot français *amazone* [amazɔn].
4 Dans *Parci et Parla* (Ponti 1994b) par exemple, où l'histoire tourne autour de l'aventure d'un frère et d'une sœur. Au début, les poussins ne font pas partie de l'intrigue, mais ils apparaissent sur chaque page autour des images qui racontent l'histoire de Parci et Parla. Peu à peu, ils se glissent dans les images et même dans le texte.

satisfait de sa première création et décide alors d'aller chercher un vrai robinet. Accompagné d'autres poussins qui apportent le flacon de bain moussant, la bouée, les lunettes de plongée et le voilier, Blaise part à la recherche d'un robinet. Peu après, il en découvre un : « Niagara Tiboize, le meilleur joueur de salle de bain du monde » (Ponti 1994a : sans pagination). Son nom évoque à la fois les fameuses chutes du Niagara et le verbe familier *ratiboiser* 'voler, ruiner'. Niagara Tiboize ne semble donc pas être tout à fait innocent et s'enfuit aussitôt en criant « Attrapez-moi, je suis un robinet qui fuit ! » (Ponti 1994a : sans pagination). Dans l'illustration, nous voyons un être ressemblant à un robinet à quatre pattes[5] qui court à grands bonds tandis que des gouttes d'eau coulent de son (robi)nez. Le jeu de mots dans la parole de Niagara Tiboize repose sur la sémantique du verbe *fuir* qui exprime un mouvement rapide. Appliqué au robinet personnifié, il devient ambigu. Il fait référence à la fois à l'eau qui coule de son nez (*fuite d'eau*) et au fait que Niagara Tiboize a des pattes avec lesquelles il s'éloigne rapidement. Mais le robinet ne le fait que pour plaisanter et se laisse vite rattraper par les poussins. Il en résulte un bain moussant spectaculaire dans lequel les poussins jouent avec leurs amis.

Pour conclure, je voudrais revenir à la lecture du soir avec mon fils. Pendant les premières années de sa vie, cette lecture n'était pas toujours passionnante pour moi en tant qu'adulte. Cela a changé avec Claude Ponti. Les jeux de mots dans ses albums offrent un deuxième niveau de lecture qui échappe aux (petits) enfants, mais qui enchante leurs parents. Je continue à les lire avec plaisir, avec ou sans mon fils.

Références bibliographiques

Ponti, Claude. 1994a. *Blaise et le robinet*. Paris : L'école des Loisirs.
Ponti, Claude. 1994b. *Parci et Parla*. Paris : L'école des Loisirs.
Ponti, Claude. 1997. *Le Nakakoué*. Paris : L'école des Loisirs.
Ponti, Claude. 1999. *Sur l'île des Zertes*. Paris : L'école des Loisirs.

---

5 Niagara Tiboize est bleu aux joues rouges, a un nez en forme de bec de robinet et porte une poignée sur la tête.

Esme Winter-Froemel

Continuités et nouveaux enjeux sociaux dans les jeux avec les noms propres : la tradition des blagues Monsieur et Madame et les noms kahoot

Résumé : Les jeux avec les noms propres représentent un sous-type important des jeux de mots. Pour explorer ce domaine, cette contribution vise à analyser et à comparer deux traditions de jeux de mots onomastiques qui se pratiquent dans le monde francophone : les blagues Monsieur et Madame et les noms kahoot. De plus, on proposera quelques réflexions générales sur la nature des noms propres et sur le potentiel qui s'en dégage pour les jeux de mots, et on suggérera des perspectives pour approfondir les réflexions par d'autres exemples de jeux onomastiques dans la littérature française. En confrontant les blagues avec les noms kahoot, qui représentent une nouvelle tradition qui est fortement conditionné par le contexte digital et par l'interaction entre la communication digitale et la communication face-à-face, on observera des continuités formelles, sémantiques et interactionnelles. En même temps, on fera ressortir certaines divergences fondamentales, en particulier en ce qui concerne les enjeux des différents types de jeux onomastiques.

Mots-clés : blague Monsieur et Madame, devinette, nom kahoot, nom propre, onomastique, tabou, racisme, sexualité

1 Introduction

Les noms propres représentent une sous-catégorie traditionnelle des jeux de mots et font souvent l'objet de déformations ludiques de différents types, comme le confirment de nombreux exemples qui s'étendent de l'Antiquité jusqu'à nos jours. On pourrait penser déjà, par exemple, à la fameuse ruse d'Ulysse face au cyclope Polyphème, quand le héros prétend s'appeler « Personne » (dans le sens négatif du

---

Esme Winter-Froemel, Julius-Maximilians-Universität Würzburg, Neuphilologisches Institut / Romanistik, esme.winter-froemel@uni-wuerzburg.de

mot, 'nul'), de sorte qu'après avoir été aveuglé par Ulysse, Polyphème ne pourra désigner que « Personne » comme coupable (voir Kölligan 2025, qui analyse également les jeux de mots inscrits dans des contextes magiques dans l'Antiquité). De même, on pourrait rappeler ici le jeu de mots biblique qui a déjà été évoqué dans l'introduction à ce volume (Winter-Froemel, ce volume a ; voir aussi Winter-Froemel 2009 : 1431 et 1433) : « tu es Pierre, et sur cette pierre je bâtirai mon Église » (Mathieu 16:18). Un autre exemple intéressant est l'existence d'une « fête annuelle de l'association des communes aux noms burlesques, pittoresques et chantants », qui vise à réunir des communes comme Nouvoitou, Plumaudan, Corps Nuds, Bouzillé, La Tronche, Clochemerle, etc.[1] Outre ces exemples particuliers, on peut citer différentes traditions de jeux qui se basent sur les noms propres, et plus particulièrement sur les noms de personnes ou anthroponymes, et qui offrent ainsi des jeux de mots onomastiques « en série ». Une tradition bien établie dans le contexte francophone est celle des blagues Monsieur et Madame, qui représentent un sous-type classique des blagues françaises, mais qui manquent d'équivalent dans d'autres langues (par exemple, en italien, en espagnol ou en allemand) :[2]

(1) Monsieur et Madame Loge ont une fille. Comment s'appelle-t-elle ? – Laure (l'horloge).

(2) Monsieur et Madame Nastyk ont un fils, comment s'appelle-t-il ? – Jim (gymnastique).

Cette contribution vise à analyser cette tradition et à la comparer avec une autre tradition de jeux qui se base aussi sur les anthroponymes, mais qui est bien plus récente. Il s'agit des noms kahoot, c'est-à-dire de pseudonymes inventés pour participer à un quiz en ligne en temps réel qui est souvent intégré à l'enseignement en classe, par exemple pour consolider ou vérifier certains contenus ou permettre une approche ludique d'un nouveau thème, etc. Alors qu'il n'y a pas (a priori) de restrictions sémantiques pour le choix des pseudonymes, on peut observer un taux élevé de pseudonymes qui contiennent des jeux de mots (par exemple, *Chris Talline* [Cristaline], *Alex Térrieur* [à l'extérieur]), et contrairement aux blagues Monsieur et Madame, ce type de jeu peut s'observer dans différentes langues. Outre l'usage effectif des pseudonymes en classe, c'est-à-dire, dans des situations de participation au quiz, on trouve aussi des listes de propositions de pseudonymes sur internet, le plus souvent sous forme de vidéos courtes (*shorts*) dans lesquelles différents noms

---

[1] https://france3-regions.franceinfo.fr/bretagne/cotes-d-armor/les-communes-aux-noms-burlesques-ont-mis-le-feu-au-quiou-769121.html (consulté le 1er novembre 2025).
[2] On trouve bien sûr occasionnellement des blagues qui contiennent des jeux de mots sur des noms de personnes dans les autres langues aussi, mais il n'y a pas de traditions comparables aux blagues françaises du type Monsieur et Madame.

sont présentés et éventuellement commentés (« les meilleurs noms pour un kahoot en classe », etc.), ces listes pouvant être consultées par les jeunes « en privé », pendant les heures de récréation, etc., c'est-à-dire hors des situations effectives de l'emploi des pseudonymes.

Pour offrir quelques perspectives contrastives sur ces deux traditions de jeux de mots, on proposera d'abord quelques réflexions sur le statut particulier des noms propres, qui peuvent contribuer à expliquer pourquoi les noms propres servent souvent à des jeux de mots (§ 2). Ensuite seront comparées deux traditions qui reposent sur des jeux de mots sur les noms propres : dans un premier temps, on étudiera les blagues Monsieur et Madame (§ 3), pour ensuite passer à une analyse des noms kahoot, qui représentent une tradition née dans l'interaction d'éléments de la communication digitale et de la communication immédiate, typiquement dans des contextes d'enseignement scolaire (§ 4). On proposera enfin quelques éléments de synthèse et quelques pistes pour de futures recherches sur les jeux avec les noms propres et les dynamiques qui les caractérisent (§ 5).

2 Les noms propres, un objet privilégié des jeux de mots

Les noms propres représentent un objet de recherche très fécond pour la linguistique par leur nature particulière, qui inclut des traits spécifiques aux niveaux sémiotique / sémantique et structurel (voir Kleiber 1981 ; Gary-Prieur et Noailly 2019 ; Leroy 2004 ; Nübling, Fahlbusch et Heuser 2015). Alors que les noms communs comme *médecin*, *arbre*, *beauté*, etc. renvoient à des concepts qui permettent de catégoriser des objets concrets physiques ou des phénomènes abstraits, et ainsi de les regrouper, les noms propres comme *Zazie*, *Boby*, *Idéfix*, *Paris*, *Le Malade imaginaire*, etc. renvoient directement aux référents individuels qu'ils désignent, leur fonction primaire étant d'identifier les référents.[3] Ces référents peuvent être des personnes ou des personnages littéraires, des animaux, des entités géographiques, des ouvrages littéraires, des URLs / noms de domaine[4], etc. De plus, les noms propres peuvent conserver des traits formels qui ont été abandonnés dans le changement linguistique dans les autres unités du lexique (cf. Nübling, Fahlbusch

---

[3] Une fonction secondaire qui peut s'y ajouter est celle d'assurer une unicité référentielle, c'est-à-dire d'établir une désignation unique, individuelle du référent (Leroy 2004 : 21 ; Nübling, Fahlbusch et Heuser [2012] 2015 : 16–27). Cette fonction sera commentée plus en détail ci-dessous.
[4] Voir à cet égard l'étude de Handler (2018).

et Heuser [2012] 2015 : 13). Par exemple, on trouve encore dans le nom de la ville de *Bourg-La-Reine* (voir aussi *Choisy-le-Roi, Fontenay-le-Comte*, etc.) un ancien cas régime absolu (ou complément déterminatif absolu), qui a été remplacé ailleurs par le schéma N de N (qui donnerait par exemple *Bourg de la Reine*, etc., voir Carlier et Marchello-Nizia 2020 : 998) ; de même, ce sont en particulier les noms géographiques (noms de villes, de fleuves, etc.) qui témoignent encore des influences précoces du substrat celtique sur la langue française (par exemple, *Lyon, Chambéry, Chambord, Carnac, Antony*, etc. ; voir Winter-Froemel 2020 : 1965). Ainsi, l'étude des noms propres, poursuivie dans le domaine de l'onomastique, peut aussi offrir des perspectives sur des étapes antérieures de l'évolution de la langue.

Les noms propres ont également un statut particulier en ce qui concerne la dimension pragmatique du langage. Comme la fonction centrale des noms propres est celle d'identifier les référents, il y a des liens très étroits entre les noms et les référents respectifs. Ces liens sont établis par des actes de baptême, dans un sens littéral ou dans un sens plus abstrait, c'est-à-dire, par des actes conscients, prémédités et souvent ritualisés, dans lesquels on attribue un nom au référent (outre le baptême de nouveau-nés, on peut penser à des actes de baptême d'animaux de compagnie, de bateaux, de villes, de montagnes, de rues, d'œuvres artistiques, de marques, de produits, etc. ; voir par exemple Kripke 1982).

Dans certains cas ont lieu de changements de noms (par exemple, *Istanbul / Byzance / Constantinople, Ayers Rock / Uluru*), ou on observe des coexistences de différents noms (voir par exemple des noms d'auteurs traduits en d'autres langues comme *Jacobus Sylvius / Jacques Dubois / Jakob van den Bossche*, ou des noms de ville en différentes langues comme *Rennes* / [breton] *Roazhon* / [gallo] *Resnn* ou *Nantes* / [breton] *Naoned*] / [gallo] *Naunnt*), qui peuvent également s'inscrire dans des situations de conflit (par exemple, dans des régions plurilingues). Ces phénomènes confirment à la fois la possibilité d'établir de nouveaux noms et le fait que les noms propres véhiculent aussi certaines significations qui s'ajoutent à leur fonction référentielle et identificatrice (par exemple, les noms choisis peuvent rendre hommage à des individus – voir *Bourg-la-Reine, Constantinople*, etc. –, ou signaler l'appartenance à un groupe particulier, etc. ; sur certains enjeux du choix de prénoms pour les nouveau-nés, voir par exemple Fischer 2008).

Dans une perspective pragmatique, les actes de baptême représentent un sous-type particulier d'actes de langage marqués par leur dimension performative (voir les origines de la théorie des actes de langage avec la distinction entre les dimensions constative et performative du langage selon Austin [1962] 2011, 1970). Dans cette perspective, on peut définir un énoncé performatif comme « *un énoncé qui, sous réserve de certaines conditions de réussite, accomplit l'acte qu'il dénomme* » (Kerbrat-Orecchioni 2001 : 9). Ainsi, dans les actes de baptême, l'acte de l'énonciation effectue un changement dans le monde extérieur. Cet aspect a été décrit par la notion des directions d'ajustement entre les mots et le monde (Searle 1969, 1972, 1982 ; voir Kerbrat-Orecchioni 2001 : 20) : les énoncés peuvent « rendre les mots (plus exactement, leur contenu propositionnel) conformes au monde », ou bien « rendre le monde conforme aux mots » (Searle 1982 : 41), cette dernière option étant caractéristique pour les actes de baptême.

Les noms de personne ou anthroponymes peuvent se considérer comme le cas prototypique des noms propres (Leroy 2004 : 33). Les anthroponymes incluent les prénoms et les noms de famille (ou patronymes), les pseudonymes, les noms mythiques ou mythologiques et les surnoms et hypocoristiques ; à ces sous-types peuvent s'ajouter encore les noms donnés aux animaux domestiques et aux noms de groupes humains (voir Leroy 2004 : 34 ; sur les dénominations de groupes sociaux, voir Lecolle 2014). Les actes de baptême dans lesquels les anthroponymes sont établis s'opèrent en général de l'extérieur (par exemple, les parents choisissent un nom pour leur enfant), mais il y a également des cas d'auto-dénomination, par exemple lors du choix d'un pseudonyme.

Une fois que les anthroponymes ont été établis, les situations dans lesquelles on s'adresse à un autre individu représentent toujours un moment à un certain égard délicat dans l'interaction : par l'acte d'adresser la parole à quelqu'un, on demande son attention, ce qui diminue sa liberté d'agir et peut ainsi s'interpréter comme une sorte d'attaque à la face négative de l'individu au sens de Goffmann (1967) et Brown et Levinson ([1978] 1987 ; cf. Koch 2008 : 58–60 ; Kerbrat-Orecchioni 2011 : 95). S'y ajoute la possibilité d'une attaque de la face positive de l'individu, qui peut avoir lieu quand, au lieu de choisir le nom correct, on opère une déformation de son nom.

Les déformations de noms de personne comportent ainsi une forte charge pragmatique. Les surnoms ou sobriquets peuvent servir à exprimer une relation personnelle plus étroite, voire intime, entre les individus, et contribuer à former ou à confirmer une identité de groupe. Mais on observe également des déformations de noms visant à se moquer de la personne concernée, à la dénigrer ou à la ridiculiser, etc. Ces déformations de noms propres peuvent ainsi s'interpréter comme des attaques à l'intégrité et à la nature positive de l'image extérieure de l'individu.

De manière générale, une fonction secondaire des noms propres consiste à exprimer l'identité du référent. Comme le suggère le principe « nomen est omen », les noms propres invitent ainsi à des interprétations basées sur l'idée d'une dimension motivationnelle : les locuteurs sont invités à s'interroger sur la question de savoir si le nom concret peut être considéré comme adéquat ou approprié pour le référent concret respectif.

La double nature des noms propres – qui donnent au baptiseur une très grande liberté et un grand pouvoir, mais qui véhiculent aussi de forts enjeux pragmatiques, interactionnels et sociaux – les rend un domaine intéressant pour les jeux de mots. On a décrit les jeux de mots se basant sur les noms propres comme une sous-catégorie des jeux de mots (voir déjà Cicéron, *De oratore*, II, LXIII / 257 : « Etiam interpretatio nominis habet acumen, cum ad ridiculum convertas, quam ob rem ita quis vocetur » ('L'étymologie qu'on donne d'un nom propre pour le tourner en ridicule, a aussi quelque chose de piquant', traduction M. Nisard) ; pour des études linguistiques et littéraires sur les noms propres dans les œuvres littéraires, voir par exemple Aschenberg 1991 et Mercier-Faivre, ce volume, qui étudient la littérature pour enfants). Sans pouvoir donner ici un panorama exhaustif de ce phénomène, on peut mentionner quelques exemples de jeux portant sur les noms propres dans le contexte francophone avant de passer aux deux études de cas proposées dans cette contribution.

Un auteur renommé pour ses jeux de mots est le Marquis de Bièvre. Dans ses textes, on trouve souvent des exemples de jeux du type du coq-à-l'âne, dans lesquels le dernier mot d'une séquence du texte sert de charnière pour enchaîner une expression figée d'un autre domaine sémantique commençant par un mot homophone. Ainsi, dans l'exemple (3), qui est extrait de la pièce de théâtre *Vercingétorixe* écrite par l'auteur, on passe de *tente* à l'homonyme *tante*, comme le confirme la suite du texte (« ... ou ma nièce »), et de même pour la *faim – fin* (« ... de la pièce » (sur cette technique, voir par exemple Kredel 1923 : 17 et Zimmer 1972 : 117).

(3) Je vais me retirer dans ma tente *ou ma nièce*. / Et j'attendrai la mort de la faim *de la pièce*.
(Cte Gabriel Mareschal de Bièvre [1910], italiques dans l'original)

Dans un autre texte de l'auteur (Bièvre 1770), on trouve outre la technique du coq-à-l'âne une série de jeux de mots qui se basent sur des noms propres. Cela se note déjà dans le titre (« Lettre écrite à Madame la Comtesse Tation » [*contestation*]) et dans le nom du personnage principal (l'Abbé Quille [*la béquille*]). Le texte enchaîne ensuite une série de jeux de mots, comme le montre l'extrait présenté sous (4). On peut par ailleurs noter que dans la plupart des cas, l'auteur signale les jeux de mots en question par des italiques.

(4) [...] c'est ce qui m'engage à vous offrir la vie de l'Abbé Quille, son neveu, que nous venons de perdre bien malheureusement. [...]
Tous les Religieux de son Abbaye accompagnerent le convoi dans l'ordre qui suit :
Le Pere *Foreur* commençoit la marche ; venoient ensuite le Pere *Igord*, le Pere *Manant*, le Pere *Pignan*, le Pere *Sonnage*, le Pere *Fide*, le Pere *Uquier*, le Pere *Iode*, le Pere *Emptoire*, le Pere *Sévérant*, le Pere *Nicieux*, le Pere *Istile*, & enfin le Pere *Sécuteur*. [...]
Le soir on donna un grand repas où l'Abbé *Daine* & l'Abbé *Gueule* furent invités ; on les pria d'amener avec eux l'abbé [sic] *Casse* et l'Abbé *Cassine* ; sans oublier l'Abbé *Chamel*, l'Abbé *Rigoule*, l'Abbé *Trave*, l'Abbé *Quée*, & même l'Abbé *Toine*. L'Abbé *Tise* & l'Abbé *Vue* qui

n'avoient point été priés, s'y trouvèrent cependant, de même que l'Abbé *Nédiction* & l'Abbé *Nignite* [sic], & en général, tous les amis du défunt [...]. L'Abbé *Attitude* dansa une Allemande avec une jeune Dame *de Trictrac*.

Ainsi se termina cette auguste cérémonie, qui n'étoit qu'un hommage dû à la Mémoire de l'Abbé Quille. Mais une gloire plus solide, plus vraie, plus rare, c'est l'avantage inouï qu'il a eu de voir à la fois dans son Abbaye quatorze Saints & trois Saintes ; sçavoir, Saint Ure, Sainte Onge & Sainte Axe ; Saint Doux, Saint Uron, Saint Foin, Saint Gerie, Saint Phonie, Saint Pathie, &c. [...]

(Marquis de Bièvre, *Lettre écrite à Madame la Comtesse Tation*, 1770, p. 2 et 8–11, italiques dans l'original)

Dans les extraits cités, on trouve ainsi :
- le Pere *Foreur* (*perforeur*), le Pere *Igord* (*Périgord*), le Pere *Manant* (*permanent*), le Pere *Pignan* (*Perpignan*), le Pere *Sonnage* (*personnage*), le Pere *Fide* (*perfide*), le Pere *Uquier* (*perruquier*), le Pere *Iode* (*période*), le Pere *Emptoire* (*péremptoire*), le Pere *Severant* (*persévérant*), le Pere *Nicieux* (*pernicieux*), le Pere *Istile* (*péristyle*), le Pere *Sécuteur* (*persécuteur*),
- l'Abbé *Daine* (*la bedaine*), l'Abbé *Gueule* (*bégueule*), l'Abbé *Casse* (*bécasse*), l'Abbé *Cassine* (*bécassine*), l'Abbé *Chamel* (*béchamel*), l'Abbé *Rigoule* (*bérigoule*, variante de *barigoule*), l'Abbé *Trave* (*betterave*), l'Abbé *Quée* (*becquée*), l'Abbé *Toine* (*bétoine*), l'Abbé *Tise* (*bêtise*), l'Abbé *Vue* (*bévue*), l'Abbé *Nédiction* (*bénédiction*), l'Abbé *Nignite* (*bénignité*), l'Abbé *Attitude* (*béatitude*),
- Saint Ure (*ceinture*), Sainte Onge (*Saintonge*), Sainte Axe (*syntaxe*), Saint Doux (*saindoux*), Saint Uron (*ceinturon*), Saint Foin (*sainfoin*), Saint Gerie (*singerie*), Saint Phonie (*symphonie*), Saint Pathie (*sympathie*).

Dans les trois groupes, les noms possèdent une structure bipartite, avec un titre (écrit avec une majuscule initiale) précédant un deuxième élément qui identifie l'individu concret. Des effets comiques additionnels se créent par le contraste entre le domaine sémantique source (les expressions *Père*, *Abbé* et *Saint* / *Sainte* désignant différents types d'autorités religieuses) et les nouvelles interprétations, qui incluent des attributs ou des adjectifs exprimant des évaluations négatives (par exemple, *perfide*, *pernicieux*, *bedaine*, *bêtise*, *bévue*, *singerie*). En même temps, on note les contrastes entre des concepts souvent abstraits, appartenant à un vocabulaire savant et formel (par exemple, *péristyle*, *bénédiction*, *bénignité*, *béatitude*, *syntaxe*, *symphonie*), et des expressions familières, de registres bas (par exemple, *bedaine*), et désignant des réalités et des objets de la vie quotidienne (par exemple, *béquille*, *perruquier*, *béchamel*, *saindoux*, *ceinture*) ou du domaine des plantes et oiseaux, etc. (par exemple, *betterave*, *sainfoin*, *becquée*, *bécasse*, *bécassine*). De plus, l'expression « tous les amis du défunt » souligne les liens étroits entre l'Abbé Quille et tous ces personnages – et donc aussi entre l'abbé et les concepts et référents qui sont associés à ces noms : le texte suggère ainsi que l'abbé défunt était aussi « ami » du perruquier, du saindoux, de la bêtise, etc.[5]

D'autres jeux de mots onomastiques sont créés par Alphonse Allais avec des noms fantaisistes comme *M. Paule Norr* (*pôle nord*), *Elie Coïdal* (*hélicoïdal*), *Mac Larinette* (*ma clarinette*), *Miss Kara Bynn* (*carabine*), *Miss Sarah Vigott* (*ça ravigote*), *le général Sakapharine* (*sac à farine*), *la veuve Mazur K.* (*mazurka*), *commandant baron Leboult de Monmachin* (*le bout de mon machin*), *M. Lecoq-Hue* (*le cocu*), *la fille Azutat Laure* (*ah, zut alors !*), *un sieur Cappaza* (*qu[i] a pas ça*), etc. (cf. Zimmer 1972 : 124–131). Selon Zimmer, on peut supposer une influence d'Allais sur les jeux de mots onomastiques de San-Antonio, chez qui on trouve également de nombreux exemples, entre autres *Alex Térieur* (*à l'extérieur*) et *Alain Térieur* (*à l'intérieur*) (cf. Zimmer 1972 : 130). Chez Franc-Nohain, on observe un jeu sur les mots *camembert*, *camomille* et *caoutchouc*, réinterprétés comme des séquences de « qu'a » [ka] et de prénoms fictifs (voir (5)). De même, on peut mentionner les nombreux jeux de mots onomastiques dans la bande dessinée *Astérix* (voir par exemple Grassegger 1985 ; Kabatek 2015), ainsi que des exemples particuliers comme la chanson de Boby Lapointe, « Le papa du papa » (voir Winter-Froemel, ce volume b).

(5) Appétit vigoureux, tempérament de fer,
 Membert languit, Membert se meurt – ami si cher...
  Qu'a Membert ?

 Hé Momille bonjour ! Comment va la famille ?
 Le papa, la maman... Tu pleures, jeune fille ?
  Qu'a Momille ?

 Je viens de rencontrer, allant je ne sais où,
 Outchou, le professeur qui courait comme un fou.
  Qu'a Outchou ?
 (Franc-Nohain, cité d'après Bailly 2006 : 88)

---

[5] Les longues énumérations des noms – et ainsi, les jeux de mots en série – génèrent des effets comiques additionnels. Ce procédé narratif exploitant l'effet liste est aussi largement utilisé par d'autres auteurs, en particulier, François Rabelais, chez qui on observe également de nombreux jeux de mots qui se basent sur la motivation des noms propres, par exemple « La dénomination, dist Epistemon à Pantagruel, de ces deux vostres coronelz Riflandouille et Tailleboudin en cestuy conflict nous promect asceurance, heur et victoire, si par fortune ces Andouilles nous vouloient oultrager. » (Rabelais, *Quart Livre*, Chap. XXXVII, p. 306) ; « Adoncques commença le combat Martial, pelle melle. Riflandouille rifloit Andouilles ; Tailleboudin tailloit Boudins [...] » (Rabelais, *Quart Livre*, Chap. XLI, p. 330 ; sur les jeux de mots rabelaisiens en général, voir par exemple Bonhomme 2018, et sur les jeux avec les noms propres en particulier, voir Bonhomme 2018 : 61–63 ; sur l'effet liste en littérature plus généralement, voir Milcent-Lawson, Lecolle et Michel 2013).

3 Les blagues Monsieur et Madame

Les exemples cités dans les paragraphes précédents ont montré que les jeux de mots onomastiques représentent un sous-type de jeux de mots régulièrement attesté à travers les époques. Dans les paragraphes suivants, on s'intéressera à une tradition particulière de jeux de mots onomastiques : les blagues Monsieur et Madame. Les analyses se baseront sur un corpus de 100 blagues recueillies sur internet entre le 1er avril et le 31 octobre 2025. Dans de nombreux recueils de blagues, on retrouve cette catégorie à côté d'autres sous-types de blagues comme les blagues sur les belles-mères, les blagues de beauf, les blagues sur les blondes, les blagues sur les Belges (pour les Français) ou sur les Français (pour les Belges), les blagues de Toto, les combles, etc. De plus, on peut constater que pour beaucoup de ces sous-types de blagues, il y a des traditions équivalentes ou analogues dans d'autres langues. Par exemple, pour les blagues ciblant des groupes de personnes présentés comme stupides, les groupes concernés peuvent diverger entre les langues et cultures, mais le principe de base des blagues reste le même. La tradition des blagues Monsieur et Madame, par contre, semble être restreinte au contexte francophone. Ce type de blagues peut s'illustrer par les exemples (6)–(9) (voir aussi les exemples (1) et (2) cités dans l'introduction de cette contribution).[6]

(6) Monsieur et Madame Honnête ont une fille, comment s'appelle-t-elle ? Réponse : Camille (camionnette).

(7) Monsieur et Madame Deuf ont un fils, comment s'appelle-t-il ? Réponse : John (jaune d'œuf).

(8) Monsieur et Madame Javèle ont une fille, comment s'appelle-t-elle ? Réponse : Aude (eau de Javel).

(9) Monsieur et Madame Cale ont 3 enfants (deux filles et un fils), comment s'appellent-ils ? Réponse : Anna, Lise, Mehdi (analyse médicale).

Les séquences prénom + nom de famille évoqués dans les blagues sont homonymes avec d'autres expressions et peuvent ainsi donner lieu à des réinterprétations. De plus, ces réinterprétations comportent souvent des segmentations morphologiques différentes : les interprétations surprenantes qui représentent la chute des blagues

---

[6] Pour faciliter les analyses, on indiquera ici les solutions pour toutes les blagues entre parenthèses, indépendamment de la présence ou absence de ces indications dans les sources consultées. Cette procédure peut également se justifier du fait que l'on trouve souvent des variantes d'une même blague qui se distinguent (entre autres) par la présence ou absence de l'indication explicite de la solution.

représentent très souvent des expressions nominales (voir les exemples (6)–(9)), mais on trouve également des chutes qui représentent de petits énoncés, souvent des exclamations ou des impératifs (voir les exemples (10)–(12)).[7] Ce phénomène s'observe en particulier pour les blagues qui jouent sur plusieurs prénoms à la fois (voir à cet égard aussi l'exemple de la chanson « Le papa du papa » de Boby Lapointe évoquée ci-dessus, où l'on trouve « Yvan-Sévère-Aimé Bossac de Noyau Dépêche » [Il vend ses verres et mes beaux sacs de noyaux de(s) pêche(s)]).

(10) Monsieur et Madame Ultou ont une fille, comment s'appelle-t-elle ? Réponse : Jeanne (j'annule tout).

(11) Monsieur et Madame Sérien ont un fils, comment s'appelle-t-il ? Réponse : Jean (j'en sais rien).

(12) Monsieur et Madame Aire ont un fils, comment s'appelle-t-il ? Réponse : Axel (accélère).

Les exemples montrent que les blagues en question se caractérisent par une structure de base très claire : les blagues se réalisent sous forme de devinettes, c'est-à-dire comme des séquences d'une question et d'une réponse. La question présente une structure régulière, qui peut se décrire par la formule indiquée ci-dessous. La formule indique les éléments fixes et les éléments variables (ces derniers sont signalés entre crochets), spécifiant au cas échéant les restrictions additionnelles pour les concrétisations possibles des créneaux variables. La partie réponse présente également une structure régulière, avec un nombre limité de variantes, et la caractéristique centrale de la réponse est le fait que la séquence prénom + nom est homonyme avec une autre expression et permet ainsi une deuxième interprétation inattendue.[8]

---

[7] Ces réinterprétations peuvent ainsi être rapprochées à certains égards des néo-analyses et réanalyses qui s'observent dans le changement linguistique. Par exemple, dans l'histoire du français, l'expression *(poule) d'Inde* a été réanalysée comme *dinde*, le nom de la ville *L'Isle* a été réanalysée en *Lille*, etc. (voir Winter-Froemel 2021). Mais contrairement aux néo-analyses et réanalyses citées, qui se produisent typiquement à l'insu des locuteurs (du moins, dans un premier temps), les réinterprétations des noms dans les blagues sont des réinterprétations intentionnelles, invitées et planifiées par le locuteur.

[8] Dans de rares cas, les blagues Monsieur et Madame jouent sur des expressions qui ne sont pas homonymes, mais seulement paronymiques, présentant de légères divergences dans la prononciation, par exemple : « Monsieur et Madame Dissoir ont un fils, comment s'appelle-t-il ? Réponse : Alain (à lundi soir). » De plus, outre les séquences prénom + nom, on trouve également l'ordre inverti nom + prénom (par exemple, « Monsieur et Madame Epi ont une fille, comment s'appelle-t-elle ? Réponse : Fanny (épiphanie). »), mais cette option est plus rarement attestée.

Blagues Monsieur et Madame :
Monsieur et Madame [nom de famille fictif] *ont* [*un, deux, trois,* ...] [*fille(s)* et / ou, *garçons*].
[*Comment s'appelle(nt)-il(s) / elle(s) ? / Quel est son / leur prénom ?*]
[Facultativement : *Réponse :* ou *Solution :*] [Prénom(s)] [facultativement : indication de l'expression homophone, éventuellement introduite par *parce que* + prénom(s) + nom].

Les variantes du schéma général dans les réponses possibles, exemplifiées ci-dessous par les exemples (13)–(16) pour une blague jouant sur l'expression *manuel scolaire*, concernent entre autres différentes possibilités de rendre la solution de la blague encore plus explicite.

(13) Monsieur et Madame Skolère ont un fils, quel est son prénom ?
Manuel.

(14) Monsieur et Madame Skolère ont un fils, quel est son prénom ?
Manuel (manuel scolaire).

(15) Monsieur et Madame Skolère ont un fils, quel est son prénom ?
Manuel, parce que Manuel Skolère.

(16) Monsieur et Madame Skolère ont un fils, quel est son prénom ?
Manuel, parce que Manuel Skolère (manuel scolaire).

La variante « minimale » des blagues Monsieur et Madame (13) se caractérise par le fait que la réponse consiste seulement du prénom, de sorte que le récepteur doit accomplir la tâche cognitive d'ajouter le nom de famille qui avait été évoqué dans la question pour ensuite découvrir l'interprétation additionnelle de la séquence prénom + nom, qui se base sur une expression homonyme (par exemple « Manuel » → « Manuel Skolère » / [manɥɛlskolɛʁ], homonymie : *Manuel Skolère / manuel scolaire*, de même pour *Laure Loge / l'horloge, Jim Nastyk / gymnastique, Camille Honnête / camionnette, John Deuf / jaune d'œuf, Aude Javèle / eau de Javel, Anna, Lise, Mehdi Cale / analyse médicale*, etc., avec chaque fois des prononciations identiques [lɔʁlɔʒ], [ʒimnastik], [kamionɛt], [ʒondœf], [odʒavɛl], [analizmedikal]). Dans certaines blagues dans le corpus, la solution est indiquée entre parenthèses, comme dans (14), ou la séquence prénom + nom est rendue explicite, avec l'ajout d'un connecteur argumentatif (*parce que*) (15). La dernière variante (16) illustre un degré maximal d'explicitation qui intègre tous les éléments qui viennent d'être discutés.

Comme il s'agit pour les chutes dans la très grande majorité des cas d'expressions parfaitement homonymes, il convient de souligner les différences fondamentales qui caractérisent la réception des blagues dans le médium graphique et le médium phonique. Dans les cas où la solution est indiquée entre parenthèses, les blagues semblent s'adresser surtout à des lecteurs consultant les recueils de blagues dans le médium graphique. Les cas où le nom complet est rendu explicite avec l'ajout d'un connecteur argumentatif, par contre, semblent être destinés aussi à des contextes de communication face-à-face, où les blagues sont racontées à des auditeurs dans le médium phonique. Même avec tous les indices donnés, toutefois, le décodage réussi ne pourra pas être garanti ici, mais dépend toujours des capacités du récepteur, qui doit identifier l'interprétation alternative.

La dimension comique des blagues Monsieur et Madame repose d'abord sur l'effet de surprise obtenu par le rapprochement d'une expression onomastique (fictive) et d'un nom commun ou d'un énoncé. De plus, les blagues sont particulièrement plaisantes et efficaces si les prénoms sont des prénoms établis, d'usage fréquent. Des effets comiques additionnels peuvent se créer si la solution représente un énoncé pragmatiquement marqué ou expressif, ou si elle véhicule de fortes émotions ou des évaluations négatives (voir par exemple les exclamations évaluatives dans (17), (18) et (19)). De même, des effets pragmatiques particuliers peuvent être obtenus si les blagues contiennent des mots d'un registre bas, familier, etc. (voir par exemple le mot *merde* dans (19)).

(17) Monsieur et Madame Diotte ont une fille, quel est son prénom ? Solution : Kelly (quelle idiote).

(18) Monsieur et Madame Leuze ont une fille, comment s'appelle-t-elle ? Réponse : Lara (la râleuse).

(19) Monsieur et Madame Dalors ont un fils, comment s'appelle-t-il ? Réponse : Homer (oh merde alors !).

Certaines blagues font également allusion à des tabous. Par exemple, la blague (20) évoque un scénario de maladie, et pour la blague (21), on peut imaginer une situation délicate où l'amant est découvert par le mari ; de même, les exemples (22) et (23) peuvent évoquer un contexte sexuel (voir aussi l'exemple (12) cité ci-dessus).

(20) Monsieur et Madame Cament ont un fils, comment s'appelle-t-il ? Réponse : Mehdi (médicament).

(21) Monsieur et Madame Ervitemonslip ont un fils, comment s'appelle-t-il ? Réponse : Jean-Philippe (j'enfile hyper-vite mon slip).

(22) Monsieur et Madame Atrovite ont un fils, comment s'appelle-t-il ? Réponse : Yves (il va trop vite).

(23) Monsieur et Madame Peticou-Vitefay ont un fils. Comment s'appelle-t-il ? Réponse : Justin (juste un petit coup vite fait).

Il paraît également intéressant de noter que certains recueils présentent les blagues à contenu sexuel avec une sorte d'avertissement (de plus, pour les blagues en question, la solution est cette fois-ci laissée implicite) :

> Humour noir, blagues de beauf, blagues courtes ou histoires drôles pour enfants, on le sait, il existe des blagues, devinettes et jeux de mots pour tous les goûts, Les blagues monsieur madame ont, elles aussi, leurs dérivés. Pour tous les amateurs d'humour, on vous a sélectionné les devinettes monsieur madame grivoises hilarantes. *Attention, aucun enfant ne doit lire les blagues suivantes…*
> (https://www.demotivateur.fr/lifestyle/top-50-des-meilleures-blagues-monsieur-madame-28555, consulté le 30 octobre 2025, orthographe et ponctuation selon l'original, italiques ajoutées)

Un exemple qui joue sur une dimension métalinguistique se présente dans (24), où la solution « les haricots verts » représente un énoncé qui s'entend typiquement dans des contextes familiaux, quand les parents corrigent des liaisons fautives lors de l'acquisition du langage des enfants, et répètent la forme correcte sans liaison.

(24) Monsieur et Madame Rikovair ont une fille, comment s'appelle-t-elle ? Réponse : Léa (les haricots verts).

Un taux élevé de blagues Monsieur et Madame se base aussi sur des prénoms d'origine non autochtone. Les blagues utilisent surtout des noms d'origine anglaise (voir les exemples (25) et (26), et voir aussi les exemples (7), (17) et (19) cités ci-dessus), mais on trouve aussi occasionnellement des noms d'autres origines (voir (20) et (27)). Dans d'autres cas, ce sont les nouvelles interprétations dans les solutions qui contiennent des mots empruntés à d'autres langues (voir (28) et (29)), et on peut voir ici aussi le plaisir de jouer avec des unités du lexique qui ont un statut à un certain égard marqué.

(25) Monsieur et Madame Scott ont une fille, comment s'appelle-t-elle ? Réponse : Debby (des biscottes).

(26) Monsieur et Madame Golé ont une fille, comment s'appelle-t-elle ? Réponse : Hillary (il a rigolé).

(27) Monsieur et Madame Bistrot ont un fils, comment s'appelle-t-il ? Réponse : Alonso (allons au bistrot).

(28) Monsieur et Madame Zarella ont une fille, comment s'appelle-t-elle ? Réponse : Maude (mozzarella).

(29) Monsieur et Madame Niskotch ont une fille, comment s'appelle-t-elle ? Réponse : Nicole (ni colle ni scotch).

Dans certains cas, l'effet de surprise est augmenté par le fait que les blagues se basent sur des prénoms ou des noms « chargés » comme celui du traitre Judas dans l'exemple (30), où la blague aboutit à une interprétation anodine, « banale », puisqu'elle réfère à un produit alimentaire « innocent ». De manière générale, les solutions qui font référence à des produits de la vie quotidienne, et souvent des produits alimentaires, représentent un trait fréquent dans les blagues Monsieur et Madame (voir aussi les blagues (7), (24), (25) et (28) citées ci-dessus).

(30)   Monsieur et Madame Nana ont un fils, comment s'appelle-t-il ? Réponse : Judas (jus d'ananas).

Finalement, un exemple intéressant est la blague (31), qui effectue une sorte de recyclage d'un jeu de mots plus ancien qui fait partie du savoir culturel de nombreux locuteurs francophones. La blague fait allusion à l'anecdote selon laquelle Louis XVIII aurait dit à ses médecins sur son lit de mort « Dépêchez-vous, Charles attend » (en se référant à son successeur Charles X), cet énoncé permettant également l'interprétation « Dépêchez-vous, charlatans ! ».

(31)   Monsieur et Madame Attan ont un fils, comment s'appelle-t-il ? Charles (charlatan).

Pour conclure, on peut constater que les blagues Monsieur et Madame peuvent toucher certains tabous linguistiques ou conceptuels, mais que dans la grande majorité des cas, il s'agit de blagues relativement innocentes, et que le plaisir principal qui peut être généré par elles réside dans l'effet de surprise obtenu par la nouvelle interprétation de la séquence prénom + nom.

En même temps, toutefois, les blagues véhiculent des enjeux interactionnels et pragmatiques sous-jacents. Elles jouent sur les risques des actes de baptême, en l'occurrence le danger de choisir un « mauvais » prénom pour son enfant, par exemple, un prénom qui s'accompagne mal avec le nom de famille et qui peut évoquer des interprétations non voulues, ce qui peut s'interpréter comme une « accident » pragmatique. De fait, on peut noter que les choix du prénom d'un enfant font souvent l'objet d'évaluations (positives ou négatives) par l'environnement social des parents, et très souvent, il s'agit ainsi de choix longuement réfléchis. Même si les blagues exagèrent cette dimension en présentant souvent des combinaisons très improbables de prénoms et de noms de famille, cet enjeu général reste sous-jacent. De plus, le plaisir des blagues peut s'augmenter si le récepteur connaît un individu portant le prénom (ou le nom) sur lequel la blague se base, et on peut s'imaginer des situations de réutilisation de la blague pour taquiner la personne en question.

4 Les noms kahoot

Après avoir étudié la tradition des blagues Monsieur et Madame, on se focalisera dans les paragraphes qui suivent sur un phénomène plus récent, à savoir les noms kahoot. Les analyses se baseront sur un corpus de 100 noms kahoot recueillis sur internet, en particulier à partir de la plateforme YouTube, le 2 et 3 avril 2025 (les vidéos consultées sont indiquées dans les références bibliographiques ; toutefois, un certain nombre d'elles ne sont désormais plus accessibles).

Avant de passer à l'analyse linguistique des noms kahoot, il convient de s'arrêter sur le cadre communicatif pour lequel les noms sont a priori conçus. *Kahoot !* représente une plateforme destinée à être utilisée à des fins d'apprentissage ludique dans des établissements d'enseignement.[9] Les élèves à l'âge de la puberté représentent ainsi des joueurs typiques des quiz. La plateforme permet de créer des questionnaires à choix multiples qui peuvent être utilisés en classe : les élèves se connectent et choisissent un pseudonyme pour participer au jeu, ensuite, les questions sont affichées, accompagnées de plusieurs réponses alternatives, et après chaque question, la solution correcte est donnée, ainsi que le classement des meilleurs joueurs. Ensuite, le classement général est affiché à la fin du quiz. De cette façon, le nom d'un joueur particulier peut être affiché à de multiples reprises pendant une session de jeu en classe, et les pseudonymes des meilleurs joueurs représentent un élément très saillant du jeu.

Il ne paraît ainsi pas surprenant que les joueurs prennent souvent soin de choisir des pseudonymes dont ils anticipent qu'ils s'adaptent bien à leurs finalités communicatives, par exemple, une volonté de susciter des réactions positives des autres joueurs, l'appréciation pour avoir trouvé un pseudonyme particulièrement drôle, inventif, créatif, etc. Mais les effets visés peuvent également inclure une volonté de choquer les autres et / ou les professeur(e)s ou enseignant(e)s en rompant certains tabous, etc. De manière générale, les pseudonymes ne représentent pas nécessairement des jeux de mots, mais les analyses suivantes se concentreront sur ce les noms qui peuvent se qualifier de jeux de mots onomastiques.

Les quiz étant diffusés dans le monde entier, on trouve des noms kahoot qui représentent des jeux de mots dans différentes langues. Par exemple pour l'allemand, on peut citer des noms kahoot comme *Andi Arbeit* (homonyme avec *An die*

---

[9] Selon le site web de la compagnie, la plateforme a accueilli depuis son lancement en 2013 plus de 12 milliards de participants (incluant la possibilité de participations multiples d'un même individu) dans des centaines de millions de sessions d'apprentissage ; outre les établissements d'enseignement secondaire, 97% des 500 meilleures universités mondiales utiliseraient la plateforme (voir https://kahoot.com/company/#history, consulté le 30 octobre 2025).

Arbeit! 'Au travail!'), *Rainer Zufall* (*reiner Zufall* 'pur hasard'), *Claire Grube* (*Klärgrube* 'fosse septique'), *Theo Retisch* (*theoretisch* 'théorique(ment)' ; pour l'espagnol, il y a des noms comme *Mario Neta* (*marioneta* 'marionnette'), *Elsa Pato* (*el zapato* 'la chaussure'), *Susana Oria* (*su zanahoria* 'sa carotte'), *Helen Chufe* (*el enchufe* 'la prise de courant'), *Debora Dora* (*devoradora* 'dévorante'), *Elena Nito del Bosque* (*el enanito del bosque* 'le petit nain de la forêt'), etc. Dans tous les cas cités, les noms kahoot représentent des séquences prénom + nom qui sont homonymes avec d'autres expressions, de sorte que les noms peuvent être réinterprétés, souvent avec de nouvelles segmentations morphologiques, comme cela a déjà été observé pour les blagues Monsieur et Madame.

De plus, on trouve sur internet des listes recommandant les « meilleurs » noms kahoot. Ces listes, souvent présentées sous forme de vidéos courtes, sont ainsi conçues pour des actes de réception hors des situations de jeux kahoot ; elles peuvent être consultées individuellement « en privé », mais aussi par des groupes d'élèves pendant les heures de récréation, etc. De plus, il faut souligner que les noms proposés dans les listes ne représentent pas nécessairement des noms qui seront vraiment utilisés dans des situations authentiques de jeux kahoot, mais pour certains noms contenus dans les listes, on peut supposer qu'ils servent surtout à créer un plaisir qui résulte du seul fait de s'imaginer une situation d'utilisation, incluant les réactions des autres individus faisant partie de cette situation sociale imaginée – on pourrait ainsi parler ici d'un scénario d'usage « comme si ».

Les scénarios de réception des listes de pseudonymes kahoot incluent par conséquent des situations de distance communicative et des scénarios de l'immédiat communicatif. Dans le premier cas, il s'agit de situations d'une réception individuelle « en privée », sans contact immédiat entre les auteurs des listes et les récepteurs, et sans contacts entre différents récepteurs. Le deuxième cas concerne les situations de jeux kahoot en classe ou encore lors de situations d'un plaisir partagé en cour de récréation, quand les jeunes imaginent ensemble des actes d'utilisation des noms et les réactions des enseignant(e)s et professeur(e)s (sur l'immédiat communicatif et la distance communicative, voir Koch et Oesterreicher 2001, [1990] 2011 ; voir aussi Goldschmitt, ce volume).

Dans les listes sur internet, contrairement aux blagues Monsieur et Madame, les interprétations alternatives des noms kahoot proposés ne sont jamais indiquées. Cela confirme que les noms ont aussi une fonction cryptique : ils représentent des devinettes testant les capacités de décodage des récepteurs, et on peut supposer qu'il y aura certains récepteurs qui vont échouer à découvrir l'interprétation additionnelle – d'autant plus si parmi les noms des joueurs lors d'une situation concrète de jeu, il n'y aura qu'un ou deux pseudonymes qui représentent des jeux de mots onomastiques, à côté d'un grand nombre d'autres noms pour lesquels il n'y a pas de dimension cachée. Par conséquent, un aspect important des scénarios de l'utilisation des pseudonymes dans des situations en classe est la dimension sociale : l'utilisation des pseudonymes-devinettes va entraîner une distinction entre deux groupes de récepteurs, les récepteurs arrivant à décoder la dimension cachée des pseudonymes (cf. le concept de l'*in-group*) et les récepteurs y échouant et étant ainsi exclus de la participation au jeu (cf. le concept de l'*out-group* ; sur les jeux de mots véhiculant une dimension exclusive, voir aussi les contributions dans Winter-Froemel 2025). Ce dernier groupe inclut typiquement les enseignant(e)s ou les professeur(e)s, qui ont moins de connaissances partagées avec les élèves utilisant les pseudonymes que d'autres élèves du même âge.

Les exemples suivants peuvent illustrer la gamme de noms réunis dans les listes. Contrairement aux sources consultées, on indiquera ci-dessous les interprétations additionnelles des pseudonymes. Comme les exemples le montrent, les noms incluent des jeux de mots sur des thématiques anodines, le plaisir essentiel créé par leur emploi résultant de l'effet de surprise (voir (32)–(35)). L'exemple de *Cris Talline / Cristaline* représente un jeu de mots aboutissant à un autre nom propre, désignant une eau de source très répandue en France. De plus, les exemples montrent qu'a priori, les noms kahoot pourraient également être utilisés dans les blagues Monsieur et Madame.[10]

(32) Xi Lauphone (xylophone)

(33) Paul Tronnéçofa (poltron et sofa)

(34) Alex Térrieur (à l'extérieur)

(35) Cris Talline (Cristaline)

On note, de plus, un taux élevé de noms qui présentent une dimension pragmatique offensive, par exemple, en jouant sur des contenus sexuels (voir (36)–(38)) ou scatologiques (voir (39), (40)), ou en faisant allusion à d'autres domaines tabous comme la mort (voir (41)) ou les déficiences mentales (voir (42)), et / ou en jouant sur des expressions marquées du lexique. Les pseudonymes peuvent aussi exprimer des insultes ou faire référence à des actes de violence (sexuelle, physique, verbale, psychique, etc., voir par exemple (43)). Dans tous ces cas, on peut constater

---

10 Ainsi, on pourrait imaginer des blagues Monsieur et Madame comme : « Monsieur et Madame Lauphone ont un fils, comment s'appelle-t-il ? – Xi. », « Monsieur et Madame Tronnéçofa ont un fils, comment s'appelle-t-il ? – Paul. », « Monsieur et Madame Térrieur ont un fils, comment s'appelle-t-il ? – Alex. », etc.

une violation de certains tabous sociaux (cf. Reutner 2009), et ces violations de tabous peuvent être vues comme un phénomène typique à l'âge de la puberté.

(36) Hank Ullé (enculé)

(37) Jade Orlabit (j'adore la bite)

(38) Jenny Kétamer (j'ai niqué ta mère)

(39) Ella Ladiaré (elle a la diarrhée)

(40) Jay Dupoilloku (j'ai du poil au cul)

(41) Ella Zigouyéçonmari (elle a zigouillé son mari)

(42) Théo Tiste (t'es autiste)

(43) Dante Fèce (dans tes fesses)

Outre les domaines sémantiques qui viennent d'être mentionnés, toutefois, on observe également des noms kahoot qui contiennent des allusions racistes, ciblant surtout les « Noirs », les « Arabes », les « immigrés » ou les « juifs », parfois en se basant sur des désignations dénigrantes de ces groupes (voir (44)–(47)). De même, on trouve des noms qui expriment des évaluations positives du nazisme et du personnage d'Hitler (voir (48), (49)). Dans d'autres cas encore on trouve des noms kahoot qui peuvent évoquer des pratiques sexuelles pédophiles et des actes de violence sexuelle envers des enfants (voir (50)). Pour dégager les enjeux de ces pseudonymes, il est parfois nécessaire de les recontextualiser : ainsi, les pseudonymes évoquant l'idée d'enfermer des enfants ou d'autres individus dans une cave, de les vendre, etc., peuvent s'interpréter comme faisant allusion à des activités criminelles de groupes de pédophiles, et comme véhiculant aussi une dimension sexuelle. De même, le nom en (46) peut s'interpréter comme faisant allusion à l'esclavage et au travail forcé sur les plantations de coton, de sorte qu'il véhicule également une dimension raciste.

(44) Salim Igré (sale immigré)

(45) Jayme Palénouar (j'aime pas les Noirs)

(46) Rama Celecoton (ramassez les cotons)

(47) Nick Léjuife (nique les juifs)

(48) Léna Ziçoncoule (les nazis sont cools)

(49) Jade Miritlair (j'admire Hitler)

(50) Jean Fermedézanfan (j'enferme des enfants)

Pour donner un aperçu de l'importance quantitative des différents enjeux des noms kahoot étudiés, tous les noms recueillis ont été annotés dans une procédure *bottom-up*, développant les catégories d'analyse pertinentes à partir des exemples concrets. Dans les annotations, on a admis la possibilité de catégorisations multiples (par exemple, le nom en (44) a été analysé comme véhiculant une dimension raciste et violente, le nom kahoot en (47) a été assigné les catégories « sexualité » et « racisme », et le nom en (50) a été analysé comme exhibant des traits sexuels, pédophiles et violents). Avant de commenter l'importance quantitative des différentes dimensions, il faut toutefois souligner que la sélection des noms étudiés ici ne peut pas prétendre à une exhaustivité ou représentativité quant à l'usage effectif des noms kahoot en classe. Au contraire, il paraît probable que ce sont en particulier les noms « extrêmes », très offensifs, etc., qui peuvent « réussir » bien sur internet pour attirer certains groupes de lecteurs, et on peut s'imaginer que le « plaisir » éprouvé par les récepteurs peut se confiner à l'acte d'imaginer une situation d'utilisation réelle.

Les analyses confirment l'importance primordiale de la dimension sexuelle (50 noms parmi les 100 noms étudiés), alors que la dimension scatologique est clairement moins forte (6 noms). Pour d'autres domaines tabous « classiques » (cf. Reutner 2009) qui sont représentés dans les noms kahoot recueillis, il y a la mort (6 occurrences) et les maladies et déficiences mentales (3 occurrences). À côté du domaine sexuel, ce sont surtout les noms kahoot véhiculant une dimension de violence qui sont largement représentés (43 noms), souvent dans un contexte raciste ; au total, on trouve 34 noms véhiculant une dimension raciste. De même, il y a un nombre non négligeable de noms qui peuvent évoquer des pratiques pédophiles (8 noms). Les noms kahoot qui véhiculent une dimension de violence incluent des insultes, des dénigrements, des menaces, ainsi que des descriptions d'actes de violence sexuelle ou d'attaques corporelles.

De manière générale, les analyses des noms kahoot montrent que les noms partagent certaines caractéristiques avec d'autres types de jeux de mots onomastiques, mais qu'ils exhibent aussi des particularités très spécifiques, surtout le fait qu'ils sont très souvent loin d'être drôles et parfois même très violents, antidémocratiques ou racistes.

5 Synthèse et perspectives futures

Les analyses précédentes ont montré que les jeux de mots onomastiques représentent un sous-type important des jeux de mots. En tirant profit de certaines caractéristiques sémiotiques spécifiques des noms propres, on pratique les jeux de mots onomastiques dans différents contextes et domaines, dans lesquels ils peuvent véhiculer différents types d'enjeux. Les analyses de deux traditions de jeux onomastiques qui se basent sur les anthroponymes – celle des blagues Monsieur et Madame et celle des noms kahoot – ont révélé différents éléments qui marquent une continuité : au niveau formel, les jeux de mots onomastiques se basent en général sur des séquences prénom + nom, qui sont homonymes avec d'autres expressions. De plus, les réinterprétations impliquent souvent de nouvelles segmentations morphologiques. Au niveau sémantique, par le fait de suggérer une interprétation alternative pour une séquence prénom + nom, on introduit une dimension motivationnelle possible, ce qui peut être analysé comme une pseudo-motivation du nom en question (cf. Winter-Froemel 2016 : 32 / 3.7.3). Les jeux de mots onomastiques visent typiquement à créer de forts effets de surprise, et évoquent souvent des champs sémantiques inattendus et pouvant être aperçus comme « inappropriés » dans le contexte concret (par exemple, si les noms évoquent des concepts tabous). De plus, les analyses ont montré que les noms et les jeux de mots onomastiques peuvent être recyclés, c'est-à-dire qu'un même nom propre pourrait apparaître aussi bien dans une blague Monsieur et Madame que dans un nom kahoot (voir aussi l'exemple d'*Alex Térieur* qui se trouve chez San-Antonio aussi bien que dans les listes de noms kahoot).

Pour les noms propres sur lesquelles on joue, a priori, le répertoire des prénoms est plus restreint, et au cas idéal, les jeux de mots se basent sur des prénoms authentiques et relativement répandus. Pour les noms de famille, par contre, on observe plus de variation, certains noms représentant des noms de famille authentiques d'une certaine fréquence ou du moins plausibles, mais d'autres étant clairement fantaisistes, de sorte que leur caractère artificiel signale d'emblée qu'un jeu de langage suivra (voir par exemple des noms de famille comme Ervitemonslip, Peticou-Vitefay, Zigouyéçonmari, etc.). De plus, les graphies des noms de famille divergent souvent le plus possible de celles des expressions homonymes qui représentent les solutions. On pourrait à cet égard rapprocher les réalisations écrites des jeux de mots onomastiques des jeux sur les graphies d'auteurs comme Queneau (voir Winter-Froemel, ce volume b). Au niveau pragmatique, on peut constater dans les deux cas que les noms propres fonctionnent comme des devinettes. Le décodage représente une tâche relativement difficile que les récepteurs doivent accomplir, et le fait de ne pas y réussir représenterait un échec social, qui exclurait les récepteurs concernés du jeu partagé par les « entendeurs ».

Mais on observe également des divergences majeures entre les deux traditions analysées. Dans les blagues Monsieur et Madame, il y a un renvoi aux actes de baptême des enfants, où le nom est attribué aux enfants par les parents. Dans les noms kahoot, par contre, ce sont les joueurs eux-mêmes qui choisissent et s'auto-attribuent les pseudonymes.

De plus, alors que dans les noms kahoot, on ne trouve jamais d'indices pour signaler le jeu ni des pistes pour faciliter le décodage de l'interprétation additionnelle cachée, il y a plus de variation dans les blagues Monsieur et Madame. Leur structure textuelle – toutes les blagues commençant par « Monsieur et Madame » – annonce déjà la tradition spécifique de ce sous-type de blagues, et il n'est pas exclu de donner à la fin de la blague une indication qui souligne la présence d'un jeu de mots. Inversement, toutefois, il est également possible que le nom complet soit laissé sous-entendu dans les blagues (la chute indiquant seulement le prénom), de sorte que le récepteur doit accomplir un processus cognitif de décodage pour ajouter le nom de famille préalablement mentionné. Pour les noms kahoot, la dimension textuelle est maximalement restreinte, et les « énoncés » des joueurs consistent seulement du pseudonyme ; par conséquent, le nom complet doit être indiqué.

Ces divergences relatives concernant la manière dont les jeux de mots sont signalés dans les deux cas entraînent aussi une différence quant à la dimension exclusive des jeux de mots. Pour les noms kahoot, on peut s'attendre à ce qu'il y aura souvent une division entre deux groupes de récepteurs – ceux qui arrivent à décoder l'interprétation alternative et ceux qui n'y arrivent pas. Cette dimension interactionnelle et sociale peut se considérer comme une fonction importante des noms kahoot ludiques. Pour les scénarios dans lesquels les blagues sont racontées à des auditeurs dans un contexte immédiat, il y a également la possibilité que seule une partie des récepteurs va arriver à comprendre la blague, et qu'il y aura par conséquent une distinction entre deux groupes de récepteurs. Néanmoins, il y a ici des indices plus clairs de la présence d'un jeu de mots : le scénario communicatif annonce un jeu commun (on se raconte des blagues à tour de rôle), et la forme textuelle même des blagues Monsieur et Madame annonce clairement qu'un jeu de mots va suivre.

Quant aux autres enjeux des deux traditions de jeux, on note également des divergences fondamentales : les blagues Monsieur et Madame concernent des domaines sémantiques variés, et même si on trouve quelques blagues jouant sur des tabous (surtout le domaine de la sexualité), il ne s'agit pas d'une dimension saillante des blagues. Leur caractère relativement neutre à cet égard peut s'expliquer aussi par le fait qu'il s'agit d'énoncés préconstruits, destinés à être répétés à différentes occasions d'échanges informels. En même temps, les blagues Monsieur et Madame renvoient implicitement aux enjeux pragmatiques des actes de baptême, quand il s'agit de choisir un « bon » prénom pour son enfant.

Pour les noms kahoot, par contre, il y a clairement deux domaines tabous qui revêtent une importance majeure, les contenus sexuels et les contenus racistes. Alors que les premiers peuvent s'interpréter comme un domaine sémantique « classique » dans la communication entre les jeunes, la dimension raciste qui s'observe très nettement dans les exemples recueillis sur internet peut paraître plus surprenante (sur le français dit « des jeunes » et l'argot français contemporain, voir également Hardy, ce volume). On pourrait formuler l'hypothèse qu'il s'agit ici d'un nouveau domaine tabou qui peut être perçu par les jeunes comme offrant un potentiel pragmatique plus fort que les violations de tabous sexuels. De même, il serait intéressant – et urgent – d'approfondir les recherches sur l'importance du contexte digital (ou mixte, puisque dans les jeux kahoot, il y a différents croisements entre le monde digital et l'interaction immédiate), qui semble se prêter particulièrement bien à certains types de jeux. Les analyses proposées pour les noms kahoot pourraient être rapprochées aussi d'autre phénomènes comme le choix de pseudonymes dans les réseaux sociaux ou les jeux de mots dans la communication digitale – et en particulier, les jeux de mots racistes (voir aussi Liu 2025).

Finalement, la comparaison des différentes traditions de jeux onomastiques offre des perspectives sur une facette particulière de la dynamique constante des jeux de mots, et on pourrait ainsi terminer cette contribution par l'observation que les traditions ne sont évidemment nullement épuisées par les exemples analysés et pourraient se développer dans différentes directions, par exemple avec de nouveaux jeux onomastiques comme les suivants (pour les solutions, voir la fin des références bibliographiques) :

Anne Aunimes
Alain Stardrablay
Monsieur et Madame Est ont une fille. Quel est son prénom ? Maude.
Monsieur et Madame Audain ont une fille. Quel est son prénom ? Anne.
Jean Ty
Marc Reng
…

Références bibliographiques

Sites web consultés pour les blagues Monsieur et Madame
(consultation entre le 1er avril et le 31 octobre 2025)

https://www.animyjob.com/mag-article/50-blagues-monsieur-et-madame-rire-garanti-/05-02-24/283.
https://www.bonnesblagues.com/mr-et-mme-gnol-ont-un-fils.
https://les-blagues.com/monsieur-et-madame/2.
https://momes.parents.fr/apprendre/vie-de-classe/charades-blagues/blagues-denfant-monsieur-madame-918811.
https://www.demotivateur.fr/lifestyle/top-50-des-meilleures-blagues-monsieur-madame-28555.

Sites web consultés pour les noms kahoot
(consultation entre le 2 avril et le 3 avril 2025)

https://www.youtube.com/shorts/DOg19dUPfZs.
https://www.youtube.com/watch?v=Q9DiMU6CW_M.
https://www.youtube.com/shorts/pTZNH4A12TA.
https://www.youtube.com/shorts/j-9scB3Y9q4.
https://www.youtube.com/shorts/cHppURR6SrA.
https://www.youtube.com/shorts/pdidVpNJBc4.
https://www.youtube.com/shorts/haLp9bhCX4c.
https://www.youtube.com/shorts/AlDBgNYC7xk.
https://www.youtube.com/shorts/EcDefCYuHu4.
https://www.youtube.com/shorts/FW30rh8CGm8.
https://www.youtube.com/shorts/SnoTGYdJ6EM.
https://www.youtube.com/shorts/l3z6XMEJOwU.

Autres références bibliographiques

Aschenberg, Heidi. 1991. *Eigennamen im Kinderbuch. Eine textlinguistische Studie*. Tübingen : Narr.
Austin, John L. [1962] 2011. *How To Do Things With Words : The William James Lectures delivered at Harvard University in 1955*. Oxford : Clarendon Press. https://doi.org/10.1093/acprof:oso/9780198245537. 001.0001.
Austin, John L. 1970. *Quand dire, c'est faire*. Paris : Seuil.
Bailly, Sébastien. 2006. *Le meilleur des jeux de mots*. Paris : Fayard / Mille et une nuits.
Bièvre, François-Georges Maréchal, marquis de. 1770. *Lettre écrite à Madame la comtesse Tation*. Amsterdam : Aux dépens de la Compagnie de *Perdreaux*. Münchner DigitalisierungsZentrum / Bayerische Staatsbibliothek. L.eleg.m. 142. BSB-ID 991032739339707356, BV001374821, urn:nbn:de:bvb:12-bsb10575801-9. https://www.digitale-sammlungen.de/view/bsb10575801?page=9 (consulté le 25 octobre 2025).
Bièvre, Cte Gabriel Mareschal de [1910]. *Le Marquis de Bièvre. Sa vie, ses calembours, ses comédies. 1747–1789*. Paris : Plon-Nourrit.

Bonhomme, Marc. 2018. Entre créativité et motivation. Les jeux de mots chez Rabelais. In Bettina Full & Michelle Lecolle (éds.), *Jeux de mots et créativité : Langue(s), discours et littérature* (The Dynamics of Wordplay 4), 43–68. Berlin & Boston : De Gruyter. https://doi.org/10.1515/9783110519884-049.

Brown, Penelope & Stephen C. Levinson. [1978] 1987. *Politeness. Some universals in language use*. Cambridge : Cambridge University Press.

Carlier, Anne & Christiane Marchello-Nizia. 2020. Le groupe nominal [Chap. 33.1]. In Christiane Marchello-Nizia, Bernard Combettes, Sophie Prévost & Tobias Scheer (éds.), *Grande Grammaire Historique du Français (GGHF)*, Vol. 2, 971–1001. Berlin & Boston : De Gruyter Mouton.

Cicéron, *De oratore* / M. TVLLI CICERONIS DE ORATORE. https://www.thelatinlibrary.com/cicero/oratore.shtml (consulté le 25 octobre 2025). Traduction française citée d'après M. Nisard. https://remacle.org/bloodwolf/orateurs/oratore2.htm (consulté le 25 octobre 2025).

Fischer, Roswitha. 2008. First names as an indication of openness towards Anglo-American culture. In Roswitha Fischer & Hanna Pułaczewska (éds.), *Anglicisms in Europe. Linguistic Diversity in a Global Context*, 106–126. Cambridge : Cambridge Scholars Publishing.

Gary-Prieur, Marie-Noëlle & Michèle Noailly. 2019. Le Nom propre. *Encyclopédie grammaticale du français*, en ligne : encyclogram.fr. DOI : https://nakala.fr/10.34847/nkl.7c5ctrf1.

Goffman, Ervin. 1967. *Interaction Ritual. Essays on Face to Face Behavior*. Garden City & New York : Doubleday.

Goldschmitt, Stefanie. Ce volume. « *Quel est le comble du blagueur ? – C'est d'habiter à Vannes !* » : les vannes dans la distance et dans l'immédiat communicatifs dans la culture francophone. https://doi.org/10.1515/9783111555072-012.

Grassegger, Hans. 1985. *Sprachspiel und Übersetzung. Eine Studie anhand der Comic-Serie* Asterix. Tübingen : Stauffenburg.

Handler, Peter. 2018. Les noms de domaine – une nouvelle source de créativité langagière. In Esme Winter-Froemel & Alex Demeulenaere (éds.), *Jeux de mots, textes et contextes* (The Dynamics of Wordplay 7), 289–314. Berlin & Boston : De Gruyter. https://doi.org/10.1515/9783110586459-015.

Hardy, Stéphane. Ce volume. *Déter, askip, ça graille, tiep, fondance* – Entre jeu, innovation et transgression : procédés morphologiques dans l'argot contemporain. https://doi.org/10.1515/9783111555072-014.

Kabatek, Johannes. 2015. Wordplay and Discourse Traditions. In Angelika Zirker & Esme Winter-Froemel (éds.), *Wordplay and Metalinguistic / Metadiscursive Reflection : Authors, Contexts, Techniques, and Meta-Reflection* (The Dynamics of Wordplay 1), 213–228. Berlin & Boston : De Gruyter. https://doi.org/10.1515/9783110406719-010.

Kerbrat-Orecchioni, Catherine. 2001. *Les actes de langage dans le discours. Théorie et fonctionnement*. Paris : Nathan.

Kerbrat-Orecchioni, Catherine. 2011. Politesse, impolitesse, 'non-politesse', 'polirudesse' : aperçus théoriques et application aux débats politiques télévisuels. In Gudrun Held & Uta Helfrich (éds.), *Cortesia – politesse – cortesía. La cortesia verbale nella prospettiva romanistica. La politesse verbale dans une perspective romaniste. La cortesía verbal desde la perspectiva romanística. Aspetti teorici e applicazioni / Aspects théoriques et applications / Aspectos teóricos y aplicaciones*, 93–116. Frankfurt a.M., etc. : Lang.

Kleiber, Georges. 1981. *Problèmes de référence. Descriptions définies et noms propres*. Paris : Klincksieck.

Koch, Peter. 2008. Tradiciones discursivas y cambio lingüístico : el ejemplo del tratamiento *vuestra merced* en español. In Johannes Kabatek (éd.), *Sintaxis histórica del español y cambio lingüístico : Nuevas perspectivas desde las Tradiciones Discursivas*, 53–87. Madrid & Frankfurt a. M. : Iberoamericana / Vervuert.

Koch, Peter & Wulf Oesterreicher 2001. Langage parlé et langage écrit. In Günter Holtus, Michael Metzeltin & Christian Schmitt (éds.), *Lexikon der Romanistischen Linguistik (LRL)*, vol. I.2, 584–627. Berlin & New York : De Gruyter.

Koch, Peter & Wulf Oesterreicher. [1990] 2011. *Gesprochene Sprache in der Romania : Französisch, Italienisch, Spanisch* (Romanistische Arbeitshefte 31). 2., aktualisierte und erw. Aufl. Berlin & New York : De Gruyter.

Kölligan, Daniel. 2025. Wordplay and exclusion in ancient Greek epic and the magical papyri. In Esme Winter-Froemel (éd.), *Wordplay and Exclusion* (The Dynamics of Wordplay 10), 309–332. Berlin & Boston : De Gruyter. https://doi.org/10.1515/9783111553498-012.

Kredel, Elisabeth. 1923. *Studien zur Geschichte des Wortspiels im Französischen*. Giessen : Selbstverlag des Romanischen Seminars.

Kripke, Saul. 1982. *La logique des noms propres*. Paris : Minuit.

Leroy, Sarah. 2004. *Le nom propre en français*. Paris : Ophrys.

Liu, Haoran. 2025. Wordplay as a tool of online community construction on X. In Esme Winter-Froemel (éd.), *Wordplay and Exclusion* (The Dynamics of Wordplay 10), 93–134. Berlin & Boston : De Gruyter. https://doi.org/10.1515/9783111553498-005.

Lecolle, Michelle. 2014. Dénomination de groupes sociaux : approche sémantique et discursive d'une catégorie de noms propres. In *Congrès Mondial de Linguistique Française – CMLF 2014. SHS Web of Conferences* 8. EDP Sciences. DOI 10.1051/shsconf/20140801063.

Mercier-Faivre, Anne-Marie. Ce volume. « Des mamans de bonheur » : le jeu de mots dans les ouvrages pour la jeunesse (France, 1980–2024). https://doi.org/10.1515/9783111555072-004.

Milcent-Lawson, Sophie, Michelle Lecolle & Raymond Michel (éds.). 2013. *Liste et effet liste en littérature*. Paris : Garnier.

Nübling, Damaris, Fabian Fahlbusch & Rita Heuser. [2012] 2015. *Namen. Eine Einführung in die Onomastik*. Tübingen : Narr.

Rabelais, François, *Le Quart Livre. Texte original et translation en français moderne. Édition établie, annotée et préfacée par Guy Demerson [...]. Texte original établi par Michel Renaud et les chercheurs du laboratoire Equil XVI de l'université Blaise-Pascal [...]*. Paris : Seuil [1973] 1997.

Reutner, Ursula. 2009. *Sprache und Tabu. Interpretation zu französischen und italienischen Euphemismen*. Tübingen : Niemeyer.

Searle, John R. 1969. *Speech Acts*. Cambridge : Cambridge University Press.

Searle, John R. 1972. *Les Actes de langage*. Paris : Hermann.

Searle, John R. 1982. *Sens et expression. Études de théorie des actes de langage*. Traduction et préface par Joëlle Proust [Traduction de : *Expression and Meaning*, 1979]. Paris : Minuit.

Winter-Froemel, Esme. 2009. Wortspiel. In Gert Ueding (éd.), *Historisches Wörterbuch der Rhetorik*, vol. 9, 1429–1443. Tübingen : Niemeyer.

Winter-Froemel, Esme. 2016. Approaching Wordplay. In Sebastian Knospe, Alexander Onysko & Maik Goth (éds.), *Crossing Languages to Play with Words. Multidisciplinary Perspectives* (The Dynamics of Wordplay 3), 11–46. Berlin & Boston : De Gruyter. https://doi.org/10.1515/9783110465600-002.

Winter-Froemel, Esme. 2020. Chapitre 50. Emprunts : Langues en contact. In Christiane Marchello-Nizia, Bernard Combettes, Sophie Prévost & Tobias Scheer (éds.), *Grande Grammaire Historique du Français (GGHF)*, Vol. 2, 1947–1996. Berlin & Boston : De Gruyter Mouton.

Winter-Froemel, Esme. 2021. Reinvestigating ambiguity and frequency in reanalysis : A two-step methodology for corpus-linguistic analyses based on bridging use exposure. *Journal of Historical Syntax* 5. Special Issue : *Whither Reanalysis?* doi:10.18148/hs/2021.v5i32-39.143.

Winter-Froemel, Esme. 2025. *Wordplay and Exclusion* (The Dynamics of Wordplay 10). Berlin & Boston : De Gruyter. https://doi.org/10.1515/9783111553498.

Winter-Froemel, Esme. Ce volume a. Mots, jeux, enjeux : croisements d'expériences et de réflexions sur les jeux de mots dans la francophonie contemporaine. https://doi.org/10.1515/9783111555072-001.

Winter-Froemel, Esme. Ce volume b. « takati takite » et « sisaférir, tan mye » : jeux et enjeux d'embrouillages phoniques et graphiques chez Boby Lapointe et Raymond Queneau. https://doi.org/10.1515/9783111555072-015.

Zimmer, Rudolf. 1972. *Aspekte der Sprachkomik im Französischen. Studien zur Sprache des Humoristen Alphonse Allais (1854–1905)*. Tübingen : Niemeyer.

Solutions des jeux de mots onomastiques (§ 5)

anonyme, à l'instar de Rabelais, modeste, anodin, gentil, marrant

Esme Winter-Froemel

Paradoxes du jeu de mots – leçons et inspirations

Résumé : Cet article présente quelques réflexions synthétiques qui émergent des croisements de perspectives offertes par les contributions du volume *Mots en jeu(x) – expériences, réflexions et découvertes* (The Dynamics of Wordplay 11). Ces réflexions seront structurées sous forme d'une liste de traits paradoxaux des jeux de mots : leur caractère artistique *vs.* profane, attendu *vs.* inattendu, régulier *vs.* irrégulier, leur nature unique *vs.* répétée, inclusive *vs.* exclusive, ainsi que leur marginalité *vs.* leur position centrale dans le langage et dans la communication. Ces traits paradoxaux contribuent à la dynamique constante et inépuisable des jeux de mots, et les réflexions réunies dans le volume peuvent se lire ainsi comme une invitation à se laisser inspirer par les différentes perspectives et à continuer les réflexions proposées dans des approches pratiques ou académiques.

Mots-clés : dynamique, exclusion, inclusion, jeu de mots, marginalité, paradoxe, régularité, répétition, surprise

1 Introduction

Les contributions du volume présent fournissent des réflexions théoriques et des réflexions sur des expériences personnelles avec les jeux de mots dans différents domaines de la culture francophone contemporaine. Afin de résumer quelques points qui émergent des croisements entre les différentes perspectives, on proposera dans les paragraphes qui suivent quelques réflexions qui feront écho à celles esquissées dans l'introduction à ce volume (Winter-Froemel, ce volume a). Ces réflexions synthétiques se réaliseront par la proposition d'une série de caractéristiques du jeu de mots qui peuvent toutes se considérer comme paradoxales.

2 Une série de traits paradoxaux

2.1 Les jeux de mots comme phénomène artistique *vs.* profane

Un premier trait paradoxal des jeux de mots est leur nature artistique *vs.* profane. Ce trait se reflète déjà dans la structure du volume présent, qui réunit les différentes perspectives. D'un côté, les jeux de mots représentent un phénomène quotidien, pratiqué dans une large gamme de situations, par exemple dans le cadre d'émissions de radio (voir Véron, ce volume) ou lors d'échanges informels dans les cours de récréation ou en classe (voir Goldschmitt, ce volume ; Winter-Froemel, ce volume c ; voir aussi Jung, ce volume b et les différents scénarios de communication évoqués par Rabatel, ce volume).[1] De plus, les jeux de mots s'observent chez des locuteurs appartenant à des groupes sociaux très variés, incluant les enfants et les jeunes (voir Douzou, ce volume ; Mercier-Faivre, ce volume ; Hardy, ce volume ; Posth, ce volume). Ainsi, les jeux de mots ne semblent pas présupposer de formation spéciale, mais ils peuvent se pratiquer a priori par tout le monde. Cela se reflète aussi dans l'existence de la tradition des *vannes* et de l'acte de *vanner*, qui représente un concept globalement enraciné dans la culture francophone (voir Goldschmitt, ce volume).

D'un autre côté, toutefois, il y a des professions comme les slameurs et slameuses (voir Élémo, ce volume), les humoristes, les rédacteurs publicitaires (voir Louis, ce volume, et voir aussi Favreau, ce volume ; Lavoix, ce volume), les rappeurs (voir Mileschi, ce volume), les chansonniers (voir Winter-Froemel, ce volume b) ou les auteurs littéraires (voir Galli, ce volume ; Winter-Froemel, ce volume b ; voir aussi l'étude de *L'Ève future* de Villiers de l'Isle-Adam offerte par Hausmann 2025) pour lesquelles la maîtrise du langage représente un élément-clé de la pratique professionnelle, cette maîtrise du langage se traduisant entre autres par une capacité de faire des jeux de mots qui réussissent dans la communication.[2] De plus, les pratiques langagières artistiques peuvent être associées avec

---

1 Un autre exemple intéressant de phénomènes ludiques dans la communication quotidienne sont les lapsus clavis. Ceux-ci peuvent se considérer comme des cas marginaux de jeux de mots dans la mesure où le producteur du message n'a aucune intention de faire un jeu de mots, mais commet tout simplement une erreur de performance en tapant son message sur le clavier électronique. Ensuite, c'est seulement le récepteur qui réinterprète le lapsus de manière ludique et introduit ainsi une nouvelle interprétation du message (voir Rabatel 2018).
2 Pour des exemples encore plus « radicaux » de pratiques langagières ludiques qui visent à exclure les non-initiés de la communication et qui présupposent un apprentissage et un

d'autres pratiques artistiques, par exemple la musique (voir Élémo, ce volume ; Mileschi, ce volume ; Winter-Froemel, ce volume b) ou les arts graphiques (voir Jung, ce volume a, ce volume b ; voir aussi les contributions de Douzou, ce volume, et de Posth, ce volume, qui font ressortir l'importance des illustrations pour les livres d'enfants / de jeunesse).

2.2 Le jeu de mots comme phénomène attendu *vs.* inattendu / surprenant

Un élément central des jeux de mots qui est évoqué dans de nombreuses définitions de ce phénomène (voir Winter-Froemel 2009, 2016) est l'effet de surprise qui se crée chez le récepteur qui entend ou lit un jeu de mots. Dans plusieurs contributions du volume présent, cet effet de surprise est mis en relation avec la réussite du jeu de mots, avec son impact et son efficacité (voir par exemple Élémo, ce volume ; Louis, ce volume). Ainsi, le jeu de mots doit représenter quelque chose d'inattendu, qui diverge des attentes du récepteur.

Mais cette déception des attentes du récepteur peut également être envisagée dans une perspective opposée : pour qu'il puisse y avoir une déception des attentes, il faut d'abord que ces attentes aient été préparées et « invitées ». Par exemple, dans son message, le locuteur peut évoquer et établir un certain domaine sémantique qui représentera la thématique centrale de l'énoncé. Dans le jeu de mots, ce domaine sémantique pourra ensuite être confronté de manière inattendue avec un autre domaine sémantique, qui se trouve typiquement dans une relation de contraste avec le premier domaine. Par exemple, dans le texte du marquis de Bièvre (1770) étudié dans Winter-Froemel (ce volume c), on passe du domaine de la religion au domaine de la corporalité (voir aussi le concept de l'incongruité et les théories de l'humour qui se basent sur cette notion ; pour une discussion, voir par exemple Attardo [1994] 2024).

De plus, dans bien des cas, la structure textuelle annonce déjà qu'un jeu de mots va suivre. Par exemple, la forme d'un message publicitaire peut créer l'attente qu'il y aura une accroche avec un jeu de mots (voir Favreau, ce volume ; Louis, ce volume), ou le patron d'un sous-type de blague peut annoncer une chute qui contiendra très probablement un jeu de mots (voir Winter-Froemel, ce volume c). Jung (ce volume b) décrit le phénomène que souvent le récepteur a déjà un

---

entraînement, voir les analyses du loucherbèm, du javanais, des contrepèteries et du verlan offertes par Hardy (2025) et Winter-Froemel (2025b ; voir aussi l'étude de Kölligan 2025 sur les jeux de mots dans des contextes magiques dans l'Antiquité).

pressentiment qu'un jeu de mots va se réaliser, et la tension qui est ainsi créée est ensuite soulagée par la solution inattendue qui est présentée par le jeu de mots. Cette tension, qui peut être rapprochée de la théorie du mot d'esprit de Freud (1905), contribue au plaisir éprouvé dans l'échange communicatif. Ainsi, une caractéristique du jeu de mots est celle de jouer sur et avec les attentes des récepteurs, mélangeant des éléments attendus et des éléments inattendus.

Un autre aspect intéressant de la dimension inattendue des jeux de mots est évoqué par Véron (ce volume), quand elle décrit les défis qui se posent quand les récepteurs réagissent à un jeu de mots « pas drôle » de manière inattendue, en riant et en rebondissant sur des réactions similaires d'autres récepteurs. Encore une fois, la présence d'un élément imprévisible – et la présence potentielle d'une dimension sérieuse sous-jacente – semble ainsi représenter un élément important de nombreux jeux de mots, et cette imprévisibilité ne se limite pas au contenu de l'énoncé, mais peut également concerner sa forme[3] et le déroulement de l'échange communicatif dans l'interaction.

2.3 Le caractère régulier *vs.* irrégulier des jeux de mots

Les contributions contenues dans ce volume montrent également des relations paradoxales du jeu de mots par rapport aux règles et normes linguistiques établies. D'une part, les jeux de mots violent souvent ces règles et normes, dans la mesure où ils représentent une déviation de la convention existante ou une déformation des structures linguistiques établies (voir par exemple l'étude de Hardy, ce volume, qui se dédie aux déformations d'expressions conventionnelles dans l'argot contemporain par différents procédés morphologiques ; voir aussi Galli, ce volume, pour une présentation des différentes techniques mises en œuvre par Frédéric Dard / San-Antonio).

D'autre part, on peut observer que de nombreux jeux de mots se créent précisément en (sur-)appliquant certaines règles linguistiques à des mots qui ne suivent normalement pas (ou qui ne suivent plus) ces règles. Les jeux de mots peuvent ainsi jouer sur des raisonnements tout à fait « logiques », par exemple en sur-appliquant une règle grammaticale (voir par exemple des pluriels comme

---

3 On pourrait évoquer ici l'exemple de la technique du coq-à-l'âne (voir l'exemple du marquis de Bièvre [1910] commenté dans Winter-Froemel, ce volume c : « Je vais me retirer dans ma tente *ou ma nièce* [...] »). Cette technique se caractérise par le fait que la continuation de l'énoncé est à la fois attendue (au niveau local, le mot prononcé [tɑ̃t] évoque l'association *tante – nièce*) et inattendue et incongrue (la phrase qui se termine par « [...] me retirer dans ... ma nièce » paraît étrange d'un point de vue sémantique).

genous, *chous* ou *chevaus* chez Queneau ; voir Winter-Froemel, ce volume b). De même, les jeux de mots peuvent proposer de nouvelles motivations pour les expressions du lexique en se basant sur les sonorités, en se basant sur la dimension figurative des expressions ou encore en se basant sur des homophonies. Le premier cas de figure peut s'illustrer par l'exemple « Chaque action est un grand pas si on / Avance avec passion. » cité par Élémo (ce volume). Pour les remotivations d'expressions figuratives, on peut penser à la vanne jouant sur le sens littéral de l'expression *à force* (« Les conditions de travail des plombiers sont très dures, mais à force ils s'y font. », voir Goldschmitt, ce volume). Pour un jeu de mots dans la direction inverse, où on part du sens littéral pour aller vers le sens figuratif, on peut citer l'exemple « tu me descends le saladier ? » évoqué par Jung (ce volume b). Finalement, les motivations qui se basent sur des homophonies peuvent s'illustrer par le jeu sur les « vaches limousines » qui deviennent des limousines en vache (des vaches très longues ; voir Louis, ce volume ; sur la dimension motivationnelle dans les jeux de mots en général, voir aussi Lecolle 2015 ; Winter-Froemel 2016).

On pourrait également penser ici aux jeux orthographiques de Queneau. Ces jeux se basent sur l'application d'un nouveau système orthographique (*l'ortograf fonétik*) au vocabulaire établi (voir Winter-Froemel, ce volume b). L'auteur joue souvent sur le fait que l'orthographe conventionnelle peut être perçue comme étant « illogique » d'un point de vue synchronique. Par exemple, les lettres étymologiques ou historiques comme le <p> dans *sculpteur* ou le <g> dans *doigt* ne peuvent s'expliquer que par des facteurs historiques. En remplaçant les graphies traditionnelles (et ainsi attendues, voir 2.2) par de nouvelles graphies inattendues, mais qui sont conformes aux règles d'écriture du français (par exemple, <sculteur>, <doua>), Queneau crée des jeux de mots plaisants dans lesquels le plaisir résulte du choix orthographique inattendu, mais aussi du fait que le récepteur découvre que ce choix obéit néanmoins à certaines règles de la langue française. En même temps, les nouvelles graphies peuvent évoquer des interprétations sémantiques « irrégulières » et inadéquates, par exemple quand le mot *gin-fizz* qui devient <djinn-fils>.

Les sur-applications de règles s'observent aussi très souvent dans la littérature jeunesse et dans les livres pour enfants. Si on considère l'acquisition / l'apprentissage du langage et l'acquisition / l'apprentissage de techniques de jouer sur les mots, on note différentes intersections entre ces domaines qui touchent la dimension à la fois régulière et irrégulière du jeu de mots. Comme le font ressortir les contributions de Douzou (ce volume), Mercier-Faivre (ce volume) et Posth (ce volume), les approches ludiques peuvent faciliter l'apprentissage d'une langue, mais il y a également le danger que les jeux de mots dans la littérature pour enfants provoquent des « fautes » d'apprentissage dans le sens que les enfants peuvent apprendre des emplois qui divergent de la norme établie – et les auteurs sont ainsi parfois confrontés à des résistances contre certains jeux de mots dans leurs ouvrages.

Les résistances peuvent également concerner les jeux de mots qui jouent sur certains tabous et qui sont perçus comme trop déviants ou « trop irréguliers ». Par exemple, les jeux de mots qui touchent des thématiques sexuelles ou se basent sur des « gros mots » peuvent être considérées comme inadéquats pour certains groupes de récepteurs (voir Mercier-Faivre, ce volume ; Winter-Froemel, ce volume b ; voir aussi la réception de l'œuvre de Frédéric Dard / San-Antonio, cf. Galli, ce volume). En même temps, c'est précisément leur potentiel carnavalesque – permettant de renverser l'ordre établi et les normes en vigueur – qui peut être ressenti comme un aspect central de l'attrait des jeux de mots par les locuteurs qui s'en servent. Cela se note par exemple dans les pratiques langagières de certains groupes sociaux (voir Hardy, ce volume, sur les fonctions de l'argot contemporain et la dimension transgressive des jeux de mots, Mileschi, ce volume, sur les éléments transgressifs dans le rap, et Winter-Froemel, ce volume c, sur les jeux de mots dans les noms kahoot, qui représentent très souvent des attaques aux normes sociales en vigueur et peuvent véhiculer des contenus antidémocratiques et même très racistes ou autrement violents[4]).

2.4 Le jeu de mots comme phénomène unique *vs.* phénomène de répétition

Un autre trait paradoxal des jeux de mots concerne le fait qu'ils se présentent comme des phénomènes uniques dans la communication, mais que très souvent, ils représentent en réalité des énoncés préalablement rencontrés et répétés ensuite dans de nouveaux actes de communication. De fait, on trouve beaucoup de recueils de jeux de mots particuliers : voir par exemple les nombreux livres offrant des recueils de blagues, de jeux de mots (Bailly 2006), de contre-pèteries (Martin 2019), ou des listes sur internet qui réunissent des vannes, des blagues, des noms kahoot ludiques, etc. (voir par exemple les sources consultées par Goldschmitt, ce volume, et Winter-Froemel, ce volume c).

---

[4] Sur la dimension raciste de jeux de mots dans les réseaux dits « sociaux » en ligne, voir également l'étude de Liu (2025) ; sur les enjeux racistes, sexistes et néocoloniaux de jeux de mots dans le contexte publicitaire, voir Lavoix (ce volume).

L'importance de la spontanéité – ou du fait de créer une apparence de spontanéité – se note aussi dans les performances des humoristes. Ici, il est important de créer l'impression que les traits d'esprit représentent des inventions spontanées, même si la large majorité des jeux de mots représentent des pointes écrites au préalable, répétés lors de spectacles antérieurs.

En ce qui concerne les blagues, une de leurs caractéristiques centrales est celle d'être destinées à la répétition : on les échange typiquement dans des contextes sociaux où plusieurs locuteurs racontent des blagues à tour de rôle, et où le fait « d'en connaître encore une » est un élément important de la réussite sociale. En même temps, un rôle important vient à la performance de celui qui raconte une blague : même si la blague est potentiellement connue par une partie des récepteurs, le locuteur doit arriver à la raconter comme si elle était nouvelle. Il doit réussir à créer et à maintenir du suspense, et il doit bien placer la chute (et ne pas la gâter) – ce qui implique qu'il doit faire comme s'il s'agissait d'une idée spontanée qui prouve son esprit (voir aussi le concept du mot d'esprit et les liens étroits entre jeux de mots et inventivité, créativité, *ingenium*, etc.).

Malgré cette importance de faire comme si les jeux de mots étaient toujours des inventions spontanées, toutefois, la répétition et le fait de connaître déjà un jeu de mots particulier n'empêchent pas son fonctionnement. Au contraire, comme le souligne Jung (ce volume b) en évoquant les jeux de mots de Goscinny et le camp de Tartopum, le plaisir éprouvé peut même être augmenté par la répétition (« *Cracks me up* **every time** », 'ça me fait mourir de rire **à chaque fois**', gras ajouté).

Un concept central à cet égard est celui de l'originalité. Ce qui est original peut être défini comme ce qui 'n'a pas de modèle connu' (TLFi, s. v.), et ce qui est ainsi tout à fait nouveau. Une autre signification du mot évoque toutefois la perspective d'une répétition ultérieure ou reproduction : 'Qui émane directement de son auteur, de sa source, et qui a été ou qui est susceptible d'être reproduit' (TLFi, s. v.). On peut ainsi constater un caractère paradoxal de la notion de l'originalité. De plus, la deuxième signification du mot met en avant un autre aspect de l'originalité qui est également pertinent pour les jeux de mots : l'importance du lien avec la source ou l'auteur du « produit » en question.

Dans les interactions sociales où un jeu de mots est échangé de manière réussie, on mémorisera typiquement non seulement le message échangé, mais aussi certains aspects de la performance réussie. Cette dernière inclut le producteur du message et le ou les récepteurs. Ainsi, de nombreux jeux de mots sont mémorisés par les locuteurs individuels de sorte qu'ils sont accompagnés de la mémoire des événements communicatifs dans lesquels ils ont été rencontrés. Leur mémorisation peut ainsi inclure les performances particulièrement réussies des producteurs des jeux de mots, ou les réactions de certains récepteurs témoignant de l'impact d'un jeu de mots, etc. (voir aussi les contributions qui évoquent la notion de l'impact des jeux de mots : Élémo, ce volume ; Mileschi, ce volume ; Favreau, ce volume ; Louis, ce volume). Cette caractéristique des jeux de mots renvoie à une hypothèse de base de la sémantique cognitive, à savoir le principe que le stockage cognitif des mots est systématiquement enrichi d'une large gamme d'informations contextuelles qui sont liés à des événements discursifs concrets (voir, par exemple, Zenner, Winter-Froemel et Backus 2025 : 865–867).

On pourrait aussi évoquer ici la distinction entre les scénarios de l'immédiat communicatif et de la distance communicative selon Koch et Oesterreicher (2001, [1990] 2011). Un grand nombre de jeux de mots se produit dans les interactions immédiates, dans la communication face-à-face, mais les scénarios de distance communicative – incluant la possibilité de créer des jeux de mots complexes, prémédités, et la possibilité de réemplois ultérieurs – jouent également un rôle central pour différents types de jeux de mots (voir par exemple les scénarios analysés pour les blagues Monsieur et Madame et les noms kahoot dans Winter-Froemel, ce volume c, et la contribution de Goldschmitt, ce volume, qui propose une distinction entre les vannes dans l'immédiat communicatif et dans la distance communicative).

2.5 Le caractère inclusif *vs.* exclusif des jeux de mots

Un autre aspect paradoxal du jeu de mots concerne son rôle à la fois inclusif et exclusif. Comme le souligne le concept-clé de la connivence, les jeux de mots créent une communauté entre les « entendeurs » qui réussissent à les décoder, qui les apprécient et qui participent ainsi au jeu. Mais d'autre part, il y a souvent aussi des individus qui sont exclus du jeu et du plaisir partagé dans l'échange communicatif. Cela concerne les jeux de mots véhiculant une dimension agressive, par exemple les jeux de mots qui visent une cible et qui dénigrent certains individus ou certains groupes sociaux (on peut penser par exemple aux vannes dans l'immédiat communicatif servant à taquiner une autre personne, voir Goldschmitt, ce volume, ou aux noms kahoot ciblant les personnes d'une certaine origine ethnique, couleur de la peau, etc., voir Winter-Froemel, ce volume c). De même, l'exclusion peut être due au fait de ne pas réussir à décoder le message. Ce cas de figure s'observe par exemple dans les jeux de mots qui se basent sur des savoirs qui ne sont partagés que par le locuteur et une partie des récepteurs. Dans d'autres cas le décodage peut échouer à cause de l'emploi de techniques cryptiques particulières (voir par exemple le rôle du verlan dans l'argot contemporain analysé par Hardy, ce volume ; voir aussi les contributions dans le volume DWP 10 qui étudient les relations entre jeux de mots et phénomènes d'exclusion ; Winter-Froemel 2025a).

À nouveau, les difficultés de décodage qui peuvent se rencontrer dans les jeux de mots ont ainsi un statut ambivalent : d'une part, le locuteur doit assurer que son jeu de mots va être compris par les récepteurs auxquels il s'adresse, mais d'autre part, le plaisir partagé au sein du groupe des entendeurs peut être augmenté si le jeu de mots est difficile à décoder et si les joueurs notent la présence d'autres individus qui n'arrivent pas à comprendre le jeu. De même, les récepteurs individuels peuvent éprouver un plaisir particulier si le processus de décodage est ressenti comme un défi qu'ils surmontent finalement, c'est-à-dire s'ils rencontrent un jeu de mots qu'ils ne comprennent d'abord pas et qu'ils réussissent ensuite à décoder. Dans ces cas, les récepteurs éprouvent typiquement un sentiment de récompense intellectuelle, qui peut augmenter considérablement le plaisir éprouvé et la mémorisation de l'événement communicatif (voir aussi les remarques sur le caractère unique *vs.* répété des jeux de mots ci-dessus, 2.4, et les observations sur les critères de réussite des jeux de mots présentées par Kerbrat-Orecchioni 2018).

Les phénomènes d'inclusion et d'exclusion qui s'effectuent par les jeux de mots sont étroitement liés à la question de savoir quels indices le locuteur donne – ou renonce à donner – pour faciliter – ou ne pas trop faciliter – le décodage. Un exemple très intéressant à cet égard est le message publicitaire « osé » et extrêmement excluant qui est décrit par Louis (ce volume) : le message était présenté dans une écriture (chinoise ou similaire) qui était incompréhensible pour la plupart des récepteurs anticipés, mais c'est précisément cette incompréhensibilité qui servait d'accroche pour attirer l'attention des récepteurs et qui contribuait ainsi de manière considérable à l'efficacité du message.

On note souvent des signaux (linguistiques ou extralinguistiques) de la présence d'un jeu de mots, mais certains récepteurs restent néanmoins exclus du jeu faute de posséder les savoirs requis pour le décodage. Par exemple, on peut imaginer qu'un nom kahoot ou une blague Monsieur et Madame fait soupçonner qu'il y a un jeu de mots caché, mais sans que tous les récepteurs arrivent à le trouver et à le décoder (voir Winter-Froemel, ce volume c). Les jeux de mots qui fonctionnent comme des clins d'œil échangés entre le producteur et certains récepteurs peuvent également être rapprochés du phénomène des *dog whistles*, qui a été identifié et analysé dans la recherche récente (voir par exemple Haney López 2014 ; Henderson et McCready 2018 ; Winter-Froemel 2024 ; voir aussi Rabatel, ce volume).

Quant aux groupes qui représentent les participants d'un jeu de mots, ils peuvent être plus ou moins grands. Les contributions dans ce volume décrivent des cas de jeux de mots qui circulent en famille (voir par exemple Douzou, ce volume ; Jung, ce volume b), mais également des jeux de mots partagés par des groupes plus larges. Plusieurs contributions se dédient aux jeux de mots qui circulent dans des groupes de jeunes (voir Goldschmitt, ce volume ; Hardy, ce volume ; Winter-Froemel, ce volume c). D'autres contributions envisagent des groupes encore plus larges, comme dans les émissions de radio (voir Véron, ce volume), dans les contextes publicitaires (voir Favreau, ce volume ; Lavoix, ce volume ; Louis, ce volume), dans les performances de slameurs et slameuses (voir Élémo, ce volume), dans la musique et les chansons (voir Élémo, ce volume ; Mileschi, ce volume ; Winter-Froemel, ce volume b), ou encore dans les ouvrages littéraires ou multimodaux (voir Jung, ce volume a ; Galli, ce volume ; Winter-Froemel, ce volume b). Les jeux de mots dans la littérature jeunesse représentent un cas intéressant, puisque les ouvrages s'adressent aux parents et enfants globalement (donc à de larges groupes de récepteurs), mais sont aussi destinés à des cadres d'actualisation et de réception en privé, quand les parents lisent les livres à leurs enfants à haute voix (voir Douzou, ce volume ; Mercier-Faivre, ce volume, et en particulier Posth, ce volume).

Finalement, le volume présent se base aussi sur l'idée que les jeux de mots et les références sur lesquelles ils jouent font partie d'un savoir collectif partagé dans la culture francophone – ainsi, la volonté de réunir des perspectives variées sur les jeux de mots dans la culture francophone contemporaine peut s'interpréter comme une tentative de présenter un aperçu de cet héritage culturel commun.

2.6 La marginalité *vs.* la position centrale des jeux de mots dans le langage et dans la communication

Le dernier aspect paradoxal qui sera commenté ici concerne le rôle des jeux de mots dans le langage et dans la communication. Les jeux de mots semblent représenter un phénomène marginal à différents égards, mais il paraît tout aussi légitime d'insister sur leur omniprésence à travers les langues, cultures et époques et dans les contextes d'emploi les plus variés.

De plus, la marginalité apparente des jeux de mots peut être exploitée stratégiquement, par exemple, pour attirer l'attention de l'auditoire au début d'un discours ou lors d'une communication académique. On peut observer que ces emplois concernent surtout les moments d'ouverture ou de clôture des discours – et donc les parties « marginales » des énoncés –, qui semblent se prêter particulièrement bien à l'emploi d'un jeu de mots. Les jeux de mots peuvent permettre d'adopter un ton légèrement différent du reste du discours, par exemple pour gagner la sympathie des auditeurs (remplissant ainsi la fonction d'une *captatio benevolentiae*, qui a déjà été décrite par la rhétorique classique antique) ou pour faciliter la transition vers la discussion avec le public, c'est-à-dire, vers une modalité plus dialogique de la communication (sur le concept de dialogicité, voir aussi Koch et Oesterreicher 2001, [1990] 2011 et Rabatel, ce volume).

Dans les contextes publicitaires, une des fonctions principales des jeux de mots est celle d'attirer l'attention (voir Favreau, ce volume ; Lavoix, ce volume ; Louis, ce volume). Cette fonction peut être mise en relation avec l'effet de surprise décrit ci-dessus (2.2). Les jeux de mots ne correspondent pas à ce qui serait normalement attendu et anticipé, mais représentent une sorte de déviation intentionnelle qui exploite des domaines plus marginaux de la langue et de la communication. Ces déviations se situent souvent au niveau sémantique, mais peuvent aussi concerner la matérialité des expressions linguistiques. Par exemple, on observe des emplois intentionnellement « fautifs » dans la publicité, mais aussi chez certains auteurs (voir par exemple la série *San-Antonio* étudiée par Galli, ce volume).

D'autres exemples qui sont évoqués dans les contributions montrent que les jeux de mots peuvent être vus comme des interruptions momentanées de la communication (voir l'exemple « tu me descends le saladier ? » mentionné par Jung, ce volume b, ou les remarques de Louis, ce volume, sur le potentiel des jeux de mots de créer une irritation momentanée dans les contextes publicitaires). La prise de distance qui peut avoir lieu dans les jeux de mots est décrite par Jung (ce volume b) de la manière suivante : « jouer avec la langue implique toujours une mise en retrait, comme l'acte de faire un petit pas de côté ».

D'un point de vue linguistique, on peut observer que de nombreux jeux de mots se basent sur des parties relativement marginales du lexique (par exemple, les noms propres et les mots vieillis se prêtent bien à des emplois ludiques, voir Favreau, ce volume ; Winter-Froemel, ce volume et 2018, 2021). De plus, les procédés morphologiques mis en œuvre dans les jeux de mots sont souvent des procédés relativement marginaux dans le domaine de la formation des mots (par exemple, les jeux de mots peuvent se baser sur les amalgames ou les mots-valises, les siglaisons et rétrosiglaisons, ou encore les apocopes ou aphérèses, voir les analyses de Mileschi, ce volume ; Favreau, ce volume ; Hardy, ce volume). De plus, on peut noter que les innovations lexicales ludiques s'emploient typiquement dans des situations d'énonciation marginales (Sablayrolles 2018). Et finalement, on peut constater que les emplois de jeux de mots dans la communication sont souvent accompagnés de commentaires métadiscursifs. Ces commentaires peuvent être émis par les récepteurs ou par le producteur de l'énoncé, par exemple avec la formule « sans mauvais jeu de mots ». Exprimant souvent des jugements négatifs, ces commentaires représentent une interruption de l'échange d'informations et marquent ainsi un moment « marginal » de l'échange communicatif.

Encore une fois, toutefois, la perspective contraire peut également être adoptée. De fait, on trouve de nombreux jeux de mots qui se basent précisément sur les expressions linguistiques très fréquentes et sur les unités « centrales » de la langue. De plus, il y a de nombreuses traditions discursives pour lesquelles les jeux de mots représentent un élément-clé, qui joue un rôle central pour l'énoncé dans son intégralité (voir par exemple les accroches publicitaires commentées par Favreau, ce volume ; Louis, ce volume, ou encore les vannes dans la distance communicative et les blagues, voir Goldschmitt, ce volume ; Winter-Froemel, ce volume c). L'interview d'Élémo (ce volume) fournit une illustration très intéressante de la façon dont le fait de jouer avec les mots et les sonorités peut servir à produire des textes entiers, qui sont imprégnés dans leur intégralité par les jeux de mots.

Et finalement, ce volume se base aussi sur l'idée que les jeux de mots présentent un intérêt théorique majeur, dans la mesure où ils fournissent des informations précieuses sur le fonctionnement du langage, sur la structure de la langue particulière et sur le déroulement des actes de communication. C'est précisément en jouant sur le langage et en analysant les jeux pratiqués que l'on peut obtenir des éclaircissements sur des aspects très centraux du langage et de la communication.

3 Conclusion

Un dernier paradoxe qui pourrait encore être ajouté concerne la nature de cette contribution elle-même. Alors qu'elle a la fonction de boucler le volume présent, la nature du volume implique qu'une telle entreprise ne peut se réaliser que sous forme d'une ouverture vers de nouvelles perspectives. Les croisements entre les différentes approches adoptées et réflexions sur des manifestations très diverses de jeux de mots, dans des scénarios communicatifs variés, fournissent des leçons et des éclaircissements précieux sur différents aspects des jeux de mots dans la francophonie contemporaine.

Les traits paradoxaux qui ont été élaborés dans les paragraphes précédents à partir des contributions du volume contribuent tous à la dynamique constante du jeu de mots. La nature fondamentalement paradoxale qui émerge de ces réflexions peut être mise en relation avec la dynamique globale qui caractérise les jeux de mots et à laquelle se dédie la collection de volumes *The Dynamics of Wordplay / La dynamique du jeu de mots* (DWP) : il semble possible d'affirmer que c'est précisément leur caractère complexe et paradoxal qui crée et nourrit cette dynamique constante et inépuisable. Poursuivant ce raisonnement, les leçons qui ont été identifiées ne peuvent être que de premières réflexions nullement exhaustives. Les traits paradoxaux qui ont été discutés ne représentent qu'un élément de la dynamique du jeu de mots, de sorte que le volume suggère également des pistes à poursuivre et des découvertes qui restent à faire. On peut ainsi espérer que le présent ouvrage sera aussi une source d'inspiration – pour de futures recherches académiques aussi bien que pour des explorations pratiques du potentiel inépuisable des jeux de mots.

Références bibliographiques

Attardo, Salvatore. [1994] 2024. *Linguistic Theories of Humor*. 2ème éd. Berlin & Boston : De Gruyter Mouton.

Bailly, Sébastien. 2006. *Le meilleur des jeux de mots*. Paris : Fayard / Mille et une nuits.

Bièvre, François-Georges Maréchal, marquis de. 1770. *Lettre écrite à Madame la comtesse Tation*. Amsterdam : Aux dépens de la Compagnie de *Perdreaux*. Münchner DigitalisierungsZentrum / Bayerische Staatsbibliothek. L.eleg.m. 142. BSB-ID 991032739339707356, BV001374821, urn:nbn:de:bvb:12-bsb10575801-9. https://www.digitale-sammlungen.de/view/bsb10575801?page=9 (consulté le 25 octobre 2025).

Bièvre, Cte Gabriel Mareschal de [1910]. *Le Marquis de Bièvre. Sa vie, ses calembours, ses comédies. 1747–1789*. Paris : Plon-Nourrit.

Douzou, Olivier. Ce volume. L'album pour enfant, expérience et réflexion autour du jeu. https://doi.org/10.1515/9783111555072-003.

Élémo / Marc-Olivier Jean. Ce volume. Jeux de mots et jeux de sonorités dans le slam – expériences et réflexions. https://doi.org/10.1515/9783111555072-007.

Favreau, Hélène. Ce volume. Quand les mots-valises façonnent les marques : analyse de quelques exemples en publicité. https://doi.org/10.1515/9783111555072-009.

Freud, Sigmund. 1905. *Der Witz und seine Beziehung zum Unbewussten*. In *Gesammelte Werke*, vol. 6. Frankfurt a. M. : Fischer.

Galli, Hugues. Ce volume. Les jeux de mots san-antoniens. https://doi.org/10.1515/9783111555072-013.

Goldschmitt, Stefanie. Ce volume. « *Quel est le comble du blagueur ? – C'est d'habiter à Vannes !* » : les vannes dans la distance et dans l'immédiat communicatifs dans la culture francophone. https://doi.org/10.1515/9783111555072-012.

Haney López, Ian. 2014. *Dog whistle politics: how coded racial appeals have reinvented racism and wrecked the middle class*. Oxford : Oxford University Press.

Hardy, Stéphane. 2025. Secret argots and exclusion : The case of Parisian *largonji du louchébem* and Pertuisian *louchébeum*. In Esme Winter-Froemel (éd.), *Wordplay and Exclusion* (The Dynamics of Wordplay 10), 227–252. Berlin & Boston : De Gruyter. https://doi.org/10.1515/9783111553498-009.

Hardy, Stéphane. Ce volume. *Déter, askip, ça graille, tiep, fondance* – Entre jeu, innovation et transgression : procédés morphologiques dans l'argot contemporain. https://doi.org/10.1515/9783111555072-014.

Hausmann, Matthias. 2025. Words that (should not!) exclude : Scientific explanations and wordplay in science fiction and in Villiers de l'Isle-Adam's *L'Ève future*. In Esme Winter-Froemel (éd.), *Wordplay and Exclusion* (The Dynamics of Wordplay 10), 289–307. Berlin & Boston : De Gruyter. https://doi.org/10.1515/9783111553498-011.

Henderson, R.[obert] & Elin McCready. 2018. How Dogwhistles Work. In S. Arai (eds.), *New frontiers in artificial intelligence: JSAI-isAI Workshops, JURISIN, SKL, AI-Biz, LENLS, AAA, SCIDOCA, kNeXI, Tsukuba, Tokyo, November 13–15, 2017: revised selected papers*, 231–240. Cham : Springer. https://doi.org/10.1007/978-3-319-93794-6_16.

Jung, Raphaëlle. Ce volume a. Flore fantastique de la francophonie. https://doi.org/10.1515/9783111555072-005.

Jung, Raphaëlle. Ce volume b. Les jeux de mots entre texte et image : expériences et réflexions. https://doi.org/10.1515/9783111555072-006.

Kerbrat-Orecchioni, Catherine. 2018. Heurs et malheurs du jeu de mots. In Esme Winter-Froemel & Alex Demeulenaere (éds.), *Jeux de mots, textes et contextes* (The Dynamics of Wordplay 7), 25–48. Berlin & Boston : De Gruyter. https://doi.org/10.1515/9783110586459-002.

Koch, Peter & Wulf Oesterreicher 2001. Langage parlé et langage écrit. In Günter Holtus, Michael Metzeltin & Christian Schmitt (éds.), *Lexikon der Romanistischen Linguistik (LRL)*, Vol. I.2, 584–627. Berlin & New York : De Gruyter.

Koch, Peter & Wulf Oesterreicher. [1990] 2011. *Gesprochene Sprache in der Romania : Französisch, Italienisch, Spanisch* (Romanistische Arbeitshefte 31). 2., aktualisierte und erw. Aufl. Berlin & New York : De Gruyter.

Kölligan, Daniel. 2025. Wordplay and exclusion in ancient Greek epic and the magical papyri. In Esme Winter-Froemel (éd.), *Wordplay and Exclusion* (The Dynamics of Wordplay 10), 309–332. Berlin & Boston : De Gruyter. https://doi.org/10.1515/9783111553498-012.

Lavoix, Camille. Ce volume. *Maggi*, la magie (néo)coloniale : jeux de mots, goûts de pouvoir. https://doi.org/10.1515/9783111555072-010.

Lecolle, Michelle. 2015. Jeux de mots et motivation : une approche du sentiment linguistique. In Esme Winter-Froemel & Angelika Zirker (éds.), *Enjeux du jeu de mots : Perspectives linguistiques et littéraires* (The Dynamics of Wordplay 2), 217–244. Berlin & Boston : De Gruyter. https://doi.org/10.1515/9783110408348-010.

Liu, Haoran. 2025. Wordplay as a tool of online community construction on X. In Esme Winter-Froemel (éd.), *Wordplay and Exclusion* (The Dynamics of Wordplay 10), 93–134. Berlin & Boston : De Gruyter. https://doi.org/10.1515/9783111553498-005.

Louis, Antoine. Ce volume. Jeux de mots, jeux autour des mots dans la publicité – expériences et réflexions. https://doi.org/10.1515/9783111555072-011.

Martin, Joël. 2019. *Sur l'album de la Comtesse. 30 ans de contrepèteries politiques parues dans* Le Canard enchaîné. Paris : Éditions First.

Mercier-Faivre, Anne-Marie. Ce volume. « Des mamans de bonheur » : le jeu de mots dans les ouvrages pour la jeunesse (France, 1980–2024). https://doi.org/10.1515/9783111555072-004.

Mileschi, Joachim. Ce volume. P.U.N.CHLINES ? L'exploitation des sigles dans les jeux de mots de rap français. https://doi.org/10.1515/9783111555072-008.

Posth, Carlotta. Ce volume. Sur l'île des Zertes avec Daphné Nuphar et un robinet qui fuit : aperçu de l'univers de Claude Ponti. https://doi.org/10.1515/9783111555072-017.

Rabatel, Alain. 2018. À quelles conditions les lapsus clavis sont-ils des jeux de mots ?. In Esme Winter-Froemel & Alex Demeulenaere (éds.), *Jeux de mots, textes et contextes* (The Dynamics of Wordplay 7), 49–76. Berlin & Boston : De Gruyter. https://doi.org/10.1515/9783110586459-003.

Rabatel, Alain. Ce volume. Des jeux de mots dans tous les sens. https://doi.org/10.1515/ 9783111555072-002.
Sablayrolles, Jean-François. 2018. Des innovations lexicales ludiques dans des situations d'énonciation marginales ou spécifiques. In Esme Winter-Froemel & Alex Demeulenaere (éds.), *Jeux de mots, textes et contextes*, 77–94. Berlin & Boston : De Gruyter. https://doi.org/10.1515/9783110586459-004.
TLFi = *Trésor de la Langue Française informatisé*. http://stella.atilf.fr/ (consulté le 31 octobre 2025).
Véron, Laélia. Ce volume. Analyser des jeux de mots dans une émission humoristique. https://doi.org/ 10.1515/9783111555072-016.
Winter-Froemel, Esme. 2009. Wortspiel. In Gert Ueding (éd.), *Historisches Wörterbuch der Rhetorik*, vol. 9, 1429–1443. Tübingen : Niemeyer.
Winter-Froemel, Esme. 2016. Approaching Wordplay. In Sebastian Knospe, Alexander Onysko & Maik Goth (éds.), *Crossing Languages to Play with Words. Multidisciplinary Perspectives* (The Dynamics of Wordplay 3), 11–46. Berlin & Boston : De Gruyter. https://doi.org/10.1515/9783110465600-002.
Winter-Froemel, Esme. 2018. Ludicity in lexical innovation (I) – French. In Sabine Arndt-Lappe, Angelika Braun, Claudine Moulin & Esme Winter-Froemel (éds.), *Expanding the Lexicon. Linguistic Innovation, Morphological Productivity, and Ludicity* (The Dynamics of Wordplay 5), 229–259. Berlin & Boston : De Gruyter. https://doi.org/10.1515/9783110501933-231.
Winter-Froemel, Esme. 2021. Sources of verbal humor in the lexicon : A usage-based perspective on incongruity. In Augusto Soares da Silva (éd.), *Figurative Language – Intersubjectivity and Usage* (Figurative Thought and Language 11), 357–386. Amsterdam & Philadelphia : John Benjamins. doi:10.1075/ftl.11.12win.
Winter-Froemel, Esme. 2024. *Go home* (6 Jan 2021). On dog whistles, multiple addressee groups and ambiguity in language use. *Lingvisticæ Investigationes* 47/2. 315–348. Special issue: Laure Gardelle & Frédéric Landragin (éds.), *La Référence Floue*. doi:10.1075/li.00116.win.
Winter-Froemel, Esme (éd.). 2025a. *Wordplay and Exclusion* (The Dynamics of Wordplay 10). Berlin & Boston : De Gruyter. https://doi.org/10.1515/9783111553498.
Winter-Froemel, Esme. 2025b. Fun, but not for everyone : Exclusion in multiple-addressed wordplay in French and basic parameters for analysing exclusive wordplay traditions. In Esme Winter-Froemel (ed.), *Wordplay and Exclusion* (The Dynamics of Wordplay 10), 253–288. Berlin & Boston : De Gruyter. https://doi.org/10.1515/9783111553498-010.
Winter-Froemel, Esme. Ce volume a. Mots, jeux, enjeux : croisements d'expériences et de réflexions sur les jeux de mots dans la francophonie contemporaine. https://doi.org/10.1515/ 9783111555072-001.
Winter-Froemel, Esme. Ce volume b. « takati takite » et « sisaférir, tan mye » : jeux et enjeux d'embrouillages phoniques et graphiques chez Boby Lapointe et Raymond Queneau. https://doi.org/10.1515/ 9783111555072-015.
Winter-Froemel, Esme. Ce volume c. Continuités et nouveaux enjeux sociaux dans les jeux avec les noms propres : la tradition des blagues Monsieur et Madame et les noms kahoot. https://doi.org/10.1515/9783111555072-018.
Zenner, Eline, Esme Winter-Froemel & Ad Backus. 2025. Cognitive contact linguistics : Usage-based approaches to language contact. In Jeroen Darquennes, Joseph C. Salmons & Wim Vandenbussche (éds.), *Language contact. An international handbook*, vol. 2 (Handbücher zur Sprach- und Kommunikationswissenschaft / Handbooks of Linguistics and Communication Science [HSK] 45.2), 865–882. Berlin & Boston : De Gruyter Mouton. https://doi.org/10.1515/ 9783110443011-050.

Appendice

Informations sur les contributeurs et contributrices

Olivier Douzou
(voir le texte biographique qui accompagne la contribution)

Marc-Olivier Jean « Élémo »
(voir le texte biographique qui accompagne la contribution)

Hélène Favreau (Université Catholique de l'Ouest Angers)
Maîtresse de conférences en Sciences du Langage au sein de l'Université Catholique de l'Ouest depuis 2011, elle est membre titulaire du CHUS (Centre de recherche Humanités et Sociétés), laboratoire de la Faculté des Humanités à laquelle elle est plus spécifiquement rattachée. Elle y est notamment responsable académique du Master Traduction Professionnelle et Spécialisée et vice-doyenne à l'international. Elle est par ailleurs membre associée de l'axe « Langues en partage » du CIRPaLL (EA 7457, Centre interdisciplinaire de recherche sur les patrimoines en lettres et langues) de l'Université d'Angers. Ses intérêts de recherche et ses publications portent sur les représentations sociolinguistiques, la création lexicale ainsi que les notions de normes et variations linguistiques. Ses recherches ont donné lieu à plusieurs articles parmi lesquels, récemment, « Commentaires épilinguistiques et sentiment néologique : évaluation comparative de quelques néologismes par deux groupes d'étudiants » (2020), « Normes et transgressions linguistiques : une affaire de linguistes ? » (2022). Depuis peu, ses recherches intègrent aussi une dimension et une réflexion pédagogiques. Elle a ainsi cosigné, en 2023, un chapitre d'ouvrage : Cocton, M.-N. & H. Favreau (2023), « Nature de la présence à distance et qualité de la relation pédagogique » (in Mutabazi, E. & R. Hétier (éds.), *La relation à autrui en régime numérique. Sentir, apprendre et exister*, Lyon : Chronique sociale, 121–141) ; et a codirigé un ouvrage : Cocton, M.-N. & H. Favreau (2023), *Médiation(s) et médiatisation(s) en classe de langue. Quelle(s) mise(s) en œuvre ? Quelles conséquences ?*, Paris : L'Harmattan, 172 p.

Hugues Galli (Université Bourgogne Europe – CPTC)

L'auteur est enseignant-chercheur à l'Université Bourgogne Europe. Son travail porte sur le lexique, en particulier sur la néologie et l'argot dans les textes littéraires. Il a consacré quelques articles à Frédéric Dard et à son œuvre. En 2014, il a organisé à Dijon le colloque *Pourquoi (re)lire San-Antonio aujourd'hui ?* et en 2017 il a co-fondé *Les Cahiers Frédéric Dard* aux Éditions Universitaires de Dijon.

Stefanie Goldschmitt (Julius-Maximilians-Universität Würzburg)

Après des études de philologie allemande et romane à Wuerzburg, Erlangen et Munich conclues par un doctorat de linguistique, Stefanie Goldschmitt enseigne depuis 2008 à l'université de Wuerzburg. Dans sa thèse de doctorat, elle s'est intéressée à l'usage déontique et épistémique des verbes modaux en français dans une perspective diachronique. Ses recherches récentes portent principalement sur les actes de mouvement et la sémantique verbale.

Stéphane Hardy (Universität Siegen)

Stéphane Hardy est enseignante-chercheuse en linguistique romane à l'Université de Siegen (Allemagne) où elle enseigne depuis 2012. Ses recherches portent sur la variation linguistique, avec un intérêt particulier pour les langues secrètes du français (argots), les métaphores zoomorphes dans le cadre des études portant sur la relation homme-animal (*Human-Animal Studies*) ainsi que l'onomastique (incluant l'ergonymie, la pseudonymie et la zoonymie). Ses publications reflètent trois grands axes d'intérêt : (1) les langues secrètes et argots français (tels que le *largonji du louchébem*, le *louchébeum* et d'autres variétés marginales) ; (2) les métaphores zoomorphes et le langage figuré dans des registres standards et non standards ; et (3) l'onomastique avec un accent particulier sur les pseudonymes, les noms d'animaux, et les pratiques de nomination dans des contextes numériques et marginaux. Ses travaux explorent également la manière dont la langue contribue à la construction des frontières sociales et à l'identité de groupe, notamment à travers des formes d'expression ludiques, codées ou métaphoriques. Sa monographie la plus récente, *Der largonji du louchébem – die Geheimsprache der Pariser Metzger. Eine kulturhistorische, lexikologische und soziolinguistische Analyse* (2023), étudie la langue secrète des bouchers parisiens sous des angles culturel-historique, lexicologique et sociolinguistique.

Raphaëlle Jung
(voir le texte biographique qui accompagne la contribution « Les jeux de mots entre texte et image : expériences et réflexions »)

Camille Lavoix (Julius-Maximilians-Universität Würzburg)
Camille Lavoix a réalisé sa thèse de doctorat, intitulée *Re-Imagining the Sudanian Savanna through Francophone and Anglophone Novels*, en littératures francophone, anglophone et humanités environnementales à l'Université de Wurtzbourg (Allemagne). Elle y enseigne les littératures africaines anglophones au sein du département d'études littéraires et culturelles en études anglophones. Auparavant, elle a travaillé comme journaliste indépendante, collaborant avec des médias tels que *Le Monde*, *Mediapart*, *El País*, *Arte*, *The Guardian* et la BBC, et a mené des enquêtes principalement en Afrique de l'Ouest et en Amérique du Sud, où elle a également obtenu un master en journalisme à Buenos Aires (Argentine). Elle est l'autrice de plusieurs livres en français – récits, poésie et non-fiction – destinés aux publics jeunesse et adulte.

Antoine Louis
(voir le texte biographique qui accompagne la contribution)

Anne-Marie Mercier-Faivre (IHRIM / ENS Lyon / Lyon 1)
Anne-Marie Mercier-Faivre est professeure émérite des universités en littérature française (Université Claude Bernard, Lyon1), membre de l'IHRIM (UMR 5317, CNRS Lyon 2) et de PRALIJE (pratiques de littérature et jeunesse, Université Lyon 1, INSPE), webmestre du site http://www.lietje.fr (littérature et jeunesse). Ses recherches portent entre autres sur la presse d'Ancien Régime et la littérature de jeunesse contemporaine.

Joachim Mileschi (Clesthia, Université Sorbonne Nouvelle)
Après des études de cinéma, Joachim Mileschi a obtenu l'agrégation de Lettres modernes en 2020 et donné des cours de français en collège et en lycée à Vitry-sur-Seine. Il écrit depuis 2022 une thèse de doctorat en stylistique intitulée *Usage, création et diffusion de sigles dans le rap francophone (1990–2020)* sous la direction de Claire Badiou-Monferran au laboratoire Clesthia (EA 7345) de l'Université Sorbonne

Nouvelle (École doctorale 622). Il donne des cours de linguistique et de stylistique à la Sorbonne Nouvelle depuis 2023.

Carlotta Posth (Julius-Maximilians-Universität Würzburg)

Carlotta Posth est professeure assistante en littérature comparée médiévale, spécialisée dans les littératures française et allemande, à l'Université de Würzburg en Allemagne. Ses recherches portent notamment sur les textes et pratiques théâtrales de la fin du Moyen Âge et du début de l'époque moderne (*Persuasionsstrategien im vormodernen Theater*, 2022 ; *Entre tradition et transformation*, 2021), les approches comparatives en littérature médiévale (*Wege in eine mediävistische Komparatistik*, 2022) et la narratologie historique et diachronique (*Coherence-making strategies in the Renaut de Montauban tradition*, 2023). Elle travaille actuellement sur les traditions littéraires de la mort dans l'Europe médiévale, avec un intérêt particulier pour la littérature multilingue bourguignonne du XVe siècle.

Alain Rabatel (Université Claude Bernard-Lyon 1, ICAR, UMR CNRS 5191, Université Lumière-Lyon 2, ENS-Lyon)

Alain Rabatel, ancien élève de l'École normale supérieure de Saint-Cloud, est Professeur émérite de Sciences du Langage (Université Claude Bernard Lyon 1), membre du laboratoire ICAR (UMR CNRS 5191, Université Lumière Lyon 2, ENS de Lyon). Spécialiste d'énonciation, de linguistique textuelle et d'analyse des discours, il est l'auteur de nombreux ouvrages, de plus de 250 articles et il a (co)dirigé une trentaine d'ouvrages ou de numéros de revues. Alain Rabatel s'est d'abord fait connaître pour ses travaux sur les points de vue, l'empathie et la polyphonie dans les récits (*Une histoire du point de vue*, CELTED / Klincksieck, 1997, réédition Lambert-Lucas en 2023, avec un avant-propos ; *La construction textuelle du point de vue*, Delachaux et Niestlé, 1998, réédition Lambert-Lucas en 2023 avec un avant-propos). Il s'est ensuite intéressé aux liens entre argumentation indirecte, effacement énonciatif et points de vue (*Argumenter en racontant*, De Boeck – Duculot, 2004, réédition Lambert-Lucas en 2023 avec avant- et post-propos, *Homo Narrans, Pour une analyse énonciative et interactionnelle du récit*, 2 vol., Lambert-Lucas, 2008, réédition 2020). Il travaille aussi sur les figures à partir de la notion de points de vue en confrontation (*Langue française* 160, *Le Français Moderne* 79(1), *Vox romanica* 71 et 74, *Tranel* 61–62 et dans plusieurs publications du réseau DWP, DWP 2, DWP 4 et DWP 7). La plupart de ses travaux sur les jeux de mots et les figures ont été réunis dans *La confrontation des points de vue dans la dynamique figurale des discours – énonciation et interprétation*, 2021, Limoges, Lambert-Lucas, ouvrage

centré sur les concepts de (sur-)signifiance, de figuralité et de figure d'auteur. Alain Rabatel a également publié de nombreux articles sur les discours religieux et médiatiques, autour des questions de responsabilité et de prise en charge énonciative, ainsi que sur des corpus d'interactions orales en contexte didactique, dégageant diverses postures de co-, sur- et sous-énonciation, à la charnière des problématiques cognitives, énonciatives et interactionnelles.
Voir également http://www.icar.cnrs.fr/membre/arabatel/.

Laélia Véron (Université d'Orléans)
Laélia Véron est maitresse de conférences en stylistique et langue française à l'Université d'Orléans. Elle travaille sur les liens entre langage et pouvoir. Elle a notamment co-publié, avec Maria Candea, *Le français est à nous ! Petit manuel d'émancipation linguistique* (La Découverte, 2019), *Parler comme jamais* (Le Robert, 2021) et avec Karine Abiven *Trahir et venger. Paradoxes des récits de transfuge de classe* (La Découverte, 2024), *Perspectives interdisciplinaires sur les récits de transfuge de classe* (dir., revue COnTEXTES, 2025). Elle est également enseignante en milieu carcéral et chroniqueuse radio (France Inter, Radio Nova) dans les émissions de Charline Vanhoenacker et de Guillaume Meurice, espaces dans lesquels elle a pu continuer à observer la pratique de la « punchline », du « mot qui tue », qu'elle avait déjà étudié dans un corpus romanesque (*Le mot fatal. Pouvoir, langage et trait d'esprit dans « La Comédie humaine » de Balzac*, Garnier, 2025).

Esme Winter-Froemel (Julius-Maximilians-Universität Würzburg)
Esme Winter-Froemel est professeure de linguistique romane à l'Université de Würzburg (Julius-Maximilians-Universität Würzburg). Elle s'intéresse globalement aux interfaces entre la linguistique et d'autres disciplines connexes comme les études littéraires, la rhétorique et la philosophie du langage. Ses principaux domaines de recherche sont le changement linguistique et le contact linguistique, la lexicologie, l'ambiguïté et les jeux de mots. Elle a publié sa thèse de doctorat sur les emprunts lexicaux de l'anglais au français (*Entlehnung in der Kommunikation und im Sprachwandel. Theorie und Analysen zum Französischen*, De Gruyter 2011) et a (co-)écrit ou co-édité diverses publications sur la linguistique de contact basée sur l'usage (p. ex. *Cognitive Contact Linguistics*, Mouton de Gruyter 2018, avec Eline Zenner and Ad Backus, *Language contact and linguistic dynamics: speakers, speaker groups, and linguistic structures*, Folia Linguistica 57/2, 2023, avec Sandra Ellena et Stefanie Goldschmitt). Elle a contribué à la *Grande Grammaire Historique du Français* (De Gruyter 2020) et a coédité le *Manual of Discourse Traditions in Romance* (De

Gruyter 2023, avec Álvaro Octavio de Toledo y Huerta). En outre, elle a été chercheuse principale au sein du projet « Ambiguity : Production et perception » (Tübingen), et elle a dirigé le réseau scientifique « The Dynamics of Wordplay : Language Contact, Linguistic Innovation, Speaker-Hearer-Interaction » (2013–2018), dont est issue la collection de volumes « The Dynamics of Wordplay ».

Index

13Block 160

abécédaire 92–93, 100
Abouet, Marguerite 198–199
accent 60, 89–90, 129, 141, 200, 225, 264, 288, 304
accroche 16, 22, 173, 176, 183, 206, 208, 210–212, 216–221, 223–225, 363, 369, 372
acquisition du langage 2, 7–8, 24, 103, 347, 365
acronymie, acronyme 151, 158, 162–164, 195, 273, 280
– , rétroacronymie 153
acrostiche 100
Ademo 157
affiche (publicitaire) 3, 13, 17, 22, 180–181, 187, 189, 193–196, 200
– , affichage 176, 221
affiliation 47
Afrique de l'Ouest 22, 116, 193, 197–201
Afrique du Nord 153, 156, 270
agression, agressif 25, 150, 197, 236, 279, 368
Al Peco 149
album pour enfant 19, 69–80, 82–83, 85, 87, 89–95, 97, 99–105, 107–109, 329, 331, 334
Algérie, algérien 152, 270
Alice's Adventures in Wonderland 83, 257
 voir aussi Carroll, Lewis
Allais, Alphonse 342
allemand (langue allemande) 15, 73, 127–128, 152, 194–196, 304, 329, 333
allitération 13, 86, 139, 147, 154, 162, 256
allusion, allusif 39, 46, 84, 90, 156, 195, 228–229, 232–233, 237–238, 241, 244, 254, 315–318
Alpha Wann 147
Alsace, alsacien 126, 129, 194
altérité 41, 53, 56, 201
amalgamation 170, 174, 182–183

amalgame 21, 102, 170, 186, 371
 voir aussi mot-valise
ambigüité 5, 34–35, 40, 82, 108, 150, 169, 227, 229, 234, 240, 242, 254, 290, 331, 334
ambivalence 23, 40, 57, 150, 325, 369
anagramme 35, 38, 100
anaphore 46, 85, 257
anecdote 241, 348
anglais (langue anglaise) 11, 36, 48–49, 52, 76, 126, 128, 150–152, 154, 157, 163–164, 168–169, 206, 216, 242, 251, 260, 270, 273–274, 277–281, 291, 295, 296, 299, 304, 307, 324, 347
annonce (publicitaire) 173–176, 180–184, 187–188, 195, 215, 224
 voir aussi discours publicitaire ; message publicitaire ; publicité
antanaclase 40–41, 46, 323–324
anthropologie 34, 62
anthroponyme 336, 339, 354
 voir aussi désanthroponyme ; nom propre
anticipation 10, 17, 88, 186–187, 349, 369, 371
antimétabole 40–41, 46, 47
antiphrase, antiphrastique 40, 47, 244, 257, 273, 314–316, 318, 322–324
antithèse, antithétique 37, 40, 46–47, 146, 152
antonymie, antonyme 146, 219, 257
à-peu-près 35, 46, 97, 253
aphérèse 46, 171, 177, 180–181, 184–185, 268, 271–272, 371
apocope 171, 177, 180, 184, 268–272, 278, 280–281, 371
applaudissement 243
apprentissage 8, 82, 84, 86, 88, 92, 94–95, 97, 99–100, 104, 106, 108–109, 156, 196, 266, 297, 330, 333, 362, 365–366
 voir aussi acquisition du langage
arabe (langue arabe) 36, 152, 270

arbitraire des signes 35, 57, 83, 149, 258, 307
    voir aussi motivation des signes
arbitre 61, 128, 238
argot 7, 13, 23, 72, 128, 228, 254, 263–283, 356, 364, 368
argumentation, argumentatif, argumental 39, 42, 46, 49–51, 63, 172, 174–175, 185, 187
argumentation publicitaire voir publicité
art de la pointe 47
Arthur 238
articulation 58–60, 83, 86, 88, 152, 183, 271, 287
    voir aussi double articulation
assonance 85–86, 101, 139, 147, 161
Astérix 92, 125, 128, 240, 318, 342
– , Astérix et Cléopâtre 128
    voir aussi Goscinny, René ; Uderzo, Albert
atelier d'écriture 133
attente 10, 36–38, 45, 51, 57, 104, 363–364
attention 2, 34, 36, 45, 58, 60, 62, 90, 106, 139, 150, 169, 175, 187–189, 208, 214, 223, 234–235, 245, 273, 339, 369–371
audacité, audace 226
audience 145, 192, 226
auditoire 3, 54, 97, 136, 150, 370
    voir aussi public
authenticité 6, 21, 144, 158, 200, 266
autonomisation 6, 21, 214–215, 223
Aznavour, Charles 11, 125

Balzac, Honoré de 314, 319
banlieue 144, 239, 264, 266
battle 150–151
    voir aussi joute verbale
Benveniste, Émile 35, 39, 50
berbère (variétés berbères) 270
Besnier, Michel 97
Bièvre, Marquis de 340–341, 364
bilinguisme, bilingue 124–125, 129, 259, 329
    voir aussi multilinguisme, multilingue ; plurilinguisme, plurilingue
blague 34, 42, 49, 63, 96–98, 125, 144, 227–228, 233, 236, 241, 244–245, 253, 317, 325–326, 336, 343, 363, 366–367, 372

– , blague de papa 18, 124–125
– , blague juive 42
– , blague Monsieur et Madame 2, 24–25, 291, 335–360, 368–369
Blake, Stéphanie 104
Bravi, Soledad 88
brève (radio) 320–321, 291–292
brièveté 272
Bruel, Christian 85, 90, 104, 105
Bruller, Hélène 105
Brunhoff, Jean de 83
Busch, Wilhelm 2, 83
Bushiba, Etsuko 85
Butter Bullets 149

calembour 12, 22–24, 47, 94, 96–98, 100, 102, 110, 125, 127, 129, 148, 229–230, 232–235, 243, 245, 253, 257–259, 306, 313–314, 319–322, 326, 319–322
Calì, Davide 94
campagne (publicitaire) 170, 183, 200, 201
captatio benevolentiae 13, 22–24, 370–371
caricature, caricatural 75, 238, 243, 258
Carnap, Rudolf 18, 22, 48, 206–210, 212–215, 217, 221, 224–226
carnavalesque 256, 366
Carroll, Lewis 48, 83, 168, 257
Céline, Louis-Ferdinand 251
censure 83, 104
champ lexical 128, 197, 215, 221, 224,
champ sémantique 9, 16, 209, 215, 219, 288–290, 354
chanson 11, 24, 56, 58, 74, 83, 95–96, 116, 139, 214, 232, 285–294, 303, 307–308, 313, 316, 370
– , chanson rap 145, 148, 151, 153
chansonnier 362
Charpentreau, Jacques 95–96
chiasme 40–41, 46–47, 257
chronique 185, 311–315, 317–326
chute 85, 150, 185, 343–345, 355, 363, 367
cible du jeu de mots 34, 58, 149, 163, 169, 175, 200, 214, 245, 316–318, 368
Claveloux, Nicole 85
cocasse 139
co-construction du sens 35–36, 56–57, 175

code 14, 79, 103, 145–151, 160, 174, 188, 197, 235–236, 245, 251, 264
   voir aussi we code
code graphique et code phonique 210, 229, 286, 296–297
cognitivisme, cognitiviste 36
collocation 145, 157–158
colludique *voir* pacte colludique
colonialisme, colonial 22, 193–201
   voir aussi néo-colonialisme, néo-colonial
comble 100, 227–245
comédie 46, 84
comédien 3, 6, 144, 185
comique 48, 82, 88, 90, 98, 100, 104–105, 139, 185, 240, 254, 257–259, 315, 341
commentaire 226, 238, 243, 278, 317
communication digitale 2, 9, 22, 25, 148, 176, 181, 216, 337, 356
communication face-à-face 55, 235, 346, 368
   voir aussi immédiat communicatif
comparaison 7, 239, 243, 257
complexité, complexe 6, 19, 34, 36–39, 48, 50, 54, 59–60, 89, 110, 145, 148, 156–157, 169, 184, 189, 229, 241, 244, 254, 258, 272, 314
composition (procédé morphologique), composé 36, 43, 102, 151, 170–171, 177, 179, 186–188, 198, 240–243, 258
   voir aussi sens compositionnel
compréhensibilité, compréhensible 17, 91, 134, 179, 237, 302, 312, 314
compréhension 39, 44, 59–60, 74, 82, 84, 86, 88–89, 108, 110, 140, 160, 187, 195, 207, 217, 223, 287, 292–293, 316–318, 322, 324–325
comptine 82–87, 93, 104
concepteur-rédacteur, rédacteur publicitaire 22, 205, 208, 217, 219, 221, 362
concision, concis 169, 268–270
condensation 152, 169, 173, 182, 187–188, 271–272
conditions de communication 228, 230, 235
conditions de réussite 338
connivence 16–17, 29, 47, 79, 84, 91, 129, 141, 175, 206, 215, 221, 223, 287, 315, 317, 368
connotation 127, 163, 195, 201, 234, 242, 272–273

connotation graphématique 163–164
construction des identités 47
contact linguistique 5, 10, 267
contexte, contextuel 24, 40, 46, 52, 55, 57–58, 61, 78–79, 125, 129, 139, 141, 150, 153, 169–172, 183–184, 187, 189, 196, 198, 228–229, 233, 235, 237–239, 243, 266, 268, 270, 272–273, 276, 279, 286, 294, 296, 298, 303, 305–306, 321, 326, 333
contiguïté, contigu 50
contrainte 14, 22, 35, 44, 80, 127, 158, 161, 221–222
– , contrainte de discours 161
– , contrainte de la langue, de la matérialité langagière 35, 44
– , contrainte de la vie ordinaire en interaction 45
– , contrainte d'inventivité 157
– , contrainte d'originalité 157
   voir aussi originalité, original
– , contrainte énonciative du genre 150
– , contrainte morphologique 188
– , contrainte phonique 186, 188
– , contrainte situationnelle 53
– , contrainte syntagmatique 188
contraste 86, 105, 108, 117, 276, 288, 341, 363
contrepèterie 13, 16, 45–46, 49, 63, 77, 87, 96, 253, 363, 366
conventions sociales 35
conversation 42, 46, 58, 79, 124–126, 281, 321
coq-à-l'âne 340, 364
Corentin, Philippe 90
Côte d'Ivoire, ivorien 22, 199
cotexte, cotextuel 36, 61, 183
Cox, Paul 96
craft 208, 213, 217
création lexicale 170, 280
créativité 11–12, 14, 20–22, 35, 56, 76, 92, 94, 99, 110, 127, 133, 135–138, 168–169, 172–174, 187, 197, 207–209, 211–213, 216–218, 240, 242–243, 245, 259, 265, 267, 270, 272–273, 275, 280–281, 286, 349, 367
– , créativité lexicale 5, 168, 174, 185
créole 138, 141
critique 34, 37, 110, 149, 198, 201, 236, 255, 314, 319, 321–322
critique littéraire 199, 259

Index

cryptage, cryptique 23, 38, 152, 199, 264–266, 271, 313, 319, 324, 350, 368
culture orale 147

Dahl, Roald 105
Dard, Frédéric 3, 23, 252–253, 257–259, 364
  voir aussi San-Antonio
David, François 103, 108
décryptage 313, 319, 324
Dedieu, Thierry 85, 109
défigement 36, 45–46, 87, 93–94, 101, 110, 145–146, 272, 277
  voir aussi figement, lexies figées
déformation 73, 89, 234, 240–242, 303, 306–307, 335, 339, 364
demi-mot 39, 47
dénigrement, dénigrer qqn. 9, 17, 339, 352–353, 368
densification 173, 188
Der Struwwelpeter 83
dérivation 23, 151–152, 183, 185, 239–240, 244, 265, 270, 274–277, 279–282
désanthroponyme 313
désémantisation 150, 272
dessin 74–76, 89, 102, 107, 117, 136, 156, 198, 238, 240, 251, 318
destinataire 8, 36–37, 40, 46, 53–54, 58, 175, 185–188, 213, 223, 243, 305
détournement 20, 79, 87, 89, 153, 155, 157–160, 163, 198, 201, 253, 268, 281, 320
deuxième articulation *voir* double articulation
devinette 83, 95–96, 98, 150, 241, 287, 344, 347, 351, 354
dialecte, dialectal 10, 80, 129, 141, 195
dialogal 35, 37, 47, 59, 61
  voir aussi monologal
dialogicité 230, 371
dialogique 37, 47
  voir aussi monologique
dialogisme 41, 56
dialogue 6–7, 15, 83–84, 90, 173, 233, 306
diaphasie, diaphasique 234
diastratie, diastratique 234
diatopie, diatopique *voir* dialecte

dictionnaire 36, 48, 57, 59, 92, 94, 103, 148, 198, 228, 234, 244, 253, 255, 264–266, 275, 315
didactique 84, 92, 187, 303, 312
diglossie 99, 297
dioula 199
dirty dozens 150, 235–236
discours publicitaire 169, 173–175, 184, 188–189
  voir aussi annonce (publicitaire) ; message publicitaire ; publicité
Disiz 144, 147, 151, 163
distance communicative 23, 228–230, 242–245, 350, 368
  voir aussi immédiat communicatif
divertissement 218, 286
dog whistle 47, 369
double articulation 156
– , deuxième articulation 168
– , première articulation 83, 168
double public *voir* public
double sens 13, 109, 128, 140
double-entente, *double entendre* 13, 47, 128
Douzou, Olivier 8, 10, 12–14, 17, 19–20, 24, 69–80, 84, 89–90, 93–94, 97, 100, 106–107
doxa 35, 38, 150
Dreyfuss, Corine 105
Dumont, Jean-François 108
Dumortier, David 95, 103
dynamique figurale 19, 38, 51, 61
dynamique interprétative 187
  voir aussi jeu de mots, –, dynamique du jeu de mots

écho sonore 146
économie (langagière) 172, 176, 179, 272
– , économie articulatoire 152
– , économie graphique 152
effet de surprise 6, 14, 77, 90–91, 94, 100, 104, 125, 129, 133, 137, 140–141, 169, 175, 185, 187–188, 210–211, 217, 229, 245, 291, 343, 346, 348, 351, 354, 363–364, 371
efficacité, efficace 17, 34, 37, 39, 55, 67, 129, 135, 139, 169, 171, 179, 187–188, 206, 208–209, 215–217, 223–224, 226, 346, 363, 369

effort interprétatif 187
Élémo, Marc-Olivier Jean Élémo 8-9, 12-13, 15, 17, 21, 131-142
embodiment 36
embrayage ambiréférentiel 151, 155-156, 159, 164
émission radiophonique 24, 59, 237, 279, 311-327, 362, 370
émission de télévision 131, 220
émoticone 244
émotion, émotionnel 14, 19, 21, 34, 46, 48, 55-56, 58, 135-136, 140-141, 175, 207, 212, 217, 219, 222, 226, 346
empathie 41, 175
emprunt 15, 40, 52, 163, 169, 174, 199, 254, 265, 270-271, 273-274, 277-281, 291, 298-299, 304, 347
énigme 95, 306
énonciation 45, 36, 39-40, 42, 51, 53-54, 57, 82, 85, 88, 160, 316, 318, 326
– , énonciation feinte 39-40, 57
épellation 151, 161
épilinguistique 99, 145, 164
épiphore 46
Équipe, L' 220
espace public 226
espagnol (langue espagnole) 138, 260, 271, 288, 295-296, 304
esprit 34, 47-48, 110, 150, 152, 168-169, 173, 175, 189, 207, 209, 220, 315, 321, 367
esprit de cour 34, 47
esprit des salons 47
esthétique 19, 34, 54-55, 144-145, 148, 150, 157, 169, 280, 320
ethos, éthotique 46, 54
étymologie, étymologique 87, 160, 244, 255-256, 295-297, 303, 365
évaluation, évaluatif 14-15, 23, 150, 187, 233, 237, 242-243, 264, 268, 270-271, 275, 277-278, 280, 282, 341, 346, 348, 352, 371
exagération 240, 242-243, 316
exclusion, exclusif 10, 16-17, 25, 108, 127, 129, 237, 264-265, 270, 317, 323, 351, 355, 368-369
expérience d'écriture 80

expressivité 45, 169, 237, 268, 270, 273, 275, 277, 280-281, 303, 346
extragrammatical 170, 240

face-à-face *voir* communication face-à-face
    voir aussi immédiat communicatif
face (négative et positive) 236, 339
fantaisie 86, 101
farce 244, 254, 256
féminisme, féministe 200
Féré, Gildas 96
figement, lexies figées 14-15, 36, 45-46, 87, 93-94, 101, 110, 145-146, 272, 277, 305, 340
    voir aussi défigement
figuralité, figural 38, 51, 54, 58, 61
figurativité, figuratif 5, 15-16, 128, 140, 223, 365
figuration indirecte 150, 152
figure d'auteur 19, 51-54, 56
figure de diction 148
figure de style 208, 257, 312, 323
flow 149
fonction
– , fonction cohésive 264
– , fonction cryptique 152, 264
– , fonction crypto-ludique 160, 182, 199, 264-266
– , fonction de dissimulation 175
– , fonction de séduction 175, 183
– , fonction dénominative / nominative 179, 184, 241
– , fonction d'exclusion 108, 129, 237, 265, 317, 355
– , fonction énonciative 36
– , fonction euphémique 152
– , fonction identitaire, de formation de groupe 160, 182, 199, 238, 264
– , fonction interlocutive 36
– , fonction interpellative 173
– , fonction ludique 21, 86, 175, 187-188, 228-229, 263-264, 271
– , fonction mnémotechnique 175
– , fonction phatique 175
– , fonction poétique 105-106
– , fonction pragmatique / performative 36

– , fonction référentielle 36, 173
– , fonction sociale 108, 235, 355
formule 36, 47, 85–86, 89, 91–93, 105, 150, 158, 161, 195, 197, 198, 344
Foucault, Michel 52
framing 39
Franc-Nohain 342
français (langue française) 11, 36, 48, 52, 74, 77, 79–80, 82, 98, 102, 128, 133, 136, 138, 141, 152, 157–158, 174, 178, 185, 199, 231, 241, 255, 265–267, 270, 272, 276–277, 281, 296, 304, 311, 330
  voir aussi langue standard
français familier 241, 265–267, 276, 279, 341, 346
français parlé 286, 297–298, 304
français populaire 265–267, 307
francophonie, francophone 2–24, 56, 79, 83, 115–121, 125, 141, 145, 148, 153, 161, 194, 197, 225, 292
Freud, Sigmund 37, 48, 150, 152, 364
Furax Barbarossa 162

Gauthier, Gabriel 209
Geluck, Philippe 306
genre (*gender*) 62, 100, 105–106, 151, 160, 199–200
genre (genre littéraire, type de texte) 3, 15, 36, 42, 46, 52–54, 61, 95, 97, 100, 102, 110, 124, 128, 144–146, 147, 150–151, 158, 164, 228, 251–254, 256, 258, 320
Gibert, Bruno 87, 95, 97, 103
glissement phonétique 195–196
glissement sémantique 178, 201, 271
Goscinny, René 124, 240, 318, 367
  voir aussi Astérix
graffiti 3, 156
graphème 21, 50, 156–157, 159, 163–164, 258, 295, 298–300, 302
graphie 91, 97–98, 163, 229, 241, 258, 286
grec (langue grecque) 201, 306
gros mot 100, 104–105, 366
groupe social 236, 239, 244, 264, 339, 362, 366, 368
Guéraud, Guillaume 100, 106
Gutman, Claude 108

hapax 153, 174, 279
Hayce Lemsi 162
herméneutique 63, 85
hétérographie, hétérographe 231, 233
hip-hop 148, 152, 156–157
homonymie, homonyme 13, 35, 57, 96, 125, 137, 155–156, 194, 200–201, 227, 232, 242, 244–245, 254, 258, 289, 291–292, 296, 320–321, 333, 343–345, 349–350, 354
homophonie, homophone 12–13, 21–22, 35, 57, 93, 98, 106, 128–129, 152, 177–178, 180–184, 195, 200, 230–233, 240, 256, 271, 296, 306, 330, 340, 365
– , quasi-homophonie, quasi-homophone 8, 171, 177–178, 180–186, 330
horizon d'attente 38
humoriste 47, 238, 311–312, 323, 325–326, 362, 367
humour 40, 42, 48–49, 73, 75, 79, 87, 95, 104, 124, 133, 137, 139–140, 144, 150, 187, 198, 200, 228, 241, 253, 259, 291, 311, 313–314, 322–326
– , humour anglais 48
– , humour français 48
– , humour noir 323, 347
humour verbal 73, 124, 133, 174, 286
hybridation 151, 270, 280–281
hyperbole 40–41, 46, 257

IAM 151, 158
iconicité, iconique 3, 35, 37–38, 45, 47–48, 92, 173
iconographie 173
Idéal J 156
identité de groupe, identité collective 47, 56, 339
idéologie, idéologique 52, 56, 150, 157
idiolecte 44, 53–54
immédiat communicatif 25, 227–249, 337, 350, 355–356, 368
  voir aussi distance communicative
impact 14, 132–133, 135, 137, 139–141, 150, 152, 173, 176, 187, 189, 207, 210–211, 216, 222, 363, 368
– , impact mémoriel 169

implicite 35, 38-39, 41, 47, 54, 272, 281, 318
inappropriété, inapproprié 14, 50, 256, 354
inclusion, inclusif 16, 108, 151, 368-369
incongruité 50, 82, 223, 241, 363
individualité 153, 158
inférence, inférentiel 39
ingenium 48, 367
injure *voir* insulte, injure
innovation lexicale 240, 263-283, 371
innovation ludique 5, 234, 242, 371
inspiration 11, 25, 74, 90, 97, 110, 125, 128, 135-136, 209-210, 289
insulte, injure 105, 144, 235-237, 242, 244-245, 278, 323, 325, 351, 353
– , insulte rituelle 235-236, 238
intelligibilité, intelligible 271
intention 38, 40, 43-45, 257, 259, 323-324, 344, 362, 371
intentionnalité, intentionnel 38, 43-44, 50, 53, 60, 148, 199, 238, 275
interaction, interactionnel 5, 24-25, 34-35, 37, 45, 47, 51, 53-55, 59, 63, 110, 172, 206, 223, 230, 234-235, 263, 265, 269, 275, 281-282, 312, 320, 322-324, 330, 339-340, 348, 355, 364, 367-368
– interaction orale 61, 235, 266
– interaction verbale 62, 75, 126, 137
interdiscours 38, 43, 52
interdiscursivité, interdiscursif 38, 52
interjection 272
interprétation, interprétatif 36-39, 44-45, 55, 61, 140, 151, 158, 172, 178-179, 183, 185-189, 195, 230, 234, 240-241, 268, 272, 291-292, 317-318, 323, 326
intersubjectivité, intersubjectif 36, 40, 45, 62
intertextualité, intertextuel 87
inventivité, inventif 76, 110, 157, 199, 201, 265, 349, 367
    voir aussi contrainte, – , contrainte d'inventivité
ironie, ironique 24, 40-41, 47, 50, 156, 199, 201, 253, 257, 274, 313-319, 321-326
isotopie 35, 94
italien (langue italienne) 80, 182, 194, 295-296, 304
ivoirien *voir* Côte d'Ivoire, ivoirien

Jakobson, Roman 104
Jalbert, Philippe 104
James, Kery 154, 156-157
javanais 16, 363
jeu de langage 45, 48, 50, 74, 87, 99, 125, 135, 321
jeu de mots
– , appréciation 11, 14, 34, 62, 78, 128, 134-135, 137, 140-141, 188, 222, 330, 349, 368
– , bon jeu de mots 11, 14, 78, 124, 140
– , dimension drôle 74, 78, 97-98, 103, 108, 137, 150, 199, 209, 223, 254, 268, 270, 323, 326, 331-332
– , dimension sérieuse 7, 9, 20, 40, 42, 51, 76, 80, 84, 106, 109, 126, 137, 144, 160, 323-325
– , dynamique du jeu de mots 4-7, 26, 47, 49, 51, 55-59, 61, 168-169, 187-188, 199, 337, 356, 372-373
– , fonctions 47, 191, 105-106, 108, 150, 152, 173-175, 184, 187, 235, 237-239, 241
    voir aussi fonction
– , hiérarchie des jeux de mots 150, 319, 321
– , indices / signaler un jeu de mots 40, 95, 103, 340, 343, 354-355, 369
– , jeu de mots « pas drôle » 24, 78, 108, 222, 322-324
– , jeu de mots au sens large 6, 33-68, 240
– , jeu de mots au sens restreint 50-51, 63, 237
– , jeu de mots engagé 61, 137, 175, 187, 319
– , jeu de mots facile 217
– , jeu de mots horizontal 186, 232
– , jeu de mots *in absentia* 40-41, 50, 100
– , jeu de mots *in praesentia* 40-41, 50, 186
– , jeu de mots involontaire 38, 40, 50, 59, 108, 124, 199
– , jeu de mots marrant 213
– , jeu de mots prototypique 6, 188, 237, 243
– , jeu de mots vertical 230, 232-233
– , mauvais jeu de mots 14, 78, 128, 140, 207, 222-223, 233, 244-245, 270, 319, 321
– , pouvoir / puissance des jeux de mots 49, 135, 140, 201, 227, 245
– , réactions 91, 140-141, 193, 243, 319, 324

– , techniques 77, 100, 127, 134, 139, 147, 228, 233, 244
jeu de sonorités 8, 21, 131-142, 238, 256, 286-294, 365, 372
joke 48-49, 124
journalisme 198, 211, 222, 253
joute verbale 234-235, 238
justesse, juste 22, 200, 211, 222
juxtaposition 82, 170, 187, 199, 242, 304

Kaïteris, Constantin 96
Kalash Criminel 146

La Brigade 163
La Fouine 154
Lacan, Jacques 37, 48, 52, 150
Lallemand, Clémence 102-103, 259
langue étrangère 76, 80, 86, 89, 129, 141
langue standard 10, 174, 270, 277, 281-282
Lapointe, Boby 74, 285-310, 342
lapsus 39, 41, 50, 63, 108, 362
latin (langue latine) 240, 244, 304
Le Saux, Alain 93
Lefa 135
Lenain, Thierry 105
lexicalisation 159, 163-164, 182, 276
lexicographie, lexicographique 145, 265, 267-268, 276
lexique 5, 8, 36, 43-44, 60, 62, 85, 88, 94, 149, 151-152, 163, 255, 264, 266, 268, 271, 277, 279, 281, 295
   voir aussi vocabulaire
lexique standard *voir* langue standard
Libération 220, 317
liberté 44, 82, 103, 106, 110, 141, 252, 325
lipogramme 100
liste 24, 209, 212, 336, 341, 350-351
litote 257
littérature de jeunesse 11-12, 15, 20, 24, 75, 82-83, 106, 110, 141, 211, 365, 370
locution adverbiale 186, 273
locution verbale 15, 79, 128, 140, 223, 268, 270, 272, 279
Louchard, Antonin 93, 95
loucherbèm 16, 363

ludicité, ludique 6, 8, 10-11, 18, 34-35, 37, 39-41, 48, 50, 55, 76, 86, 97, 109, 150, 169, 174-175, 184-185, 187-188, 228-229, 234-236, 238-243, 264-266, 271-272, 275-276, 280-281, 286-287, 303, 306-307, 321, 323, 329, 333, 335, 349, 365-366, 371

Maggi 116, 193-204
Maghreb, maghrébin 236, 242
magie, magique 22, 82, 193-204, 336, 363
malentendu 9, 150, 289, 306, 322, 326
Malineau, Jean-Hugues 87, 96
Malone, Vincent 99
marginalité, marginal 3, 6-7, 42, 96, 264, 362, 370
marketing 195
Maroc, marocain 200, 270
Martin, Joël 87, 96
Maurois, André 83
Max und Moritz 83
   voir aussi Busch, Wilhelm
MC Solaar 135
médias, médiatique 2, 47, 144, 169, 174-175, 220-222, 226, 319, 321
Médine 154
Mélois, Clémentine 97
mème 229, 232
mémorisation 175, 189, 207, 367, 369
message publicitaire 2, 13, 169, 173, 363, 369
   voir aussi annonce (publicitaire) ; discours publicitaire ; publicité
métadiscursif, dimension métadiscursive, métacommunicatif, dimension métacommunicative 8, 51, 57, 238, 325, 371
métalinguistique, dimension métalinguistique 8, 51, 57, 85, 95, 99, 174, 286, 307, 347
métaphore 16, 46, 82, 89, 94, 104, 107, 110, 154, 198, 242, 275
– , métaphore filée 163
métonymie 16, 89, 148-149, 239-240, 242
mise en abyme 313
Molière 3, 84
monologal 37, 47, 61

voir aussi dialogal
monologique 37, 47
  voir aussi dialogique
monosyllabe, monosyllabique 86, 100, 269, 271, 279
morphématisation 164
morphème 36, 39, 50-51, 159, 182, 256, 302
morphologie, morphologique 22-23, 57, 60, 163, 168-170, 172, 176-178, 180-181, 187-188, 240, 254, 256, 263-283, 296, 313, 364, 371
morpho-phonologie 268
morpho-sémantique 169-170, 173, 175, 179, 184, 188, 271, 274-275, 297
mot demi-savant 241
  voir aussi terminaison savante, élément pseudo-savant
mot savant 341
mot d'esprit 48, 150, 152, 364, 367
mot phonétique 302, 305
motivation des signes 35, 37, 57, 83, 87-88, 178, 187-189, 245, 291, 306, 339, 342, 354, 365
  voir aussi lexie démotivée ; pseudo-motivation ; remotivation ; trans-motivation
mot-valise 21-22, 85, 100, 102, 163, 167-191, 371
  voir aussi amalgame
multilinguisme, multilingue 5, 124, 199
  voir aussi bilinguisme, bilingue ; plurilinguisme, plurilingue
multimodalité, multimodal 35, 37, 370
multiplication des significations 150
multisyllabique *voir* rime multisyllabique
Murot, Mylène 108

narrateur 82, 90-91, 108
narration, narratif 83, 173, 176, 184, 214, 225, 242, 259, 278, 342
Neg' Marrons 153, 159
Nekfeu 135
néo-colonialisme, néo-colonial 193-204, 366
  voir aussi colonialisme, colonial
néo-français 298

néologie, néologisme, néologique 15, 151, 169-170, 173-174, 178-179, 183-186, 189, 324, 330, 333
– , néologie publicitaire 173
nom kahoot 24-25, 335-360, 366, 368-369
nom propre 24, 177, 180-182, 239, 272, 291-292, 305, 335-360, 371
  voir aussi anthroponyme
non sens 35, 27
nonsense 35, 48
normes stylistiques 46
nouchi 199

occasionnalisme 174
offense, offensif 242, 351, 353
onomastique 24, 258-259, 291, 336, 338, 342-343, 346, 349-350, 353-354, 356
– , onomastique commerciale 177-178
onomatopée, onomatopéique 84-85, 87-88, 102, 104, 125, 146, 274
opacité, opaque 34, 38, 53, 56-57, 84, 297
originalité, original 43-45, 52, 56, 74-75, 97, 138, 141, 145, 152, 157-158, 168, 186-187, 189, 194, 257-258, 281, 367
  voir aussi contrainte, – , contrainte d'originalité
orthographe, orthographique 79, 255-256, 286-287, 294-308, 365
ortograf fonétik 23, 286-287, 294-308, 365
Oulipo (Ouvroir de littérature potentielle), oulipien 3, 80, 100, 110, 286
oxymore 46, 153

pacte colludique 175, 187
palindrome 12, 77
paradoxe, paradoxal 11, 13, 25, 55, 60, 76, 124, 149, 172, 189, 211, 219, 361-375
paraverbal 37, 59
Parisot, Pascal 168
parlers jeunes 267
parodie 83, 86, 253, 288
paronomase, paronomastique 139, 146-148, 154, 161-163, 256
paronymie, paronyme 8, 13, 89-90, 93, 96, 125, 139, 232-233, 240, 242, 245, 253-

254, 258, 287, 289, 291, 320-322, 330,-331, 333
passion 21, 27, 133-136, 180, 334
pataquès 255
patois 225, 266
Péault, Yvan 87
Pef (Pierre Élie Ferrier) 59, 82, 87, 89, 98
péjoratif 271-273
performance 34-35, 37, 42, 55-56, 137, 276, 286, 293, 367, 370
performativité, performatif 36-37, 55-56, 58, 85, 338
permutation 92, 96-97, 147-148, 161, 233, 255
persuasion, persuasif 169, 188
pertinence, pertinent 34, 37-39, 42, 45-46, 50, 53-54, 59, 62, 136, 145, 151, 163-164, 176, 188, 235, 253, 267, 282
phénoménologie, phénoménologique 35-36
philosophie, philosophique 35, 48, 94, 150, 324
phonème 36, 50, 83, 147, 171, 178, 183, 186, 233, 255, 288, 295, 299-302
phonétique 38, 63, 90, 147, 154, 174, 194-196, 229, 269-271, 273, 302, 320-321, 333
phonologie, phonologique 43, 61, 93, 157, 171, 174
phrasème 36
phraséologisme 15-16, 306
Pinson, Pauline 102
Piquemal, Michel 94
Pit Baccardi 162
plaisir 34, 39, 42, 74, 92, 99, 133, 135, 138, 142, 175, 187, 199, 209, 237, 245, 287, 303, 346, 348, 350, 365, 369
plurilinguisme, plurilingue 10, 18, 123, 126, 128, 267
  voir aussi bilinguisme, bilingue ; multilinguisme, multilingue
plurivocité sémantique 322
PNL 151, 157
poésie 42, 46, 62, 82-83, 87, 95-96, 108, 110, 132, 136, 254
poésie récitée 139
point de vue (PDV) 18-19, 38, 40-41, 43, 48, 55, 60, 62, 144, 160, 170, 173, 182, 228, 264, 302, 320, 321

pointe 34, 47, 74, 120, 150, 260
polémique 145, 153, 319, 325, 326
politique 46, 47, 53, 55-56, 62, 105, 144, 152-153, 157, 160, 195-196, 199, 201, 239, 313, 315, 317-326
polyphonie, polyphonique 315, 318-319
polysémie, polysémique 35, 48, 57, 94, 97, 146, 148, 152, 154-155, 157-158, 169, 228, 232, 241-242, 244-245, 254, 257, 268, 289-290
ponctuation 163
Ponti, Claude 20, 24, 83, 88-91, 93, 99, 102, 108, 329-334
portemanteau, portmanteau 13, 21, 125, 168, 229
posture énonciative 41, 53
pouvoir (social, politique) 12, 22, 135, 158, 176, 179, 193-204, 245, 318, 319, 333
pouvoir pictural 127
Prache, Denis 87
pragmatique 21, 23, 25, 36-37, 55-57, 62, 145, 168, 178, 188, 273, 277-278, 281-282, 338-340, 346, 348, 351, 354, 356
pratique culturelle 12, 127, 139
préfixe 46
première articulation voir double articulation
Prévert, Jacques 53, 59, 322, 323
Prévot, Frank 94
prise en charge (énonciative) 39-41, 58
production et réception 35, 37, 39, 45, 55-59, 61, 82, 86, 105, 145, 148, 169-171, 183, 185, 187-189, 197, 245, 252, 259, 264, 281, 293, 322-324, 367
productivité (morphologique), productif 57, 179-189, 265, 271-272, 274-277, 281
prononciation 18, 87, 89, 124, 152, 154, 163, 194-197, 241, 255, 271, 288, 291-292, 294-295, 300-303, 313
pseudomotivation 306, 354
pseudonyme 336-337, 339, 349-356
psychanalyse 52, 150, 152
public 3, 15, 21, 42, 55, 74, 133, 135, 137, 150, 195, 237-238, 286, 318-319, 329
  voir aussi auditoire
publicité 9, 11, 13, 21-23, 46, 55, 62, 73, 167-191, 194-197, 200, 205-226, 366, 370-372

– , argumentation publicitaire 174-175, 185
  voir aussi annonce (publicitaire) ;
  discours publicitaire ; message
  publicitaire
pun 48-49
punchline 13, 137, 140, 145, 149-150, 160, 212

quasi-homophonie, quasi-homophone *voir*
  homophonie, homophone, – , quasi-
  homophonie, quasi-homophone
quasi-synonymie, quasi-synonyme *voir*
  synonyme, synonymique, synonymie, –,
  quasi-synonymie, quasi-synonyme
Québec, québecois 131-132
Queneau, Raymond 3, 90, 285-310, 354, 365
quiproquo 9, 126, 139

Rabelais, François 3, 42, 168, 251, 342, 360
racisme, raciste 25, 40, 159, 352-353, 356, 366
radio 97, 148, 173, 197, 225, 311, 316, 318, 321, 324-326
  voir aussi émission radiophonique
rap 21, 137, 143-166, 207-208, 212, 271, 395
– , rap français, rap francophone 143-166
  voir aussi chanson, –, chanson rap
rapidité 272, 324
rappeur, rappeuse 133, 135, 144-145, 149-153, 155-158, 362
rébus 13, 95, 100, 127, 151
rédacteur publicitaire *voir* concepteur-rédacteur, rédacteur publicitaire
redondance 91, 146, 257
réécriture 83, 89, 98-100
réemploi 43, 86
référence culturelle 206-207, 214-215, 279
référenciation 36, 38-39, 54
reformulation 41, 50-51
refoulement 38
réinterprétation 38, 50-51, 234, 240-241, 272, 290, 306, 343-344, 350, 362
remotivation 87, 93-94, 101, 103, 365
répartie 34, 244
répétition 41, 46, 50-51, 55, 84-85, 101, 185, 256-257, 276, 323, 326, 356, 366-367

représentativité 158-159
reprise 50-51, 85, 139, 168, 185, 197-198, 238, 281, 316-317, 326
réseaux sociaux 2, 23, 164, 182, 197, 206, 210, 214, 222, 245, 266-267, 269, 273, 281, 312, 356, 366
re-sémantisation 273
rétrosiglaison 151, 153, 157, 160, 371
rhétorique 4, 15, 169, 256-257, 315, 320-321, 371
rime 87, 90, 95, 101, 132, 146-149, 154, 157, 162-163
– , rime multisyllabique 147
rire 78, 91, 103, 107-108, 127, 199, 235, 237, 243, 256, 322-327, 364
  voir aussi sourire
rite, rituel 36, 47, 49, 55-56, 196, 200, 235-236, 238, 245
Rivais, Yak 83, 98, 100
rivalité 149-150
roman 104, 108, 251-252, 255, 285-286, 307, 320, 329
roman policier 251, 254
russe (langue russe) 152, 253
rythme 58, 74, 83-86, 109-110, 134-135, 187, 210, 219, 268, 276, 308

saillance, saillant 36, 39, 50, 148, 154, 162-163, 171, 189, 349, 355
– , saillance prosodique 271
San-Antonio 3, 23, 42, 251-257, 259, 342, 354, 364, 371
  voir aussi Dard, Frédéric
satire 3, 313, 319, 325
Saussure, Ferdinand de 35, 38, 43, 92, 186
Sazonoff, Zazie 108
scatologie, scatologique 46, 98, 103, 150, 153, 351, 353
scénario conceptuel (*frame*) 288, 290, 346
Schädlich, Hans Joachim 108
schéma, schématisation 39, 44, 154, 183, 199
Sefyu 155
segmentation morphologique 343, 350, 354
sémantique 5, 9, 12, 16, 21, 35-36, 38, 40, 51, 57, 63, 92, 128, 148, 151, 154, 157, 160, 163, 168-170, 172-175, 178-179, 183,

186-188, 209, 215, 219, 221, 234, 265, 267, 271-272, 275, 277-278, 280-282, 288-290, 322, 334, 336-337, 340-341, 352, 354-356, 363-365, 368, 371
sémantique cognitive 368
sémiotique 3, 21, 24, 35, 62, 172-173, 337, 354
Sénégal, sénégalais 197, 198
sens compositionnel 178
sens figuré 93-94, 97, 107, 233, 242, 273, 289, 331
    voir aussi figuralité, figural ; figurativité, figuratif
sens littéral, sens propre 93-94, 97, 107, 242, 331-332, 338, 365
Sexion d'Assaut 162
sexisme, sexiste 22, 40, 155, 199, 201
sexualité, sexuel 25, 104-105, 150-151, 153, 160, 162, 198-200, 233, 242-243, 346-347, 351-353, 355-356, 366
siglaison 23, 151, 156-159, 164, 265, 272, 274, 280, 282, 371
    voir aussi rétrosiglaison
sigle 21, 143-166, 272-273, 305
signature 156-157
signifiance 36-38, 50, 57, 62
signifiose 37
sketch (humoristique) 3, 132, 179
slam 11, 21, 124, 131-142, 147
slameur, slameuse 3, 133, 135, 362, 370
slogan 11, 56, 158, 173, 175-176, 179, 183, 194, 196-198, 200-201, 206, 212, 218
Sniper 162
social media voir réseaux sociaux
sociolecte 156, 199, 265, 267
sonorité 7, 74, 96, 127, 131-142, 206, 208, 230-231, 242, 256, 288, 291
    voir aussi jeux de sonorités
Soprano 149
sourire 74, 90, 124, 206, 222, 226, 330, 333
    voir aussi rire
spontanéité, spontané 229, 234, 312-314, 318, 324, 367
spot radiophonique 173
spot télévisuel 173, 176, 180-181, 184-186, 189

stéréotype, stéréotypique 34, 40, 45, 89, 100, 105, 144, 158, 199
stéréotypisation 158
style 44, 54, 91, 102, 132, 137, 139, 208-209, 232, 253, 256, 259, 269, 274, 312, 320, 323
stylisation 268, 271
stylistique 4, 46, 54, 151, 153, 164, 168-169, 270, 280, 282, 311, 322
– , stylistique de genre 46
stylo 149
subjectivité, subjectif, subjectivisme 14, 36-39, 43-45, 53, 63, 275-276, 278, 323
sublimation 152
submorphémie lexicale 36
subversion, subversif 103, 106, 110, 264
suffixe, suffixation 102, 182-183, 185, 240, 270, 274-281
surnom 119, 201, 232, 241, 272, 317, 339
surprise *voir* effet de surprise
sursignifiance 36-38, 62
suspense 367
syllabe 13, 85-86, 90, 96, 106, 128, 133-134, 146, 151, 171, 178, 185, 231, 233, 243, 256, 287, 292, 293
syllepse 41, 46, 93-94, 101, 155
syncrétisme, syncrétique 41, 52, 59
synonyme, synonymique, synonymie 39, 50, 127, 160, 172, 219, 234, 243, 258, 307
– , quasi-synonymie, quasi-synonyme 307
syntagme verbal 268, 277
syntaxe, syntaxique 35-36, 43, 60-61, 63, 84, 88-92, 98, 106, 172, 174, 196, 241, 254, 265, 277-278, 282, 298
systématicité, systématique 3, 36-37, 58-59, 83, 89-90, 95, 99, 164, 171-172, 179, 188, 195, 238, 265, 278

tabou 103, 105, 110, 150, 160, 242, 346, 348-349, 351-355, 366
tamazight 270
télévision 22, 131, 149, 173, 176, 180-181, 184-186, 189, 220, 239
    voir aussi spot télévisuel
terminaison savante, élément pseudo-savant 102, 240

Tintin 92
TiTo Prince 149
tonalité 10, 14, 74, 79, 213, 215-216, 326
tournure de phrase, tournure figurative 15, 45, 79, 128, 139-140, 223, 237, 269, 275
tradition discursive 228, 236, 240, 245, 372
traduction 10, 12, 17, 23, 48, 53, 70, 73, 76, 80, 102, 104-105, 126, 138, 150, 175, 234, 260, 277, 281
– , traduction ludique 281
traductologie, traductologique 57, 145
tragédie, tragique 46, 48, 102, 323
trait d'esprit 48, 209, 321, 367
transgression, transgressif 103, 169, 173-175, 254, 263-283, 366
transmission 158, 229
transmotivation 241
transparence morpho-sémantique 271
trompe-oreille 86
troncation 23, 46, 171, 177-178, 180-181, 183-185, 188, 265, 268-272, 274, 277
trope 50-51
Turcotte, Elise 108
typographie, typographique 98

Uderzo, Albert 240, 318

Valentin, Elsa 89, 99
Vanhoenacker, Charline 311-313, 315, 317-318, 320-321, 323-325
vanne, vanner qqn 10, 23, 227-249, 315, 325, 362, 365-366, 368, 372

verlan 13, 16, 77, 99, 236, 243, 269, 271-272, 279-281, 363, 368
verlanisation 243, 265, 269, 272, 274, 279-280
Vernaculaire Urbain Contemporain (VUC) 267
vers holorime 13, 139, 292
vidéo (courte / *short*) 182, 184-185, 194, 229, 336, 349-350
violence, violent 25, 40, 144, 150-152, 156, 289, 323, 325, 351-353, 366
virelangue 86-87, 293
virtuosité 97, 106, 286
vocabulaire 11-12, 48, 84, 88-89, 127, 136, 138, 201, 243, 273-274, 297, 324, 365
voir aussi lexique
vulgarisation 24, 311, 313, 320
vulgarité, vulgaire 34, 48, 243, 273, 282, 321

Wapalek, Kacem 135
we code 158, 222
Wittgenstein, Ludwig 48
Witz 48

Yagoubi, Valérie 95
Youssoupha 135, 154

zeugme 257